UTB 2502

Eine Arbeitsgemeinschaft der Verlage

Beltz Verlag Weinheim · Basel
Böhlau Verlag Köln · Weimar · Wien
Wilhelm Fink Verlag München
A. Francke Verlag Tübingen und Basel
Haupt Verlag Bern · Stuttgart · Wien
Verlag Leske + Budrich Opladen
Lucius & Lucius Verlagsgesellschaft Stuttgart
Mohr Siebeck Tübingen
C. F. Müller Verlag Heidelberg
Ernst Reinhardt Verlag München und Basel
Ferdinand Schöningh Verlag Paderborn · München · Wien · Zürich
Eugen Ulmer Verlag Stuttgart
UVK Verlagsgesellschaft Konstanz
Vandenhoeck & Ruprecht Göttingen
Verlag Recht und Wirtschaft Heidelberg
WUV   Facultas · Wien

Heinz Bonfadelli

Medienwirkungsforschung I

Grundlagen und theoretische Perspektiven

3., überarbeitete Auflage

UVK Verlagsgesellschaft mbH

Bibliografische Information der Deutschen Bibliothek
Die Deutsche Bibliothek verzeichnet diese Publikation in der Deutschen
Nationalbibliografie; detaillierte bibliografische Daten sind im Internet
über <http://dnb.ddb.de> abrufbar.

ISBN 3-8252-2502-X

Einbandgestaltung: Atelier Reichert, Stuttgart
Einbandfoto: Getty Images, Ryan McVay
Druck: fgb · Freiburger Graphische Betriebe, Freiburg

UVK Verlagsgesellschaft mbH
Schützenstr. 24 · 78462 Konstanz
Tel. 07531-9053-21 · Fax 07531-9053-98
www.uvk.de

Inhaltsverzeichnis

Vorwort

Seit jeher interessierten sich die Menschen für die Wirkungen von Sprache und Kommunikation, und dies trifft – nicht zuletzt wegen ihrer großen Verbreitung – speziell für die modernen Massenmedien zu. Es erstaunt darum nicht, dass sich die Publizistikwissenschaft, zusammen mit anderen Disziplinen wie Psychologie (Winterhoff-Spurk 1999), aber auch Soziologie (Jäckel 2002), schon sehr früh mit dem Thema *Medienwirkungen* zu beschäftigen begonnen hat. Diese intensive sozialwissenschaftliche Auseinandersetzung mit den Effekten der modernen Medien ist nicht zuletzt auch als Reaktion auf eine starke *praxisorientierte Nachfrage* von Seiten der Wirtschaft und der Medien selbst (Stichwort: Werbewirkungen), von Staat und Politik (Stichworte: Propaganda und Wahlkampf), aber auch von Kulturkritik und Pädagogik (Stichworte: Manipulation oder Mediengewalt) zu verstehen (vgl. Bonfadelli 2000).

Weil Wirkungen von Medien jedoch *flüchtig* und *kaum je direkt erfahrbar* sind, führen *Nichtwissen* gepaart mit *Überschätzung* nicht selten zu Schuldzuweisungen und Vorwürfen an die Medien. An dieser „Sündenbockrolle" sind die Medien freilich nicht ganz unschuldig, stellen sie doch regelmäßig im Gefolge von spektakulären Einzelfällen wie bspw. dem Schulmassaker vom 20. April 1999 an der Highschool Columbine in Littleton oder der Bluttat vom 26. April 2000 im Gutenberg-Gymnasium in Erfurt pauschalisierende Vermutungen zum (direkten) Einfluss und zur Mitverantwortung der Medien an.

Eine solche Fokussierung auf gesellschaftlich problematische und sozial unerwünschte Medienwirkungen von Propaganda, Werbung, Gewalt, Pornographie etc. verdrängt aber andere durchaus positive Leistungen der Medien wie die Vermittlung von politischer Information – Stichwort: TV-Nachrichten und Presseberichterstattung – oder der Einsatz von Medien zur Gesundheitserziehung sowie Umweltsensibilisierung – Stichwort: öffentliche Informationskampagnen – allzu oft in den Hintergrund. Hinzu kommt, dass in den journalistischen Medientexten immer wieder allzu vorschnell und unkritisch die Meinung vertreten wird, die Medienwirkungsforschung selbst sei nach wie vor über das Wirkungspotential der Medien uneins bzw. verfüge gar nicht über ein konsentiertes und empirisch abgesichertes Grundlagenwissen.

Angesichts der unbestritten *hohen Relevanz des Themas Medienwirkungen* nicht nur für Praktiker aus Politik, Werbung, Medien, Bildung und Kultur, sondern ebenso in der publizistik- und kommunikationswissenschaftlichen Grundlagenforschung wie akademischen Lehre erstaunte es darum, dass im deutschen Sprachraum lange Zeit keine aktuelle Einführung in die Medienwirkungsforschung verfügbar war. Diesem Mangel sollte das 1999 erstmals veröffentlichte Lehrbuch „Medienwirkungsforschung I: Grundlagen und theoretische Perspektiven" abhelfen, das jetzt in der 3., überarbeiteten Auflage erscheint.

Das Lehrbuch bietet eine *verständliche und breit angelegte Einführung* sowohl für Studierende der Publizistik- und Kommunikationswissenschaft als auch für Praktiker in den Medien wie im Bereich der Öffentlichkeitsarbeit. Es konzentriert sich auf die Darstellung historisch wichtiger Stationen der Medienwirkungsforschung, ohne aber die neueren und neuesten Theorien zu vernachlässigen. Neben der Erörterung der wesentlichen *Basiskonzepte und theoretischen Perspektiven,* werden ebenso *methodische Fragen* erläutert, und nicht zuletzt wird auch der Stand der empirischen Forschung, vorab was die abgesicherten Befunde anbelangt, dargestellt.

Im ersten Kapitel stehen der *Gegenstand* der Medienwirkungsforschung, d.h. die vielfältigen Wirkungsphänomene, die darauf bezogenen *Fragestellungen* und theoretischen *Erklärungsversuche,* aber auch methodische Probleme im Zentrum. Das zweite Kapitel behandelt das Medienpublikum und dessen Mediennutzung, welche als Wirkungsvoraussetzung allzu leicht übersehen wird. In den Kapiteln drei und vier wird die *klassische Wirkungsforschung* thematisiert, und zwar einerseits die sozialpsychologischen Modelle wie Konsistenztheorien und kognitive Ansätze, andererseits die soziologischen Ansätze wie Two-Step-Flow, Diffusions- und Innovationsforschung und die Theorie der Schweigespirale. Schließlich werden in den Kapiteln fünf bis sieben die neueren Perspektiven wie Uses-and-Gratifications, Informationsverarbeitung und Schema-Theorie sowie Agenda-Setting, Wissenskluftperspektive und die Kultivierungsforschung ausführlich behandelt.

Zur besseren Verständlichkeit werden die komplexen Zusammenhänge durch *Grafiken und Abbildungen* veranschaulicht. Schließlich soll die vorhandene aktuelle Forschung durch Literaturhinweise und ein Glossar möglichst umfassend erschlossen werden. Eine *anwendungsorientierte Vertiefung und Ergänzung* bietet darüber hinaus der Band „Medienwirkungsforschung II: Anwendungen in Politik, Wirtschaft und Kultur" vom gleichen Autor.

Zürich im November 2003   Heinz Bonfadelli

1.   Medienwirkungen als Forschungsbereich

Im ersten einleitenden Teil soll die Beschäftigung der Kommunikationswissen-schaft und Medienforschung mit den Wirkungen der Massenmedien auf die einzelnen Menschen und die Gesellschaft überhaupt im 20. Jhd. sowohl in einer *historischen Perspektive* dargestellt und verortet als auch in *systematischer Absicht* – quasi aus einer Meta-Perspektive – aufgearbeitet werden. Bezogen auf die Entwicklung und den Stand der Medienwirkungsforschung interessieren Fragen wie: Was ist der *Gegenstand* der Wirkungsforschung und welche *Probleme* untersucht sie? Welche *Fragen* werden gestellt? Wie werden Medienwirkungen erklärt und verstanden: Auf welche *Ursachen* werden sie zurückgeführt? Und durch welche *Instanzen und Prozesse* sind sie vermittelt? Welche *Methoden* werden bei der Beantwortung dieser Fragen angewandt, und welche *Forschungen* sind durchgeführt worden? (Kuhn 1973: 21/22).

1.1   Gegenstand

Wissenschaft als Theoriebildung und empirische Forschung reagiert oft mehr oder weniger direkt auf *soziale Probleme*, zu deren Verständnis und *Lösung* sie beitragen will bzw. soll. Finanzielle Ressourcen werden hierzu mobilisiert in Abhängigkeit der gesellschaftlich empfundenen Dringlichkeit sowie der Stärke des bestehenden Änderungswillens. Solche außerwissenschaftliche Prioritäten – bspw. öffentliche Diskurse über „Mediengewalt" oder „Internetsucht" – können auch über binnenwissenschaftliche Prioritäten entscheiden.

Die Suche nach den Ursachen eines Problems und darauf bezogener Erklä-rungsmöglichkeiten geschieht zunächst meist im Rahmen eines außerwissen-schaftlichen *Vorverständnisses*, das bestimmt, wie ein Problem gesehen wird. Derartige *Problemdefinitionen* können bestimmte Fragestellungen oder Fakto-ren als Ursachenzuschreibungen in den Vordergrund rücken und andere aus-blenden: etwa die Frage nach der *Wirkung von Mediengewalt*, aber nicht nach dem *Umgang mit Gewalt in den Medien* oder der Beitrag der Medien zur Entstehung von *Aggressivität*, aber nicht *Angst* im Alltag (Röser 1997: 438ff.). Auf die Wirkungsforschung bezogen, heißt dies zu fragen: Welche Alltagsprobleme haben zur Herausbildung der Medienwirkungsforschung geführt und waren bzw. sind für deren Entwicklung von Bedeutung?

1.1.1 Medienwirkungen als gesellschaftliches Problem

Seit jeher sind die Möglichkeiten der intendierten Beeinflussung durch die Mittel von Kommunikation (Rhetorik) und Massenkommunikation (Propaganda) bei verschiedensten gesellschaftlichen Gruppen auf Interesse gestoßen. Dies gilt im besonderen Maße für die modernen Massenmedien, die einerseits potentiell große Publika erreichen, deren Auswirkungen andererseits wegen ihrer Einseitigkeit und technischen Vermittlung sowie ihres dispersen Publikums flüchtig und kaum sichtbar sind. Medieneffekte werden darum oft unter negativem Vorzeichen emotional und kontrovers diskutiert und Laien neigen zur Überschätzung des Wirkungspotentials der Medien. Als Folge kommt es zur *Projektion einer Sündenbockrolle* auf die Medien, wie folgende Schlagzeilen illustrieren: *„Brutalo-Videos lehrten Sex-Monster das Morden"* (BLICK, 18.6.1987), *„Droge Fernsehen. Die süchtigen Kinder"* (SPIEGEL, 8.5.1989) oder *„Das Urteil ist gesprochen – die Tat unbegreiflich. Richter: Gewaltvideo könnte Schlüssel zum Mord an James Bulger sein"* (SÜDDEUTSCHE ZEITUNG, 26.11.1993) Also: Nicht die Eltern vernachlässigen u.U. die Erziehung ihrer Kinder, sondern die Medien mit ihrer Gewalt verführen die wehrlosen Kinder.

Ein Interesse an Medienwirkungen bekunden verschiedenste Instanzen:

Medienkonzerne und Rundfunkunternehmen. Die Kluft zu den Rezipienten und der Orientierungszwang an ihnen sowie die zunehmende Kommerzialisierung im Medienbereich (Siegert 1993) erzeugen ein starkes Interesse an Leserschafts- und Publikumsforschung als *Instrumente der Kommunikationsoptimierung*: redaktionelles Marketing, Redesign des Zeitungslayouts oder Usability von Internetangeboten (Böhme-Dürr / Graf 1995; Bucher / Jäckel 2002; Weichler 2002). – Diese Forschung bleibt jedoch meist beschränkt auf den einzelnen Fall, d.h. ein bestimmtes Medium und seine Inhalte. Dennoch wird ein Großteil auch der heutigen Wirkungsforschung von den Medien selbst in Auftrag gegeben (Verlagsstudien) oder selbst durchgeführt (Rundfunkanstalten).

Medienschaffende. Im Unterschied zu den Medienunternehmen scheint das Interesse bei Journalistinnen und Journalisten an Resultaten der Medienwirkungsforschung eher *ambivalent* zu sein: Inwieweit sollen bzw. müssen sie mögliche Auswirkungen ihrer Medienprodukte auf Rezipienten antizipieren und in ihrer Arbeit mitberücksichtigen? Besteht für sie eine Pflicht zur *Verantwortungsethik*? – Solche Ansprüche, etwa im Gefolge der Golfkriegsberichterstattung –*„Terror-Krieg: Medien unter Beschuss"* (message, 1/2002) – erhoben oder ausgelöst durch Reality-TV oder Talkshows – *„Die Seelenfummler. Warum Talkshows nicht harmlos sind"* (PSYCHOLOGIE HEUTE, 6/1996) – werden vielfach mit Verweis auf die Informationspflicht des Journalismus zurückgewiesen.

Werbewirtschaft. Die Finanzierung der Printmedien durch den Verkauf von Anzeigenseiten führt dazu, dass die Medien entsprechende Angaben über ihre Reichweiten der Werbewirtschaft bekannt machen müssen, was wiederum Werbeträgerforschung als Leserschafts-, Hörer-, Zuschauer- und Onlineforschung nach sich zieht; stimuliert wird im Gefolge auch die Werbewirkungsforschung (Schenk / Donnerstag / Höflich 1990; Brosius / Fahr 1996; Spanier 2000).

Staat. Propagandabestrebungen, etwa während dem I. oder II. Weltkrieg, haben viel zur Herausbildung der modernen Wirkungsforschung beigetragen. Ein Großteil der amerikanischen Sozialwissenschafter – z.B. Carl I. Hovland – arbeitete damals im Auftrag der Armee (Lowery / DeFleur 1995). Ihre Fragen waren: Wie können Filme zur Information und Motivation der Soldaten beitragen? In jüngster Zeit gibt es auch vermehrt Wirkungsforschung im Zusammenhang mit der Evaluation von *Informationskampagnen* zu Umweltproblemen und zur Gesundheitsaufklärung (Rice / Atkin 2001) oder zur *politischen Bildung* wie bspw. die Ausstrahlung der amerikanischen Fernsehserie „Holocaust" im Januar 1979 im Deutschen Fernsehen (Prokop 1981: 98ff.) oder Toleranzkampagnen gegen Fremdenfeindlichkeit (Ruhrmann / Kollbeck / Möltgen 1996), aber auch als Basis für *Medienpolitik* wie die Begleitforschung zu den Pilotprojekten mit Kabelfernsehen in der BRD oder zur Einführung der Lokalradios in der Schweiz (Becker / Schönbach 1989: 167ff. und 133ff.).

Parteien. Der Stellenwert der Medien als wichtige Propagandamittel im Wahlkampf führt einerseits zu immer mehr und auch umfassenderer politischer Werbung und PR (Pfetsch / Dahlke 1996; Röttger 2001), andererseits zu einem Druck auf die Wirkungsforschung, die politischen Einflussmöglichkeiten der Medien zu erforschen. Ein frühes Beispiel sind die Wahlstudien von Paul F. Lazarsfeld (Langenbucher 1990) der 50er Jahre in den USA (vgl. Kap. 4.1.1).

Kulturkritik. Seit dem Aufkommen des Films zu Beginn des 20. Jhd. sind die Medien periodisch zum Ziel kulturkritischer Vorwürfe geworden: Günther Anders (1961), Marie Winn (1977), Jerry Mander (1978), Neil Postman (1985), Pierre Bourdieu (1998). Verschiedenste Institutionen und Gruppen wie Kirche, Schule, Ärzte u.a. haben dem Film, dem Radio, den Comics, dem Fernsehen den Brutalo-Videos, der Rockmusik oder den Computerspielen vorgeworfen, „eine Droge zu sein", „Gewalt anzustiften", „zur Verminderung des Lesens beizutragen", „die Sitten herabzusetzen" etc. – Solche Vorwürfe haben die Forschungsbemühungen zum Thema „Medienwirkungen" stark stimuliert. Beispiele sind in den USA die Payne-Fund Film Studies in den 20er Jahren oder 1972 der NIMH-Bericht des Surgeon General's Scientific Advisory Committee zur Fernsehgewalt (Lowery / DeFleur 1995) oder das DFG-Forschungsprogramm „Medienwirkungen" in den 80er Jahren in Deutschland (Schulz 1992).

Rezipienten. Begriffe wie „Manipulation", „Irreführung" oder „Beeinflussung" durch die Medien im Sinne von Medienmacht werden auch von den Nutzern der Medien selbst gebraucht, so bspw. von Eltern zur Rechtfertigung erzieherischer Maßnahmen ihren Kindern gegenüber. Im allgemeinen dürfte das Problembewusstsein des Publikums bezüglich „Medienwirkungen" jedoch ziemlich gering sein, erlebt dieses doch Medienzuwendung eher als eigenaktives und selbstgesteuertes Verhalten, während die sog. „Anderen" jedoch meist als stark beeinflusst betrachtet werden: „Third Person" - Effekt (vgl. Kap. 5.4).

Abb. 1: Öffentlicher Diskurs: Medienwirkungen als soziales Problem

- Medienwirkungen flüchtig, meist nicht sichtbar, kaum fassbar.

- Deshalb oft emotionaler und kontroverser Diskurs, aber
  meist nur als „Wirkungsspekulation" → „Third Person" - Effekt.

- Die Öffentlichkeit konzentriert sich vorab auf negative, sozial
  unerwünschte Medieneffekte wie Manipulation oder Alltagsgewalt.

- Nichtwissen gepaart mit Überschätzung des Wirkungspotentials
  führen zu Vorwürfen: → Sündenbockrolle der Medien.

- Praktisches Verwertungsinteresse an Wirkungsforschung aber
  bei Verlagen, in Rundfunk und Wirtschaft, aber auch in der Politik;
  im Journalismus: geringes, allenfalls ambivalentes Interesse.

1.1.2 Entwicklung und Steuerung der Forschung

Vermeintliche Auswirkungen der Massenmedien werden also von verschiedensten Interessengruppen kontinuierlich thematisiert, und zwar meist vor dem Hintergrund einer *alltagsweltlichen Konzeption von Medienallmacht*. Dies ist mit ein Grund für die Tatsache, dass die Erforschung der Auswirkungen der Massenkommunikation als Forschungsproblem die Entwicklung der Medienwissenschaft, vor allem in den USA (Roberts / Bachen 1981; McLeod / Kosicki

/ Pan 1991; Bryant / Zillmann 2002), lange Zeit dominiert hat. Für die Entwicklung der Wirkungsforschung war nicht unproblematisch, dass dieses *außeruniversitäre Erkenntnisinteresse* an Medienwirkungen einen starken Einfluss, und zwar nicht nur auf die Auswahl der untersuchten Probleme, sondern auch auf das Verständnis der Medienwirkungen, die theoretischen Ansätze und die methodischen Zugriffe ausgeübt hat (Lowery / DeFleur 1995).

Die *Themensteuerung* in der Wirkungsforschung zeigt sich in Form von wissenschaftlichen „Moden", welche die Forschungsaufmerksamkeit steuern. Im Bereich „Kinder & Jugendliche" (Lange / Lüscher 1998) äußert sich dies wie folgt: Die Erforschung der Auswirkungen von *Fernsehgewalt* verlagerte sich Ende der 70er Jahre auf *prosoziale* (sozialverträgliche) Effekte, in den 80er Jahren standen *Werbewirkungen* bzw. das Verstehen von Werbebotschaften im Zentrum (Wartella / Reeves 1985) und zu Beginn der 90er Jahre kam es in den USA wie in Europa zu einer Renaissance des Problems *Mediengewalt* (Friedrichsen / Vowe 1995; Merten 1999). Neu folgten Studien zum Umgang der Heranwachsenden mit Computer und Internet (Roberts / Cantor 2000; Wartella 2002; Buckingham 2002; Livingstone 2003) mit Fragestellungen zur *Interaktivität*, zur Vermischung von massenmedialer und interpersonaler Kommunikation oder zur *Glaubwürdigkeit und Qualität* der neuen Medienangebote (Winterhoff-Spurk / Vitouch 1989; Schulz 1997; Groebel 1997; Rössler 1998; Schorr 2000; Beck / Schweiger 2001). Parallel dazu ist eine intensivere Beschäftigung mit *unterhaltenden Medienangeboten* und affektiven Wirkungsphänomenen zu konstatieren (Zillmann / Vorderer 2000; Bryant / Miron 2002).

Ebenso ist eine *zeitliche Fixierung der Forschung auf bestimmte Medien* zu beobachten, ohne dass der Gesamtkonstellation der Medien genügend Aufmerksamkeit geschenkt würde. Jedes „neue" Medium hat so nach seiner Einführung die Wirkungsforschung für eine gewisse Zeit dominiert: *Presseforschung* um die Jahrhundertwende, *Film- und Radioforschung* in den 20er und 30er sowie 40er Jahren und die durch das Thema „Gewalt" dominierte *Fernsehforschung* in den 60er und 70er Jahren sowie *Video & Computerspiele* in den 80er Jahren. Die Einführung der sog. *„Neuen Medien"* und die damit verknüpften Legitimationsprobleme – speziell in Europa – lenkten die Aufmerksamkeit der angewandten Wirkungsforschung in Form der sog. *Begleitforschung* ab Mitte der 80er Jahre zudem auf Fragen der Nutzung und Akzeptanz wie der sozialen Auswirkungen des *Bildschirmtexts Btx* oder der *Kabelpilotprojekte* (Deutschland) und der *lokalen Rundfunkversuche der RVO* (Schweiz). Und ab Mitte der 90er Jahre besetzten *Computer, Multimedia, Internet, Virtual Reality* zunehmend die Forschungsagenda (Mundorf / Laird 2002; Lievrow / Livingstone 2002).

Auf theoretischer Ebene prägten markante *Paradigmenwechsel* die Entwicklung der Wirkungsforschung (Donsbach 1995: 52ff.; Brosius 1997: 12ff.; McQuail 2000a: 407ff.; Jäckel 2002: 72ff.): Neben den drei Hauptphasen (Medienallmacht – Medienohnmacht – moderate Effekte) sticht der in den 70er Jahren vollzogene Wechsel der Aufmerksamkeit weg vom Einstellungswandel und hin zu kognitiven und später auch affektiven Medieneffekten ins Auge. Und in *methodologischer Hinsicht* stieg seit den 80er Jahren das Interesse an qualitativen Rezeptionsstudien in der Tradition der sog. Cultural Studies (vgl. Kap. 5.5): Wie konstruieren Rezipienten aufgrund von Medientexten soziale Realität?

Abb. 2: **Entwicklung und Steuerung der Medienwirkungsforschung**

- Wissenschaftsexterne Prioritäten, Außensteuerung der Forschungsthemen: Gewalt, Werbung, (Wahl)Propaganda, Begleitforschung u.a.
- Fokus auf Wirksamkeit von Medien und Intensität von Wirkungen.
- Fixierung auf das jeweils neueste Medium, zurzeit das Internet.
- Konzentration auf nur einen Wirkungstypus: a) intendierte und b) kurzfristige c) Beeinflussung von Meinungen und Einstellungen von d) Personen durch e) eine persuasive Medienbotschaft.

Zusammenfassend kann aufgrund des oben konstatierten wissenschaftsexternen Problemdrucks und der durch die Medienentwicklung induzierten Prioritäten der Forschung festgehalten werden, dass bestimmte Problembereiche des Feldes „Medienwirkungen" in der Vergangenheit intensiv bearbeitet worden sind, während zu anderen Problemen eher wenige empirische Untersuchungen existieren (AfK 1980 / 1981). Zudem haben die vielen beschränkten Einzelstudien wie die monomediale Fixierung zu keiner wirklich übergreifenden und integrativen Theoriebildung geführt (Berghaus 1999: 181). In theoretischer Hinsicht sollten Medienwirkungen deshalb vermehrt als komplexe, längerfristig ablaufende und dynamische Prozesse, die nicht nur das Einzelindividuum, sondern *makrotheoretisch* soziale Systeme im umfassenden Sinn betreffen, thematisiert und mittels *Mehrebenendesigns* im *Medienvergleich* untersucht werden (Schulz 1982: 64ff.; Donsbach 1995: 67; Pan / McLeod 1991: 144ff.; McQuail 2000a: 423/4; Perse 2001: 14-15).

1.1.3 Zur Definition von Medienwirkungen

Mit welchen Phänomenen befasst sich die Medienwirkungsforschung? Was versteht man eigentlich unter dem Forschungsgegenstand „Medienwirkungen" (Kepplinger 1982; Merten 1982 / 1991; Schenk 1998; McQuail 2000a: 426)?

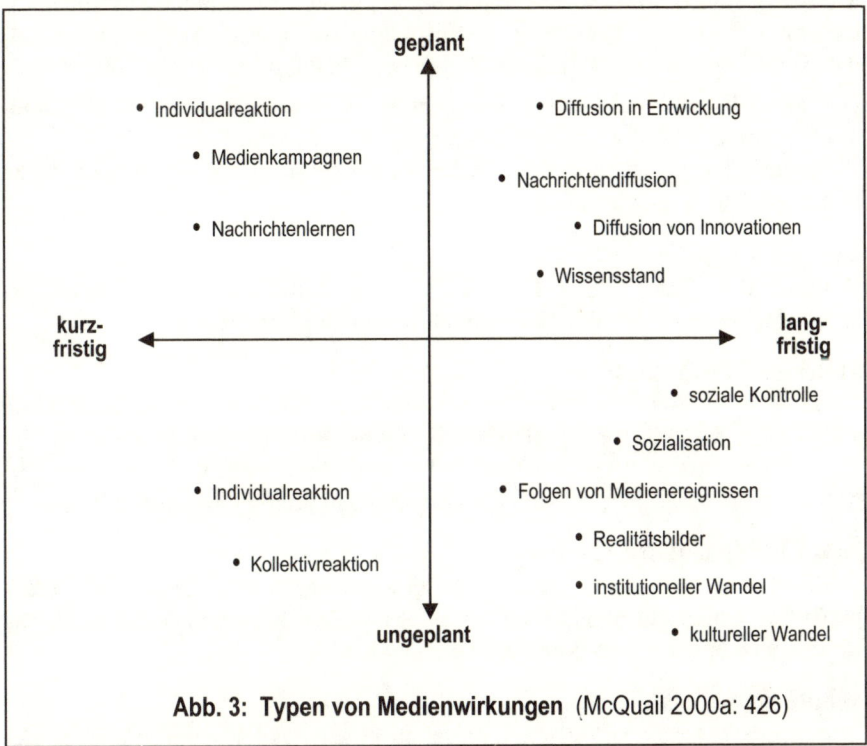

Abb. 3: Typen von Medienwirkungen (McQuail 2000a: 426)

Die Dominanz von angewandter Forschung und wissenschaftsextern gesetzten Forschungsthemen hatten lange Zeit zur Folge, dass sich die Medienwirkungsforschung an einem *restriktiv* definierten Wirkungsbegriff orientierte. Die überwiegende Mehrheit der empirischen Forschungen in den USA befasste sich nur mit dem Typus der intendierten, kurzfristigen Beeinflussung von Meinungen, Einstellungen und Verhaltensweisen bei einzelnen Rezipienten durch bestimmte, vorab persuasive Medieninhalte, was sich auch in den älteren Monographien der deutschsprachigen Rezeption der amerikanischen Wirkungsforschung niederschlug (Schramm 1960; Dröge u.a. 1969; Hackforth 1976). Und dies, obwohl allein eine Unterteilung nach 1) physischen vs. inhaltsbezogenen, 2) kognitiven vs. einstellungsbezogenen vs. verhaltensmäßigen, 3) individuellen vs. interpersonalen vs. gesellschaftlichen Einstellungsdimensionen 18, d.h. 2x3x3 mögliche Wirkungsphänomene ergibt. McLeod u.a. (1991) unterscheiden sogar 192 Wirkungsphänomene aufgrund von sieben dichotomen Dimensionen: 1) Mikro vs. Makro, 2) Veränderung vs. Stabilisierung, 3) kumulativ vs. nicht kumulativ, 4) kurz- vs. langfristig, 5) Einstellungen vs. Kognitionen vs. Verhalten, 6) diffus vs. inhaltsspezifisch, 7) direkt vs. bedingt (vgl. Perse 2001: 17).

Der allmähliche Wandel hin zu einem breiteren und umfassenderen Verständnis von Medienwirkungsphänomenen (vgl. Abb. 3) äußert sich ebenso in den *Wirkungsdefinitionen*, die der Medienwirkungsforschung in verschiedenen Phasen zugrunde gelegen haben:

Berelson / Steiner (1972: 334)
Wirkungen als jeder Wechsel im Verhalten des Publikums als Folge der Tatsache, dass es einer bestimmten Kommunikation ausgesetzt war.

Maletzke (1963: 190)
Wirkungen als sämtliche Prozesse, die sich in der postkommunikativen Phase als Folgen der Massenkommunikation abspielen und zum anderen in der eigentlichen kommunikativen Phase alle Verhaltensweisen, die aus der Zuwendung des Menschen zu Aussagen der Massenkommunikation resultieren.

Dröge / Weissenborn / Haft (1973: 34)
Wirkungen als von einem Stimulusfeld bewegter Meinungs- und Einstellungspunkt auf einem entsprechenden Meinungs- oder Einstellungskontinuum, das jeweils themenspezifisch konstruiert werden kann.

Schulz (1982: 51ff.)
Der Begriff Medienwirkungen umfasst in einem weiten Sinn alle Veränderungen, die – wenn auch nur partiell oder in Interaktion mit anderen Faktoren – auf Medien, bzw. deren Mitteilungen zurückgeführt werden können. Diese Veränderungen können sowohl direkt die Eigenschaften von Individuen, Aggregaten, Systemen, Institutionen betreffen, wie auch den auf andere Weise induzierten Wandel dieser Eigenschaften.

Hasebrink (2002: 374)
Medien wirken, wenn unter Wirkung die gegenseitige Beziehung zwischen Medienangeboten und Rezipienten im Sinne einer wechselseitigen Beeinflussung verstanden wird, im Zuge derer sich alle Beteiligten selbst verändern.

1.2 Fragestellungen

Der komplexe Wirkungsbegriff (Schulz 1982) und die stärkere Berücksichtigung des Faktors „Zeit" (McQuail 2000b) legt ein *breites Spektrum möglicher Wirkungsphänomene* als Gegenstand der Medienwirkungsforschung frei, das nicht mittels einer einzigen übergreifenden Theorie umfasst werden kann. Um die Frage nach den Wirkungen der Massenmedien überhaupt sinnvoll angehen zu können, ist Differenzierung notwendig (Hackforth 1976 / 1977; Chaffee 1977; Brosius 1997): Sie kann sich a) am Spektrum möglicher Medienwirkungen orientieren oder b) Medienwirkungen nach Dimensionen aufgliedern.

1.2.1 Spektrum möglicher Medienwirkungsphänomene

Differenziert man die Vielfalt der möglichen Medienwirkungen (vgl. Abb. 3 auf Seite 17 bzw. Abb. 4 auf Seite 23) nach den *Phasen im Kommunikationsprozess*, so ergeben sich drei große Bereiche von Medienwirkungen, die ihrerseits wieder nach verschiedenen Wirkungsphänomenen untergliedert werden können: Medieneffekte im Vorfeld der Kommunikation (präkommunikative Phase), während des Kommunikationsprozesses (kommunikative Phase) und nach der Medienzuwendung (postkommunikative Phase).

Präkommunikative Phase

Medienzuwendung. Eine wichtige, aber oft übersehene Medienwirkung besteht darin, dass sie überhaupt genutzt werden. Die Zuwendung zu den Medien ist aber alles andere als selbstverständlich, erfordert sie doch Ressourcen als zeitliche, finanzielle, mentale Kosten. *Fragestellungen:* Einbau der Medienzuwendung in den Tagesablauf: Zeitstrukturierung? Viel- vs. Wenignutzer? Substituierung von (Freizeit-)Aktivitäten durch Mediennutzung? Wieso werden gewisse Online-Angebote genutzt, aber andere nicht? Einfluss der jeweils neuen Medien auf bestehende Nutzungsmuster: Komplementarität vs. Konkurrenz?

Motive der Medienzuwendung. Mediennutzung ist nicht gleich Mediennutzung. Hinter der äußerlich sichtbaren, objektiven Nutzung können ganz unterschiedliche kommunikationsrelevante Erwartungen, Interessen und Bedürfnisse stehen und je nach der Motivation, die hinter der Mediennutzung steht, sind auch unterschiedliche Wirkungen zu erwarten. *Fragestellungen:* Wie zielgerichtet bzw. bedürfnisorientiert ist die Medienzuwendung? Wie groß ist der Stellenwert der habituellen Mediennutzung? Welcher Art sind und welche Struktur haben die hinter der Mediennutzung stehenden Bedürfnisse? Was ist die je spezifische Funktionalität der Medien bezüglich der Befriedigung bestehender Bedürfnisse? Wie ist das Verhältnis zwischen dem Angebot von Medieninhalten und den kommunikationsrelevanten Bedürfnissen?

Kommunikative Phase

Aufmerksamkeit und Verstehen. Die während der Kommunikation ablaufenden kognitiven Prozesse wie Aufmerksamkeit, Verstehen, Verarbeitung und Umsetzung der Medienbotschaften sind lange Zeit von der Forschung vernachlässigt worden. *Fragen:* Wie orientieren sich Nutzer auf Websites und wie wird deren Glaubwürdigkeit beurteilt? Wie schreiben Rezipienten im Rezeptionsprozess der objektiven Medienrealität subjektiven Sinn zu? Wie interagieren vorhandenes Vorwissen, Interessen und Prädispositionen sowie Decodierungskompetenzen aufseiten des Rezipienten mit den inhaltlichen und formalen Angeboten der Medien? Welche Konsequenzen hat der stete Umgang mit bestimmten Medien (TV) für die Herausbildung der Lese- / Medienkompetenz?

Affekte. Emotionale Medieneffekte während, aber auch nach der Mediennutzung – bspw. als Anschlusskommunikation – vor allem im Zusammenhang mit dem Konsum von Unterhaltungsangeboten bleiben nach wie vor wenig erforscht (Vorderer 2001): bspw. „Angst-Lust" bei TV-Gewalt oder Identifikation vs. parasoziale Interaktion mit Helden in Fernsehserien (vgl. Kap. 6.1.3).

Postkommunikative Phase

Agenda-Setting. Vor dem Problem der Beeinflussung von Einstellungen stellt sich die Frage, wie durch die Medienberichterstattung mögliche Einstellungsobjekte als Themen der Öffentlichkeit sichtbar und dringlich gemacht werden. Wie ergeben sich Themenprioritäten sowohl bei Kommunikatoren in Form von „Agenda-Building" als auch bei den Rezipienten in Abhängigkeit der Medienangebote als „Agenda-Setting"? (vgl. Kap. 7.1)

Wissensklüfte. Obwohl die Medieninformationen, im Gegensatz etwa zum Schulsystem, öffentlich, d.h. prinzipiell allen zugänglich sind, werden die verschiedenen Medien als Informationsquellen von den einzelnen sozialen Segmenten der Gesellschaft ungleich genutzt. *Fragen:* Wie unterschiedlich sind die Nutzungsmuster der verschiedenen sozialen Segmente? Wie entwickelt sich der sog. Digital Divide als ungleicher Zugang zum Internet? Besteht die Gefahr einer wachsenden Kluft zwischen den Gut- und den Schlecht-Informierten? Welche Faktoren fördern oder hemmen die homogene Ausbreitung von medienvermitteltem gesellschaftlichem Wissen? (vgl. Kap. 7.2 und 7.3)

Medienrealität. Direkt gemachte Erfahrungen beziehen sich immer mehr nur noch auf einen kleinen persönlich überschaubaren Bereich. Die Mehrzahl unserer Erfahrungen über die weitere Umwelt ist sekundär, d.h. medial vermittelt bzw. medialisiert. Diese Medienrealität muss als gemachte verstanden werden, die auch gesellschaftliche Interessensverteilungen spiegelt. *Fragen:* Verhältnis von Alltagsrealität, Medienwirklichkeit und sozialer Realität? Einfluss der Medienwirklichkeit auf Perzeption der Alltagsrealität und Konstruktion von sozialer Realität bezüglich der Bildung von Rollenstereotypen, Vorstellungen über Gewalt oder Körperbilder? Umgang mit Virtual Reality? (vgl. Kap. 7.4)

Einstellungswandel. Vor allem die klassische Wirkungsforschung hat sich mit dem Einfluss der Medienberichterstattung auf das Meinungsklima, d.h. auf Stabilität und Wandel von Einstellungen befasst (Klapper 1960). Heute stehen Beziehungen zwischen Konstanz und Konsonanz der Berichterstattung und der Entwicklung des Meinungsklimas im Zentrum der Forschung. (vgl. 3.3)

Wissen – Einstellungen – Verhalten. Obwohl durch medienvermittelte Information viel gelernt und auch die Bildung von Meinungen und Einstellungen beeinflusst wird, gibt es nach wie vor eher wenig gesichertes Wissen zur komplexen Dynamik von Wissen, Einstellungen und den dadurch beeinflussten Verhaltensweisen. Als Herausforderung für die Forschung stellt sich die Aufgabe, genauer zu spezifizieren, unter welchen Bedingungen Einstellungen und Verhalten zusammengehen und wann nicht. (vgl. 3.1.2)

Makroeffekte. Wirkungsforschung befasst sich immer noch zum größten Teil mit individuellen Medieneffekten, und zwar im Rahmen von sozialpsychologischen Theorien. Eine Berücksichtigung von Auswirkungen auf größere soziale Systeme wie Dyaden, Gruppen, Familie, Kommune etc. ist aber dringlich. Dabei ginge es auch um nichtinhaltliche Rückwirkungen auf den sozialen Bereich, die durch das Vorhandensein des Mediums an sich oder durch seine soziale Präsenz erfolgen. *Fragestellungen:* Einfluss des Fernsehens auf die Struktur von Politik: Medialisierung? Medien und inszenierte „Pseudoereignisse"?

1.2.2 Dimensionen der Medienwirkungen

Die übersichtsmäßige Darstellung des *Spektrums möglicher Medienwirkungen* verdeutlicht, dass sich der Wirkungsbegriff auf sehr heterogene Wirkungsphänomene bezieht. Nur eine systematischere Analyse dieser unterschiedlichen Wirkungstypen nach den ihnen zugrunde liegenden Dimensionen wird die Theoriebildung und Forschung weiterbringen (Brosius 1997: 24ff.; Berghaus 1999: 181ff.; Perse 2001: 23ff.).

Themen und Zielgruppen. Effekte können nach *Themen* differenziert werden wie politische Medienwirkungen aufgrund von Informationsvermittlung bei Sachabstimmungen oder Meinungsbeeinflussung in Wahlkämpfen (McLeod /

Kosicki / McLeod 2002; Schulz 1997), Wirkung von Werbung (Schenk / Donnerstag / Höflich 1990; Stewart / Pavlou / Ward 2002), Gewalt (Kunczik 1994; Friedrichsen / Vowe 1995; Merten 1999), Sexualität und Pornographie (Harris / Scott 2002) oder Effekte von Unterhaltung (Zillmann / Vorderer 2000; Bryant / Miron 2002). Eine Ordnung nach *Zielgruppen* ergibt Wirkungsphänomene bei Kindern & Jugend (Comstock / Paik 1991; Buckingham 2002), Familien (Barthelmes / Sander 1990; Zillmann / Bryant / Huston 1994), Frauen (Klaus 1998: 286ff.; Böck / Weish 2002), alten Leuten und Minoritäten (Greenberg / Mastro / Brand 2002), Viel- vs. Wenignutzern (Buß / Simon 1998). Und die Darstellung von Personen – Geschlechter- / Berufsrollen (Klaus 1998: 222ff.) – beeinflusst wieder, wie diese Gruppen wahrgenommen und beurteilt werden. Sowohl Themen als auch Zielgruppen definieren eigenständige Forschungsfelder mit spezifischen Fragestellungen, theoretischen Perspektiven und Befunden wie Werbewirkungsforschung oder Mediengewaltforschung.

Verortung im Kommunikationsablauf. Im zeitlichen Ablauf des Kommunikationsprozesses lassen sich *drei Wirkungsphasen* abgrenzen: Präkommunikative Wirkungen beziehen sich auf Phänomene wie Medienselektion, aktive Informationssuche und Nutzungsmotive, die vor dem spezifischen Kommunikationsakt stehen; als kommunikative Wirkungen gelten die während der Kommunikation selbst ablaufenden Wirkungsphänomene, z.B. Aufmerksamkeit und Verstehen oder emotionale Aktivierung; und postkommunikative Wirkungen sind jene Einflüsse, die nach abgeschlossener Kommunikation feststellbar sind.

Wirkungsbereiche. Postkommunikativen Wirkungen beziehen sich auf die Frage „Worauf wirken die Medien?" Es lassen sich folgende Typen ausgrenzen: a) Medieneffekte als Erwerb von Wissen bspw. aufgrund der Nutzung von Nachrichtensendungen oder als Verbreitung von Kenntnissen in der Entwicklungskommunikation, b) als Beeinflussung von Meinungen und Einstellungen oder Auslösung von Emotionen und c) als Verhaltensbeeinflussung.

Faktoren des Wirkungsprozesses. Vor allem in der sog. klassischen Wirkungsforschung (Klapper 1960) ist untersucht worden, welche der folgenden Faktoren welchen Anteil am Wirkungsgeschehen haben: Kommunikator – Medium – Aussage – Rezipient.

Kurz- vs. langfristige Effekte. Viele Befunde der klassischen Medienwirkungsforschung basieren auf Laborexperimenten und befassen sich dementsprechend nur mit kurzfristigen Wirkungsphänomenen. Longitudinale Studien zu längerfristigen Effekten im Zeitverlauf sind in der Forschung nach wie vor eher selten. Aber nur so können auch längerfristige Prozesse der Beeinflussung von Individuen und Gesellschaft durch Massenkommunikation, im Gegensatz zu den kurzfristigen Wirkungen, untersucht werden (McQuail 2000b).

Abb. 4: Vielfältige Wirkungsphänomene von Mediengewalt			
Dispositionen der Person	Faktoren wie Geschlecht, Alter, kognitive Strukturen, Sozialisation, AGG / ANG-Erfahrungen, emotionale (Un-) Sicherheit		
Verarbeitung	physiologisch	emotional	kognitiv
Medien-motivation	Erregung vs. Entspannungs-suche	Unterhaltungsbedürfnis; rituelle Bedürfnisse z.B. Männlichkeit (AGG); Angstverarbeitung; Eskapismus (ANG)	Handlungsorientierung Informationssuche
Moderierende Faktoren - Programminhalt - Programmform	Spannung Schnitt, Musik	Identifikations-möglichkeiten attraktive Form	glaubwürdige, überzeu-gende Darstellung dokumentarische Form
Situation - konkret - Kultur	Erlebnis-alternativen stimulierende Eigenschaften der Umwelt: Stadt vs. Land	aggressive Hinweisreize; Frustration (AGG); Bedro-hung / Unsicherheit ver-mittelnd (ANG) aggressionsfördernder / hemmender Rahmen (AGG); abweisende / zu wendende Normen (ANG)	Vorkommen von Ver-haltensmodellen (AGG/ANG) Häufigkeit und Intensi-tät von Aggression und Bedrohung, z.B. Krieg, Kriminalität
Wirkungen - kurzfristig - langfristig	Erregung Gewöhnung, Suche nach stärkeren Reizen	Ärger (AGG), Furcht (ANG), Imitation reziproke Verstärkung entsp. emotionaler Reak-tionen; auch AGG ← ANG	Entstehung aggressiv geprägter (AGG) vs. ängstlicher Kognitionen kognitive Gewöhnung; Manifestierung der kognitiven Kategorien
Anmerkung: Mehrebenentaxonomie zu Wirkungsphänomenen von Mediengewalt auf Aggres-sion (AGG) und Angst (ANG) nach Groebel / Winterhoff-Spurk 1989: 284.			

Inhaltsspezifische vs. inhaltsdiffuse Effekte. Die Unterscheidung bezieht sich auf die Frage: Was wirkt überhaupt (Donsbach 1995: 59/60)? Die Betonung kurzfristiger Wirkungsphänomene hat eine Bevorzugung *inhaltsspezifischer Effekte* als Wirkungen von konkreten Inhalten zur Folge gehabt: *Inhaltsdiffuse Wirkungen* ganzer Programme oder sogar von Medien überhaupt wurden bis-lang kaum untersucht. *Fragestellungen:* Folgen der Einführung von „neuen" Medien wie bspw. des Fernsehens in den 60er Jahren in den USA oder des Privatfernsehens in den 80er Jahren in Deutschland auf die Familie, Konse-quenzen der Programmvermehrung auf die Kanalwahl, Unterschiede zwischen

AV- und Printmedien bezüglich des Wissenserwerbs, Effekte von TV-Unterhaltung, Auswirkungen *formaler Angebotsweisen* des Fernsehens wie Kurzfristigkeit, schnelle Schnittfolgen u.a.m. (Sturm 1991; Kepplinger 1987).

Intendierte vs. nichtintendierte Effekte. Unbeabsichtigte Medienwirkungen beziehen sich auf die Folgen des Medienumgangs bspw. im Zusammenhang mit Prozessen der Sozialisation; demgegenüber umfassen die intendierten Medieneffekte etwa die Effekte von Informationskampagnen (Rice / Atkin 2001) oder von politischer Propaganda (Dillard / Pfau 2002).

Direkte vs. indirekte Effekte. Medienberichterstattung kann interpersonalen Austausch in sozialen Netzwerken anregen und erleichtern, was in einem zweiten Schritt auf indirekte Weise die Bedeutungszuweisung und Färbung von Themen beeinflussen kann (Schenk 1997: 163; Rogers 2002: 199).

Intensität vs. Verbreitung. Im öffentlichen Diskurs dominieren Phänomene von intensiven bzw. starken Medieneffekten (Brosius / Esser 1998) wie bspw. Nachahmungstaten im Gefolge der Rezeption von Gewaltfilmen. Davon unterschieden werden muss die Frage nach der Verbreitung von u.U. nur wenig intensiven Effekten z.B. im Gefolge einer Informationskampagne.

Abb. 5: Dimensionen von Medienwirkungsphänomenen

- Was wirkt?
  - einzelne Inhalte wie Politik, Werbung, Info-Kampagnen
  - formal gestalterische Merkmale: Gewalt, Verhältnis „Text-Bild"
  - Sendungen, Programm, Medien: Unterhaltung, TV vs. Buch
- Wer ist betroffen?
  - Individuen
  - Gruppen: z.B. Familie, Jugend
  - Gesellschaft: z.B. Mechanismen von Politik
- Welche Effekte im Kommunikationsverlauf?
  - Vorher: Umfang und Motive der Medienzuwendung
  - Während: Aufmerksamkeit und Info-Verarbeitung
  - Nachher: Wissen, Emotionen, Einstellungen, Verhalten
- Welche Modalitäten?
  - kurzfristige vs. längerfristige Effekte
  - intendierte vs. unbeabsichtigte Effekte
  - direkte vs. indirekte Effekte
  - Intensität / Stärke vs. Ausmaß / Verbreitung von Effekten

Stabilisierung vs. Veränderung. Gemeint ist die Unterscheidung zwischen Medieneinflüssen auf Einstellungen und Verhaltensweisen, die beim Menschen schon bestehen und diese verstärken und dem Erlernen und der Ausführung von neuen Verhaltensweisen wie der Diffusion von Innovationen (vgl. Kap. 4.2), die ohne Medieneinfluss sich nicht ereignen würden, bspw. bei Informationskampagnen mit innovativen Zielsetzungen.

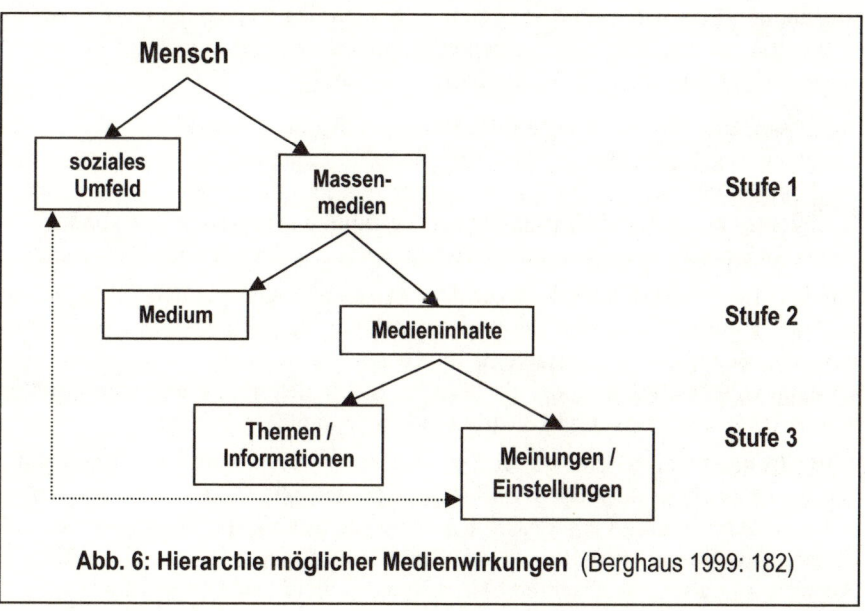

Abb. 6: Hierarchie möglicher Medienwirkungen (Berghaus 1999: 182)

Zusammenfassend hat Berghaus (1999) aufgrund der Feststellung, dass Medienwirkungen kein monolithischer Block sind, sondern differenziert zu betrachten sind, aber auch die Gefahr einer beliebigen Aufsplitterung in verschiedenste Dimensionen von Wirkungen besteht, ein *Modell zu deren Systematisierung* (vgl. Abb. 6) vorgeschlagen. Unterschieden werden drei Stufen mit abnehmender Bedeutung: 1) Das *soziale Umfeld* (Familie, Gruppenbindungen und persönliche Kommunikation) liefert die Selektionskriterien für die Beurteilung und Wahl von Medien und gibt gleichsam die Leseart für Medienbotschaften vor. 2) Das *Medium* selbst ist mehr als seine Inhalte. Es enthält eine mächtigere „message", die der Wirkung einzelner Medieninhalte vorausgeht. 3) *Themen und Informationen* bilden die größten Wirkungspotenzen von Medieninhalten. 4) Dagegen werden *Meinungen und Einstellungen* im sozialen Umfeld gebildet, dort stabil gehalten und in „looking-glass" Manier in Medieninhalte hineinprojiziert.

1.2.3 Tendenzen der Medienwirkungsforschung

Ab den 70er Jahren ist eine generelle Neuorientierung in der Medienwirkungsforschung erkennbar. Damit verändert sich auch das Verständnis von Medienwirkungen selbst. Folgende Akzentverschiebungen sind erkennbar (Clarke / Kline 1974; Chaffee 1977; McLeod / Reeves 1980):

Inhaltsspezifische vs. kommunikationsspezifische Effekte. Die Wirkungsforschung der 60er Jahre hat sich vor allem mit den Effekten von spezifischen Medieninhalten befasst. Neu wird stärker das kommunikative Verhalten der Rezipienten untersucht: Warum suchen bestimmte Akteure in bestimmten sozialen Situationen bei bestimmten Medien gewisse Informationen oder nicht?

Effekte als Produkt oder Prozess. Die klassische Wirkungsforschung ist auf ein eher statisches Konzept der Medienwirkung als postkommunikatives Produkt der Beeinflussung festgelegt. Im Gegensatz dazu steht die neuere Auffassung von Medienwirkung als aktives, durch den Rezipienten gesteuertes sinnhaftes Interaktions- und konstruktives Rezeptionsgeschehen.

Einstellungen vs. Kognitionen. Die Betonung von kommunikationsspezifischen und prozessorientierten Wirkungen seit den 70er Jahren geht zusammen mit einer Abwendung vom klassischen Einstellungskonzept: kognitive Medieneffekte wie Wissenserweiterung oder Informationssuche, aber auch affektive Auswirkungen sind als fruchtbare Forschungsgebiete entdeckt worden.

Effekthierarchie. Im Einstellungskonzept der klassischen Wirkungsforschung ist eine hierarchische Interpretation des Wirkungsprozesses impliziert: Wissen führt zur Bildung von positiven oder negativen Einstellungen (Affekt) und diese wiederum steuern Verhalten. Diese lineare Umsetzung als Lernhierarchie gilt nicht generell, d.h. es müssen auch andere Typen analysiert werden wie bspw. die Dissonanz-Attributions-Hierarchie: Verhalten → Affekt → Wissen oder die Low-Involvement-Hierarchie: Affekt → Verhalten → Lernen.

Mikro- vs. Makroebene. Medieneffekte sollen nicht nur auf der Ebene des einzelnen Menschen angegangen werden. Individuelle Wirkungen können nämlich nicht additiv wie in der demoskopischen Forschung zu gesamtgesellschaftlichen Konsequenzen zusammengefasst werden. Gefordert wird darum eine *systemhaftere* Auffassung von Medienwirkungen, wobei auch Merkmale der sozialen Struktur und in methodischer Hinsicht *Mehrebenenansätze* mit zu berücksichtigen wären (Pan / McLeod 1991; Schulz 1993).

1.3 Erklärungen

Im Gegensatz zur bei Politikern, Pädagogen, Eltern und sonstigen Laien, aber auch in der populärwissenschaftlichen Literatur ganz allgemein vorherrschenden Überzeugung bezüglich Macht und Einflussmöglichkeiten der modernen Massenmedien, tut sich die Medienwissenschaft bei der Erforschung der Medienwirkungen schwer. Die Theoriebildung ist schwankend, diskontinuierlich und fragmentarisch geblieben; die Integration der vielen Einzelbefunde blieb mangelhaft; und im Verlaufe der Entwicklung der Medienwirkungsforschung haben sich nicht nur deren Gegenstand und die darauf bezogenen Fragestellungen, sondern auch die *theoretischen Ansätze* zur Erklärung von Medienwirkungen geändert (Berghaus 1999: 181).

Überblicksmäßig lässt sich die Forschungsentwicklung grob in verschiedene *Phasen* (Brosius / Esser 1998; Wicks: 14ff.) mit je unterschiedlichen *wissenschaftlichen Paradigmas* unterteilen, die axiomatisch von je anderen psychologischen Konzeptionen des Rezipienten und soziologischen Vorstellungen der Gesellschaft ausgehen (vgl. Abb. 7 + 8). Diese *forschungsleitenden Prämissen* beeinflussen auch die je typische Einschätzung des Wirkungspotentials der Medien auf die Menschen bzw. die Gesellschaft. Zu konstatieren ist ein Schwanken zwischen den Polen „Medienallmacht" und „Ohnmacht der Medien".

Abb. 7: Drei Phasen der Wirkungsforschung			
Dimensionen	**1. Phase** **30er Jahre**	**2. Phase** **50er / 60er Jahre**	**3. Phase** **ab 1970**
Gesellschafts- konzeption und Menschenbild	Masse von isolierten Menschen	Kleingruppen mit Konformitäts- druck	differenzierte Be- dürfnis befriedigende aktive Individuen
Effektebene	Verhalten	Einstellungen	Motive + Kognitionen
Wirkungs- prozesse	Manipulation Imitation	negative Selektion Konsonanz	positive Selektion Konstruktion
Stärke und Art der Medienwirkung	groß homogen	klein Verstärkung	mittel bis groß differenzierend

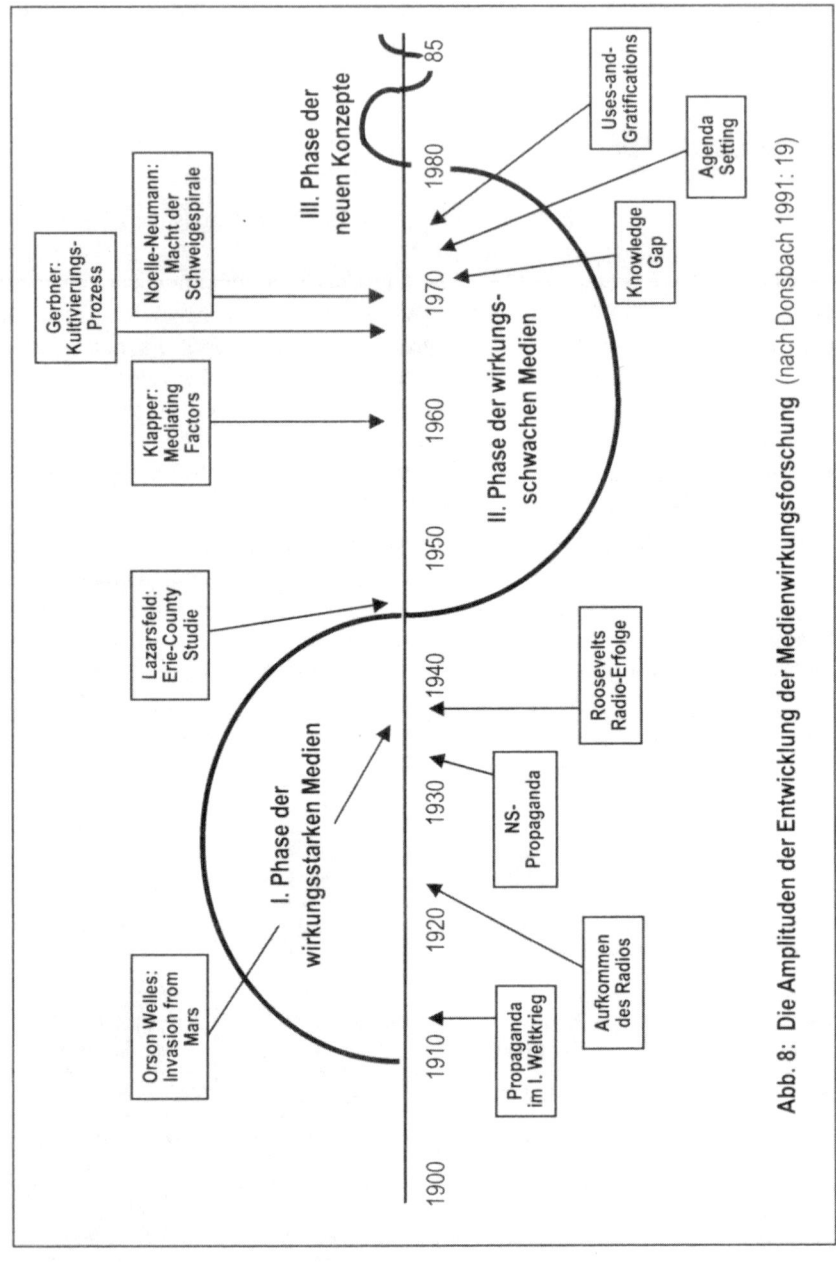

Abb. 8: Die Amplituden der Entwicklung der Medienwirkungsforschung (nach Donsbach 1991: 19)

1.3.1 Stimulus-Response-Modell und Medienallmacht

Ein praktisches Verwertungsinteresse an Medienwirkungsforschung entstand mit dem Aufkommen der modernen Massenpresse um die Jahrhundertwende und in den 20er / 30er Jahren im Zusammenhang mit den neuen Medien „Film" und „Radio". Stichworte dazu sind: Werbung, Kriegspropaganda im I. und II. Weltkrieg, Wahlkampf (Lasswell 1927; DeFleur 1970).

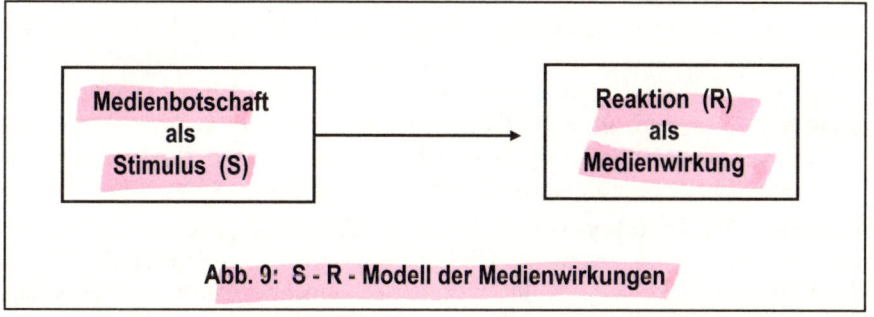

Abb. 9: S - R - Modell der Medienwirkungen

S - R - Modell. Es gilt das Axiom der direkten, unvermittelten und *monokausalen Wirkung* der Massenkommunikation auf die Rezipienten. Metaphern sind: „Multiplikations-Effekt", „Transmission Belt", „Magic Bullet" oder „Hypodermic Needle". Weiter wird davon ausgegangen, dass die Medien dabei über geschickt ausgewählte, sorgfältig geplante und massenhaft verbreitete Botschaften als Stimuli wirken. Diese erreichen die Rezipienten, werden von ihnen etwa identisch aufgenommen, verarbeitet und gespeichert und führen dann zu weitgehend identischen Responses als Reaktionen. Der Kommunikationsinhalt wird mit der Effektrichtung gleichgesetzt (Merten 1978: 11), wie die Visualisierung des S - R - Modells in Abb. 9 veranschaulicht.

Hadley Cantril (1940; dt. in: Prokop 1985) dokumentierte in seiner klassischen Studie beispielhaft massenhafte Panikreaktionen auf das Radio-Hörspiel „Invasion from Mars" von H.G. Wells vom 30. Okt. 1938 unter der Regie von Orson Welles in den USA bei HörerInnen, die es als Nachrichtensendung missverstanden. Kunczik / Zipfel (2001: 288) relativieren Cantrils Fazit, basierend auf nur 135 Interviews, wonach zumindest 1 Million Menschen verängstigt gewesen seien: 12% hatten die Sendung gehört; 28% von ihnen missverstanden das Hörspiel als Nachrichtensendung; 70% von diesen wiederum waren verängstigt oder verstört; d.h. Effekte gab es lediglich bei 2% der Bevölkerung! Ein weiteres klassisches Beispiel ist die Studie von Robert K. Merton (1946) über die Radiosprecherin Kate Smith, die mit ihrem positiven Image und ihren patriotischen Appellen sehr erfolgreich zum Kauf von Kriegsanleihen – engl.: war bonds – aufrief. – Die empirische Bestätigung ist aber gering geblieben.

Spezifische Konzepte – Menschenbild und Gesellschaftskonzeption – bilden die *Basisannahmen des S - R - Paradigmas* der Omnipotenz der Massenmedien:

Menschenbild. Nach der Psychologie der Jahrhundertwende sind Individuen von ihrer Grundausstattung her ähnlich: Uniformität und Fixiertheit der vererbten und biologisch verankerten Triebe. Die Basis bildet die Instinkt-Psychologie von McDougall in der Sozialpsychologie. Wenige biologisch bedingte Triebe und emotionale Prozesse, über die der einzelne keine bewusste Kontrolle auszuüben vermag, steuern das Verhalten und lösen aufgrund ihrer Vererbtheit bei allen Individuen ähnliche Reaktionen aus, und zwar als Antwort auf entsprechende Stimuli, die als Auslösereize fungieren (Maslow 1954).

Gesellschaftskonzeption. Die rasch fortschreitende Industrialisierung und die damit verbundene zunehmende Arbeitsteilung bilden den Hintergrund der in der Soziologie Ende des 19. Jhd. diskutierten Gegenbegriffe von Gesellschaft und Gemeinschaft (Tönnies 1887). Im Gegensatz zur organisch strukturierten, hoch integrierten, traditionsgeleiteten Gemeinschaft bestehen in der (Massen-) Gesellschaft nur noch formale Beziehungen zwischen Personen: Hohe Entfremdung, geschwächte Primärgruppenbeziehungen und Verfall traditioneller Institutionen wie Religion und Familie. Konsequenzen sind: Massengesellschaft mit in Anonymität lebenden, *atomisierten* und isolierten Individuen, die *außengeleitet* sind; als Pendant dazu die Massenkommunikation mit ihrem dispersen Publikum: Gustave Le Bon 1895: „Psychologie der Massen", David Riesman 1950: „The Lonely Crowd", Elias Canetti 1960: „Masse und Macht".

Auch heute noch wird diese Konzeption der starken Medieneffekte als *Manipulationstheorie* von Laien, Meinungsbildnern und Pädagogen vorab bezüglich der Fernsehwirkungen vertreten (Larsen 1964; Naschold 1973; Schenk 2002: 24ff.). – Zudem arbeitet die Publikums- / Leserschaftsforschung nach diesem aussagen-zentrierten Modell, indem sie dazu tendiert, die *Omnipräsenz der Medien* mit deren *Omnipotenz* gleichzusetzen: Leserschafts- / Zuschauerzahlen, differenziert nach demographischen Kriterien, stehen für Popularität und Werbewirksamkeit der Medien (Langenbucher / Räder / Weiss 1978: 20ff.).

Historisch betrachtet forschte Carl I. Hovland mit seinen Mitarbeitern an der Yale-University anfangs der 50er Jahre noch mit dem S - R - Paradigma, indem sie eine sog. „Neue Rhetorik" erstmals auf empirischer Basis zu entwickeln versuchten: *Unabhängige Input-Faktoren* wurden in Form von Quellen-, Medium-, Aussage-, Empfängermerkmalen mit *abhängigen* Output-Faktoren als Dimensionen der Medienwirkung wie Einstellungsänderung in Laborexperimenten zu verknüpfen versucht (Hovland u.a. 1953; Maccoby 1987).

Das Konzept der direkten und unvermittelten, d.h. nur von der Gestaltung der Medienbotschaft abhängigen, Medienwirkung erwies sich jedoch bald als ungenügend (Thayer 1963: 26; Dröge 1973: XIV). Und nach Brosius / Esser (1998) ist dieses Paradigma vermutlich in dieser „simplen" Form in der empirischen Forschung auch nur selten vertreten worden. Zusätzliche *intervenierende* oder *mediatisierende* Faktoren mussten ins Basismodell eingeführt werden, was dann zum sog. S - O - R - Modell führte.

Die wissenschaftliche Entwicklung vollzog sich dabei einerseits im Zusammenhang mit der Differenzierung des Einstellungskonzeptes in den Konsistenztheorien in eine mehr sozialpsychologische, andererseits über das Zwei-Stufen-Modell der Kommunikation und die Diffusionstheorie in eine mehr soziologische Richtung. Gleichzeitig fand ein Wechsel von der Prämisse der „Medienallmacht" zu jener der „Medienohnmacht" statt.

1.3.2 Einstellungsbestätigung und Medienohnmacht

Die verstärkte Forschungsaktivität von Psychologen und Soziologen in den Labors der Armee während des II. Weltkriegs, sozialpsychologische Forschungen in Wirtschaftsorganisationen sowie die Entwicklung neuer Forschungs- und Auswertungstechniken gaben auch der Wirkungsforschung in den 50er Jahren neue Impulse:

S - O - R - Modell. Es kam zu einem *Paradigmenwechsel* von der Allmachts- zur Ohnmachtstheorie der Medien, weil sowohl der psychischen Struktur als auch der sozialen Verankerung der Rezipienten als intervenierende und mediatisierende Instanzen im Wirkungsprozess immer mehr Bedeutung zugemessen wurde. Die *Filterfunktion* dieser Faktoren als Bestätigung, Be- und Verstärkung bereits bestehender Prädispositionen und Erfahrungen wurde zunächst zu Unrecht als Wirkungslosigkeit der Medien interpretiert:

Allport begründet 1935 die Einstellungsforschung, indem der Einstellungsbegriff Individualität und Variabilität im Verhalten des Individuums zu fassen vermag, zugleich aber auch der sozialen Komponente des Verhaltens in Form von Konstanz und Gleichartigkeit Rechnung trägt. Obwohl Einstellungen stabile Verhaltenstendenzen gegenüber sozialen Objekten darstellen, müssen sie gelernt werden und können sich auch durch neue Informationen verändern. Dies macht den Einstellungsbegriff auch für die Wirkungsforschung attraktiv.

Betriebspsychologische Forschungen (Hawthorne-Studies von Rötlisberger), Feldbeobachtungen von Jugendlichen (Street Corner Society von White) und Laborexperimente zur Gruppendynamik und Gruppenkonformität (Lewin und Asch) widerlegten die damals vorherrschenden Annahmen der Massengesellschaft. Das einzelne Individuum ist in vielfältigste *soziale Gruppen* integriert, die ebenfalls als Bezugspunkte dienen und Filterfunktionen wahrnehmen, indem Konformitätsdruck herrscht und die Gruppe als Referenzrahmen auch die soziale Orientierung des Einzelnen beeinflusst.

Paul F. Lazarsfeld und seine Mitarbeiter von der Columbia-University untersuchten mittels Feldstudien den *Medieneinfluss bei Wahlkämpfen*, wobei vor allem das Konzept des *Zwei-Stufen-Flusses der Massenkommunikation* Bedeutung erlangte. Leon Festinger begründete mit seiner *Dissonanztheorie* das Forschungsgebiet der *Konsistenztheorien* mit der Entdeckung, dass Individuen zu Konsonanz zwischen ihren Einstellungen und ihrem Verhalten neigen.

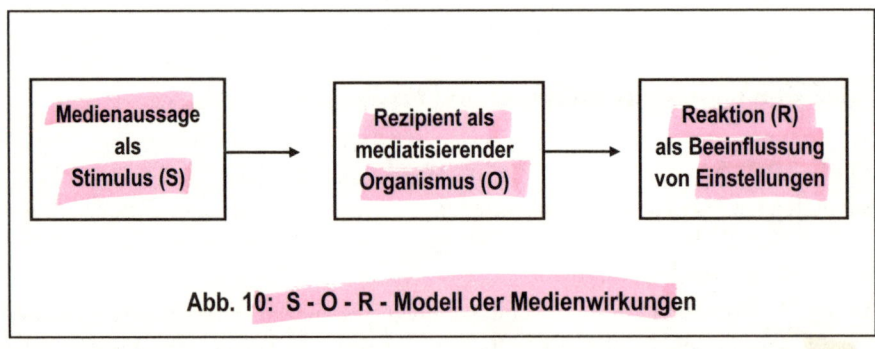

Abb. 10: S - O - R - Modell der Medienwirkungen

Im Gegensatz zum medienzentrierten S - R - Modell spielt der Organismus als mediatisierende Instanz im S - O - R - Modell die entscheidende Rolle. 1960 fasst Joseph Klapper die Erkenntnisse der im Rahmen dieses Paradigmas durchgeführten Forschungen folgendermaßen zusammen: Die Massenmedien können den Rezipienten nur über die psychisch und sozial mediatisierenden Instanzen beeinflussen. Im allgemeinen wirken diese Faktoren dabei in Richtung einer Bestätigung und Verstärkung der bereits bestehenden Einstellungen und Meinungen; Einstellungsänderungen sind darum selten. Es kommt nur dazu, wenn keine Prädispositionen als Filter vorhanden sind, d.h. etwa bei neuen Themen oder Kindern, bzw. wenn die mediatisierenden Faktoren selbst in Richtung des Einstellungswandels zielen (Klapper 1960; McGuire 1986).

1.3.3 Neuorientierung am Rezipienten – moderate Effekte

Zu Beginn der 70er Jahre intensiviert sich die Grundsatzdiskussion in der Wirkungsforschung, was sich im Erscheinen neuer Fachzeitschriften (z.B. „Communication Research") und Publikationsreihen (Sage Monographien) äußert. Einerseits rücken neue Wirkungsphänomene wie kognitive Medieneffekte, die bislang in der Forschung übergangen worden waren, stärker ins Zentrum der Forschung, andererseits erfolgt eine Umorientierung der theoretischen Perspektive, und zwar weg vom Kommunikator mit seiner Medienaussage und hin zum Rezipienten und seiner aktiven und sinnhaften Mediennutzung (McLeod / Reeves 1980; Chaffee 1978). Tendenziell wird den Wirkungen der Medien in ihrer Vielschichtigkeit wieder vermehrt Bedeutung zugesprochen: „Models of Powerful Effects under Limiting Conditions" (Roberts / Maccoby 1985).

Im Gegensatz zur klassischen Wirkungsforschung, die sich fast ausschließlich mit dem Einstellungswandel als Medienwirkung befasst hat, betonen Clarke / Kline 1974, dass „Lernen" oder „Wissensvermittlung" eine üblichere Folge von Massenkommunikation seien als Einstellungswandel. Damit wird ein weiter Bereich neuer Wirkungsphänomene erschlossen: Agenda-Setting (Kap. 7.1), Knowledge-Gap (Kap. 7.3), Kultivierungs-Analyse (Kap. 7.4).

Als einer der ersten hat Raymond Bauer 1964 vom widerspenstigen Rezipienten als „obstinate audience" gesprochen. Der Uses-and-Gratifications-Ansatz interpretiert dann die Mediennutzung im Gefolge der Rezeption des Symbolinteraktionismus systematisch als aktives, sinnhaftes und intentionales soziales Verhalten. Während S - R - Theorien, aber auch noch das S - O - R - Modell aussagenzentriert danach fragen, was die Medien beim Rezipienten bewirken, fragt der Nutzenansatz: Was machen die Rezipienten mit den Medien? Welche Bedürfnisse und Motive stehen hinter der Medienzuwendung? Mediennutzung erscheint als Bindeglied zwischen den Interessen und Orientierungen des Individuums und den Gegebenheiten seiner sozialen Umwelt (Lin 1977: 56).

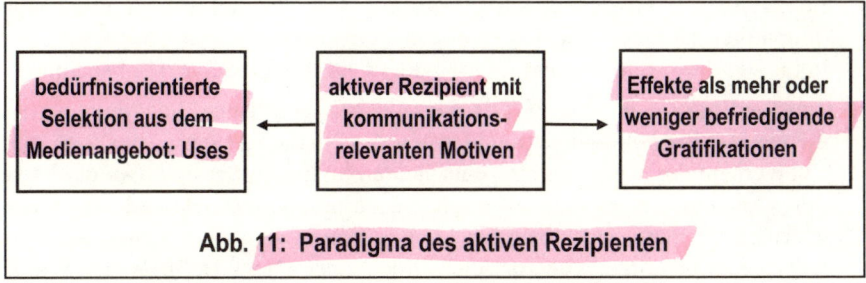

Abb. 11: Paradigma des aktiven Rezipienten

Publikumsaktivität äußert sich nicht nur in aktiver und sinnorientierter Hinwendung zur Massenkommunikation zwecks Befriedigung kommunikationsrelevanter Bedürfnisse. Neuerdings ist stärker erkannt worden, dass Medienaussagen als Stimuli nicht unabhängig vom Rezipienten quasi invariaten Sinn haben. So wird die qualitative Analyse des Rezeptionsprozesses auf der Folie konstruktivistischer Überlegungen von Relevanz für die Wirkungsforschung: Wie schreibt der Rezipient der Medienrealität aktiv subjektiven Sinn und Bedeutung zu? Wie konstruiert er qua Medienwirklichkeit seine soziale Realität? Und: Wie benützt er seine Deutungen der Medienrealität zur aktiven Bewältigung seiner Alltagswirklichkeit (Kohli 1977; Pingree / Hawkins 1983)?

1.3.4 Erklärung von Medienwirkungen: Stand der Diskussion

Zusammenfassend hat die Entwicklung der Medienwirkungsforschung an neuen Erkenntnissen folgende *Einsichten* erbracht:

1. **Vielfalt an Wirkungsphänomenen.** Bis heute gibt es noch *keine* integrale Medienwirkungstheorie, welche die Einflüsse der Medien auf die Rezipienten mit Hilfe zugrunde liegender Faktoren und Mechanismen im erklärenden Sinn umfassend verständlich zu machen vermöchte. Es hat sich gezeigt, dass weder die nur aussagenzentrierten, noch die nur rezipientenorientierten Ansätze völlig zu befriedigen vermögen.

2. **Transaktionale Perspektive.** Erst die Integration von Perspektiven, die von einer *Inter- bzw. Transaktion* zwischen Faktoren sowohl der Medienumwelt als auch des Rezipienten ausgehen (Abb. 12), ist dem Medienwirkungsgeschehen adäquat. Medieneffekte kommen so nur interaktiv zustande, indem sich direktive Aspekte des Medienangebots wie Inhaltsauffälligkeit, Kumulation und Konsonanz mit motivationalen und kognitiven Aspekten der Rezipienten überlagern (Früh / Schönbach 1982; Schulz 1984; Früh 1991).

3. **Kausalität vs. Konstruktion.** Umstritten bleibt, ob eine solch transaktionale Sichtweise mit einem *kausalen Transfer- bzw. Impact-Modell* überhaupt kompatibel ist oder notwendigerweise *konstruktivistische Prämissen* bedingt, wie dies Merten (1994: 309ff.) oder Charlton (1997: 17ff.) behaupten.

4. **Randbedingungen.** Die jeweils spezifischen gesellschaftlich dominanten Werte oder Institutionalisierungsformen des Mediensystems, aber auch das Involvement der Mediennutzer, entscheiden im konkreten Fall über das Wirkungspotential der medienvermittelten Kommunikation. Befunde etwa der amerikanischen Gewaltforschung können darum nicht unbesehen auf den deutschen Sprachraum übertragen werden oder ältere Befunde der Wahl-

forschung können an Gültigkeit einbüßen, weil sich das politische und / oder das Mediensystem gewandelt haben (Chaffee / Hochheimer 1983). Zudem sind die Medien oft nur einer unter weiteren relevanten Faktoren, die an gesellschaftlichen Entwicklungen beteiligt sind, diese verstärken, mitunter auslösen, beschleunigen oder in eine ganz bestimmte Richtung lenken können.

5. **Publikumsaktivität.** Das Publikum kann wollen, und zwar nicht nur negativ als Selektionsfilter, sondern auch positiv als Interesse und aktiv als gezielte Informationssuche; gleichzeitig ist es aber auch abhängig und passiv bezüglich des Medienangebots, das faktisch zur Verfügung steht.

6. **Indirekte Wirkungen.** Medien wirken nicht nur direkt, sondern auch indirekt z.B. über interpersonale Kommunikation via Meinungsführer.

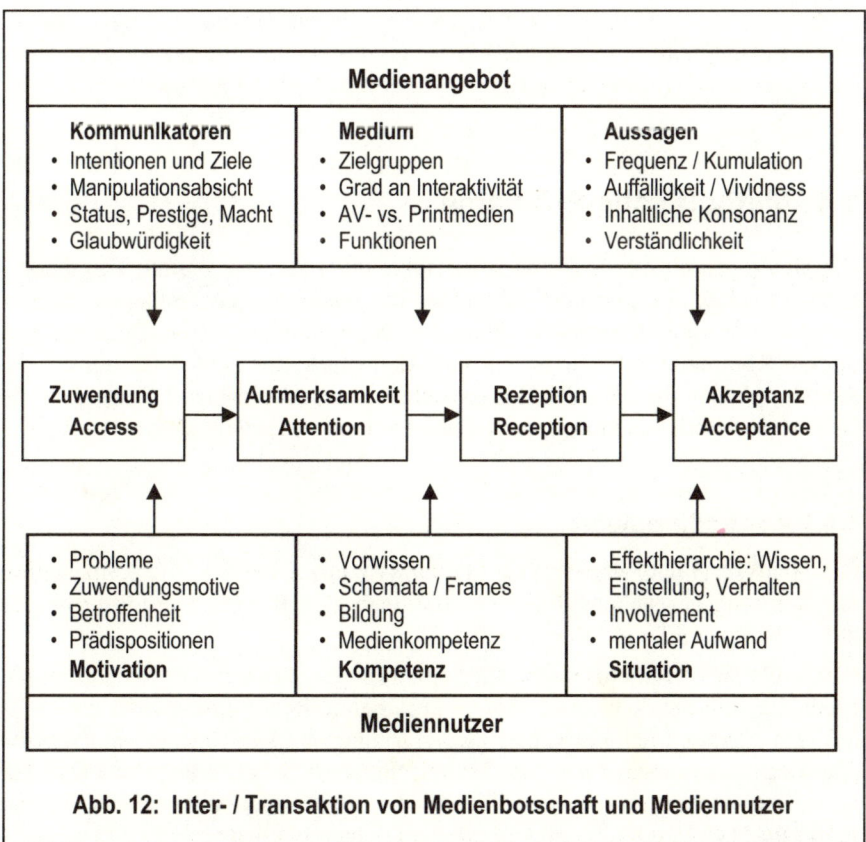

Abb. 12: Inter- / Transaktion von Medienbotschaft und Mediennutzer

7. **Medium.** Fernsehen oder Internet können bspw. das selektive Verhalten einschränken und Effekte im Sinne einer „Überrumpelung" erzeugen, aber auch mehr selektive Eigenaktivität ermöglichen oder gar verlangen.

8. **Realistischere Wirkungserwartungen.** Die Fixierung nur auf Einstellungsbeeinflussung verschiebt sich zugunsten der Berücksichtigung von Kognitionen als unterster Ebene der Effekthierarchie. Zugang zu und Beachtung von Medienbotschaften sind zwar *notwendige* Bedingungen für das sich Ereignen von Medieneffekten, oft aber nicht *hinreichende* Ursachen (McGuire 1986): Kinder lernen via TV zwar Verhaltensmodelle, deren faktische Ausübung in konkreten Situationen hängt aber von nichtmedialen Faktoren ab.

9. **Systemhaftigkeit.** Notwendig ist die Analyse der je spezifischen Konstellationen, Gewichtigkeit und Verknüpfung der im Wirkungsgeschehen konkret involvierten Faktoren und Prozesse (Bonfadelli 1998): der Druck des Medienangebots (medial), das Ausmaß der Informationssuche (motivational), der mentale Aufwand und die Interpretationsstrategien (kognitiv), das Konsonanzstreben (affektiv) und der Konformitätsdruck (sozial).

1.4 Methodische Probleme

Die Heterogenität möglicher Medieneffekte (1.2) und die Vielfalt von theoretischen Erklärungsversuchen (1.3) gehen mit methodischen Problemen zusammen, die von Beginn an der Wirkungsforschung inhärent waren. Dabei geht es um die Komplexität der Erfassung von Medieneffekten einerseits, und um die Schwierigkeiten der kausalen Rückbeziehung von gemessenen Effekten auf die sie verursachenden Faktoren andererseits (Schulz 1982: 64ff.).

1.4.1 Kontrollprobleme

Die Analyse und Erklärung von Medienwirkungen muss zur Dokumentation des Wirkungsgeschehens folgende Stationen des Kommunikationsprozesses kontrollieren (McLeod / Reeves 1980: 27ff.):

Kontrolle des Medieninhalts. Medienwirkungen werden unterschiedlichsten Medienstimuli zugeschrieben. Als verursachende Bezugsgröße kann einerseits z.B. ein ganzes Medium stehen (die Wirkung *des* Fernsehens), andererseits eine Szene aus einem Film, ein Artikel oder eine Schlagzeile. Vor allem bei komplexeren Bezugsgrößen stellt sich die Frage nach der *Äquivalenz von Inhalt und Effekt*, d.h. ob und wie die Rezipienten überhaupt auf welche inhaltlichen oder formalen Charakteristika der Botschaft reagieren. Diese Frage ist vor allem von Bedeutung bei inhaltsunspezifischen Theorien wie der Kultivierungshypothese: Inwiefern stimmen inhaltsanalytisch erhobene Mediengewalt und durch den Rezipienten perzipierte Medienrealität überein?

Kontrolle der Medienzuwendung. Sie ist vor allem bei Feldstudien ein schwieriges Problem. Oft haben Informationskampagnen nur keine Auswirkungen, weil sie die anvisierten Zielgruppen gar nicht erreicht haben: Zugangsklüfte. Hinzu kommt, dass in den meisten Studien die Medienzuwendung mittels quantitativer Maße nur unzureichend erfasst wird. Oft ist es auch nicht möglich, den Einfluss nichtmedialer Quellen wie interpersonale Kommunikation befriedigend zu kontrollieren. Mögliche Auswege bestehen im Einsatz von rezipienten- und aussagenbezogenen Indikatoren wie Medienabhängigkeit oder Aussagendiskriminierung (vgl. Clarke / Kline 1974). Weil Medieneffekte auf unterschiedlichen Ebenen auftreten, muss zudem das *Nichteintreten* von Einstellungsänderung nicht unbedingt bedeuten, dass keine Medienwirkungen vorliegen; diese können ja auf der kognitiven oder affektiven Ebene erfolgt sein. Weiter besteht das Problem, dass gemessene Effekte in einem inneren und eindeutigen Zusammenhang mit der Medienbotschaft als Stimulus stehen sollten.

Inferenzproblematik. Weil (Massen-)kommunikation das Alltagsleben der heutigen Menschen so umfassend durchdringt, ist es äußerst schwierig, bestimmte vermeintliche Effekte eindeutig als Medienwirkungen zu identifizieren und diese verläßlich auf entsprechende Ursachen zurückzuführen. Neben einer guten Stimulusbedingung besteht das Hauptproblem in der Kontrolle von mitverursachenden Dritt-Faktoren. *Frage:* Ist es wirklich die Medienzuwendung, die einen festgestellten Effekt verursacht hat? Welche anderen Einflüsse, vermittelt durch welche Instanzen, könnten ebenfalls in Frage kommen?

Drittfaktoren. Den mediatisierenden Prozessen, welche die Beziehung zwischen Medienaussagen als Input und Medieneffekten als Output vermitteln, ist lange Zeit nicht genügend Aufmerksamkeit geschenkt worden. Medieneffekte müssen aber fast immer als indirekt und vermittelt begriffen werden, d.h. als Interaktion von verschiedensten Faktoren und Prozessen. Abzuklären ist dabei jeweils das spezifische Zusammenwirken dieser Faktoren. – Nach der Wissenskluft-Hypothese profitieren Menschen aufgrund ihres je spezifischen Bildungsstands von ihrer Mediennutzung je unterschiedlich (vgl. Abb. 13). Bei hoher wird im Vergleich zu niedriger formaler Bildung rascher gelernt und mehr Information aufgenommen, was zu sich verstärkenden Wissensklüften führt. Je nach Konstellation sind aber auch sich verringernde Klüfte bei Redundanz und Konflikt oder additive Effekte denkbar, wenn aus Mediennutzung, und zwar unabhängig von Bildung, gleichermaßen Wissen resultiert.

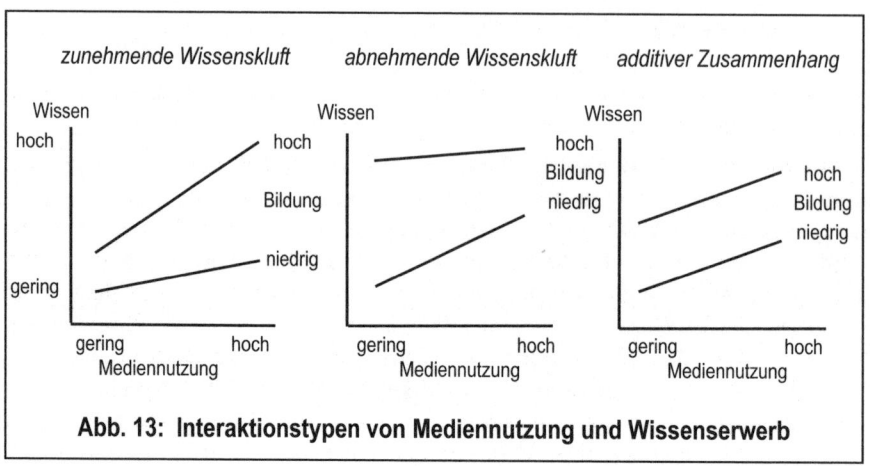

zunehmende Wissenskluft   abnehmende Wissenskluft   additiver Zusammenhang

Abb. 13: Interaktionstypen von Mediennutzung und Wissenserwerb

1.4.2 Untersuchungsanlagen

Laborexperiment. Die Wirkungsforschung hat sich in den 60er Jahren hauptsächlich auf das *Laborexperiment* abgestützt. Im Unterschied zur Feldfor-
schung werden die Daten nicht im natürlichen sozialen Kontext erhoben,
sondern Beobachtung und Datenerhebung erfolgen in einer möglichst kontrol-
lierten und standardisierten Situation, die von der Alltagswelt u.U. stark abweichen kann.

Die *Vorteile* der Laborsituation liegen in der Kontrolle sowohl der Medienaussage als Stimulus als auch der Medienzuwendung zum Stimulus. Zudem kann
der mögliche Einfluss von weiteren Drittfaktoren gut kontrolliert werden. Der
Nachteil liegt darin, dass diese kontrollierte Konzentration auf nur eine einzelne und zudem vorgegebene, oft auch für den Rezipienten irrelevante Medienaussage in einer isolierten Rezeptionssituation dem Phänomen „Massenkommunikation" überhaupt nicht entspricht: *fehlende externe Validität*. Medieneffekte können sich so als *Artefakte* einer künstlich hergestellten Situation mit
hoher Aufmerksamkeit und geringer Relevanz ergeben. Ungeklärt ist, welche
Bedeutung die so gewonnenen Befunde für das Verständnis der medienvermittelten Kommunikation haben können.

Feldstudien analysieren im Unterschied zum Laborexperiment medienvermittelte Kommunikationsprozesse oft mittels Befragung so, wie sie im Alltag tatsächlich ablaufen. Wirkungen werden immer nur im Vergleich untersucht und
festgestellt. Während früher noch der Vergleich „Vor- / Nach-TV-Einführung"
möglich war oder „Seher" mit „Nicht-Sehern" verglichen werden konnten, ist

dies heute kaum mehr möglich. Medienzuwendung wird als tägliches, habitualisiertes und stark extensives Verhalten von praktisch allen ausgeübt. Zudem ist die vollständige Dokumentation des Wirkungsgeschehens schwierig. Die kausale Verknüpfung von Medienaussage und Medieneffekt erscheint problematisch, da prinzipiell sehr viele Drittfaktoren ebenfalls Ursachen sein könnten.

Abb. 14: Laborexperiment und Feldstudie im Vergleich		
Dimension:	Laborexperiment:	Feldstudie:
ausgewählte Thematik:	wenig aktuelle Themen, niedriges Ego-Involvement	aktuelle Themen, hohes Ego-Involvement
untersuchtes Zeitintervall:	kleines Zeitintervall zwischen Empfang der Aussage und gemessener Wirkung	potentiell großes Zeitintervall zwischen Empfang der Aussage und Messung
Kommunikationssituation:	künstliche Laborsituation	natürliche Umweltsituation
Zuwendung zur Medienaussage:	Inhalte werden dem Rezipienten vorgegeben	Zuwendung zum Medieninhalt ist freiwillig
Rezipienten-Interaktion:	kaum möglich	stark vorhanden
Beeinträchtigung der Validität:	interne Validität gewährleistet, externe nicht	interne Validität bedingt, externe ebenfalls bedingt
Aussagenniveau:	Praxisrelevanz kritisch bis fehlend	Korrelationsanalysen mit Kausalitätsproblematik

Quasi-Experiment. Von Bedeutung ist aber auf jeden Fall das Vorhandensein einer natürlichen Situation mit dem Charakter eines Quasi-Experimentes: ein starkes, gut diskriminierendes Medien-Ereignis wie Wahlen oder eine Informationskampagne, das Vorher / Nachher-Vergleiche oder bspw. den Vergleich einer Stadt mit Kabel-TV mit einer solchen ohne ermöglicht.

1.4.3 Beispiel: Experiment in der Wirkungsforschung

Problemstellung und Hypothese: Nach dem Yale-Approach sollte eine identische persuasive Botschaft einen stärkeren Einstellungswandel bewirken, wenn ihr Inhalt mit einer sehr glaubwürdigen Quelle verbunden ist.

Design. 244 Undergraduate Students der Yale University füllten einen Meinungsfragebogen in einer Geschichtsvorlesung zu verschiedenen Themen und Quellen aus. Eine Woche später gestaltete ein unbekannter Gastreferent, d.h. in Wirklichkeit der Experimentator, die Vorlesung zum Thema „Psychologie der Kommunikation". Sein Ausgangspunkt: Meinungen sind oft durch das, was man so liest, beeinflusst. Er wünschte dazu Anschauungsmaterial von den Studenten, indem er der Klasse Artikel zu verschiedenen Themen gab. Nach dem Lesen der Texte mussten die Studenten einen kurzen Fragebogen ausfüllen. Jeder Student erhielt dabei vier Artikel, und zwar jeweils zwei pro und zwei kontra zum Thema. Zudem waren die Versionen so gemacht, dass mit den Themen verschiedene Quellen mit je einmal hoher und einmal geringer Glaubwürdigkeit verknüpft waren.

Abb. 15: Als Stimuli verwendete Medienaussagen		
Themenbereiche	Glaubwürdigkeit der Quellen	
	hoch	gering
Kann zum jetzigen Zeitpunkt ein Atom-U-Boot gebaut werden?	R.J.Oppenheim	Prawda
Sollten Antihistamine rezeptfrei erhältlich sein?	Journal of Biology and Medecine	Massenmagazin mit geringem Niveau
Ist die Stahlindustrie Ursache der gegenwärtigen Stahlknappheit	Bulletin of National Ressources Board	Anti-Labor Rightist Columnist
Wird das Fernsehen die Anzahl der Kinos herabsetzen?	Fortune Magazine	Movie-Gossip Columnist

Abb. 16: Wirkungen von Quellen mit unterschiedlicher Glaubwürdigkeit				
Themen	Netto-Einstellungs-Änderung	Anteil „als glaubwürdig" geschätzte Quelle bei Quellenglaubwürdigkeit		Perzipierter Glaubwürdigkeits-unterschied zwischen den beiden Quellen
		tief	hoch	
U-Boot	35%	1%	94%	93%
Antihistamine	23%	6%	95%	89%
Stahlknappheit	11%	17%	81%	64%
Kinozukunft	-3%	21%	89%	68%
Durchschnitt	14%	11%	89%	78%

Befunde. Glaubwürdige Quellen wurden von den Befragten wirklich auch als glaubwürdig eingeschätzt. Einstellungsänderungen, gemessen als Anzahl Personen, die von der ersten zur zweiten Befragung ihre Einstellung zum Thema wechselten, und zwar in Richtung Kommunikation. Von dieser Prozentzahl wurde die Anzahl jener subtrahiert, die ihre Einstellung in gegensätzlicher Richtung geändert hatten. Gesamtbefund: Im Durchschnitt induzierten die glaubwürdigen Quellen 22.5%, die unglaubwürdigen Quellen 8.4% Einstellungsänderungen, was einer Nettodifferenz von 14.1% entspricht.

Fragen. Stützen die Befunde die Hypothese? Ja, zudem: Mit Zunahme der Glaubwürdigkeit scheinen auch die Einstellungsänderungen anzusteigen. Aber: Große Unterschiede der Glaubwürdigkeit bewirken nur geringe Unterschiede in der Einstellungsbeeinflussung. Obwohl der Befund signifikant ist, stellt sich die Frage nach seinen praktischen Konsequenzen: Könnte in realen Situationen, wo die Unterschiede in der Glaubwürdigkeit zwischen den verschiedenen Kommunikatoren wesentlich geringer sind, ein ähnlicher Zusammenhang auftreten? Die Verwendung von vier Themen garantiert positiv eine gewisse Themenunabhängigkeit. Zugleich muss negativ festgehalten werden, dass der Einfluss der Glaubwürdigkeit offenbar mit dem Thema interagiert, also u.U. keine unabhängige Größe ist. Messtheoretisch: Ist die Operationalisierung des Konzepts „Glaubwürdigkeit" umfassend genug?

Quellen. Hovland, C.I. / Weiss, W.: The Influence of Source Credibility on Communication Effectiveness. In: Public Opinion Quarterly, 15, 1951, S. 635-650. Auch: Zimbardo, P. u.a. Influencing Attitudes and Changing Behavior. Reading, Mass. 1977, S. 91-97 und S. 125-127.

1.4.4 Beispiel: Feldstudie in der Wirkungsforschung

Problemstellung. Kann man sozial benachteiligten Kindern im Vorschulalter durch das TV Kenntnisse und Fertigkeiten vermitteln? 1968 wird von mehreren Organisationen in den USA der Children's Television Workshop gegründet, 1969 erste „Sesame Street"-Sendungen. Das Programm versucht mittels formaler gestalterischer Mittel, die den in der Werbung verwendeten ähnlich sind, die Aufmerksamkeit der Kinder zu fesseln, um so auf spielerische Art Kenntnisse zu vermitteln wie Buchstaben- / Zahlenerkennen, Zählen, Vokabular etc.

Design. ETS, The Educational Testing Service, versuchte mit verschiedenen Untersuchungen die Wirkung von „Sesame Street" zu bestimmen. Die Kinder wurden dabei einer Kontroll- und einer Sehbedingung zugeteilt. Die Eltern der Kinder mit „Sehbedingung" wurden über „Sesame Street" informiert, erhielten

Begleitmaterialien und wurden vom Untersuchungsteam wöchentlich besucht. Neben der Familiensituation wurden Kinder der „Sehbedingung" ebenfalls einer Schulsituation zugewiesen, indem sie dort im Rahmen der Schule „Sesame Street" sehen konnten. Die Kinder der Kontrollgruppe erhielten keine Anweisungen und keine Begleitung. Insgesamt dauerte der Versuch sechs Monate; 950 Kinder nahmen daran teil. Getestet wurde vor und nach dem Versuch mit verschiedenen Tests.

Abb. 17: Auswirkungen der Sendung „Sesame Street"						
Leistungs-Testskores		Insgesamt		Benachteiligte		Privilegierte
		Pretest	Gewinn	Pretest	Gewinn	Pretest	Gewinn
Seh- häu- fig- keit	4. Quartil (hoch) 3. Quartil 2. Quartil 1. Quartil (gering)	101 94 86 76	48 39 31 19	97 87 84 76	47 37 29 19	110 113 102 95	45 40 38 27
Insgesamt (N=943)		89	34	86	33	105	38

Befunde. Der ursprünglich geplante Vergleich von „Sehern" und „Nicht-Sehern" konnte wegen der Popularität der Sendung nicht durchgeführt werden. Darum wurden die Kinder aufgrund unterschiedlicher Sehfrequenz der Sendung in vier Untersuchungsgruppen mit je 25% eingeteilt. 1. In Haushalten mit College Bildung der Eltern wurde die Sendung deutlich häufiger genutzt (88% mind. eine Sendung in den letzten drei Monaten) als in Haushalten mit High-School Bildung (57%) oder in solchen ohne High-School Bildung (44%). 2. Für alle acht Subtests konnten je unterschiedliche Wissensgewinne nachgewiesen werden, d.h. wobei mit steigender Sehhäufigkeit der Serie mehr gelernt wurde. 3. Auch benachteiligte Kinder, d.h. solche mit Eltern aus der Unterschicht, lernten. Diese sahen sich jedoch das Programm viel weniger häufig an als Kinder aus der Mittelschicht. 4. Mittelschichtkinder lernten ausgesprochen viel: wachsende Wissensklüfte. 5. „Disadvanced children who viewed a lot surpassed the advanced children who did not view or viewed very little."

Probleme. Den Kindern der Sehbedingung wurde zusätzlich interpersonale Unterstützung teil. Es kann leider nicht zwischen dem Einfluss der Sendung und dem Einfluss interpersonaler Aktivitäten unterschieden werden. Welche Prozesse bewirkten den Lernerfolg? Wie wirkten interpersonale und Massenkommunikation zusammen? – Obwohl die Kinder durch „Sesame Street" lernten, muss die Gesamtwirkung der Sendung bezüglich ihrer Zielsetzung beurteilt werden: Findet tatsächlich Wissensausgleich statt? Weil sich vor allem die Mittelschichtkinder die Sendung besonders intensiv angesehen hatten, jene Kinder also, die schon vor der Sendung bildungsmäßig privilegiert waren, scheint sich die Wissenskluft zwischen den sozialen Segmenten vergrößert zu haben. Methodisch gesehen sind die Verwendung von Kontrollgruppen und der Vergleich zwischen „vorher" und „nachher" positiv zu werten.

Quellen: Ball, S. / Bogatz, G.: The First Year of Sesame Street. Princeton 1970; auch: Liebert, R.M.: The Early Window. Effects of TV on Children and Youth. New York 1978, S. 99ff.

1.4.5 Methodische Tendenzen

Die oben diskutierten Probleme der Erforschung von Medienwirkungen legen folgende methodologische Postulate nahe, die in Zukunft stärker berücksichtigt werden sollten (Schulz 1982: 82 / 83; McGuire 1986, S208ff.):

1. **Multimethoden Design.** Kombination von verschiedenen Methoden wie Inhaltsanalyse und Befragung, aber auch von standardisiert-quantifizierenden und qualitativen Verfahren.

2. **Longitudinales Design.** Berücksichtigung des Zeitverlaufs von Wirkungsprozessen mittels Panelstudien oder Zeitreihenanalysen (Mahle 1986).

3. **Mehrebenen Design.** Verknüpfung von Daten sowohl auf der Person- als auch auf der Ebene von Gruppen, Organisationen oder gesellschaftlichen Subsystemen (Pan / McLeod 1991).

4. **Drittfaktoren.** Berücksichtigung und Spezifizierung von mediatisierenden Drittfaktoren, die Medieneffekte je unterschiedlich verstärken oder abschwächen können (Perse 2001: 14-15).

5. **Multivariate Auswertungsmodelle,** bspw. mittels Pfadanalysen, die das gleichzeitige Zusammenwirken von verschiedenen Variablen analysieren.

Literatur

Amerikanische Monographien und Reader zur Wirkungsforschung

Bryant, Jennings / Thompson, Susan (2002): Fundamentals of Media Effects. Boston etc.

Bryant, Jennings / Zillmann, Dolf (Hg.) (2002[2]): Media Effects. Advances in Theory and Research. Mahwah N.J..

Hovland, Carl I. / Janis, I.L. / Kelley, H.H. (1953): Communication and Persuasion. New Haven.

Klapper, Joseph (1960): The Effects of Mass Communication. New York.

Lowery, Shearon / DeFleur, Melvin L. (1995[3]): Milestones in Mass Communication Research: Media Effects. White Plains, New York.

Perse, Elizabeth M. (2001): Media Effects and Society. Mahwah, N.J. / London.

Wicks, Robert H. (2001): Understanding Audiences. Learning to Use the Media Constructively. Mahwah, N.J.

Deutsche Monographien und Reader zur Wirkungsforschung

AfK (Hg.) (1980): Mediennutzung / Medienwirkung. Berlin.

AfK (Hg.) (1981): Medienforschung / Medienpolitik. Berlin.

Brosius, Hans-Bernd (1997): Modelle und Ansätze der Medienwirkungsforschung. Überblick über ein dynamisches Forschungsfeld. Bonn.

Burkart, Roland (Hg.) (1987): Wirkungen der Massenkommunikation. Theoretische Ansätze und empirische Ergebnisse. Wien.

DFG Deutsche Forschungsgemeinschaft (Hg.) (1986): Medienwirkungsforschung in der Bundesrepublik Deutschland. Teil I: Berichte und Empfehlungen, Teil II: Dokumentation, Katalog der Studien. Weinheim.

Dröge, Franz / Weissenborn, R. / Haft, H. (1969): Wirkungen der Massenkommunikation. Münster.

Früh, Werner (1991): Medienwirkungen: Das dynamisch-transaktionale Modell. Theorie und empirische Forschung. Opladen.

Groebel, Jo / Winterhoff-Spurk, Peter (Hg.) (1989): Empirische Medienpsychologie. München.

Hackforth, Josef (1976): Massenmedien und ihre Wirkungen. Göttingen.

Jäckel, Michael (2002[2]): Medienwirkungen. Ein Studienbuch zur Einführung. Wiesbaden.

Mahle, Walter A. (Hg.) (1986): Langfristige Medienwirkungen. Berlin.

Mahle, Walter A. (Hg.) (1985): Fortschritte der Medienwirkungsforschung? AKM-Studien 26. Berlin.

Prokop, Dieter (1981): Medien-Wirkungen. Frankfurt a.M..

Prokop, Dieter (Hg.) (1985): Medienforschung. Bd. 2: Wünsche, Zielgruppen, Wirkungen. Frankfurt a.M.

Publizistik (1982): Themenheft „Medienwirkungsforschung". In: Publizistik, 27(1-2).

Schenk, Michael (1987[1]/ 2002[2]): Medienwirkungsforschung. Tübingen.

Schorr, Angela (Hg.) (2000): Publikums- und Wirkungsforschung. Ein Reader. Wiesbaden.

Schulz, Winfried (Hg.) (1992): Medienwirkungen. Einflüsse von Presse, Radio und Fernsehen auf Individuum und Gesellschaft. Forschungsbericht der DFG Deutsche Forschungsgemeinschaft. Weinheim.

Winterhoff-Spurk, Peter (1999: Medienpsychologie. Eine Einführung. Stuttgart / Berlin / Köln.

Übersichtsaufsätze zur Medienwirkungsforschung

Berghaus, Margot (1999): Wie Massenmedien wirken? Ein Modell zur Systematisierung. In: Rundfunk und Fernsehen, 47(2), S. 181-199.

Bonfadelli, Heinz (1998): Politische Kommunikation – Kommunikationspsychologische Perspektiven. In: Jarren, Otfried / Sarcinelli, Ulrich / Saxer, Ulrich (Hg.): Politische Kommunikation in der demokratischen Gesellschaft. Ein Handbuch mit Lexikonteil. Opladen, S. 211-235.

Brosius, Hans-Bernd (2003): Medienwirkung. In: Bentele, Günter / Brosius, Hans-Bernd /Jarren, Otfried (Hg.): Öffentliche Kommunikation. Handbuch Kommunikations- und Medienwissenschaft. Wiesbaden 2003, S. 128-148.

Brosius, Hans-Bernd / Esser, Frank (1998): Mythen in der Wirkungsforschung: Auf der Suche nach dem Stimulus-Response-Modell. In: Publizistik, 43(4), S. 341-361.

Chaffee, Steven H. (1977): Mass Media Effects: New Research Perspectives. In: Lerner, D. / Nelson, L.M. (Hg.): Communication Research – A Half Century Appraisal. Honolulu, S. 210-241.

Charlton, Michael (1997): Rezeptionsforschung als Aufgabe einer interdisziplinären Medienwissenschaft. In: Charlton, Michael / Schneider, Silvia (Hg.): Rezeptionsforschung. Theorien und Untersuchungen zum Umgang mit Massenmedien. Opladen, S. 16-39.

Clarke, Peter / Kline, Gerald F. (1974): Medienwirkungen neu überdacht: Einige Strategien zur Kommunikationsforschung. In: Rundfunk und Fernsehen, 22, S. 37-52.

Donsbach, Wolfgang (1995): Mit kleinen Schritten voran. Zum Stand der Medienwirkungsforschung zu Beginn der neunziger Jahre. In: Jarren, Otfried

(Hg.): Medien und Journalismus 2. Opladen, S. 52-74.

Früh, Werner / Schönbach, Klaus (1982): Der dynamisch-transaktionale Ansatz. Ein neues Paradigma der Medienwirkungen. In: Publizistik, 27(1-2), S. 74-88.

Hasebrink, Uwe (2002): Publikum, Mediennutzung und Medienwirkung. In: Jarren, Otfried / Weßler, Hartmut (Hg.): Journalismus – Medien – Öffentlichkeit. Eine Einführung. Wiesbaden, S. 323-412.

Kepplinger, H.M. (1982): Die Grenzen des Wirkungsbegriffes. In: Publizistik, 27(1-2), S. 98-113.

Langenbucher, W. / Räder, G. / Weiss, H.-J. (1978): Zur Notwendigkeit einer Neukonzeption der Massenkommunikationsforschung in der BRD. In: Berg, K. / Kiefer, M.L. (Hg.): Massenkommunikation. Mainz, S. 9-39.

Larsen, O.N. (1964): Social Effects of Mass Communications. In: Faris, R.E. (Hg.): Handbook of Modern Sociology. Chicago, S. 348-381.

Maccoby, Nathan (1987): Die „neue" wissenschaftliche Rhetorik. In: Burkart, Roland (Hg.): Wirkungen der Massenkommunikation. Wien, S. 8-15.

McGuire, William (1986): The Myth of Massive Media Impact. Savagings and Salvagings. In: Public Communication and Behavior, Vol. 1. Orlando.

McLeod, Jack M. / Reeves, Byron (1980): On the Nature of Mass Media Effects. In: Withey, S.B. / Abeles, R.P. (Hg.): Beyond Violence and Children. Hillsdale, N.J., S. 17-54.

McLeod, Jack / Kosicki, Gerald M. / Pan, Zhongdang (1991): On Understanding and Misunderstanding Media Effects. In: Curran, James / Gurevitch, Michael (Hg.): Mass Media and Society. London / New York, S. 235-266.

McQuail, Denis (2000a): Mass Communication Theory. Part. IV: „Effects". London / Beverly Hills, S. 413-474.

McQuail, Denis (2000b): Medienwirkungen als Thema der kommunikationswissenschaftlichen Forschung: Versuch einer Evaluation unter besonderer Berücksichtigung der Variable Zeit. In: Schorr, Angela (Hg.): Publikums- und Wirkungsforschung. Wiesbaden, S. 31-43.

Merten, Klaus (1978): Von den Schwierigkeiten der Kommunikationsforschung. In: Bertelsmann Briefe, 95, S. 9-15.

Merten, Klaus (1982): Wirkungen der Massenkommunikation. Ein theoretisch-methodischer Problemaufriss. In: Publizistik, 27(1-2), S. 26-48.

Merten, Klaus (1991): Artefakte der Medienwirkungsforschung; Kritik klassischer Annahmen. In: Publizistik, 36(1), S. 36-55.

Merten, Klaus (1994): Wirkungen der Medien. In: Merten, Klaus / Schmidt, Siegfried J. / Weischenberg, Siegfried (Hg.): Die Wirklichkeit der Medien. Eine Einführung in die Kommunikationswissenschaft. Opladen, S. 291-328.

Naschold, Frieder (1973): Kommunikationstheorien. In: Aufermann, Jürg u.a. (Hg.): Gesellschaftliche Kommunikation und Information. Frankfurt a.M., S. 11-48.

Pan, Zhongdang / McLeod, Jack (1991): Multilevel Analysis in Mass Communication Research. In: Communication Research, 18(2), S. 140-173.

Roberts, Donald F. / Bachen, Chris (1981): Mass Communication Effects. In: Annual Review of Psychology, 32, S. 307-356.

Roberts, Donald F. / Maccoby, Nathan (1985): Effects of Mass Communication. In: Lindzey, G. / Aronson, E. (Hg.): The Handbook of Social Psychology, Vol. 2. New York, S. 539-598.

Saxer, Ulrich (1987): Medienwirkungsforschung und Erfahrung. In: Rühl, Manfred (Hg.): Kommunikation und Erfahrung. Nürnberg, S. 67-114.

Schenk, Michael (1997): Massenkommunikation und ihre Wirkungen. In: Fünfgeld, Hermann / Mast, Claudia (Hg.): Massenkommunikation. Ergebnisse und Perspektiven. Opladen, S. 155-168.

Schenk, Michael (1998): Forschungsschwerpunkt Medienwirkungen: Ein Überblick. In: Klingler, Walter / Roters, Gunnar / Zöllner, Oliver (Hg.): Fernsehforschung in Deutschland. Themen – Akteure – Methoden. 2 Bände. Baden-Baden, S. 527-543.

Schulz, Winfried (1982): Ausblick am Ende des Holzweges. Eine Übersicht über die Ansätze der neuen Wirkungsforschung. In: Publizistik, 27(1-2), S. 49-73.

Schulz, Winfried (1984): „Agenda Setting" und andere Erklärungen. Zur Theorie der Medienwirkung. In: Rundfunk und Fernsehen, 32(2), S. 206-213.

Schulz, Winfried (1993): Medienwirklichkeit und Medienwirkung. Aktuelle Entwicklungen der Massenkommunikation und ihre Folgen. In: Aus Politik und Zeitgeschichte, B40, S. 16-26.

Schulz, Winfried (1993): Mangel an Makrotheorien der Medienwirkungen? Ein Diskussionsbeitrag. In: Bentele, Günter / Rühl / Manfred (Hg.): Theorien öffentlicher Kommunikation. München, S. 241-245.

Schulz, Winfried (1997): Probleme der Medienexpansion als Forschungsthema: Umwertung der Nachrichtenwerte, Fragmentierung der Nutzung und Wirklichkeitsverlust. In: Publizistik, 42(1), S. 83-96.

Kulturkritische Perspektiven zur Medienwirkungsforschung

Anders, Günther (1961): Die Antiquiertheit des Menschen. München.

Bourdieu, Pierre (1998): Über das Fernsehen. Frankfurt a.M.

Mander, Jerry (1978): Four Arguments for the Elimination of Television. New York; dt.: Schafft das Fernsehen ab! Reinbek 1979.

Postman, Neil (1985): Amusing Ourselves to Death. Public Discourse in the Age of Television. New York; dt.: Wir amüsieren uns zu Tode. Urteilsbildung im Zeitalter der Unterhaltungsindustrie. Frankfurt a.M. 1985.

Winn, Marie (1977): The Plug-In Drug. New York; dt.: Die Droge im Wohnzimmer. Reinbek bei Hamburg 1979.

Generalbefunde zur Medienwirkungsforschung

Allen, Mike / Preiss, Raymond W. (Hg.) (1998): Persuasion. Advances Through Meta-Analysis. Cresskill, N.J.

Berelson, B. / Steiner, G.A. (1972): Menschliches Verhalten. Kap. „Massenkommunikation". Weinheim / Basel, S. 333-351.

Braehmer, U. (1980): Leitsätze für die Kommunikationspraxis? Kommunikationswirkungen und publizistische Beeinflussung. In: Publizistik, 25, S. 24-50.

Hackforth, Josef (1976): Massenmedien und ihre Wirkungen. Göttingen.

Liebert, R.M. / Schwartzberg, N.S. (1977): Effects of Mass Media. In: Annual Review of Psychology, 28, S. 141-173.

Perloff, Richard (1993): The Dynamics of Persuasion. Hillsdale, New Jersey.

Roberts, Donald F. / Bachen, Chris (1981): Mass Communication Effects. In: Annual Review of Psychology, 32, S. 307-356.

Roberts, Donald F. / Maccoby, Nathan (1985): Effects of Mass Communication. In: Lindzey, G. / Aronson, E.(Hg.): The Handbook of Social Psychology, Vol. 2. New York, S. 539-598.

Schenk, Michael (1987[1] / 2002[2]): Medienwirkungsforschung. Tübingen.

Secord, P.F. / Backman, C.W. (1974): Social Psychology. Kap. „Persuasive Communication and Influence". Tokyo, S. 88-163.

Triandis, Harry C. (1975): Einstellungen und Einstellungsänderungen. Weinheim / Basel.

Einzelne Bereiche und Themen der Medienwirkungsforschung

Barthelmes, Jürgen / Sander, Ekkehard (1990): Familie und Medien. Forschungsergebnisse und kommentierte Auswahlbibliographie. DJI: München.

Bauer, Raymond A. (1964): The Obstinate Audience. In: Am. Psychologist, 19, S. 319-328. Auch in Prokop 1973, S. 152-166.

Becker, Klaus / Schweiger, Wolfgang (Hg.) (2001): Attention please! Online-Kommunikation und Aufmerksamkeit. München.

Becker, Lee B. / Schönbach, Klaus (1989): Audience Responses to Media Diversification. Coping with Plenty. Hillsdale, N.J. / London.

Böck, Margit / Weish, Uli (2002): Medienhandeln und Geschlecht. In: Dorer, Johanna / Geiger, Brigitte (Hg.): Feministische Kommunikations- und Medienwissenschaft. Wiesbaden, S. 235-266.

Böhme-Dürr, Karin / Graf, Gerhard (Hg.) (1995): Auf der Suche nach dem Publikum. Medienforschung für die Praxis. Konstanz.

Bonfadelli, Heinz (2000): Medienwirkungsforschung II. Anwendungen in Politik, Wirtschaft und Kultur. Konstanz.

Brosius, Hans-Bernd / Fahr, Andreas (1996): Werbewirkung im Fernsehen. Aktuelle Befunde der Medienforschung. München.

Bryant, Jennings / Miron, Dorina (2002): Entertainment as Media Effect. In: Bryant, Jennings / Zillmann, Dolf (Hg.): Media Effects. Advances in Theory and Research. Mahwah, N.J., S. 549-582.

Bucher, Hans-Jürgen / Jäckel, Michael (Hg.): Die Kommunikationsqualität von E-Business-Plattformen. Empirische Untersuchungen zu Usability und Vertrauen von Online-Angeboten. Trier.

Buckingham, David (2002): The Electronic Generation? Children and New Media. In: Lievrow, Leah / Livingstone, Sonja (Hg.): Handbook of New Media. London / Thousand Oaks / New Delhi, S. 77-89.

Buß, Michael / Simon, Erik (1998): Fernsehnutzung auf die Spitze getrieben: Die Vielseher. In: Klingler, Walter / Roters, Gunnar / Zöllner, Oliver (Hg.): Fernsehforschung in Deutschland. Themen – Akteure – Methoden. Baden-Baden, S. 125-145.

Cantril, Hadley (1985): Die Invasion vom Mars. In: Prokop, Dieter (Hg.): Medienforschung. Band 2: Wünsche, Zielgruppen, Wirkungen. Frankfurt a.M., S. 14-28.

Chaffee, Steven / Hochheimer, John L. (1983): Mass Communication in National Election Campaigns: The Research Experience in the United States. In: Schulz, Winfried / Schönbach, Klaus (Hg.): Massenmedien und Wahlen. München, S. 65-103.

Comstock, George / Paik, Haejung (1991): Television and the American Child. San Diego etc.

Dillard, James Price / Pfau, Michael (Hg.) (2002): The Persuasion Handbook. Developments in Theory and Practice. Thousand Oaks / London / New Delhi.

Friedrichsen, Mike / Vowe, Gerhard (Hg.) (1995): Gewaltdarstellungen in den Medien. Theorien, Fakten und Analysen. Opladen.

Greenberg, Bradley S. / Mastro, Dano / Brand, Jeffrey E. (2002): Minorities and the Mass Media: Television into the 21st Century. In: Bryant, Jennings /

Zillmann, Dolf (Hg.): Media Effects. Advances in Theory and Research. Mahwah, N.J., S. 333-351.

Groebel, Jo (1997): Medienpsychologie und Medienzukunft: Stabilität und Veränderung im Kommunikationsverhalten. In: Fünfgeld, Hermann / Mast, Claudia (Hg.): Massenkommunikation. Opladen, S. 319-331.

Harris, Richard Jackson / Scott, Christina L. (2002): Effects of Sex in the Media. In: Bryant, Jennings / Zillmann, Dolf (Hg.): Media Effects. Advances in Theory and Research. Mahwah, N.J., S. 307-331.

Kepplinger, Hans Mathias (1987): Darstellungseffekte. Experimentelle Untersuchungen zur Wirkung von Pressefotos und Fernsehfilmen. Freiburg / München.

Klaus, Elisabeth (1998): Kommunikationswissenschaftliche Geschlechterforschung. Opladen.

Kohli, Martin (1977): Fernsehen und Alltagswelt. Ein Modell eines Rezeptionsprozesses. In: Rundfunk und Fernsehen, 25, S. 70-85.

Kunczik, Michael (1994): Gewalt und Medien. Köln / Weimar / Wien.

Lange, Andreas / Lüscher, Kurt (1998): Kinder und ihre Medienökologie. Eine Zwischenbilanz der Forschung unter besonderer Berücksichtigung des Leitmediums Fernsehen. München.

Lievrow, Leah / Livingstone, Sonja (Hg.) (2002): Handbook of New Media. London / Thousand Oaks / New Delhi.

Livingstone, Sonja (2003): Children's use of the internet: reflections on the emerging research area. In: New Media & Society, 5(2), S. 147-166.

McLeod, Douglas M. / Kosicki, Gerald M. / McLeod, Jack M. (2002): Resurveying the Boundaries of Political Communication Effects. In: Bryant, Jennings / Zillmann, Dolf (Hg.): Media Effects. Advances in Theory and Research. Mahwah, N.J., S. 215-267.

Merten, Klaus (1999): Gewalt durch Gewalt im Fernsehen? Opladen.

Merton, Robert K. u.a. (1946): Mass Persuasion – the Social Psychology of a War Bond Drive. New York.

Mundorf, Norbert / Laird, Kenneth R. (2002): Social and Psychological Effects of Inforrmation Technologies and other Interactive Media. In: Bryant, Jennings / Zillmann, Dolf (Hg.): Media Effects. Advances in Theory and Research. Mahwah, N.J., S. 583-602.

Pfetsch, Barbara / Dahlke, Kerstin (1996): Politische Öffentlichkeitsarbeit zwischen Zustimmungsmanagement und Politikvermittlung. In: Jarren, Otfried / Schatz, Heribert / Weßler, Hartmut (Hg.): Medien und politischer Prozess. Politische Öffentlichkeit und massenmediale Politikvermittlung im Wandel. Opladen, S. 137-154.

Pingree, Susanne / Hawkins, Robert P. (1982): What Children Do with Television. In: Dervin, B. / Voigt, M. (Hg.): Progress in Communication Sciences, Vol.3. Norwood N.J., S. 225-244.

Prokop, Dieter (1985): Das Medienpublikum: Zielgruppen und Phantasietätigkeit. Versuch einer Nutzenanalyse. In: Prokop, Dieter (Hg.): Medienforschung. Band 2: Wünsche, Zielgruppen, Wirkungen. Frankfurt a.M., S. 199-283.

Rice, Ronald E. / Atkin, Charles K. (Hg.) (2001^3): Public Communication Campaigns. Thousand Oaks / London / New Delhi.

Roberts, Donald F. / Cantor, Joanne (2000): An Agenda for Research on Youth and the Media. In: Journal of Adolescent Health, 27, S. 2-7.

Rogers, Everett (2002): Intermedia Processes and Powerful Media Effects. In: Bryant, Jennings / Zillmann, Dolf (Hg.): Media Effects. Advances in Theory and Research. Mahwah, N.J., S. 199-214.

Röser, Jutta (1997): Probleme der Mediengewaltforschung: Medienaneignung und gesellschaftlicher Kontext oder: Wie die Geschlechterperspektive die Gewaltforschung theoretisch inspirieren könnte. In: Rundfunk und Fernsehen, 45(4), S. 437-456.

Rössler, Patrick (Hg.) (1998): Online-Kommunikation. Beiträge zu Nutzung und Wirkung. Opladen.

Röttger, Ulrike (Hg.) (2001^2): PR-Kampagnen: Über die Inszenierung von Öffentlichkeit. Wiesbaden.

Ruhrmann, Georg / Kollbeck, Johannes / Möltgen, Wolfgang (1996): „Fremdverstehen": Medienberichterstattung, Fremdenfeindlichkeit und Möglichkeiten von Toleranzkampagnen. In: Publizistik, 41(1), S. 32-50.

Schenk, Michael / Donnerstag, Joachim / Höflich, Joachim (1990): Wirkungen der Werbekommunikation. Köln.

Schulz, Winfried (1997): Political Communication Scholarship in Germany. In: Political Communication, 14(1), S. 113-146.

Siegert, Gabriele (1993): Marktmacht Medienforschung. Die Bedeutung der empirischen Medien- und Publikumsforschung im Medienwettbewerbssystem. München.

Spanier, Julia (2000): Werbewirkungsforschung und Mediaentscheidung. Förderung des Informationstransfers zwischen Wissenschaft und Praxis. München.

Stewart, David W. / Pavlou, Paulos / Ward, Scott (2002): Media Influences on Marketing Communication. In: Bryant, Jennings / Zillmann, Dolf (Hg.): Media Effects. Advances in Theory and Research. Mahwah, N.J., S. 353-396.

Sturm, Hertha (1991): Fernsehdiktate: Die Veränderung von Gedanken und Gefühlen. Ergebnisse und Folgerungen für eine rezipientenorientierte Mediendramaturgie. Gütersloh.

Vorderer, Peter (2001): Was wissen wir über Unterhaltung? In: Schmidt, Siegfried / Westerbarkey, Joachim / Zurstiege, Guido (Hg.): A/Effektive Kommunikation: Unterhaltung und Werbung. Münster, S. 111-131.

Wartella, Ellen (2002): New Generations – New Media. In: Nordicom Review, 23(1-2), S. 23-36.

Wartella, Ellen / Reeves, Byron (1985): Historical Trends in Research on Children and Media: 1900-1960. In: Journal of Communication, 35(2), S. 118-133.

Weichler, Kurt (2002): Redaktionsmanagement. Konstanz.

Winterhoff-Spurk, Peter / Vitouch, Peter (1989): Mediale Individualkommunikation. In: Groebel, Jo / Winterhoff-Spurk, Peter (Hg.): Empirische Medienpsychologie. München, S. 247-257.

Zillmann, Dolf / Bryant, Jennings / Huston, Aletha (Hg.) (1994): Media, Children, and the Family. Hillsdale, N.J.

Zillmann, Dolf / Vorderer, Peter (Hg.) (2000): Media Entertainment. The Psychology of Its Appeal. Mahwah, N.J.

Weitere im Kapitel erwähnte Quellen

Kuhn, Thomas S. (1973): Die Struktur wissenschaftlicher Revolutionen. Frankfurt a.M..

Kunczik, Michael / Zipfel, Astrid (2001): Publizistik. Köln etc.

Langenbucher, Wolfgang R. (Hg.) (1990): Paul F. Lazarsfeld. München.

Lin, Nan (1973): The Study of Human Communication. Indiana / New York.

Maletzke, Gerhard (1963): Psychologie der Massenkommunikation. Hamburg.

Maslow, A.H. (1954): Motivation and Personality. New York.

Thayer, L. (1963): On the Theory Building in Communication. Some Conceptual Problems. In: Journal of Communication, 13, S. 217-235.

2. Mediennutzungsforschung

Die Distanz zwischen Medienschaffenden und ihrem Publikum – LeserInnen, ZuhörerInnen, ZuschauerInnen – macht *Mediennutzungsforschung* (Böhme-Dürr / Graf 1995; Hasebrink 2002; Meyen 2002) im allgemeinen bzw. Leserschafts- und Publikumsforschung im speziellen als Instrument des redaktionellen Marketings zur Gewinnung von *Feedback* im Publikumsmarkt notwendig (Weichler 2003). Das Komplement im Werbemarkt ist die *Werbemedienforschung* (Drabczynski 1998) zur Dokumentation von Reichweiten für Inserenten. Ein Großteil dieser Forschung wird von Rundfunk, Presseverlagen und Marktforschungsinstituten als angewandte Auftragsforschung durchgeführt.

Kritik. In theoretischer Hinsicht wird an der angewandten Mediennutzungsforschung kritisiert, dass ihre Fragestellungen eher *deskriptiv* und hauptsächlich *anwendungsbezogen*, ihre Perspektive *theorielos* und ihre Befunde *kaum generalisierbar* seien. Zudem werde ihr Gegenstand, das Medienpublikum, meist nur kategoriell definiert. Medienschaffende als Anwender wiederum würden der Mediennutzungsforschung ambivalent gegenüberstehen, ignorierten diese vielfach oder lehnten sie gar ab (Bonfadelli 1994; Bonfadelli / Meier 1996).

Perspektiven. In jüngster Zeit ist das Interesse am Publikum und an der Mediennutzungsforschung deutlich gestiegen, was sich in mehreren neuen Publikationen zum Forschungsbereich äußert: McQuail 1997; Abercrombie / Longhurst 1998; Dickinson u.a. 1998). Tendenziell ist erkennbar, dass das Medienpublikum stärker theorieorientiert thematisiert wird, wie bspw. in der Typologie der fünf *„Audience Research Traditions"* von Jensen / Rosengren (1990): 1) Effects Research, 2) Uses-and-Gratifications, 3) Literary Criticism, 4) Cultural Studies, 5) Reception Analysis. Darüberhinaus hat die Auseinandersetzung mit der stärker qualitativ und ganzheitlich verfahrenden Tradition der *qualitativen Rezeptionsforschung* dem Forschungsbereich neue Impulse verliehen (Ang 1991; Krotz 1991; Jäckel / Peter 1997; Schroder 1987; Svendsen 1998; Klaus 1996 + 1998; Meyen 2001). Gleichzeitig sind Versuche erkennbar, die vorliegenden deskriptiven Befunde – etwa zu den Auswirkungen der sich verändernden Medienumwelt auf das Mediennutzungsverhalten – in erklärender Hinsicht intermediär vergleichend und länderübergreifend zu systematisieren (Becker / Schönbach 1989).

2.1 Publikum

2.1.1 Publikum als hypothetisches Konstrukt

In der Massenkommunikation werden Aussagen öffentlich, durch technische Verbreitungsmittel, indirekt und einseitig an ein *disperses Publikum* vermittelt (Maletzke 1976: 4). Die Nutzer und Empfänger der Massenkommunikation werden also in *großer Zahl* von denselben Aussagen erreicht. Sie bleiben dem Kommunikator gegenüber *anonym*. Sie bilden ein Publikum – engl.: audience (Webster 1998) – nur durch *vorübergehende, zeitlich und räumlich getrennte Zuwendung* zu den Medienbotschaften. Das Publikum – engl.: public – der Medien ist somit prinzipiell *offen, unbegrenzt* und *fluktuierend*. Es ist in diesem Sinn kein stabiles und dauerhaftes soziales Gebilde, sondern formiert sich von Fall zu Fall in der aktiven Hinwendung zur und Partizipation an der Massenkommunikation (Noelle-Neumann / Schulz / Wilke 1994: 143 / 167).

Im Gegensatz zur *interpersonalen Kommunikation* fehlt bei der Massenkommunikation die direkte Interaktion zwischen den Gesprächspartnern; ein Wechsel der kommunikativen Rollen kann nicht stattfinden; die Medienbotschaften wenden sich nicht direkt an einzelne, ganz bestimmte Individuen; der Kontakt zwischen Sender und Empfänger ist gering, eher formell, distanziert und unpersönlich; die Botschaften sind jedermann zugänglich, von allgemeinem Interesse und eher öffentlicher Natur, wenngleich die audiovisuellen Medien bestrebt sind, dem Hörer und Seher soziale Nähe vorzutäuschen: vgl. Kap. 6.1.3 zur parasozialen Interaktion.

Was die sog. *Neuen Medien* wie Multimedia und Internet anbelangt, so schwächen sich diese strukturellen Unterschiede ab: a) weniger Massen- und stärkere Zielgruppenorientierung; b) aktive Mediennutzung löst Medienkonsum ab; c) Einweg- wird durch Zweiweg-Kommunikation, d.h. *Interaktivität*, ersetzt (Mast 1985; Rössler 1998; Wirth / Schweiger 1999; Beck / Schweiger 2001).

Die oben dargestellten Strukturmerkmale der Massenkommunikation erschweren eine theoretisch und methodisch fruchtbare Auseinandersetzung mit dem Phänomen „Medienpublikum". Oder pointiert formuliert: *„Das Publikum gibt es gar nicht!"* – Vielmehr konstruieren die universitäre Kommunikationswissenschaft einerseits und die angewandte praxisorientierte Publikumsforschung andererseits aufgrund ihrer je unterschiedlichen theoretischen Perspektiven, mit je anderen Operationalisierungen und methodischen Instrumenten je andere Publikumskonzeptionen als *hypothetische Konstrukte*. In der Entwicklung der Wirkungsforschung haben sich denn auch verschiedenste *Publikumskonzeptionen* abgelöst, die als Basiskonzepte auch je unterschiedliche Wirkungspotentiale der Medien implizit enthalten (McQuail 1994: 283ff.; Klaus 1997).

Zu Beginn des 20. Jhd. das Medienpublikum als undifferenzierte *„Masse"*, bestehend aus anonymen, isolierten, passiven und manipulierbaren Einzelpersonen (Blumer 1946; Riesman 1960), in den 50er Jahren im Gefolge der Wahlstudien von Paul F. Lazarsfeld als Netzwerk von sich überlappenden *Kleingruppen* mit Meinungsführern (vgl. Kap. 4.1), die sich durch selektive Zuwendung und selektive Interpretation vor propagandistischen Medieneinflüssen zu schützen suchten, in den 80er Jahren als strategisch definierte und anzupeilende *Zielgruppen* (Kiefer 1983; Urban 1984) und in den 90er Jahren im Gefolge der wachsenden Medienangebote als nun plötzlich „knapp gewordenes Gut" auf einem hart *umkämpften Fernsehmarkt* (Gleich 1996: 598).

2.1.2 Dimensionen des Publikums

Betrachtet man die Publikumskonzeptionen etwas genauer, die von der angewandten oder universitären Medienforschung, aber auch von den Praktikern in den Medien und der Werbung vertreten werden, lassen sich Gemeinsamkeiten und Unterschiede feststellen, denen aber immer bestimmte theoretische Dimensionen zugrunde liegen. Folgende *Polaritäten* sind bei der Konstruktion von Publika von Bedeutung:

Medium vs. Rezipient

Die Ansicht, dass Medien durch attraktive und zielgruppenspezifische Angebote eine *Nachfrage* zu erzeugen vermögen und so ihr Publikum tagtäglich als „Outcome" selbst schaffen, liegt der angewandten Zuschauer-, Hörer- und Leserschaftsforschung zugrunde (Ettema / Whitney 1994). Ihre Aufgabe besteht darin, für Medienanbieter und Medienschaffende festzustellen, wie gut dies ihnen gelingt und wie die Reichweite von Sendungen oder Printtiteln verbessert werden könnte. Einer solchen medienzentrierten Betrachtung steht die in der Kommunikationswissenschaft übliche Ansicht gegenüber, dass Publika nicht durch Medien selbst generiert werden, sondern in Form sozialer Gruppen schon vorgängig und unabhängig von den Medien bestehen, und sich Medienzuwendung weniger durch die Botschaften selbst, sondern stärker durch Publikumsmerkmale (Urban 1984) wie Alter, Bildung oder Geschlecht (Holtz-Bacha 1990; van Eimeren / Oehmichen 1999; Böck / Weish 2002) erklären lasse.

Wir können somit Publikumskonzeptionen danach befragen, ob sie Publika in einer *rezipienten-zentrierten Perspektive,* d.h. *soziologisch* (1) durch Rückgriff auf die Gesellschaft, soziale Segmente oder Milieus, eher *psychologisch* (2) durch Verweis auf bestehende Persönlichkeitsstrukturen oder *kulturell* (3) aufgrund von Lebensstilen sowie Milieus konstruieren, oder ob sie *medien-zen-*

triert Publika durch Bezugnahme auf bestimmte Medien (MTV-Fans), Genres (Liebhaber von Soap Operas) oder Sendungen (Derrick-Seher) konstruieren.

Kontakt vs. Transfer vs. Ritual

In kommunikativer Hinsicht gibt es zudem je verschiedene Vorstellungen von Kommunikation selbst, über die sich Medienpublika konstituieren. Dem *Verbreitungsmodell* (1) liegt die Perspektive zugrunde, dass Medien technische Kanäle sind, die qua ihrer je spezifischen Eigenschaften bestimmte Publika mit einer gewissen Konstanz zu erreichen vermögen. Medien fungieren hier als *Transportmittel* für Botschaften wie Werbung und garantieren dem Werbeauftraggeber eine bestimmte Anzahl von Kontakten mit gewissen Publika. Das Publikum wird methodisch konstruiert über die durch Befragung oder technische Messung gewonnen *Reichweitenwerte* oder über die Aufmerksamkeit, die es tagtäglich bestimmten Medien zuwendet. Im Unterschied dazu steht im *Transfer- oder Transmissions-Rezeptions-Modell* (2a) der Aspekt der Informationsverbreitung im Zentrum. Für die Abschätzung der Medienleistung ist zentral, ob ein Prozess der Wissensvermittlung stattfindet und, aus der Sicht des Publikums, ob sich Medienzuwendung in Lernprozesse umsetzt oder nicht. Dieser Publikumsauffassung verwandt ist das ältere *Stimulus-Response-Modell* (2b). Im Unterschied zum Transmissions-Rezeptions-Modell steht hier aber die Beeinflussung des Rezipienten durch den Kommunikator im Zentrum; Publika werden dabei durch die Möglichkeiten der Meinungs- oder Verhaltensbeeinflussung definiert. Im Vergleich zu den ersten beiden Perspektiven ist das *Ritualistische-Modell* (3) am jüngsten. Interpersonale aber auch medienvermittelte Kommunikation wird senderorientiert als Ausdruck und rezipientenorientiert als geteilte Erfahrung verstanden. In der gemeinsamen Medienzuwendung konstituieren sich Publika, und das jeweilige Medium ermöglicht ihnen eine geteilte Erfahrung (Abercrombie / Longhurst 1998).

Homogenität vs. Heterogenität

Medienpublika können bezüglich ihrer sozialen Zusammensetzung eher homogen oder mehr heterogen sein. Im Zuge der zunehmenden Ökonomisierung der Medien oder der stärken Nachfrageorientierung der Online-Medien ist die Bedeutung von homogenen Zielgruppen gestiegen, weil diese für die Werbung attraktiv sind wie z.B. die sog. Dink-Haushalte: „Double income no kids".

Raumgebundenheit

In räumlicher Perspektive können Publika zudem örtlich gebunden und zentriert sein wie bspw. die Bewohner eines Lokalraums, die gleichzeitig die dort erscheinende Lokalzeitung regelmäßig lesen und das Lokalradio hören. In Opposition dazu stehen transnationale Fernsehprogramme wie CNN oder MTV sowie Internet-Angebote, die sich nicht an raum-gebundene Publika wenden. Eng verknüpft mit den unterschiedlichen Vorstellungen von Kommunikation sind zwei weitere Dimensionen:

Aktivität vs. Passivität

Unabhängig davon, ob man Publika eher aus der Perspektive des Mediums als durch das Medienangebot generiert oder aus der Perspektive des Rezipienten als vom Medium unabhängig bestehend betrachtet, kann man dem Publikum eine mehr oder weniger große Aktivität bezüglich der Medienselektion zuschreiben. Während heute in der universitären Publikumsforschung üblicherweise die Prämisse des aktiven Publikums vertreten wird, gehen bspw. Medienpädagogen vielfach vom Bild des trägen, passiven und manipulierbaren Publikums aus. *Medienspezifisch* werden Publika der Printmedien zudem meist als aktiv angenommen, während im Vergleich dazu das Publikum der elektronischen Medien eher als passiv konzipiert wird. Aber auch bezogen auf das Fernsehen allein kann zwischen „ritualisierter" und „instrumenteller" Nutzung unterschieden werden (Rubin 1984). Und was die Bewertung dieser Aktivität anbelangt, kann wiederum differenziert werden zwischen *negativen Konnotationen* etwa als „Medienabstinenz" oder „Widerspenstigkeit" (Bauer 1964) des Publikums im Unterschied zu *positiven Konnotationen* wie sie im Involvement-Konzept oder im Uses-and-Gratifications-Ansatz (vgl. Kap. 5.1) postuliert werden.

Involvement vs. Flüchtigkeit

Die Beziehung zwischen Medien und ihren Publika läßt sich auch dahingehend untersuchen oder typologisieren wie hoch das *Aktivierungsniveau*, d.h. die Beteiligung während der Rezeption ist. Ein hohes Involvement (Donnerstag 1996) etwa charakterisiert die Medien „Kino", „Buch" oder „Computerspiele", während das Radiohören sich heute bei den meisten Menschen durch hohe Flüchtigkeit auszeichnet. Gleichzeitig muss aber nicht jede Medienzuwendung mit einem hohen Involvement auch sehr aktiv sein, wie der Vergleich zwischen dem Spielen eines Computerspiels und dem Erleben eines spannenden Kinofilms andeutet: beide Male ist das Involvement hoch, gleichzeitig aber ist die Aktivität beim Kinofilm im Vergleich zum Computerspiel relativ gering.

Multifunktionalität

Und als letzte Dimension könnte die funktionale Orientierung der Medienzuwendung genannt werden, d.h. ob wir ein bestimmtes Medium in einer bestimmten Situation oder zu einem bestimmten Zeitpunkt im Tagesablauf eher informations- oder unterhaltungsorientiert nutzen, oder ob bspw. parasoziale Funktionen dominant sind.

Obwohl diese Dimensionen zunächst zur *begrifflichen Analyse* und *Typologisierung* von Medienpublika geeignet scheinen, sind sie zum Teil auch schon empirisch umgesetzt worden. Mit der Methode des sog. „experience samplings" haben Kubey / Csikszentmihalyi (1990) Versuchspersonen zu zufällig ausgewählten Zeitpunkten im Tagesablauf gebeten, einerseits Angaben zur gerade stattfindenden Tätigkeit, also auch ihre Medienzuwendung, zu machen und andererseits mittels eines sog. Semantischen Differentials ihren momentanen Gefühlszustand – z.b. Aktivierungsniveau oder funktionale Orientierung – einzuschätzen.

2.1.3 Publikumskonzeptionen und Typen von Publikumsforschung

Aufgrund der oben skizzierten Dimensionen der Publikumsanalyse lassen sich idealtypisch fünf Konzeptionen des Medienpublikums skizzieren, denen fünf Traditionen der Publikumsforschung entsprechen: vgl. Abb. 18: 59.

Publikum als Masse

Der Begriff „Massenmedien" deutet an, dass zu Beginn des 20. Jhd. das Publikum als Masse betrachtet wurde (vgl. Kap. 1.3.1). Die Betonung liegt auf der großen Anzahl gleicher Menschen, die nicht als Akteure sondern als Opfer gesehen werden und die darum außengeleitet durch die wirtschaftliche und politische Propaganda der Medien als leicht zu manipulierende Masse betrachtet wurden. Es handelt sich um eine normative und gleichzeitig pessimistische Sicht sowohl der Gesellschaft als auch der sie konstituierenden Menschen (Blumer 1946). Eine solche Konzeption des wehrlosen und durch die Medien manipulierbaren Massenpublikums liegt auch heute noch kulturkritischen Medienbetrachtungen zugrunde. Die Konzeption des Publikums in der *Opferrolle* basiert nicht nur auf dem behaupteten Manipulationsvermögen, sondern ist auch Ausdruck des generellen Machtunterschiedes zwischen Medienorganisation und „einsamer Masse". Der Tatbestand bspw., dass die unorganisierten Medienkonsumenten auch nicht sozialverträglichen Sendungen ausgesetzt sind, respektive dass die Medien mit ihren Angeboten auch das Verlangen nach sozial unverträglichen Programmen kultivieren, ohne dass die Programmveranstalter für die Folgen ihres Tuns die Verantwortung zu übernehmen gedenken, verstärkt den Eindruck der Hilf- und Machtlosigkeit des Publikums.

Abb. 18: Fünf theoretische Konzeptionen des Medienpublikums

Publikumstyp	Masse	Zielgruppe	Individuum	sozialer Akteur	Fan-Kultur
Bezugsbereich	Gesellschaft	Markt	Lebenswelt	Öffentlichkeit	Sinn-Gemeinde
Perspektive	zivilisatorisch	wirtschaftlich	psychologisch	politisch	kulturell
Rolle	soziale Charakter	Konsument	Individuum	Bürger	Mensch
Zusammensetzung	uniform	homogen	pluralistisch	heterogen	differenziert
Aktivität	gering	gering	mittel	mittel	hoch
Wirkungsintention	Propaganda	Kontakt	Gratifikation	Information	Erfahrung
Wirkungsmodus	Stimulus-Response	Aufmerksamkeit	Medienzuwendung	Decoding	Ritual
Wirkungsqualität	persuasiv	anregend	selektiv	aufklärerisch	interpretativ
methodischer Zugriff	keine Empirie	elektronische Messung	standardisierte Befragung	Feldstudie Experiment	qualitative Methoden
Theorien	Kulturkritik	Publikumsforschung	Nutzenansatz	Knowledge Gap	Cultural Studies

Publikum als Zielgruppe

Für die traditionelle angewandte Publikumsforschung steht die *Transportleistung der Medien* für Werbebotschaften im Zentrum. Im Gegensatz zur Masse liegt die Betonung auf soziodemografischen Kriterien, die ein Publikumssegment als kleinsten gemeinsamen Nenner auszeichnen: Alter, Geschlecht, Einkommen, Bildung, Schicht etc. (Urban 1984). Das dem Aggregat zugrunde liegende Unterscheidungsmerkmal garantiert eine gewisse Homogenität, die auch Ähnlichkeiten in der Rezeption der Medienaussagen erwarten läßt, aber immer nur als additive Summe von Einzelpersonen, die bezüglich des gewählten Kriteriums gleich sind. Eine solche Konzeption des Publikums als zu erreichende und zu beeinflussende Zielgruppe (Kiefer 1983) von Menschen in ihrer Konsumrolle wird vorab von der werbetreibenden Wirtschaft forciert. Dabei hat jedes Publikumssegment, jede Zielgruppe einen bestimmten ökonomischen Wert, der abhängig ist von der individuellen Bereitschaft, sich spezifischen Werbeblöcken auszusetzen und gleichzeitig als kaufkräftige und ausgabefreudige KonsumentInnen der beworbenen Waren zu agieren. Es liegt im Interesse der Rundfunkveranstalter, mit ihren Programmen möglichst nahe an die Bedürfnisse und Interessen ihrer Kunden – der werbetreibenden Wirtschaft – heranzukommen, weil so die Ware „Publikum" finanziell am einträglichsten vermarktet und verkauft werden kann (Saxer 1986; SFB 1991; Siegert 1993 / 97).

In *methodischer Hinsicht* konstruiert die anwendungsorientierte Publikumsforschung ihre Publika als Markt (Klaus 1997) einerseits über die *Anzahl realisierter Kontakte,* andererseits über die *zeitliche Dauer der Zuwendung.* Diese durch technische Geräte (vgl. Kap. 2.2.3) elektronisch gemessenen Werte können heute differenziert ausgewertet und für komplexere Analysen des Zuwendungsverhaltens, bspw. des Hin-und-Her-Zappens zwischen verschiedenen Kanälen (Krotz / Hasebrink 1998), fruchtbar gemacht werden. Sie lassen freilich kaum Rückschlüsse auf Motive und Intentionen des Publikums oder auf das Ausmaß des Involvements während der Mediennutzung zu.

Publikum aus aktiv handelnden Individuen

Neuere Ansätze der universitären Publizistikwissenschaft wie das *Involvement-Konzept* oder der *Uses-and-Gratifications-Approach* nehmen gerade dieses Defizit der angewandten Publikumsforschung als Ausgangspunkt und betonen als *Prämisse,* dass sich das Publikum *aktiv* den Medien und ihren Botschaften im konkreten Lebenszusammenhang zuwende und diese entsprechend der individuellen Bedürfnisse und Probleme mehr oder weniger gezielt benutze. Menschen wenden sich in verschieden Rollen, d.h. als Bürger, Konsument oder Freizeiter und mit unterschiedlichen Intensitäten den Medien zu und erwarten von ihnen je nach situativem Umfeld eine Vielzahl von emotionalen Gratifikationen und kognitiven Leistungen: Information, Aufklärung und sozialen Kontakt, aber auch Wissenserweiterung, Enkulturation, Unterhaltung und Lebenshilfe. Und weil hinter der Medienzuwendung also ganz unterschiedliche Motivationen stehen können, genügt es nicht mehr, nur die soziodemographische Zusammensetzung des Medienpublikums zu kennen, um dieses optimal anzusprechen. Gefragt sind *psychographische Informationen*, die von Werbern auch mit dem Begriff „Lifestyle" umschrieben werden (Krotz 1991; Schulze 1993; Weiß 1996).

Dementsprechend arbeitet die angewandte Publikumsforschung seit einiger Zeit daran, elaborierte *Typologien* zu entwickeln, die Aufschluss darüber geben, was die Werbekunden wissen möchten: „Wie lebt die 26-jährige Frau mit akademischen Abschluss und einem mittleren Einkommen? Warum sitzt sie vor dem Kasten, warum zappt sie und wie gibt sie ihr Geld aus?" Das Individuum tritt als *souveräner Konsument* auf dem Programm- und Werbemarkt auf. Es ist gut über das Programm informiert, handelt rational und selektiv aus Eigennutz. Es setzt sich vor allem denjenigen Programmen und Werbesendungen aus, die seine Bedürfnisse am ehesten zu befriedigen vermögen.

Methodisch stehen dabei nicht wie bei der Publikumsforschung die Häufigkeit und Dauer der Mediennutzung im Vordergrund, sondern die hinter der Medienzuwendung stehenden und zu befriedigenden Bedürfnisse einerseits sowie die erwarteten Gratifikationen andererseits. Und bezogen auf die Neuen Medien wie bspw. das Internet vermag die Uses-and-Gratifications Perspektive (vgl. Kap. 5.1) durchaus Prognosen anzubieten, indem etwa die Nutzung jener alten Medien gefährdet ist und substituiert werden könnte, deren *funktionales Potential* die Neuen Medien besser zu befriedigen versprechen.

Publikum als sozialer Akteur

Weitere theoretische Perspektiven der akademischen Publikumsforschung wie bspw. die *Wissenskluft Forschung* (vgl. Kap. 7.3) basieren zwar ebenfalls auf der Prämisse des aktiven Mediennutzers, konzentrieren sich aber im Gegensatz zum Nutzenansatz stärker auf den Menschen in seiner *Rolle als Bürger*. Normativ wird den Medien vorab eine informierende, orientierende und aufklärerische Funktionen im Rahmen demokratisch-diskursiver Entscheidungsprozesse zugeschrieben und erwartet, dass die Gesellschaftsmitglieder sich in der Rolle des „homo politicus" via Massenmedien über die für sie wichtigen politischen Belange auf dem Laufenden halten und sich so eine fundierte Meinung bilden. Untersucht wird dabei etwa, welche Bevölkerungssegmente sich im Vorfeld einer Abstimmung wie z.B. der Gen-Schutzinitiative in der Schweiz via Medien auf dem Laufenden gehalten haben; wie es den Medien gelingt oder nicht, die Bevölkerung zu informieren und ob und in Abhängigkeit welcher Faktoren es allenfalls zu Wissensklüften kommt (Bonfadelli 2002).

Publikum als Fan-Kultur

In den 80er Jahren haben im Gefolge der Rezeption der sog. *„Cultural Studies"-Tradition* (Krotz 1992; Jäckel / Peter 1997; Hepp / Winter 1997) auch in der Publizistikwissenschaft qualitative Methoden und theoretische Perspektiven Beachtung gefunden, welche die *ritualistischen und expressiven Momente im Medienalltag* betonen (z.B. Lindlof 1988; Krotz 1992; Jäckel / Peter 1997). Erstmals wird nun genauer beobachtet und beschrieben, *wie Menschen mit Medien umgehen*, wie sie die Medien in ihre alltägliche Lebenswelt miteinbeziehen, wie sie die Botschaften der Medien im Rezeptionsprozess sich aktiv aneignen und in ihrem Alltag wiederum umsetzen. Es kommen so *neue Phänomene des Publikums* ins Blickfeld der Forschung wie etwa *Gespräche* (1) im Fernsehen oder über das Fernsehen bzw. vor, während oder nach dem Fernsehen (Brown 1991; Keppler 1994) oder *Handeln* (2) mit oder durch Medien wie Medienspuren im Spiel von Kindern, Zugangs- und Umgangsformen mit Medien in der Familie (Lull 1980), Medien als Kristallisationspunkte von Jugendszenen (Vogelgesang 1996), die Konstituierung von Medienbiographien oder das Auftreten von Menschen mit ihren Alltagsgeschichten in Fernsehsendungen.

In *theoretischer Hinsicht* werden Kommunikation und Medienumgang *ganzheitlich* (1) betrachtet. Dementsprechend gewinnen *qualitative Methoden* (2) bzw. die Kombination verschiedener Methoden an Bedeutung. Kommunikation und Medienumgang werden zudem als *Ausdruck kultureller Praxis* (3) verstanden und diese Formen des alltäglich vollzogenen Medienumgangs sind untrennbar mit dem Politischen verknüpft: Medienrezeption muss so immer auf je spezifische politische und sozioökonomische *Kontexte* (4) zurück bezogen werden (Holly / Püschel 1993; Charlton / Schneider 1997).

Neue Konzepte wie *„Fan-Kultur"* oder *„Interpretationsgemeinschaft"* betonen, dass sich Menschen gewissen Medieninhalten, Sendungen oder Filmen wie z.B. „Beverly Hills 90210", „Bay Watch" oder „Rocky Horror Picture Show" zuwenden und sich in der gemeinsamen Zuwendung zu diesen Medieninhalten spezifische Kulturen mit typischen Verhaltensmustern herausbilden. Medienangebote werden dabei als polysemische Texte betrachtet, die dem Rezipienten eine mehr oder weniger große interpretative Freiheit zugestehen.

Die verschiedenen Konzeptionen des Medienpublikums bewegen sich zwischen zwei Polen: a) das Publikum als Konsument von Medienbotschaften und passiver Gegenstand von Beeinflussung. Seine Medienzuwendung ist durch das Medienangebot bestimmt (Supply- / Angebots-Steuerung). b) Aktiv und zielorientiert handelnde Rezipienten mit Eigenverantwortlichkeit und Mündigkeit. Ihre Medienzuwendung ist durch Bedürfnisse bestimmt (Demand- / Nachfrage-Orientierung), die Beeinflussung durch Medienaussagen gering (Biocca 1988). Damit ist einerseits die Verantwortung der Kommunikatoren angesprochen, sich an den Ansprüchen der Rezipienten zu orientieren, andererseits auch die Forderung nach Kompetenz und Mündigkeit auf Seiten des Rezipienten.

2.2 Mediennutzung: Forschungstypen

Die Mediennutzung des Medienpublikums (Hans-Bredow-Institut 1984; Bonfadelli 1994; Gleich 1996) – LeserInnen, HörerInnen und ZuschauerInnen – bildet den Gegenstand der praxisorientierten angewandten Leserschafts- und Buchlese(r)forschung, sowie der Hörer- bzw. Zuschauerforschung. Diese ist bis jetzt weitgehend als *Einzelmedienforschung* betrieben worden, insofern sich deren Fragestellungen und vor allem die verwendeten Methoden und Messkonventionen, aber auch die Formen der Institutionalisierung der Forschung an den einzelnen Medien als Werbeträger und ihren Werbeauftraggebern orientiert haben. Neuerdings ist aber ein Trend in Richtung *Multimediaforschung* unverkennbar, bspw. als Fusion der Daten von Einzelmediastudien.

2.2.1 Buchmarkt- / Buchlese(r)forschung

Im Unterschied zur Printmedien- oder Hörer- bzw. Zuschauerforschung gibt es in Europa, aber auch in den USA keine institutionalisierte empirische Buchlese(r)forschung. In jedem Land verlief die Entwicklung anders und ist der Stand der Forschung unterschiedlich. Die *Forschungslage* muss darum als *disparat* bezeichnet werden. Dementsprechend ist die internationale Vergleichbarkeit relativ gering, weil es keine Übereinstimmung von Lesedefinitionen und Abfragemodellen sowie Grundgesamtheiten und Auswahlverfahren gibt (Dorsch / Lehnert 1981; Stiftung Lesen (1990 / 1994; Bonfadelli 1998+1999). Strukturelle Ähnlichkeiten bestehen allerdings hinsichtlich der verschiedenen *Forschungstypen*, die sich herausgebildet haben:

Forschungstypen

Die Forschung gliedert sich in: 1. In unregelmäßigen Abständen von Verlagen, Buchclubs und Verbänden initiierte und in Auftrag gegebene *Buchmarktfor-*

schung wie die sog. Allensbacher Studien des deutschen Börsenvereins (Muth 1993). 2. Periodische wie unregelmäßige *Konsum-Surveys*, in denen jeweils auch einige Fragen zum Leseverhalten, meist im Kontext von Freizeitaktivitäten bzw. Mediennutzung, miterhoben werden (MACH Consumer der WEMF in der Schweiz). 3. Institutionalisierte und periodisch durchgeführte, d.h. auch über längere Zeit vergleichbare *nationale Medienstudien*, in denen ebenfalls Lesehäufigkeit und Lesedauer von Printmedien wie Zeitung, Zeitschriften und Buch miterfasst werden, wie die seit 1964 in Deutschland laufende Studie „Massenkommunikation" (Berg / Kiefer 1996; Berg / Ridder 2002). 4. Von Behörden wie z.B. statistischen Ämtern in unregelmäßigen Abständen durchgeführte *Surveys zum Kulturverhalten* der Bevölkerung wie z.B. der IFES-Survey des Bundesministeriums für Unterricht, Kunst und Sport in Österreich (Fritz 1990: 117). 5. *Universitäre Buchlese(r)forschung*, eher aufgrund kleiner und nicht immer repräsentativer Stichproben, dafür aber in stärker theorieorientierter Perspektive wie z.B. die Teilstudien des Forschungsprojekts „Lesesozialisation" der Bertelsmann Stiftung (1993), die Untersuchung „Leselandschaft Schweiz" (Bonfadelli 1988) oder die österreichischen Studien zum Lesen in der Mediengesellschaft (Fritz 1989; Böck 1998).

Gegenstand

Die empirisch verfahrende und medienwissenschaftlich orientierte Buchmarkt- und Buchlese(r)forschung beschäftigt sich mit der Lektüre als Nutzung der Printmedien in einem weiten und mit dem Medium „Buch" im engeren Sinn aus einer personbezogenen Perspektive der Leserin und des Lesers. Es interessiert ihr Umgang mit Büchern und nebenbei auch mit Zeitschriften und Zeitungen, wobei situativ oft der Freizeitkontext gemeint wird; Leseakte können aber natürlich auch in der Schule oder am Arbeitsplatz stattfinden. Der Begriff „Buch" hat sich in der Forschungsentwicklung ausgeweitet und wird heute breit gefasst. Im Unterschied zur Printmedien- oder Publikumsforschung gibt es aber kaum verbindliche Konventionen bezüglich der verwendeten Lesedefinitionen wie auch der Grundgesamtheiten und der darauf bezogenen Auswahlverfahren. Als Folge davon bleibt bspw. umstritten, wie groß der Anteil an regelmäßigen oder Vielleserinnen bzw. -lesern nun wirklich ist, weil eben praktisch jede neue Untersuchung das, was unter „Lesen" verstanden wird, wieder anders definiert.

Fragestellungen

In der traditionellen Buchmarktforschung stehen Fragen nach der *Häufigkeit* des Kaufs, des Leihens, des Schenkens und des Lesens von Büchern im Zentrum: Wieviele Menschen lesen heute überhaupt? Wie häufig geschieht dies? Wer liest viel bzw. wenig? Und wie verändert sich die Bedeutung des Lesens im Lebensablauf? Welche Lesestoffe werden bevorzugt? Woher stammen die Bücher, die gelesen werden? Wie wurde man auf diese Bücher aufmerksam? Über welche Kanäle werden sie beschafft? Und in zeitlicher Hinsicht: Hat sich das Buchlesen in den letzten Jahren verändert? Hat es allenfalls abgenommen? Und was ist für die Zukunft zu erwarten?

Abb. 19: Fragestellungen der Buch- / Lese(r)forschung	
Lesen als Zuwendung zu und Umgang mit Medien	
Besitz	• Größe und Zusammensetzung des Buchbestandes
Konsum	• Wieviele lesen überhaupt? bzw. Wer liest? Wer liest nicht? • Wer kauft / liest / schenkt viel bzw. wenig? • Welche Veränderungen im Lesen gibt es im Lebensablauf?
Kontakte	• Wie hoch ist die Reichweite des Buchs / der Medien? • Wieviel Zeit wird für die Nutzung von Büchern / Medien aufgewendet?
Präferenzen	• Welche Lesestoffe werden gelesen? • Was wird vom idealen Buch erwartet?
Anstöße	• Welche Anstöße und Wege gibt es zum Buch?
Lesekompetenz – Literalität	
Kompetenzen	• funktionaler Analphabetismus: Wie steht es um die Lesefertigkeiten?
Voraussetzungen des Lesens	
Sozialisation	• Welche Faktoren entscheiden darüber, ob sich eine Bindung ans Medium Buch entwickelt oder nicht?
Motive	• Welche kommunikationsrelevanten Bedürfnisse haben Mediennutzer? • Welche Funktionsprofile haben die verschiedenen Medien? • Besteht eine Konkurrenz zwischen Lesen und Fernsehen?
Modalitäten	• Synchrone Situationen: Wie wird in verschiedenen sozialen Kontexten gelesen bzw. vorgelesen? • Diachrone Situationen: Welche historischen und individuell-biographischen Veränderungen gab es im Leseverhalten?
Konsequenzen des Lesens	
Informations-Verarbeitung	• Wie fokussieren Medien die Aufmerksamkeit: Agenda-Setting? • Wie werden Informationen aufgenommen und Wissen erworben? • Wie entstehen und ändern sich Meinungen?
Sinnkonstruktion	• Wie werden Texte rezipiert?
Medienkompetenz	• Welche Konsequenzen hat das habitualisierte Lesens für den Aufbau einer spezifischen Medienkompetenz

2.2.2 Printmedien- / Leserschaftsforschung
Zweck

Leserschaftsforschung ist 1) ein Instrument für die Planung der redaktionellen Gestaltung einer Zeitung oder Zeitschrift, indem sie Feedback zum Leser produziert, 2) Werbeträgerforschung, indem sie den Werbewert als Kontaktchance eines Mediums gegenüber den Werbekunden dokumentiert und 3) Werbemittelforschung, welche die Beachtung einzelner Anzeigen untersucht (Böhme-Dürr / Graf 1995; Hess 1996; Drabczynski 1998).

Träger

Die hohen Kosten ermöglichen es nur großen Verlagen, solche Leserschaftsforschung zu betreiben. Publiziert werden die Befunde dieser verlagsinternen Forschung nur selten und dann meist zur Legitimation gegenüber den Werbekunden (z.B. Filipp 1995; Zakrzewski 1995). Neben den Einzelmediastudien gibt es in den meisten Ländern Europas eine *syndikalisierte Leserschaftsforschung*, die im Auftrag der zusammengeschlossenen Verlage, der Werbeauftraggeber, aber auch der Werbe- und Mediaagenturen die Reichweitenwerte der einzelnen Zeitungs- und Zeitschriftentitel aufgrund einer vergleichbaren und konsentierten „Währung" erhebt. In der Schweiz wurde bspw. 1964 zu diesem Zweck die AG für Werbemedienforschung (WEMF) gegründet und in Deutschland heißt das Pendant Arbeitsgemeinschaft Mediaanalyse (AG.MA). Über Zeitungen und Zeitschriften hinaus werden in den Media-Studien dieser Organisationen meist auch noch weitere Werbeträger wie Kino, Hörfunk und Fernsehen oder neuerdings auch Internet mitberücksichtigt.

Fragestellungen

Die *quantifizierende* Werbeträgerforschung im Printbereich dient dem Ziel, vergleichenden Aufschluss über den „Werbewert" der verschiedensten Printtitel zu geben, indem sie folgende Fragen zu beantwortet versucht (Abb. 20).

Kontakte: Wieviele und welche Personen werden von einem Titel erreicht? *Strukturen:* Wie setzt sich die Leserschaft eines Titels zusammen? *Interne Überschneidung:* Wie erhöhen sich die Kontaktchancen bei mehrmaliger, d.h. kumulierter Belegung eines Titels mit Werbung? *Externe Überschneidung:* Wieviele Doppel- bzw. ExklusivleserInnen haben zwei oder mehrere Titel?

Die *qualifizierende* Leserschaftsforschung interessiert sich zusätzlich für die Frage: Wie intensiv gestaltet sich der Kontakt mit einem Titel als Werbeträger? Darauf geben Aspekte wie Lesezeit, mehrmaliges Lesen in einem Titel, Anzahl der beachteten Seiten und Rubriken oder die Leser-Blatt-Bindung Auskunft.

Abb. 20: Fragestellungen der Print- / Leserschaftsforschung	
Quantifizierende Leserschaftsforschung als Werbeträgerforschung	
Weitester Leserkreis	• Welche Leserinnen und Leser kommen mit dem Titel überhaupt in Kontakt?, d.h. z.B. „in den letzten paar Wochen" oder im „12fachen Erscheinungsintervall?"
Kontakte	• Wie hoch ist die Reichweite eines Titels (z.B. Zeitung), d.h. wie viele Personen erreicht der Titel als Werbeträger?
Zielgruppen	• Wie setzt sich die Leserschaft eines Titels als Zielgruppe zusammen?
Affinität	• Wie gut stimmen die Leserschaft eines Titels und die zu erreichende Zielgruppe überein?
interne Überschneidung	• Wie wächst die Leserschaft eines Titels über mehrere Ausgaben?
externe Überschneidung	• Wieviele DoppelleserInnen bzw. ExklusivleserInnen gibt es beim Vergleich von zwei Titeln?
Qualifizierende Leserschaftsforschung	
Pick-Ups	• Wie oft wird ein Titel in die Hand genommen?
Lesemenge	• Wieviele Seiten einer Ausgabe werden genutzt?
Lesedauer	• Wie lange wird in einer Ausgabe eines Titels gelesen?
Leseorte	• Wo wird ein Titel gelesen: zu Hause? am Arbeitsplatz? etc.
Leser-Blatt-Bindung	• Wie stark würde man einen Titel vermissen?

Instrumente

Unterschieden werden muss zunächst zwischen *quantifizierenden Methoden*, die repräsentativ vergleichbar Daten über Größe und Struktur der Leserschaft eines Mediums erheben und mehr *qualitativen Verfahren*, die auf Nutzungsmodalitäten des Text- / Werbeteils, Image oder Leser-Blatt-Bindung zielen. Neben standardisierten persönlichen bzw. Telefoninterviews (habitualisierte Nutzung) und der Tagesablaufbefragungen (faktische Nutzung gestern) werden qualitative Verfahren eingesetzt: Tiefeninterview, Polaritätenprofil, projektiver Test, Copy-Test, Blickaufzeichnung.

Bezüglich der verwendeten *Stichproben* wiederum gilt es zu differenzieren zwischen Repräsentativerhebungen und Studien, die nur auf dem Segment der Abonnenten eines Titels basieren. Weil vor allem die Verbreitung von Tageszeitungen in verschiedensten Lokalräumen verankert ist, sind relativ große Stichproben notwendig: z.B. in der Pressetranche der deutschen MA Media-Analyse jährlich 26 000 persönliche Interviews oder in der schweizerischen MACH Basic ca. 23 500 computergestützte Telefoninterviews pro Jahr.

Im Folgenden werden einige der in der Printleserschaftsforschung häufig verwendeten Methoden und Instrumente genauer dargestellt.

Vergleichende quantitative Kontaktmessung. Das Kernproblem der quantifizierenden Werbeträgerforschung im Printbereich besteht in der *Kontaktmessung*, d.h. der validen Ermittlung der Reichweiten einzelner Titel. Dies setzt zunächst eine *Definition des Lesers bzw. Kontakts als Leseakt* voraus, der in den meisten Printmedia-Studien relativ weich bestimmt wird wie in der schweizerischen MACH Basic: „... daheim oder auswärts gelesen oder durchgeblättert ...". In einem zweiten Schritt muss dann die durchschnittliche *Zahl der Leser pro Nummer (LpN)* ermittelt werden, was aufgrund unterschiedlicher methodischer Vorgehensweisen bzw. Konventionen realisiert wird (Wiegand 1996).

1. Der sog. *K1-Wert* der schweizerischen MACH Basic Studie basierte auf der Abfrage des habitualisierten Lesens: „Wieviele von sechs aufeinanderfolgenden Nummern von X lesen oder blättern Sie normalerweise durch?" Aufgrund dieser Frage wurde jedem Leser eine Kontaktwahrscheinlichkeit zugeordnet: bspw. bei 6 von 6 Nummern = 1 oder bei drei von 6 Nummern = 0.5, worauf diese Kontaktwahrscheinlichkeiten zur gesamten Leserschaft eines Titels aufsummiert wurden. 2. Der *LpA-Wert* ist ebenfalls eine rechnerische Größe. Im Unterschied zum K1-Wert bezieht sich der Begriff „Leser pro Ausgabe" jedoch auf die tatsächliche Leserschaft einer Ausgabe eines Titels im letzten Erscheinungsintervall: „Wann haben Sie X zum letzten Mal in der Hand gehabt, um darin ..." Es wird also genauer bzw. „härter" nach dem tatsächlichen Lesen bezogen auf einen konkreten Zeitabschnitt gefragt. 3. Noch präziser bezieht sich der sog. FRY-Wert als „First Reading Yesterday" darauf, ob man den Titel X gestern zum ersten Mal tatsächlich gelesen hat (Wiegand 1996).

Grundsätzlich hat jedes Erhebungsmodell mit bestimmten Schwierigkeiten zu kämpfen, wobei *Erinnerungsprobleme* zentral sind: Je größer der zu erinnernde Zeitraum wird, insbesondere bei sporadischen LeserInnen und / oder Titeln mit langem, z.B. monatlichem Erscheinungsintervall, desto größer wird die Gefahr von Fehlern, die zu Unter-, aber auch Überschätzung führen können. Die Erinnerung ist zudem titelspezifisch, d.h. habitualisiert genutzte Titel mit häufigen, aber kurzen Pick-ups wie bspw. Programmzeitschriften scheinen eher unterschätzt zu werden. Weiter besteht die Gefahr der *Verwechslung ähnlicher Titel*, die man durch das Verwenden von Titelkarten zu minimieren versucht, was aber bei Telefoninterviews nicht möglich ist. Hinzuweisen ist auch auf das Problem der *„Möchte-Gern-Leser":* Da Zeitungslesen ein gesellschaftlich erwünschtes Verhalten ist, besteht nach Haller (1985) eine generelle Tendenz zur Überschätzung, was bei sog. Prestige-Titeln wie z.B. Elite-Zeitungen vermutlich verstärkt zum Tragen kommt.

Abb. 21: Blickverlauf beim Lesen einer Titelseite (Bachofner 1993)

Copy-Test. Dieses Instrument wird häufig verwendet, um die redaktionelle Gestaltung eines Mediums den Wünschen der Leser besser anzupassen: redaktionelles Marketing. *Methodisch* wird folgendermaßen vorgegangen (Elghazali 1987; Zakrzewski 1995): Ein Exemplar der gestrigen Ausgabe einer Zeitung bzw. Zeitschrift wird Seite für Seite, Beitrag für Beitrag, Foto für Foto vom Interviewer mit einer Leserin bzw. einem Leser durchgegangen. Ermittelt wird, ob der jeweilige Beitrag am Vortag „gründlich", „flüchtig" oder „gar nicht" gelesen wurde. Darüberhinaus kann gefragt werden, ob nur der Titel eines Beitrags, nur der Anfang, einzelne Abschnitte oder der gesamte Artikel gelesen wurde. Die so gewonnenen *Befunde* geben Hinweise für die Redaktion, welche Beiträge, Rubriken oder Teile des Mediums auf Interesse stoßen und welche nicht. Liegt das redaktionelle Schwergewicht richtig? Welche Leser-segmente werden durch welche Inhalte gut oder weniger gut angesprochen?

Blickaufzeichnungsmethode. Dem Copy-Test verwandt, nur methodisch auf-wendiger und raffinierter, ist die Methode der Blickaufzeichnung. Versuchs-personen werden im Labor gebeten, ein Exemplar einer Zeitung bzw. Zeit-schrift durchzulesen oder sich Werbeanzeigen anzuschauen. Der Lesevorgang wird dabei mit einer Videokamera aufgezeichnet, die über ein in einer Lesebrille eingebautes optisches Spiegelsystem die *Fixationspunkte* der Augen auf der Seite exakt zu bestimmen vermag. Darauf basierend liegen heute reichhaltige Befunde zum Lesen als *Scanning-Prozess* vor.

Beispiel: Die schweizerische Forumszeitung TAGES-ANZEIGER untersuchte auf-grund von Video-Blickaufzeichnungen das Leseverhalten von 107 15-60jähri-gen. *Befunde* (Bachofner 1993): *1. Starke Selektion:* Die Lesezeit betrug im Durchschnitt 22 Minuten, was 7% des Textangebots entsprach. *2. Scanning:* Der Blick tastet die Seite ab, versucht das Wesentliche in Kürze zu erfassen, und zwar von oben nach unten und den Bildern entlang (vgl. Abb. 21). *3. Arti-kelwahl:* Bilder steuern zwar als Blickfang den Blickverlauf auf der Seite, haben jedoch wenig Einfluss darauf, ob der Leser in den Artikel einsteigt; Titel hingegen übernehmen die Funktion des Auswahlkriteriums, d.h. sie entschei-den darüber, ob ein Artikel angelesen wird oder nicht. *4. Etappen-Lesen:* Innerhalb des Artikels sind es weiter „Lead" und „Zwischentitel", die als Lesehilfen das Weiterlesen motivieren (vgl. auch Kap. 6.1.4).

Polaritätenprofil. Mit dieser Methode soll das Image oder Profil eines Titels – Zeitung oder Zeitschrift, aber auch Radio- oder Fernsehprogramm – ermittelt werden. *Semantisches Differential als Instrument:* Bei der Befragung werden etwa 20-30 Wortpaare mit je gegensätzlicher Bedeutung – z.B. spannend vs. langweilig, einfach vs. kompliziert, sachlich vs. reißerisch, neutral vs. partei-isch u.a.m. – den LeserInnen als Beurteilungskriterien vorgelegt.

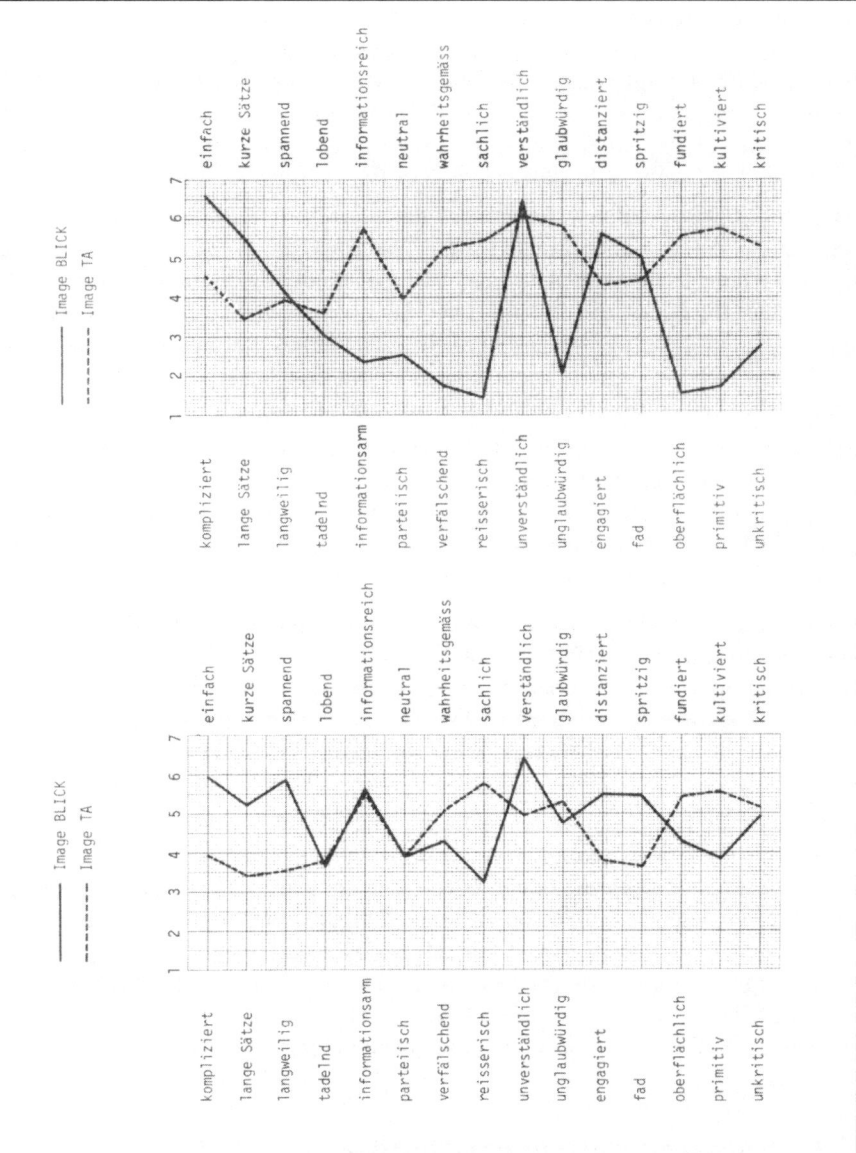

**Abb. 22: Images der schweizerischen Boulevardzeitung Blick
und der Forumszeitung Tages-Anzeiger im Vergleich
unten durch Blick- und oben durch TA-Leser** (Saxer u.a. 1980: 201/02

Die Befragten müssen dann das betreffende Medium aufgrund einer 7-stufigen Skala auf jeder Eigenschaftsdimension assoziativ beurteilen. Differenzierend kann zudem gefragt werden nach dem Ist-Zustand als Real-Einschätzung – „...trifft sehr stark auf ... zu." – und nach dem Soll-Zustand als Ideal-Einschätzung – „Ist mir sehr wichtig." – oder es können die Profile von zwei konkurrierenden Titeln – z.B. SPIEGEL vs. FOCUS – verglichen werden.

Beispiel 1: Der Vergleich des Images der Schweizer Boulevardzeitung BLICK mit jenem der Forumszeitung TAGES-ANZEIGER bei je 40 BLICK- und TA-Lesern erbrachte fundamentale Image-Unterschiede. Jede Gruppe beurteilte ihr „Leibblatt" insgesamt positiver, wobei das negative Image des BLICK bei den TA-Lesern auffällt. Interessant ist auch, dass beide Lesergruppen ihre Zeitung als etwa gleich „informativ" beurteilen, die TA-LeserInnen dem Boulevardblatt BLICK aber keinen Informationswert zusprechen (Saxer u.a. 1980).

Beispiel 2: Im Rahmen der Begleitforschung zur Einführung von Privatradios in der Schweiz wurden die Images der neuen Lokalradios im Vergleich zu den Programmen des öffentlich-rechtlichen Hörfunks verglichen, wobei die öffentlich-rechtlichen Programme bezüglich qualitativer Aspekte deutlich besser abschnitten (Hättenschwiler 1990: 224ff.).

Lebensstil- und Media-Typen. Neuere Ansätze schlüsseln das Konsum- und Mediaverhalten in der Datenerhebung und -auswertung nicht mehr nur nach soziodemographischen Kriterien wie Geschlecht (Holtz-Bacha 1990; Cornelißen 1998; van Eimeren / Oehmichen 1999) auf, sondern typologisieren Mediennutzer aufgrund ihres Lebensstils und Mediaverhaltens ganzheitlicher mittels Clusteranalyse (Krotz 1991; Jäckel 1996; Hartmann / Neuwöhner 1999).

Beispiel: Häufig bilden kommerzielle Institute ihre Mediennutzungstypen empirisch-induktiv aufgrund von zweidimensionalen Räumen wie bspw. „progressiv" vs. „konservativ" und „außen-„ vs. „innenorientiert oder wie bei den sog. SINUS-Milieus (Burda Advertising 2000) aufgrund von sozialer Lage und Grundorientierung (konservativ, materiell, postmaterialistisch). Demgegenüber konzipierte Schulze (1993: 278ff.) aufgrund theoretischer Überlegungen fünf soziokulturelle Milieus: Niveaumilieu (1), Harmoniemilieu (2), Integrationsmilieu (3), Selbstverwirklichungsmilieu (4) und Unterhaltungsmilieu (5).

2.2.3 Zuschauer- und Hörerforschung

Zweck

Die Publikumsforschung befasst sich mit der Zuwendung zum Hörfunk und zum Fernsehen sowie mit den sie beeinflussenden Faktoren, wobei es – analog zur Leserschaftsforschung – einerseits um Dokumentation der Reichweiten der Werbespots, andererseits um optimale Ausrichtung des Programms auf das Publikum und um die längerfristige Programmplanung geht. Hinzu kommt beim öffentlich-rechtlichen Rundfunk die *Legitimation* bezüglich des Programmauftrags (Saxer 1986; SFB 1991). – Obwohl vor allem zur Fernsehnutzung sehr viel empirisches Material vorliegt, sind bis jetzt Gegenstand, Fragestellungen und Methoden der verschiedenen Forschungen uneinheitlich geblieben und es bestehen nach wie vor *theoretische Defizite* (Hans-Bredow-Institut 1984; Webster / Wakshlag 1985; Sender Freies Berlin 1991; Gleich 1996; Jäckel 1996; McQuail 1997; Lindner-Braun 1998).

Träger

Publikumsforschung wird von allen europäischen Rundfunkanstalten kontinuierlich durchgeführt. Ihr Stellenwert in der Programmplanung hat mit der Einführung des dualen Rundfunksystems in den meisten europäischen Ländern stark an Bedeutung gewonnen (Saxer 1986; SFB 1991; Siegert 1993 / 97).

Gegenstand und Fragestellungen

Medienzuwendung – engl.: exposure – als Fernseh- oder Radionutzung kann unterschiedlich verstanden und definiert werden. Viele Studien befassen sich undifferenziert mit der Zuwendung zum *Medium*, während andere die Nutzung einzelner Medien*inhalte* erheben. Zuwendung selbst wiederum kann verschieden konzeptualisiert werden: als *Wahl* zwischen Medien, Programmen oder Inhalten, als mehr oder weniger intensive *Aufmerksamkeit* oder auch als *Präferenz* für bestimmte Medien und / oder deren Angebote (Hättenschwiler 1990).

Je nach Definition des Gegenstandes „Fernsehen" werden andere Fragen gestellt. Vorherrschend ist nach wie vor a) die Messung der *Reichweite* eines Programms zu bestimmten Zeiten und bei bestimmten Teilsegmenten des Publikums, b) der zeitliche Umfang der Medienzuwendung als *Konsum* und c) die subjektiven *Präferenzen* (Gunter 1985) für bestimmte Sendungstypen. Neben diesen kontinuierlich gestellten Fragen führen die Forschungsabteilungen natürlich immer wieder auch *Spezialstudien* durch, etwa zu Kindern und Jugendlichen oder alten Leuten als Fernsehzuschauern (Bonfadelli u.a. 1986).

Während lange Zeit nur die Zuwendung zum Medium und Programm, aufgeschlüsselt nach soziodemographischen Kriterien, im Vordergrund stand, wird neuerdings den Faktoren, die hinter der TV-Zuwendung oder der CATV-Nutzung als *selektive Programmwahl* stehen, mehr Aufmerksamkeit geschenkt (Gunter 1985; Doll / Hasebrink 1989; Hasebrink 1990). Im Zusammenhang mit

der Einführung der Privat- und Satelliten-Programme wurden in Deutschland
auch die *Auswirkungen des Kabelfernsehens* auf das Medien- und Freizeitver-
halten thematisiert (Mahle 1989; Schönbach 1989) und zunehmend werden
auch das Umschaltverhalten (Gleich 1996) und veränderte *Modalitäten des
Fernsehens* – „Switching", „Zapping" oder „Grazing" – erforscht (Stipp 1989;
Winkler 1990; Oder 1998). In der Schweiz wurde auch untersucht, wie sich der
Einfluss des Auslandfernsehens als Konkurrenz für die heimischen Programm-
anbieter bemerkbar macht (Meier / Schanne / Bonfadelli 1989). Seit kurzem
stehen zudem Fragen der Zukunftschancen des Digitalen Fernsehens und der
Beeinflussung des Fernsehens durch Computer und Internet auf der For-
schungsagenda (Stipp 1994 / 1998; Bekkers 1998; Klingler u.a. 1998).

Methoden

Die Zuwendung zu Radio und Fernsehen wird mittels unterschiedlicher Methoden erhoben. Folgende Techniken der Datenerhebung (vgl. Abb. 23) werden
häufig verwendet: a) *Tagebücher*, die vom Mediennutzer über seine Medienzuwendung während einer bestimmten Zeitspanne geführt werden – problematisch ist dabei vor allem die hohe Ausfallquote von bis 50%; b) *Befragungen*,
persönlich oder via Telefon, wobei Erinnerungsprobleme zu berücksichtigen
sind; c) *elektronische Messgeräte*, die das Einschaltverhalten automatisch erfassen und speichern; d) *Beobachtung*, fast immer nur in Laborstudien
angewandt. – Jede dieser Methoden hat ihre spezifischen Vor- und Nachteile:

Habitualisierte Medienzuwendung. Die Erhebung von habitualisierten Häufigkeiten der Nutzung von TV und Radio – „An wie vielen Tagen pro Woche
sehen Sie im allgemeinen fern?" – oder der zeitlichen Dauer des Konsums der
elektronischen Medien – „Wie viele Minuten sehen Sie im allgemeinen pro
Tag fern?"– hat sich in der Praxis wegen Erinnerungsproblemen als nicht zuverlässig erwiesen und wird deshalb nur in Studien von Universitäten als Basis
für die Konstruktion von Nutzungstypen – Viel- vs. Wenigseher – verwendet.

Tagesablauferhebung. Sie war lange Zeit das Standardinstrument zur Messung der Hörfunknutzung (Kasari 1993). Im Rahmen eines persönlichen oder
telefonischen (Klingler / Müller 2000) Interviews wird für einen Stichtag –
meist der Vortag – die Nutzung der verschiedenen Medien in Viertelstunden-
schritten im Tagesverlauf möglichst genau rekonstruiert. Neben der Mediennutzung werden zudem weitere Tätigkeiten wie Schlafen, Essen, Arbeit und
Freizeit im und außer Haus miterhoben. Die Stichtagserhebung setzt relativ
große Stichproben voraus, die zudem im Wochenverlauf und saisonal repräsentativ verteilt sein müssen (Diem 1993; van Eimeren 1995; SRG Forschungsdienst 1998).

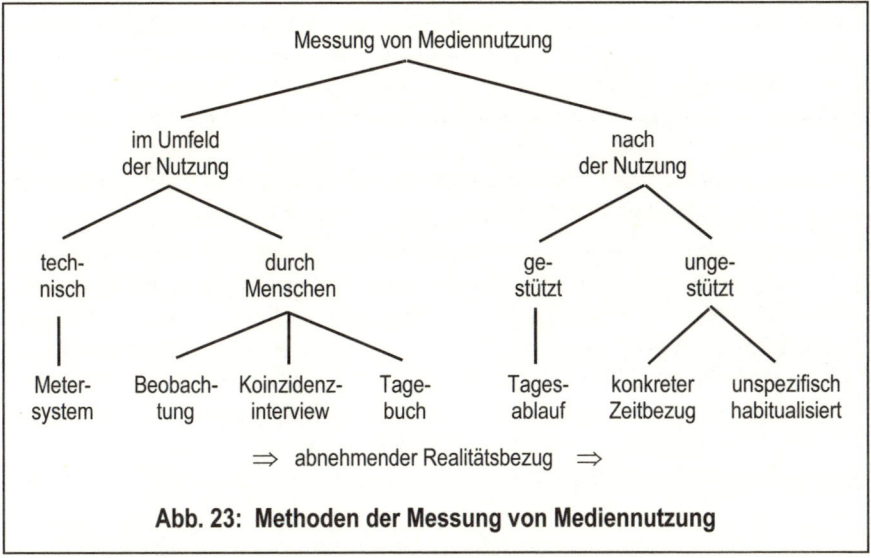

Abb. 23: Methoden der Messung von Mediennutzung

Probleme. Mit der Zunahme der Zahl der empfangbaren Radio- und Fernseh-programme, aber auch mit dem Wandel des Radiohörens zu einer Sekundär-bzw. Nebenaktivität, verstärken sich die Erinnerungs- und Senderidenti-fikationsprobleme, weshalb auch in der Hörerforschung der Übergang zur *technischen Messung via Radiometer* zur Zeit stattfindet bzw. in der Schweiz schon stattgefunden hat (Müller 1998+2002).

Technische Messung. Die heutige Fernsehforschung basiert in den meisten Ländern auf einer technischen Messung, in der Schweiz: Telecontrol, in Deutschland GfK-Meter und in Österreich ORF-Teletest (Diem 1993 / 1996) genannt. Mittels eines Kleincomputers, der mit dem Fernsehgerät verbunden ist, werden die Kanalwechsel kontinuierlich in bestimmten Zeitabständen – z.B. in 30-Sekunden-Schritten – aufgezeichnet. Gleichzeitig müssen sich die fernsehenden Haushaltsmitglieder mit einer separate Fernbedienung an- bzw. abmelden, so dass nicht nur Haushaltratings, sondern auch Personenreich-weiten ausgewiesen werden können. Neben dem Fernsehen wird auch die Nut-zung von Videogeräten, Spielkonsolen oder Teletext aufgezeichnet. In ver-schiedenen Ländern (z.B. Schweiz und Österreich) besteht zudem die Mög-lichkeit, die gesehenen Sendungen zu benoten. Die technische Messung setzt ein Panel voraus, d.h. das individuelle Sehverhalten wird bei den gleichen Haushalten über einen längeren Zeitraum – bspw. 5 Jahre – registriert. Über

Nacht werden dann die im Messgerät gespeicherten Daten via Telefonleitung automatisch vom Zentralcomputer abgerufen und ausgewertet. Zur Kontrolle der Zuverlässigkeit des Drückens der sog. Personentaste werden in regelmäßigen Abständen sog. *Koinzidenzinterviews* durchgeführt, indem per Telefon alle Panelhaushalte angerufen und die zurzeit des Anrufs sehenden Personen erfragt werden. Der Vergleich mit den elektronisch gemessenen Werten erlaubt es, Aussagen über die Güte der Messung zu machen.

Die *Auswertung der methodisch unterschiedlich erhobenen Daten* liefert folgende Werte: a) *Reichweite* bzw. *Rating* in Prozent pro Tag oder für einen Zeitpunkt im Tagesverlauf von Sendern und für einzelne Programme, b) *Nutzungsdauer* in Minuten pro Tag und pro Kopf – Nichtnutzer sind mitberücksichtigt – bzw. nur pro Nutzer oder c) *Marktanteile* in Prozent als Anteil der tatsächlich eingeschalteten Geräte oder sehenden Personen in bezug auf eine bestimmte Sendung oder ein Programm über 24 Stunden oder bspw. nur in der „Prime time", d.h. zwischen 18.00 und 23.00.

Abb. 24: Hörer- und Zuschauerforschung im Vergleich			
Land	Deutschland	Schweiz	Österreich
Hörerforschung			
Träger bzw. Institut	AG.MA / MMC	SRG Forschungsdienst IHA-GfK	AG Media-Analysen Fessel-GfK / IFES
Medien	Radio	Radio / TV / Print	Radio / TV / Print
Technik	telefonische Tages-ablaufbefragung	Radiocontrol Panel, jede Person 2mal jährlich eine Woche	face-to-face Tages-ablaufbefragung
Stichprobe	60 000 ab 14 Jahren	20 000 ab 15 Jahren	17 500, ab 10 Jahren
Zuschauerforschung			
Institut	AGF / GfK	SRG / IHA-GfK	Fessel + GfK
Technik	Telecontrol	Telecontrol	Telecontrol
Sekundenintervall	30 Sekunden	30 Sekunden	30 Sekunden
Beurteilungsnoten	nein	ja	ja
Anzahl Haushalte	5 500 HH	DS 850, WS 550, IS 250	600 HH
Erwachsene Kinder	rund 13 000 Personen ab 3 Jahren	Personen ab 3 J.: DS: 2 108, WS: 1 '291, IS: 581	Erw.: 1 600 ab 12 J. Kinder: 250 3-11 J.

2.2.4 Internetforschung

Die rasche Verbreitung des Internets hatte zur Folge, dass in den meisten Ländern Ad-hoc-Studien ganz unterschiedlicher Art durchgeführt wurden, und zwar mit dem Zweck, die Verbreitung und Nutzung dieses neuen Mediums zu dokumentieren. Erst mit der Zeit hat sich eine kontinuierliche Internetforschung – analog zur syndikalisierten Forschung im Rundfunk- und Printbereich – entwickelt (AG.MA 2001). Die zurzeit vorliegende Datenfülle zum Internet ist vorab wegen folgender methodischer Probleme nur erschwert vergleichbar.

Zunächst ist zu unterscheiden zwischen repräsentativen Erhebungen bei der Gesamtbevölkerung und Studien – meist mit Internetfragebogen (bspw. GVU's WWW User Surveys) – bei Personen, die Zugang zum Internet haben. Im letzteren Fall gibt es wieder den Unterschied zwischen *Surveys* und *Panelstudien*, wobei letztere die Internetnutzung oft direkt mit entsprechender Software im Computer selbst erfassen. Zudem ist häufig unklar, ob die ausgewiesenen Befunde auf *Personendaten* beruhen oder sich auf *Haushalte* beziehen. Im letzteren Fall sind höhere Werte zu erwarten, weil nach wie vor jüngere Leute und Männer häufiger als ältere Personen oder Frauen das Internet nutzen. Oft wird auch nicht ausgewiesen, ob sich die Daten nur auf den *Zugang zum Internet* beziehen oder auch auf die tatsächliche *Nutzung*. Schließlich ist die Nutzung des Internets unterschiedlich intensiv, d.h. reine Zugangswerte liegen meist deutlich höher als Resultate, die auf regelmäßiger Nutzung) basieren. – Alles in allem ist die Frage nach der „Anzahl Internetnutzer in einem bestimmten Land" also nicht leicht zu beantworten. Nicht zuletzt auch darum, weil der genaue *Zeitpunkt* der Datenerhebung ebenfalls entscheidend ist.

Im europäischen Kontext finden sich die verlässlichsten Daten zur Verbreitung und Nutzung des Internets in den schon bestehenden Studien der syndikalisierten Print- und Rundfunkforschung (vgl. Abb. 25), nicht zuletzt, weil die zugrunde liegenden Stichproben groß und repräsentativ sind:

Abb. 25: Nutzung des Internets (WNK) im Vergleich					
Land	Studie	Sample	Feld	2000	2001
Deutschland	MA Radio	54 000	Sept. 2000-April 2001	14%	34%
Schweiz	Mach Basic	26 700	April 2000-April 2001	38%	49%
Österreich	MA	17 500	Jan. – Dez. 2000	21%	30%
Basis: Weitester Nutzerkreis (WNK), d.h. mind. einmal im letzten Monat. Quelle: Euro-JICs Pan European Internetsurvey 2002. Auf: www.ejc.org.					

Neben Daten zur Verbreitung des Internets wird in der standardisierten Mediaforschung meist erhoben, von wo aus (zu Hause vs. am Arbeitsplatz) das Internet genutzt wird, welche Websites und zu welchem Zweck das Internet vor
allem benutzt wird: a) Kommunikation (E-Mails), b) Informationsabruf, c)
Services (bspw. E-Banking), d) Unterhaltung (bspw. Chatten, Games). Schließlich gibt es zusätzliche Studien über die Off-Liner, d.h. Personen, die das Internet noch nicht nutzen bzw. nicht mehr nutzen. Hier interessieren Hinweise auf
die Gründe, welche hinter der Internetabstinenz stehen (vgl. Bonfadelli 2000).

2.2.5 Intermedia-Forschung

Verlagerungen der Werbung weg von Print und hin zum Fernsehen sowie die
zunehmend multimedial konzipierten Werbekampagnen haben in den 90er Jahren die Kontroversen um die mediengerechte Erfassung und über alle Medien
vergleichbare Ausweisung der Werbeträger neu entfacht. Dabei ist speziell das
seit den 70er Jahren nahezu unverändertes Erhebungsmodell der Printmedien
unter Druck geraten, das im Vergleich zur technischen Messung des Fernsehens und zur Stichtagserhebung beim Hörfunk relativ weich konzipiert ist.

Zur intermedial vergleichbaren Erfassung von Werbeträgern gibt es prinzipiell
zwei Wege: die Single-Source- bzw. Multi-Source-Methode. Damit ist gemeint, ob die Daten für die verschiedenen Medien mittels eines einzigen Daten-
erhebungsinstruments gesammelt werden oder ob man sich auf verschiedene
Datenquellen abstützt.

Multi-Source: Die Fusion von Datensätzen

Das typische Beispiel bildet das in Deutschland praktizierte Partnerschaftsmo-
dell der MediaAnalyse der AG.MA, bei dem die Printmedien und die elektronischen Medien getrennt mittels unterschiedlicher Methodik erhoben werden, die
Datenbestände dann aber über das mathematische Verfahren der Fusion in eine
integrierte Datenbank zusammengefügt werden, die für die Multimediaplanung
geeignet ist. Dazu bedarf es freilich konsentierter Konventionen für die Werbe-
trägerkontakte der einzelnen Mediengattungen, z.B. beim Fernsehen die Netto-
reichweite pro halbe Stunde, beim Hörfunk die durchschnittliche Viertelstun-
denreichweite für alle Stunden mit Werbung und bei den Printmedien die
Leserschaft pro Ausgabe (LpA). Speziell von Seiten der elektronischen Medien
wird eine härtere Währung der Printmedien verlangt, indem nicht nur auf die
Reichweite eines ganzen Titels, sondern stärker auf die Nutzung der werbe-
führenden Seiten abzustellen wäre (Müller 1997).

Single-Source: Die Langzeitstudie „Massenkommunikation"

Die Studie „Massenkommunikation 1964 - 2000" (Berg / Ridder 2002) der öffentlich-rechtlichen Rundfunkanstalten ist die einzige Langzeituntersuchung im deutschen Sprachraum, die seit 30 Jahren den Prozess des sozialen Wandels im Zusammenhang mit den Medien und ihrer Nutzung beobachtet. In acht Erhebungswellen wurde jeweils der Medienumgang einer repräsentativen Stichprobe von 4 000 Personen ab 15 Jahren in den alten und zusätzlich 2 000 Personen in den neuen Bundesländern untersucht, und zwar aufgrund eines differenzierten und weitgehend unverändert und damit vergleichbar gehaltenen Frageprogramms. Das Interview umfasst Fragen zur Nutzungshäufigkeit, den Images – Bindung, Glaubwürdigkeit, Objektivität – und zu den Einstellungen gegenüber den drei Medien Fernsehen, Hörfunk und Tageszeitung. Diese Daten werden ergänzt durch die Erhebung des Tagesablaufs eines Stichtags, was u.a. Aussagen hinsichtlich Reichweiten und Zeitaufwand möglich macht.

2.3 Mediennutzung: Ausgewählte Befunde

Aufgrund der vorliegenden Daten bspw. der Studie MASSENKOMMUNIKATION in Deutschland oder der kontinuierlichen Zuschauerforschung können die Veränderungen im Angebot wie in der Nutzung der elektronischen Medien der letzten zwanzig Jahre recht gut nachgezeichnet werden: vgl. Abb. 26 + 27. In Stichworten zusammengefasst präsentiert sich der *Wandel der Medienumwelt* aus der Perspektive der Mediennutzer folgendermaßen (vgl. Kiefer 1996; Darschin 1998; Hasebrink 2002; Darschin / Gerhard 2003; Fritz / Klingler 2003 und international: Zillmann / Bryant 1998): Im *Fernsehbereich* hat sich einerseits das Angebot in Form der Zahl der empfangbaren Kanäle, andererseits haben sich die Nutzungsoptionen – Mehrfachbesitz, Fernbedienung, Teletext, Videorecorder etc. – vervielfacht. In inhaltlicher Hinsicht war zudem eine starke *Programmausweitung* – Tages- bzw. Nachtfernsehen, Spartenkanäle – zu konstatieren und ab 1985 erstmals neue private Rundfunkanbieter, was aber nicht unbedingt auch eine größere Vielfalt des Angebots zur Folge hatte: „Mehr vom Gleichen, sprich mehr Unterhaltung!" oder, bedingt durch die wachsende Konkurrenz zwischen den öffentlich-rechtlichen und den privaten Programmen, eine Zunahme von *Infotainment* (Stichwort: Reality-TV) und eine verstärkte *Konvergenz der Programme* überhaupt, die allerdings je nach Studie anders interpretiert wurde. Im *Printbereich* kontrastiert zu diesen Trends eine kontinuierliche Pressekonzentration bei den Tageszeitungen, gleichzeitig aber auch eine Flut von neuen Special-Interest Zeitschriftentiteln.

Abb. 26: Entwicklung der Medienversorgung im Ländervergleich								
	Deutschland West					Deutschschweiz		
Prozentanteile	1980	1985	1990	1995	2000	1980	1985	1990	2000
mindestens 1 TV-Gerät	97	97	98	98	98	92	93	92	94
zwei und mehr Geräte	27	26	31	33	49	4	9	11	23
Kabelanschluss	-	-	31	55	-	31	47	68	81
Anz. empfang. Sender	-	-	-	-	-	6	8	13	28
Videorecorder	-	21	41	60	78	3	18	42	61
Quellen: Studie MASSENKOMMUNIKATION für Deutschland; SRG Forschungsdienst für Schweiz.								

Dieser Medienwandel wird zudem begleitet von *gesellschaftlichen Veränderungen* wie sich verlängernde Bildungskarrieren, steigende Mobilität, stagnierendes Freizeitbudget, Individualisierung der Biographien und Pluralisierung von Lebensstilen, postmaterielle Werthaltungen sowie eine stärkere Erlebnisorientierung u.a.m. (vgl. Schulze 1993).

Nach Abb. 27 präsentiert sich darum die *Mediennutzung gegen Ende des 20. Jahrhunderts* folgendermaßen: Im Durchschnitt steht heute praktisch in allen Haushalten in Deutschland und Österreich mindestens ein Fernsehgerät, während in der Schweiz nach wie vor rund 5% – meist bewusst – auf ein solches verzichten. Wegen der stark angestiegenen Verkabelung in Deutschland, die in der Schweiz aus terrestrischen Gründen noch deutlich höher ist, können die Fernsehhaushalte heute rund 30 Programme empfangen, wobei sie deutlich weniger auch tatsächlich auf ihren Geräten abgestimmt haben bzw. regelmäßig nutzen.

An einem durchschnittlichen Wochentag ist das TV-Gerät in fast 90% der Haushalte eingeschaltet; die durchschnittliche *Sehdauer* in Deutschland betrug bei den Erwachsenen fast 3½ und bei den 3-13jährigen gut 1½ Stunden pro Tag; die vergleichbaren Werte liegen in Österreich und der Schweiz auf einem ähnlichen Niveau, aber tiefer. Qualitativ betrachtet entfällt in Deutschland knapp die Hälfte des Fernsehkonsums – nämlich 95 von 215 Minuten – auf Fiction (Shows, Serien, Filme), wobei etwa 60% davon von den Privatsendern stammen; 59 Minuten, also ein gutes Viertel, entfallen auf Informationssendungen, wovon 70% von den öffentlich-rechtlichen Sendern stammen (Darschin / Gerhard 2003).

Abb. 27: Medienversorgung und Mediennutzung im Ländervergleich (2001)			
Prozentanteile	Deutschland	Deutschschweiz	Österreich
Ausstattung der Haushalte mit Geräten			
Fernsehgerät vorhanden	99	95	97
Mehrere TV-Geräte	32	24	48
Anschluss der TV-HH ans CATV	53	83	38
Anzahl empfangbare Kanäle (bei > als 70%)	25	15	14
Videorecorder	68	70	78
PC (Personen in %)	50	64	-
Zugang zum Internet (Personen in %)	47	55	49

Fernsehnutzung				
Basis:	- TV-HH in Tsd.	36 561	2 658	3 186
Reichweiten in % pro Tag, Mo - So	- Erwachsene - Kinder (3-13 J.)	74 62	70 59	68 57
Sehdauer in Min. pro Tag Mo-So	- Seher - Erwachsene - Kinder	275 205 97	198 138 75	219 152 77

Radionutzung			
Reichweite in Prozent pro Tag	79	85	84
Hördauer in Minuten pro Tag	203	111	206
Prozentanteil öffentlich-rechtl. Programme	54	64	83

Printnutzung			
Häufigkeit Zeitungslesen „(fast) täglich"	63	54	65
Häufigkeit Buchlesen „pro Woche"	62	41	42

Quellen: Geräte, TV, Internet: IP (Hg.) (2002): Television 2002. Int. Key Facts. Radio: MA 2001 (Klingler / Müller 2002), SRG Forschungsdienst, ORF Mediaresearch. Buch und Zeitung: Deutschland: Studie MASSENKOMMUNIKATION 2000; Schweiz: Univox-Survey 2002; Österreich: Wiederholungsstudie „Kulturtechnik Lesen" 1996/97 (Böck 1998).

Im Kontrast zu den oben konstatierten starken Veränderungen im Medienange-bot ist somit die Gesamtmediennutzung – aufgrund der quantitativen Daten – auf den ersten Blick erstaunlich stabil geblieben. Dabei hat das *Fernsehen* in den letzten 20 Jahren deutlich an Zuwendungszeit gewonnen und bleibt nach wie vor das dominante Medium im Bereich Regeneration / Freizeit. Im Vergleich dazu hat sich das *Radio* zum „allgegenwärtigen Begleiter" in unterschiedlichsten Nutzungssituationen gewandelt (Fritz / Klingler 2003: 16 + 19). Gleichzeitig deutet sich ein Rückgang beim Zeitungs- und Buchlesen an.

Im Gegensatz zu den klassischen tagesaktuellen Medien – Fernsehen, Radio, Print – ist die Dynamik im Bereich der Online-Kommunikation viel stärker gewesen. Das *Internet* hat sich in den letzten fünf Jahren besonders im jüngeren Bevölkerungssegment seinen Platz im Medienensemble auch zu Hause erobert, und zwar als Informations- und Unterhaltungsmedium (Gerhards / Klingler 2003: 121ff.). – Nach wie vor dominieren aber junge Männer, die über eine höhere Bildung und einen gehobeneren Sozialstatus verfügen, die Nutzerschaft des Internets.

Zusammenfassend betrachtet zeigt sich, dass die Mediennutzung des Publikums hoch habitualisiert und eher wenig elastisch ist. Sieht man aber genauer hin, so lassen sich durchaus gewisse Veränderungen erkennen; sie sind aber a) weniger *quantitativer*, sondern mehr *qualitativer* Art und b) erfolgen weniger *intermediär*, sondern mehr *intramediär*. Aufgrund der Sonderauswertungen der Langzeitstudie „Massenkommunikation" (Berens / Kiefer / Meder 1997; Fritz / Klingler 2003) deuten sich als Trends eine *Spezialisierung der Mediennutzung* im dualen Rundfunksystem von Deutschland an:

• Obwohl das Fernsehen zu Lasten anderer Medien und Aktivitäten stärker genutzt wurde, und das Internet noch nicht als Gewohnheitsmedium betrachtet wird, ist künftig eine stärkere Nutzungskonkurrenz zwischen PC/Internet und dem Fernsehen denkbar. Gleichzeitig deuten sich beim Hörfunk eher eine Stagnation und ein Bedeutungsverlust der Tageszeitung an.

• Die Vervielfachung der Fernsehanbieter hat zu einer *Fragmentierung des Publikums* geführt und eine individualisiertere Programmwahl begünstigt (Handel 2000).

• Der Umgang mit den elektronischen, aber auch den Printmedien ist *generell flüchtiger* geworden, d.h. das Fernsehen entwickelt sich zum neuen Begleitmedium. Stichworte sind: Zapping, Parallel- und Konstant-Sehen.

• Es scheint eine Tendenz größerer Bevölkerungsgruppen zur *Spezialisierung auf Unterhaltungsangebote des Fernsehens* zu bestehen: Informationsorientierte Zuschauer sehen vor allem die öffentlich-rechtlichen Programme, während unterhaltungsorientierte Zuschauer sich hauptsächlich den privaten Programmen zuwenden.

- Dazu korrespondieren spezifische Erwartungshaltungen (Darschin / Frank 1997: 165): Von den öffentlich-rechtlichen Anbietern erwartet das Publikum in erster Linie fundierte Informationen, Orientierungshilfen, eine kritische Wächterrolle und die Einhaltung besonderer Qualitätsmaßstäbe. Umgekehrt erwartet es von den Privatsendern nicht nur Unterhaltendes, sondern auch Informatives; am meisten jedoch wird Unterhaltung gewünscht, die es leicht macht, „den Alltag zu vergessen" und die „vor allem für gute Laune sorgt".

- Und in der Deutschschweiz äußerte sich die Programmvermehrung im Zusammenhang mit der Einführung des Dualen Rundfunks vor allem darin, dass die aus Deutschland einstrahlenden und per Kabel verbreiteten unterhaltungsorientierten privaten Fernsehprogramme sich einen deutlichen Marktanteil von gut zwei Dritteln errungen haben und die öffentlich-rechtlichen Programme der SRG sich oft nur noch im Informationsbereich behaupten können.

- Aufgrund einer Kohortenanalyse konstatiert Marie-Luise Kiefer (1996: 596) eine Lockerung des Zusammenhang zwischen Mediennutzung und Bildungsgrad. Sie fragt sich darum, ob die konstatierten Langzeittrends eine „dauerhafte Abwendung von anspruchsvollen Medienangeboten" bedeuten könnten (vgl. auch Peiser 1999).

Literatur

Publikum – Publikumskonzeptionen

Abercrombie, Nicholas / Longhurst, Brian (1998): Audiences. A Sociological Theory of Performance and Imagination. London / Thousand Oaks / New Delhi.

Ang, Ien (1991): Desperately Seeking the Audience. London.

Bauer, Raimond A. (1973): Das widerspenstige Publikum. In: Prokop, Dieter (Hg.): Massenkommunikationsforschung 2. Frankfurt a.M., S. 152-166.

Biocca, Frank A. (1988): Opposing Conceptions of the Audience: The Active and Passive Hemispheres of Mass Communication Theory. In: Communication Yearbook 11. Newbury Park etc., S. 51-81.

Blumer, Herbert (1966): The Mass, the Public, and Public Opinion. In: Berelson, B. / Janowitz, M. (Hg.): Reader in Public Opinion and Communication. New York / London (1946[1]), S. 43-50.

Bonfadelli, Heinz (2002): Gentechnologie im Urteil der Bevölkerung. Agenda-Setting – Wissensklüfte – Konsonanzeffekte. In: ders. / Dahinden, Urs (Hg.): Gentechnologie in der öffentlichen Kontroverse. Zürich, S. 47-96.

Bonfadelli, Heinz / Meier, Werner A. (1996): Das erforschte Publikum. In: ZOOM K&M, Heft 8, S. 5-13.

Brown, Mary Ellen (1991): Knowledge and Power: An Ethnography of Soap-Opera Viewers. In: Vande Berg, Leah R. / Wenner, Lawrence (Hg.): Television Criticism. Approaches and Applications. New York / London, S. 178-198.

Burda Advertising (2000): Die Sinus-Milieus in Deutschland. Typologie der Wünsche TdW Intermedia. Offenburg.

Dickinson, Roger / Harindranath, Ramaswami / Linné, Olga (Hg.) (1998): Approaches to Audiences. A Reader. London etc.

Donnerstag, Joachim (1996): Der engagierte Mediennutzer: das Involvement-Konzept in der Massenkommunikationsforschung. München.

Ettema, James und Whitney, Charles (1994): Audiencemaking: How the Media Create the Audience. London / New Delhi.

Hans-Bredow-Institut (Hg.) (1984): Symposion '83: Empirische Publikumsforschung. Fragen der Medienpraxis – Antworten der Medienwissenschaft. Hamburg.

Hartmann, Peter / Neuwöhner, Ulrich (1999): Lebensstilforschung und Publikumssegmentierung. Eine Darstellung der MedienNutzerTypologie (MNT). In: Media Perspektiven, Heft 10, 1999, S. 531-539.

Hepp, Andreas / Winter, Rainer (Hg.) (1997): Kultur – Medien – Macht. Cultural Studies und Medienanalyse. Opladen.

Holly, Werner / Püschel, Ulrich (Hg.) (1993): Medienrezeption als Aneignung. Methoden und Perspektiven qualitativer Medienforschung. Opladen.

Jäckel, Michael (1996): Was machen die Menschen mit den Medien? Zum Zusammenhang von Sozialstruktur und Mediennutzung. In: Jäckel, Michael / Winterhoff-Spurk, Peter (Hg.): Mediale Klassengesellschaft? Politische und soziale Folgen der Medienentwicklung. München, 149-175.

Jäckel, Michael / Peter, Jochen (1997): Cultural Studies aus kommunikationswissenschaftlicher Perspektive. In: Rundfunk und Fernsehen, 45(1), S. 46-68.

Jensen, Klaus Bruhn / Rosengren, Karl Erik (1990): Five Traditions in Search of the Audience. In: European Journal of Communication, 5(2-3), S. 207-238.

Keppler, Angela (1994): Tischgespräche. Über Formen kommunikativer Vergemeinschaftung am Beispiel der Konversation in Familien. Frankfurt a.M.

Kiefer, Marie-Luise (1983): Zielgruppen: Wer, Wie, Wo? In: Media Perspektiven, Heft 9, S. 601-609.

Klaus, Elisabeth (1997): Konstruktion der Zuschauerschaft: vom Publikum in der Einzahl zu den Publika in der Mehrzahl. In: Rundfunk und Fernsehen,

45(4), S. 456-471.

Krotz, Friedrich (1991): Lebensstile, Lebenswelten und Medien: Zur Theorie und Empirie individuenbezogener Forschungsansätze des Mediengebrauchs. In: Rundfunk und Fernsehen, 39(3), S. 317-342.

Krotz, Friedrich (1992): Kommunikation als Teilhabe. Der „Cultural Studies Approach". In: Rundfunk und Fernsehen, 40(3), S. 412-431.

Kubey, Robert / Csikszentmihalyi, Mihaly (1990): Television and the Quality of Life. Hillsdale, N.J.

Lindlof, Thomas (1988): Media Audiences as Interpretative Communities. In: Communication Yearbook 11. Newbury Park etc., S. 81-107.

Lull, James (1980): The Social Uses of Television. In: Human Communication Research, 6, S. 197-209.

McQuail, Denis (1997): Audience Analysis. Thousand Oaks / London / New Delhi.

Noelle-Neumann, Elisabeth / Schulz, Winfried / Wilke, Jürgen (Hg.) (1994): Fischer Lexikon Publizistik Massenkommunikation. Frankfurt a.M.

Rubin, Alan (1984): Ritualized and Instrumental Television Viewing. In: Journal of Communication, 34(3), S. 67-77.

Riesman, David (1960): Die einsame Masse. Hamburg.

Schroder, K. (1987): Convergence of Antagonistic Traditions? The Case of Audience Research. In: European Journal of Communication, 2(1), S. 7-31.

Vogelgesang, Waldemar (1996): Jugendmedien und Jugendszenen. In: Rundfunk und Fernsehen, 44(3), S. S. 346-364.

Webster, James G. (1998): The Audience. In: Journal of Broadcasting & Electronic Media, 42(2), S. 190-207.

Weiß, Ralph (1996): Soziographie kommunikativer Milieus. Wege zur empirischen Rekonstruktion der sozialstrukturellen Grundlagen alltags-kultureller Handlungsmuster. In: Rundfunk und Fernsehen, 44(3), S. 325-345.

Angewandte Mediennutzungsforschung allgemein

Böck, Margit / Weish, Uli (2002): Medienhandeln und Geschlecht. Alter und Bildung als Differenzkriterien in einer Sekundäranalyse von Mediennutzungsdaten. In: Dorer, Johanna / Geiger, Brigitte (Hg.): Feministische Kommunikations- und Medienwissenschaft. Wiesbaden, S. 235-266.

Böhme-Dürr, Karin / Graf, Gerhard (Hg.) (1995): Auf der Suche nach dem Publikum. Medienforschung für die Praxis. Konstanz.

Bonfadelli, Heinz (1994): Medienpublikum: Erträge der angewandten und der universitären Medienwissenschaft. In: Medienwissenschaft Schweiz, Heft

2, S. 38-39.

Cornelißen, Waltraud (1998): Fernsehgebrauch und Geschlecht. Köln.

Gleich, Uli (1996): Neuere Ansätze zur Erklärung von Publikumsverhalten. In: Media Perspektiven, Heft 11, S. 598-606.

Holtz-Bacha, Christina (1990): Der kleine Unterschied im Medienverhalten und seine Folgen für die Kommunikationsforschung. In: Publizistik, 35, S. 497-503.

Klaus, Elisabeth (1998): Feministische Publikumsforschung. Die Vervielfältigung des Blicks in der feministischen Publikumsforschung. In: Medien Journal, 4, S. 18-28.

Meyen, Michael (2001): Mediennutzung: Mediaforschung, Medienfunktionen, Nutzungsmuster. Konstanz.

Saxer, Ulrich (1986): Die Publikumsforschung unter gewandelten Bedingungen. In: Fleck, F.H. (Hg.): Zukunftsaspekte des Rundfunks. Kommunikationspolitische und ökonomische Beiträge. Stuttgart / Berlin, S. 107-121.

Scherer, Helmut / Brosius, Hans-Bernd (Hg.) (1997): Zielgruppen, Publikumssegmente, Nutzergruppen. Beiträge aus der Rezeptionsforschung. München.

SFB (Hg.) (1991): DIE QUOTE: der heimliche Machthaber. Reichweitenforschung bei Hörfunk und Fernsehen und ihre Bedeutung für das Programm. SFB-Werkstattheft 20. Berlin.

Siegert, Gabriele (1993): Marktmacht Medienforschung. Die Bedeutung der empirischen Medien- und Publikumsforschung im Medienwettbewerbssystem. München.

Siegert, Gabriele (1997): Die heimliche Hauptsache. Systemtheoretische und mikroökonomische Bedeutungsdimensionen der Medien- und Publikumsforschung. In: Renger, Rudi / Siegert, Gabriele (Hg.): Kommunikationswelten. Innsbruck / Wien, S. 159-180.

Svendsen, Eric Nordahl (1998): Audience Research within the European Scene. In: Communications, 23(2), S. 218.

Urban, Christine D. (1984): Factors Influencing Media Consumption: A Survey of Literature. In: Compaigne, B.M. (Hg.): Understanding New Media: Trends and Issues in Electronic Distribution of Information. Cambridge, Mass., S. 213-282.

van Eimeren, Birgit / Oehmichen, Ekkehardt (1999): Mediennutzung von Frauen und Männern. Daten zur geschlechtsspezifischen Nutzung von Hörfunk, Fernsehen und Internet / Online 1998. In: Media Perspektiven, Heft 4, S. 187-201.

Weichler, Kurt (2003): Redaktionsmanagement. Konstanz.

Buchmarkt / Buchlese(r)forschung

Bertelsmann Stiftung (Hg.) (1993): Lesesozialisation. Band 1: Leseklima in der Familie; Band 2: Leseerfahrungen und Lesekarrieren. Gütersloh.

Böck, Margit (1998): Leseförderung als Kommunikationspolitik. Zum Mediennutzungs- und Leseverhalten sowie zur Situation der Bibliotheken in Österreich. Wien.

Bonfadelli, Heinz (1988): Das Leseverhalten von Kindern und Jugendlichen. In: Schweizerisches Jugendbuch-Institut (Hg.): Leselandschaft Schweiz. Zürich, S. 11-90.

Bonfadelli, Heinz (1998): Theoretische und methodische Anmerkungen zur Buchmarkt- und Leserforschung". In: Stiftung Lesen (Hg.): Lesen im Umbruch – Forschungsperspektiven im Zeitalter von Multimedia. Baden-Baden, S.78-89.

Bonfadelli, Heinz (1999): Leser und Leseverhalten heute – Sozialwissenschaftliche Buchlese(r)forschung. In: Franzmann, Bodo u.a. (Hg.): Handbuch Lesen. München, S. 86-144.

Dorsch, Petra / Lehnert, F.H. (1981): Buchmarktforschung im internationalen Überblick. In: Dorsch, Petra / Teckentrup, Konrad (Hg.): Buch und Lesen: International. Berichte und Analysen zum Buchmarkt und zur Buchmarktforschung. Gütersloh, S. 81-93.

Fritz, Angela (1989): Lesen in der Mediengesellschaft. Standortbeschreibung einer Kulturtechnik. Wien.

Fritz, Angela (1990): Leseforschung in Österreich. In: Stiftung Lesen (Hg.): Lesen im internationalen Vergleich I. Mainz, S. 102-117.

Muth, Ludwig (Hg.) (1993): Der befragte Leser. Buch und Demoskopie. München etc.

Stiftung Lesen (Hg.) (1990 + 1994): Lesen im internationalen Vergleich. Teil I + II. Mainz.

Stiftung Lesen (Hg.) (2001): Leseverhalten in Deutschland im neuen Jahrtausend. Eine Studie der Stiftung Lesen. Mainz / Hamburg.

WEMF AG für Werbemedienforschung (2003): MACH Consumer 2002. Konsum-Media-Analyse Schweiz. Zürich. Auch auf: www.wemf.ch

Printmedien- / Leserschaftsforschung

Bachofner, Gabi (1993): Making a Newspaper More Reader-Friendly. In: ESOMAR (Hg.): Competition in Publishing: The Necessity for Research. Amsterdam, S. 99-118.

Drabczynski, Michael (1998): Kommunikationstheorie und Werbung. Burda Medien-Forschung: München / Offenburg.

Elghazali, Saad (1987): Presseforschung als Instrument für die redaktionelle Arbeit. In: Fleck, F. / Saxer, U. / Steinmann, M. (Hg.): Massenmedien und Kommunikationswissenschaft in der Schweiz. Zürich, S. 105-126.

Filipp, Ulf-Dieter (1995): FOCUS im Spiegel der Marktforschung – Die Erfolgsgeschichte einer Zeitschrift. In: Böhme-Dürr, Karin / Graf, Gerhard (Hg.): Auf der Suche nach dem Publikum. Medienforschung für die Praxis. Konstanz, S. 21-43.

Haller, Michael (1985): Der „Möchtegern-Leser". Über Widersprüche in der Reichweitenbestimmung von Tageszeitungen und den Versuch ihrer Auflösung. In: Media Perspektiven, Heft 2, S. 148-155.

Hess, Eva-Maria (1996): Die Leser. Konzepte und Methoden der Printforschung. Burda Medien-Forschung: München / Offenburg.

Krotz, Friedrich / Hasebrink, Uwe (1998): The Analysis of People-Meter Data: Individual Patterns of Viewing Behavior and Viewers' Cultural Background. In: Communications, 23(2), S. 151-174.

Saxer, Ulrich / Bonfadelli, Heinz / Hättenschwiler, Walter (1980): 20 Jahre BLICK. Analyse einer schweizerischen Boulevardzeitung. Zürich.

Schulze, Gerhard (1993): Die Erlebnisgesellschaft. Kultursoziologie der Gegenwart. Campus: Frankfurt / New York.

WEMF AG für Werbemedienforschung (2003): MACH Basic 2002. Media-Analyse Schweiz. Zürich. Auch auf: www.wemf.ch

Wiegand, Jürgen (Hg.): Erhebungsmodelle in der Printmedienforschung und ihre Bewertung im internationalen Vergleich. AG.MA: Frankfurt a.M. 1996.

Zakrzewski, Raimund (1995): Marketingforschung für eine Tageszeitung – Primär- und Sekundärerhebungen der Süddeutschen Zeitung. In: Böhme-Dürr, Karin / Graf, Gerhard (Hg.): Auf der Suche nach dem Publikum. Medienforschung für die Praxis. Konstanz, S. 45-67.

Hörfunkforschung

Anker, Heinrich (1995): Wertwandel und Mediennutzung in der Schweiz: die Radionutzung 1975 bis 1992 im Spiegel der Publikumsforschung der SRG. Aarau.

Eimeren, Birgit van (1995): Methoden der Hörfunkforschung und ihre Anwendung in einer öffentlich-rechtlichen Rundfunkanstalt. In: Böhme-Dürr, Karin / Graf, Gerhard (Hg.): Auf der Suche nach dem Publikum. Medienforschung für die Praxis. Konstanz, S. 91-107.

Hättenschwiler, Walter (1990): Radiohören im Umbruch. Hörerforschung und ihre Ergebnisse in der Schweiz. Seminar für Publizistikwissenschaft der Universität Zürich. Zürich.

Kasari, Heikki (1993): Radio Audience Measurement in Europe. In: ORF Medienreport, Nr. 395, S. 41-63.

Keller, Michael / Klingler, Walter (1997): Media Analyse 1997: Der Hörfunk als Gewinner. In: Media Perspektiven, Heft 10, S. 526-536.

Kiefer, Marie-Luise (1997): Hörfunk: Dauergast zur Information und Unterhaltung. In: Media Perspektiven, Heft 11, S. 612-618.

Klingler, Walter / Müller, Dieter K. (2000): MA 2000 Radio: Erstmals mit Telefoninterviews erhoben. In: Media Perspektiven, Heft 9, S. 414-433.

Klingler, Walter / Müller, Dieter K. (2001): MA 2001 Radio. Kontinuität bei Methode und Ergebnissen. Media Perspektiven, Heft 9, S. 434-449.

Klingler, Walter / Müller, Dieter K. (2002): MA 2002 Radio. Radionutzung auf hohem Niveau stabil. In: Media Perspektiven, Heft 9, S. 448-459.

Lindner-Braun, Christa (Hg.) (1998): Radioforschung. Konzepte, Instrumente und Ergebnisse aus der Praxis. Opladen.

Müller, Dieter K. (1998): Radiometer als optimales Instrument der Hörerforschung. In: Media Perspektiven, Heft 2, S. 70-75.

Müller, Dieter K. (2002): Nutzungsmessung des Radios: Uhr oder Ohr? In: Media Perspektiven, Heft 1, S. 2-8.

Rogge, Uwe (1988): Radio-Geschichten. Beobachtungen zur emotionalen und sozialen Bedeutung des Hörfunks im Alltag von Vielhörern. In: Media Perspektiven, Heft 3, S. 139-151.

Schmitz, Martin (1993): Deutsche Radioplaner haben es schwerer! Radioforschung in Deutschland und Europa – MA in der Krise? In: Media Spektrum, Heft 11, S. 32-36.

Zuschauerforschung

Buß, Michael (1994): Die AGF / GfK-Fernsehforschung 1995 bis 1999. In: Media Perspektiven, Heft 12, S. 614-626.

Buß, Michael (1998): Das System der GfK-Fernsehforschung. Entwicklung und Nutzen der Forschungsmethode. In: Klingler, Walter / Roters, Gunnar / Zöllner, Oliver (Hg.): Fernsehforschung in Deutschland. Themen – Akteure – Methoden. 2 Bände. Baden-Baden, S. 787-813.

Cornelißen, Waltraud (2002): Der Stellenwert des Fernsehens im Alltag von Frauen und Männern. In: Dorer, Johanna / Geiger, Brigitte (Hg.): Feministische Kommunikations- und Medienwissenschaft. Wiesbaden, S. 267-289.

Diem, Peter (1996): Audience Research in Austria: History, Design and Recent Research Findings. In: Communications, 21(2), S. 221-233.

Diem, Peter (1993): Die Praxis der ORF-Medienforschung. In: Media Perspektiven, Heft 9, S. 417-431.

Klingler, Walter / Roters, Gunnar / Zöllner, Oliver (Hg.) (1998): Fernsehforschung in Deutschland. Themen – Akteure – Methoden. 2 Bände. Baden-Baden.

Müller, Dieter K. (1997): Fernsehzuschauerforschung in Deutschland. In: Media Perspektiven, Heft 9, S. 470-480.

SFB - Sender Freies Berlin (1991): Die Quote: der heimliche Machthaber. Reichweitenforschung bei Hörfunk und Fernsehen und ihre Bedeutung für das Programm. SFB-Werkstattheft 20. Berlin.

SRG Forschungsdienst (1999): Der SRG Forschungsdienst 1999. Bern.

SRG Forschungsdienst (1999): Jahresbericht 1998. Band 1: Allgemeine Daten. Bern.

Steinmann, Matthias F. (1997): Audience Research Activities of the Swiss Broadcasting Corporation. In: Communications, 22(2), S. 223-230.

Svendsen, Erik Nordahl (1998): Audience Research within the European Scene. In: Communications, 23(2), S. 211-218.

Webster, James G. (1989): Television Audience Behavior: Patterns of Exposure in the New Media Environment. In: Salvaggio, Jerry L. / Bryant, Jennings (Hg.): Media Use in the Information Age. Hillsdale N.J., S. 197-216.

Webster, James G. / Wakshlag, Jacob (1985): Measuring Exposure to Television. In: Zillmann, Dolf / Bryant, Jennings (Hg.): Selective Exposure to Communication. Hillsdale, N.J., S. 35-62.

Intermedia Forschung

Berens, Harald / Kiefer, Marie-Luise / Meder, Arne (1997): Spezialisierung der Mediennutzung im dualen Rundfunksystem. Sonderauswertung zur Langzeitstudie Massenkommunikation. In: Media Perspektiven, H. 2, S. 80-91.

Berg, Klaus / Kiefer, Marie-Luise (1996): Massenkommunikation V. Eine Langzeitstudie zur Mediennutzung und Medienbewertung 1964 - 1995. Baden-Baden.

Berg, Klaus / Ridder, Christa-Maria (2002): Massenkommunikation VI. Eine Langzeitstudie zur Mediennutzung und Medienbewertung 1964 - 2000. Baden-Baden.

Bonfadelli, Heinz (2002): Univox-Survey, Thema „Kommunikation". Zürich.

Fritz, Irina / Klingler, Walter (2003): Zeitbudgets und Tagesablaufverhalten in Deutschland: Die Position der Massenmedien. In: Media Perspektiven, Heft 1, S. 12-23.

Kiefer, Marie-Luise (1996): Massenkommunikation 1995. Ergebnisse der siebten Welle der Langzeitstudie zur Mediennutzung und Medienbewertung. In: Media Perspektiven, Heft 5, S. 234-248.

Kiefer, Marie-Luise (1998): Ein Unikat in der Rezeptionsforschung: Langzeitstudie Massenkommunikation zur Mediennutzung und Medienbewertung. In: Klingler, Walter / Roters, Gunnar / Zöllner, Oliver (Hg.): Fernsehforschung in Deutschland. Themen – Akteure – Methoden. 2 Bände. Baden-Baden, S. 17-29.

Koschnick, Wolfgang (1993): Zuschauerforschung der Zukunft. In: Media Spektrum, Heft 12, S. 7-10.

Koschnick, Wolfgang (1992): Silberstreif am Horizont. Zur Harmonisierung der Mediaforschung in Europa. In: Media Spektrum, Heft 5, S. 22-25.

Müller, Dieter K. (1997): Das AG.MA-Partnerschaftsmodell wird neu definiert. In: Media Perspektiven, Heft 6, S. 320-329.

Peiser, Wolfram (1999): Die Verbreitung von Medien in der Gesellschaft. Langfristiger Wandel durch Kohortensukzession. In: Rundfunk und Fernsehen, 47, S. 485-498.

Ridder, Christa-Maria / Engel, Bernhard (2001): Massenkommunikation 2000: Images und Funktionen der Massenmedien im Vergleich. In: Media Perspektiven, Heft 3, S. 102-125.

Befunde zur Mediennutzung

Berens, Harald / Kiefer, Marie-Luise / Meder, Arne (1997): Spezialisierung der Mediennutzung im dualen Rundfunksystem. Sonderauswertung zur Langzeitstudie Massenkommunikation. In: Media Perspektiven, Heft 2, S. 80-91.

Bonfadelli, Heinz u.a. (1986): Jugend und Medien. Frankfurt a.M.

Bekker, Wim (1998): Fernsehnutzung im digitalen Zeitalter. In: Media Perspektiven, Heft 2, S. 83-86.

Darschin, Wolfgang (1998): Fernsehgewohnheiten und Programmbewertung nach der Dualisierung des deutschen Rundfunksystems. In: Klingler, Walter / Roters, Gunnar / Zöllner, Oliver (Hg.): Fernsehforschung in Deutschland. Themen – Akteure – Methoden. 2 Bände. Baden-Baden, S. 31-47.

Darschin, Wolfgang / Gerhard, Heinz (2003): Tendenzen im Zuschauerverhalten. Fernsehgewohnheiten und Programmbewertung im Jahr 2002. In: Media Perspektiven, Heft 4, S. 158-166.

Doll, Jörg / Hasebrink, Uwe (1989): Zum Einfluss von Einstellungen auf die Auswahl von Fernsehsendungen. In: Groebel, Joe / Winterhoff-Spurk, Peter (Hg.): Empirische Medienpsychologie. München, S. 45-63.

Grajczyk, Andreas / Klingler, Walter / Schmitt, Sybille (2001): Mediennutzung, Freizeit- und Themeninteressen der ab50-Jährigen. In: Media Perspektiven, Heft 4, S. 189-201.

Gunter, Barrie (1985): Determinants of Television Viewing Preferences. In: Zillmann, Dolf / Bryant, Jennings (Hg.): Selective Exposure to Communication. Hillsdale, N.J., S. 93-112.

Handel, Ulrike (2000): Die Fragmentierung des Medienpublikums. Bestandsaufnahme und empirische Untersuchung eines Phänomens der Mediennutzung. Wiesbaden.

Hasebrink, Uwe / Doll, Jörg (1990): Zur Programmauswahl von Fernsehzuschauern: Die Bedeutung von Einstellungen gegenüber Sendungen. In: Rundfunk und Fernsehen, 38(1), S. 21-36.

Hasebrink, Uwe (2002): Publikum, Mediennutzung und Medienwirkungen. In: Jarren, Otfried / Weßler, Hartmut (Hg.): Journalismus – Medien – Öffentlichkeit. Eine Einführung. Wiesbaden, S. 323-412.

Hasebrink, Uwe / Krotz, Friedrich (1992): Muster individueller Fernsehnutzung. In Rundfunk und Fernsehen, 40(3), S. 398-411.

Jäckel, Michael (1996): Wahlfreiheit in der Fernsehnutzung. Opladen.

Kiefer, Marie-Luise (1992): Entwicklungstrends der Mediennutzung als Orientierungshilfe für aktuelle Planungsfragen. In: Media Perspektiven, Heft 3, S. 188-198.

Kiefer, Marie-Luise (1996): Schwindende Chancen für anspruchsvolle Medien? In: Media Perspektiven, Heft 11, S. 589-597.

Mahle, Walter A. (Hg.) (1989): Medienangebot und Mediennutzung. Entwicklungstendenzen im entstehenden dualen Rundfunksystem. Berlin.

Oder, Simon (1998): Zapping. Zum selektiven Umgang mit Fernsehwerbung und dessen Bedeutung für die Vermarktung von Fernsehwerbungszeit. München.

Schönbach, Klaus / Becker, Lee (Hg.) (1989): Audience Responses to Media Diversification. Coping with Plenty. Hillsdale, N.J.

Stipp, Horst (1989): Neue Techniken, neue Zuschauer? Zum Einfluss von Fernbedienung und Programmangebot auf das Zuschauerverhalten. In: Media Perspektiven, Heft 3, S. 164-167.

Themenheft (1998): „Medienangebot – Mediennutzung". In: Medienwissenschaft Schweiz, Heft 1+2.

Winkler, Hartmut (1990): Switching: Die Installation der Tagtraummaschine. In: epd/Kirche und Rundfunk, Nr. 85, S. 5-8.

Zillmann, Dolf / Bryant, Jennings (1998): Fernsehen. In: Strauß, Bernd (Hg.): Zuschauer. Göttingen etc., S. 175-212.

Internetforschung – Zukunft des Medienumgangs

AG.MA (2001): Forschungsberichte. Gegenüberstellung von Internet-Studien und Panels in Deutschland anhand methodischer Kriterien. Frankfurt a.M.

Beck, Klaus / Schweiger, Wolfgang (Hg.) (2001): Attention please! Online-Kommunikation und Aufmerksamkeit. München.

Bonfadelli, Heinz (2000): Medienwirkungsforschung II: Anwendungen in Politik, Wirtschaft und Kultur. Kap. 7 „Online-Kommunikation". Konstanz.

Eimeren, Birgit van u.a. (1998): ARD / ZDF-Online-Studie 1998: Online-medien gewinnen an Bedeutung. In: Media Perspektiven, Heft 8, S. 423-435.

Gerhards, Maria / Klingler, Walter (2003): Mediennutzung in der Zukunft. In: Media Perspektiven, Heft 3, S. 115-130.

GVU's WWW User Surveys. httpp://www.cc.gatech.edu/gvu/user_survey/survey-1997-10/

Klingler, Walter u.a. (1998): Mediennutzung der Zukunft. In: Media Perspektiven, Heft 10, S. 490-497.

Rössler, Patrick (Hg.) (1998): Online-Kommunikation. Beiträge zu Nutzung und Wirkung. Opladen.

Stipp, Horst (1998): Wird der Computer die traditionellen Medien ersetzen? In: Media Perspektiven, Heft 2, S. 76-82.

Stipp, Horst (1994): Welche Folgen hat die digitale Revolution für die Fernseh-nutzung? In: Media Perspektiven, Heft 8, S. 392-400.

Themenheft (2003): ARD/ZDF-Online-Studie 2003. In: Media Perspektiven, Heft 8, S. 337-396.

Vorderer, Peter (1995): Medienpsychologische Thesen über die Motivation zur Nutzung neuer Medien. In: Rundfunk und Fernsehen, 43(4), S. 494-505.

Wirth, Werner / Schweiger, Wolfgang (1999): Selektion im Internet. Empirische Analysen zu einem Schlüsselkonzept. Opladen / Wiesbaden.

3. Klassische Wirkungsforschung: Sozialpsychologische Ansätze

Seit der Formulierung des Einstellungsbegriffs durch Thomas / Znaniecki 1918 und der bedeutenden Arbeit von Gordon W. Allport 1935 ist diesem sozialpsychologischen Konzept eine ununterbrochene Bedeutung für das Verständnis des sozialen Handelns, mit einem Höhepunkt in den 60er Jahren, aber im speziellen auch für die Erklärung von Medienwirkungen zugekommen (McGuire 1985; Eagly / Chaiken 1993; Stahlberg / Frey 1996: 219ff.) Und auch jüngste Veröffentlichungen belegen das nach wie vor lebhafte Interesse an diesem Bereich (Petty / Wegener / Fabrigar 1997; Wood 2000; Ajzen 2001).

Das Einstellungskonzept hat *funktionalen Stellenwert* in drei Bereichen der Massenkommunikationsforschung: Die Rolle von Einstellungen a) als Determinanten für die Produktion von Medieninhalten in der Kommunikatorforschung, b) für Selektion und Verarbeitung von Information und c) als durch Medieninhalte (Stimuli) beeinflussbare oder zu beeinflussende Medieneffekte (Responses). Vor allem der dritte Gesichtspunkt ist in der Medienwirkungsforschung im engeren Sinn zum Tragen gekommen: Die Beeinflussung von Einstellungen der Rezipienten durch die Inhalte der Massenkommunikation wird nach wie vor häufig ganz allgemein mit Medienwirkungen gleichgesetzt (Six 1982).

3.1 Der Einstellungsbegriff als Basiskonzept

3.1.1 Stellenwert und Prämissen

Das Einstellungskonzept hat in der Sozialpsychologie zentrale Bedeutung, weil es ein Paradigma für die Untersuchung grundlegender sozialer und psychischer Prozesse darstellt. In ihm können *Konstanz* und *Variabilität* im Verhalten der Individuen gefasst werden. Erst so läßt sich die kulturelle und soziale Verankerung des Individuums in der Gesellschaft in viel differenzierterer und umfassender Weise verstehbar machen, als dies bis Ende des 19. Jhd. mit dem biologisch fundierten Triebbegriff möglich gewesen war.

Der Mensch ist im Gegensatz zum Tier ein *Mängelwesen*, das nur beschränkt durch Instinkte geleitet ist; als weltoffenes Wesen ist er von außen durch Reizüberflutung und von innen durch Antriebsüberschuss gekennzeichnet. Er ist in seinem alltäglichen Lebensvollzug ständig einem Sturm von unvollständigen, unklaren, widersprüchlichen Informationen aus seiner sozialen Umwelt ausgesetzt, die er aufnehmen, verarbeiten und in Entscheidungen umsetzen muss, um handlungsfähig zu bleiben. Die Aneignung der Wahrnehmungsumwelt ist ein kontinuierlicher, sinnhafter und aktiver Prozess, der in handelnder Auseinandersetzung mit der Alltagswelt geschieht und durch interessengeleitete Eigenaktivität des Individuums vermittelt ist.

Um den kontinuierlichen Strom der Erfahrung verarbeiten zu können, ist der Mensch auf einfache, rasche und gut funktionierende *Selektionsmechanismen* angewiesen, die Auswahl und Verarbeitung der Umweltinformationen vornehmen, diese bewerten und so das Verhalten zu steuern vermögen. Dem Einstellungskonzept kommt in diesem Prozess eine Schlüsselstellung zu, weil es die im sozialen Gedächtnis des Individuums organisierte Erfahrung und Gefühle umfasst, die als systemhaft organisierte *Reaktionsbereitschaften* gegenüber verschiedensten *sozialen Objekten* Konstanz im sozialen Handeln ermöglichen.

3.1.2 Definitionen

Der Einstellungsbegriff ist vieldeutig geblieben und wird je nach theoretischem Hintergrund unterschiedlich definiert. Allport weist in seinem Sammelreferat von 1935 auf über 100 Definitionen hin. Prinzipiell sind zwei unterschiedliche *Grundkonzeptionen* erkennbar: Einstellungen können einerseits als rein äußerlich feststellbare Verhaltenskonsistenz verstanden werden oder aber als latenter psychischer Prozess, der erst eine bestimmte Verhaltenskonsistenz erzeugt (Bierbrauer 1976):

- Thurstone 1931: „Attitude is the affect for or against a psychological object."

- Allport 1935: „Eine Einstellung ist ein mentaler und neuraler Bereitschaftszustand, der durch die Erfahrung strukturiert ist und einen steuernden und dynamischen Einfluss auf die Reaktionen eines Individuums gegenüber allen Objekten und Situationen hat, mit denen dieses Individuum eine Beziehung eingeht."

- Campbell 1963: „Einstellungen als Reaktionskonsistenz gegenüber sozialen Sachverhalten."

- Triandis 1971: „Eine Einstellung ist eine mit Emotionen angereicherte Vorstellung, die eine Klasse von Handlungen prädisponiert."

Im Deutschen wird in Anlehnung ans Englische auch die Bezeichnung „Attitüde" gebraucht. – Vom Einstellungsbegriff sind folgende verwandte Konzepte abzugrenzen:

Meinungen (engl. beliefs) bezeichnen das, was Personen über konkrete, stark individuell geprägte und sich rascher wandelnde Sachverhalte – Öffentliche Meinung – denken bzw. zu wissen vermeinen; im Gegensatz dazu beziehen sich *Werte* auf generellere und abstraktere soziale Objekte, sind beständiger und stärker kulturell verankert. – In der Literatur werden hin und wieder auch die beliefs mit der kognitiven Komponente der Einstellungen gleichgesetzt.

Stereotype wiederum sind solche Einstellungen, die einseitig nur bestimmte Kognitionen über ein Einstellungsobjekt betonen, während andere Information darüber nicht zur Kenntnis genommen werden.

Vorurteile sind affektiv geladene Stereotype, die Abwehrfunktion haben und auch durch widersprechende Erfahrungen kaum beeinflussbar sind (Six 1982).

3.1.3 Einstellungsdimensionen

Folgende *Komponenten von Einstellungen* lassen sich aus den verschiedenen Definitionsversuchen extrahieren (Benninghaus 1973; Dillard 1993):

Hypothetisches Konstrukt. Einstellungen sind nicht direkt beobachtbar; sie haben eine theoretische Funktion, indem sie beobachtbare Verhaltenskonsistenz zu erklären versuchen.

Objektbezug. Einstellungen beziehen sich immer auf etwas wie Merkmale oder Verhaltensweisen von Umweltobjekten. Diese können Akteure wie Personen, Gruppen, Institutionen und andere soziale Systeme sein, aber auch Sachverhalte wie Ideen oder Programme. Beispiele: *Man lehnt die „Todesstrafe" ab; man ist für „Präsident Clinton"; man findet die „Street Parade" Spitze etc.*

Systemcharakter. Einstellungen stellen ein psychisches System dar, durch das die Person ihre soziale Umwelt interpretierend und bewertend intern abbildet. Einstellungen zu verschiedenen sozialen Objekten stehen dabei zueinander in bestimmten Beziehungen. Sie sind bezüglich inhaltlicher Assoziationen, ihrer Gewichtung u.a.m. in Systemen organisiert.

Komplexität. Einstellungskonzepte lassen sich danach unterscheiden, ob sie eindimensional oder mehrdimensional sind. *Eindimensionale* Einstellungskonzeptionen definieren Einstellungen nur über ihre affektive Gerichtetheit, weil Menschen manchmal anders denken und handeln als sie fühlen, während *mehrdimensionale* Konzeptionen meist von drei Komponenten ausgehen (vgl. Rosenberg / Hovland 1960): 1) Die *kognitive* Komponente bezieht sich auf Überzeugungen, Meinungen, strukturierende Vorstellungen und Wissensgehalte, die der Einstellungsträger vom sozialen Objekt hat (Flick 1995; Leyens / Dardenne 1996: 115ff.). 2) Die *affektive* Komponente umfasst als Evaluation die subjektive Bewertung des Einstellungsobjekts: man empfindet Zu- oder Abneigung, ist dafür oder dagegen. 3) Die *konative* bzw. Verhaltenskomponente bezieht sich auf die latente Bereitschaft, ein bestimmtes Verhaltensmuster gegenüber dem Einstellungsobjekt zu äußern. Als System stehen die Komponenten in wechselseitigen Beziehungen untereinander. – Kontrovers beurteilt wird aber die Frage, ob die Bewertung des Objekts, also die Einstellung dafür oder dagegen, vor allem eine Folge kognitiver Prozesse sei, oder ob die affektiven Prozesse – sog. „affective primacy" – Priorität haben (Ajzen 2001: 33).

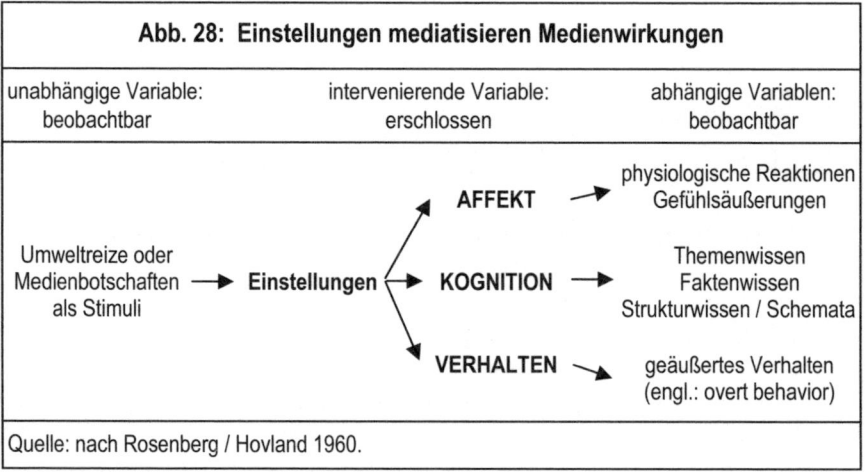

Abb. 28: Einstellungen mediatisieren Medienwirkungen

unabhängige Variable: beobachtbar	intervenierende Variable: erschlossen	abhängige Variablen: beobachtbar
Umweltreize oder Medienbotschaften als Stimuli → Einstellungen	AFFEKT → KOGNITION → VERHALTEN	physiologische Reaktionen Gefühlsäußerungen Themenwissen Faktenwissen Strukturwissen / Schemata geäußertes Verhalten (engl.: overt behavior)

Quelle: nach Rosenberg / Hovland 1960.

Lernbarkeit. Einstellungen sind nicht angeboren. Sie werden im Sozialisationsprozess, d.h. im Umgang mit der physischen bzw. sozialen Umwelt, gelernt. Sie können sich ändern, wenn neue Erfahrungen gemacht oder Informationen (= indirekte Erfahrung) an das Individuum herangetragen werden.

Funktionalität. Einstellungen erfüllen für den Menschen bestimmte Funktionen. *Wissensfunktion:* Sie ermöglichen durch Vereinfachung die kognitive Orientierung in der komplexen und chaotischen Welt, indem sie helfen, Umweltreize zu interpretieren und zu strukturieren. *Anpassungsfunktion:* Einstellungen ermöglichen die Maximierung von Belohnungen, indem positive Einstellungen gegen Objekten ausgedrückt werden, die persönliche Bedürfnisse befriedigen und die Vermeidung von Bestrafung, indem negative Einstellungen zu Objekten gebildet werden, die mit Frustrationen assoziiert werden. *Abwehrfunktion:* Durch Rationalisierung und Projektion *im* psychoanalytischen Sinn versuchen Menschen Konflikte zu vermeiden oder negative Gefühle gegenüber sich selbst abzuwehren, indem diese in Form von Stereotypen und Vorurteilen auf andere projiziert werden. *Selbstdarstellungsfunktion:* Personen besitzen das Bedürfnis, zentrale Werthaltungen und wichtige Komponenten des Selbst gegen außen zu vermitteln, indem entsprechende Einstellungen geäußert werden.

Disposition. Als Prädispositionen üben Einstellungen einen mehr oder weniger direkten Einfluss auf das Verhalten gegenüber einem Einstellungsobjekt aus: Sie erzeugen eine mehr oder weniger starke latente Verhaltensbereitschaft.

Einstellungsmessung. Die Messung von Einstellungen (Ostrom u.a. 1994) ist schwierig, weil sich Einstellungen nicht direkt manifestieren: *Validitätsproblematik.* Die einfachste und häufigste Methode ist, Personen um eine Form von Selbsteinschätzung zu bitten, daneben gibt es indirekte, *nichtreaktive* Methoden. Durch Wissens- bzw. Einschätzungsfragen wird die kognitive Komponente erhoben, um die Kriterien zu erfassen, mit denen eine Person ein Einstellungsobjekt kategorisiert. Die affektive Komponente wird häufig mittels einer *Ein-Item-Ratingskala* (+5 bis -5) bezüglich verbaler Annahme oder Ablehnung oder mehrdimensional mit dem *Semantischen Differential* (vgl. Kap. 2.2.2) operationalisiert; zudem werden auch physiologische Messinstrumente (Bente u.a. 1992) eingesetzt. Die Verhaltenskomponente wird meist über Selbstauskünfte bezüglich des eigenen Verhaltens ermittelt, was jedoch nicht sehr zuverlässig ist: *Reliabilitätsproblem* (Triandis 1975; Stahlberg / Frey 1996: 223ff.).

3.1.4 Einstellung und Verhalten

Obwohl in vielen Untersuchungen Einstellungen nur verbal mittels Fragebogen erhoben werden, wird daraus oft unkritisch auf direkte Verhaltensäußerungen geschlossen. Diese postulierte *Konsistenz zwischen Einstellung und Verhalten* wurde erstmals von LaPiere 1934 empirisch in Frage gestellt, indem er Meinungsäußerungen im Zusammenhang mit Einstellungen gegenüber Minderheiten mit faktischem Verhalten, gemessen durch konkrete Beobachtungen, verglich. Diese und weitere Studien zeigten, dass aufgrund von Einstellungen allein meist keine sehr guten Verhaltensvorhersagen gemacht werden können. Dementsprechend befassen sich besonders viele Studien mit diesem Problem (vgl. Benninghaus 1973; Six 1975; Zanna / Fazio 1982; Kim / Hunter 1993).

Einstellungen beinhalten das, was Personen über soziale Umweltobjekte denken, fühlen und wie sie sich auch gegenüber solchen Objekten verhalten
wollen. Das *faktische Verhalten* selbst ist jedoch zusätzlich durch eine Vielzahl
weiterer Faktoren beeinflusst, wobei einerseits *personenbezogene* Momente
wie Verhaltensintentionen, perzipierte Verhaltenskontrolle und persönlich ein-
geschätzte Selbstwirksamkeit, andererseits der *soziale Kontext* wie perzipierter
Aufwand, Normen und Sanktionen oder Gewohnheiten eine wichtige Rolle
spielen. Zielvorstellungen und Pläne menschlichen Handelns setzen sich zudem
erst in *konkreten sozialen Situationen* und in Interaktion mit anderen Gesell-
schaftsmitgliedern in faktisches soziales Handeln um (Six 1975; Frey / Stahlberg / Gollwitzer 1993). Dieser komplexe Zusammenhang ist für die Abschätzung von Medieneffekten – Gewaltproblematik – oder bei Informationskampagnen – Diskrepanz zwischen Bewusstsein und Verhalten gegenüber Umwelt
– wichtig. Trotzdem wird Einstellungsbeeinflussung oft vorschnell mit Verhaltensbeeinflussung gleichgesetzt, obwohl die Prognosekraft von Einstellungen
bezüglich des realen Verhaltens begrenzt bleibt (Kim / Hunter 1993).

3.1.5 Einstellungsbildung

Einstellungen werden gelernt. Die kognitive Komponente wird in Form von
Erfahrung durch *direkte Konfrontation* mit dem Einstellungsgegenstand im
Sozialisationsprozess gebildet. Da der persönliche Erfahrungsraum jedoch für
die meisten Leute relativ begrenzt ist, spielen *interpersonal vermittelte Erfahrungen* in Form von Informationen über den Einstellungsgegenstand eine
wichtige Rolle. Andere Leute – Freunde, Kameraden, Familienmitglieder u.a. –
sind wichtige Informationsquellen als Basis für die Bildung von Meinungen
und Einstellungen. Vor allem im öffentlichen Bereich kommt den *Massenmedien* als Informationsquellen bei der Neubildung von Einstellungen ein
wichtiger Stellenwert zu. Bei vielen Einstellungsgegenständen, die uns zuvor
nicht bekannt waren, vermitteln sie uns einen ersten Eindruck (Triandis 1975).

Bei der Formung der *kognitiven Komponente* durch *soziale Wahrnehmungspro-
zesse* spielt die Kategorienbildung (Lilli / Frey 1993: 49ff.; Stroebe / Hewstone
/ Stephenson 1996: 119ff.) eine wichtige Rolle. Sie wird notwendig, weil die
aufgenommene Information nicht umfassend und undifferenziert im Gedächtnis gespeichert werden kann: *Informationsreduktion durch Selektion.* Zu starke
und nicht an der Realität orientierte Reduktion führt zur Bildung von *Stereotypen.* Während bei direkter Erfahrung die selektive Informationsverarbeitung
und Kategorienbildung durch bestehende Prädispositionen gesteuert wird –
schemageleitete Assimilation an bestehende Wissensstrukturen – , ist die indi-

rekte, medial vermittelte Erfahrung vorgängig durch die jeweilige Informationsquelle strukturiert. Dies ist bei neuen Einstellungsgegenständen von Relevanz, weil Medien als Informationsquellen nicht nur die Inhalte, sondern ebenfalls die kognitive Strukturierung der Wissensinhalte beeinflussen.

Die *affektive Komponente* besteht aus pos. / neg. Emotionen zum Einstellungsobjekt. Emotionen als physiologische Erregungszustände werden durch die vorhandenen Kognitionen positiv oder negativ interpretiert. Der Bekanntheitsgrad von Einstellungsobjekten oder die mit ihnen verknüpften sozialen Belohnungen oder Sanktionen lassen Einstellungsobjekte als angenehmer erscheinen.

Die Entwicklung der *Verhaltenskomponente* ist an das Vorhandensein von bestehenden *sozialen Normen* geknüpft: Sollvorstellungen über richtiges oder falsches Verhalten. Diese sind jedoch unterschiedlich ausgeprägt und können sich auch von Gruppe zu Gruppe unterscheiden. Zudem scheint die Beziehung zwischen den Einstellungskomponenten mit dem *Alter* konsistenter zu werden.

3.1.6 Typen von Einstellungsänderungen

Die mit dem Begriff *„Einstellungsänderungen"* bezeichneten Phänomene beziehen sich auf durch die Umwelt hervorgerufene Einflüsse auf bestehende Einstellungsstrukturen. Folgende Typen können unterschieden werden:

* **Meinungsbildung** als Neubildung von Einstellungen, wenn gegenüber bestimmten Einstellungsobjekten noch keine verfestigten Einstellungen vorhanden sind. Der Umwelteinfluss als direkte oder indirekte, medial vermittelte Erfahrung ist in diesen Fällen eher groß.

* **Verstärkung bestehender Einstellungen** durch Information, die zu den vorhandenen Strukturen konsistent ist. Einstellungen werden so aktiviert und auch verfestigt.

* **Abschwächung bestehender Einstellungen**, wenn Medienaussagen sich wiederholen, aber die Erwartungen des Rezipienten nicht ganz erfüllen. Neue Informationen können bestehende Kognitionen differenzieren, was zu Abschwächung der affektiven Komponente, mit der Zeit sogar zu einem Einstellungswandel führen kann.

* **Änderung bestehender Einstellungen** ist eher selten und durch Medien nur schwer zu bewirken. Möglichkeiten: Veränderungen in der kognitiven Komponente durch neue Informationen können eine Änderung der affektiven Komponente nach sich ziehen. Einstellungen können sich auch ändern, wenn eine Person gezwungen wird, ihr Verhalten zu ändern. Neue und affektiv belohnende Erfahrungen mit einem Einstellungsgegenstand können zu einer

Änderung der kognitiven Komponente führen. Die Beeinflussbarkeit bestehender Einstellungen hängt von der *Funktion* ab, die sie für die Person hat.

3.1.7 Einstellungen und Informationsverarbeitung

Bestehende Einstellungsstrukturen steuern den Informationsverarbeitungsprozess, d.h. die *selektive Aufnahme und Interpretation* neuer direkter Erfahrungen und medienvermittelter Informationen mit dem jeweiligen Einstellungsobjekt. Warum und wie dies geschieht wird unterschiedlich erklärt:

Kognitive Konsistenztheorien gehen davon aus, dass Personen danach streben, ihre eigenen Kognitionen (Meinungen, Einstellungen, Verhaltenswahrnehmungen) in einer konsistenten, nicht widersprüchlichen und darum spannungsfreien Weise zu organisieren. Entsteht ein kognitives Ungleichgewicht, d.h. wird Widerspruch zwischen Einstellungen wahrgenommen, so verursacht dies Spannungen, was dazu motiviert, wiederum kognitive Konsistenz herzustellen. Umweltstimuli werden also nach dem *Konsonanzprinzip* den schon vorhandenen Einstellungsstrukturen angepasst. Diese Prozesse sind aber nicht nur direktiv vom Individuum ausgehend; umgekehrt beeinflusst die Umwelt als direkte Erfahrung oder medienvermittelte Information auch die bestehende Einstellungsstruktur: Notwendigkeit der flexiblen Anpassung an veränderte Umwelt.

Theorien des sozialen Urteilens wie bspw. die Assimilations-Kontrast-Theorie gehen davon aus, dass die eigene Einstellung die Funktion eines Ankers besitzt, im Vergleich zu dem andere Einstellungspositionen beurteilt werden. Wenn andere Einstellungen der eigenen nahestehen, werden diese als noch ähnlicher wahrgenommen als sie eigentlich sind (Assimilation) und als positiv und objektiv gewertet. Stärker abweichende Einstellungspositionen werden hingegen als voreingenommene Propaganda zurückgewiesen (Kontrast).

Schema Theorien. Soziale Information wird nicht passiv rezipiert, sondern selektiv encodiert bzw. interpretiert und aktiv in kognitiven Gedächtnisstrukturen organisiert, wobei die vorhandenen Schemata die Informationsverarbeitung steuern. Einstellungen lassen sich nun als derartige Schemata begreifen und können darum die Informationsverarbeitung steuern (vgl. Kap. 3.4.3).

Zusammenfassend kann man festhalten, dass es verschiedene theoretische Perspektiven gibt, die auf unterschiedliche Weise erklären, wie Einstellungen die Informationsverarbeitung steuern, wobei sich drei Komponenten unterscheiden lassen: a) die aktive Suche nach einstellungsrelevanten Informationen – engl.: selective exposure – (Frey 1986), b) die selektive Encodierung solcher Informationen und c) die Abrufbarkeit solcher Informationen aus dem Gedächtnis.

Beispiel 1: Eine Befragung von ZeitungsleserInnen durch Elisabeth Noelle-Neumann (1971) zeigte, dass die für alle „gleiche" Berichterstattung der Zürcher Zeitung TAGES-ANZEIGER über den Vietnamkrieg in Abhängigkeit der Einstellungen zum amerikanischen Engagement in Vietnam unterschiedlich wahrgenommen und interpretiert wurde: Befürworter des US-Engagements perzipierten die TA-Berichterstattung deutlich häufiger „pro USA", während dies bei den Gegnern gerade umgekehrt war (vgl. Abb. 29).

Abb. 29: Selektive Wahrnehmung (Noelle-Neumann / Schulz / Wilke 1994: 541)

Perzeption der Bericht-erstattung des Zürcher TAGES-ANZEIGERS	Einstellungen der Leserschaft als Prädispositionen	
	pro US-Engagement (N = 319)	contra US-Engagement (N = 247)
pro US-Politik in Vietnam	55	23
unentschieden	35	43
kontra US-Politik in Vietnam	10	34

Beispiel 2: Donsbach (1989 / 1992) untersuchte aufgrund von Copy-Tests, wie Leserinnen und Leser sich Zeitungsberichten selektiv zuwenden. Danach gibt es zwar empirische Belege für das Selektionsverhalten gegenüber Inhalten von Pressemedien, insofern Leser von Zeitungen Artikel stärker beachten, wenn Konsonanz zwischen der eigenen Einstellung und der Rolle des Politiker bestand, über den im Artikel berichtet wurde (vgl. Abb. 30). Jedoch ist die Wahrscheinlichkeit, dass ein Zeitungsleser für ihn dissonante Information aufnimmt, insgesamt größer als die Wahrscheinlichkeit, dass er sie verweigert: Negativmeldungen werden also nicht überlesen.

Abb. 30: Selektive Zuwendung zu Medieninhalten (Donsbach 1989: 401)

Artikel	Rolle des Politikers nach Information der Artikelüberschrift						
	positive Rolle			ambiva-lent / keine Rollen	negative Rolle		
	Konso-nanz (N = 1875)	neu-tral (N = 822)	Dis-sonanz (N = 2766)	(N = 8731)	Konso-nanz (N = 3103)	neu-tral (N = 883)	Dis-sonanz (N = 1516)
nicht gelesen	37	47	44	43	46	50	45
Überschrift gelesen	63	53	56	57	54	51	55
teilweise gelesen	42	31	34	33	35	31	34
ganz gelesen	27	17	18	19	22	18	22

3.2 Instrumentelle Lerntheorie (Hovland)

Carl I. Hovland geht von der Überlegung aus, dass sich Einstellungen durch *Lernprozesse* ändern: Der Kommunikator muss dem Rezipienten eine Aussage als Stimulus oder Input so präsentieren, dass er bei ihm Reaktionen evoziert und Lernprozesse als Output auslöst. Der präsentierte Stimulus ist ein *Schlüsselelement* im Prozess der Einstellungsänderung. Er muss einen *Anreiz zur Akzeptierung* durch das Individuum haben, weil sich das Verhalten an Belohnungen ausrichtet. Das Ausmaß der Anreize oder (symbolischen) Belohnungen, die mit dem Kommunikationsinhalt verbunden sind, motiviert die Einstellungsänderung, sofern sie als Belohnung auch perzipiert werden.

Einstellungen werden so nur geändert, wenn die neu gemachten Erfahrungen oder die aufgenommene Information *als lohnender* empfunden werden als die vorhandenen Einstellungen. Im Zentrum des Einstellungsbegriffs von Hovland steht also die antizipierte Verstärkung oder Belohnung, die durch die Botschaft einer Informationsquelle ins Spiel gebracht wird. *Anreiztypen:* unmittelbare finanzielle Zuwendungen, Gesundheit, Sicherheit und Geborgenheit; soziale Zuwendung, Prestige und Akzeptanz durch Gruppe; Selbsteinschätzung, Selbstwertgefühl, Respekt etc.

Das Wirkungsgeschehen wird nach zwei Dimensionen weiter differenziert, die jedoch nicht systematisch mit der instrumentellen Lerntheorie in Verbindung stehen: die *Prozessdimension* nach Aufmerksamkeit, Verständnis und Akzeptanz und die *Dimension des Stimulus* nach Inhalt, Kommunikator, Medium und Situation: vgl. Abb. 31.

Prozessdimension. Soll es durch medienvermittelte Stimuli zu einer Änderung der Einstellungen kommen, müssen die Botschaften zuerst *Aufmerksamkeit* erzeugen. Aufmerksamkeit ist aber nur eine notwendige Bedingung. Sie wird ergänzt durch das *Verständnis* der Botschaft. Erst wenn diese beiden Momente gegeben sind, kann es auch zur *Annahme* der Botschaft durch den Rezipienten kommen: engl.: AIDA-Formel: Attention → Interest → Desire → Action.

Wirkfaktoren des Stimulus. In diesem Bereich sind vorab experimentelle Forschungen durch die Yale-Gruppe zur Entwicklung einer *wissenschaftlich fundierten Rhetorik* durchgeführt worden (Maccoby 1987). Bezüglich der Medienbotschaft ist zunächst die *perzipierte Quelle* von Relevanz: Eigenschaften des Kommunikators, z.B. Glaubwürdigkeit, färben auf den Inhalt der Botschaft ab. Der *Inhalt* selbst ist vor allem bezüglich der verwendeten Rhetorik untersucht worden. Inhalte sind zudem je nach dem Medium, in dem sie übermittelt werden, unterschiedlich wirkungsvoll. Die *situativen Bedingungen* beziehen sich auf das soziale Umfeld, in dem die Medienrezeption abläuft.

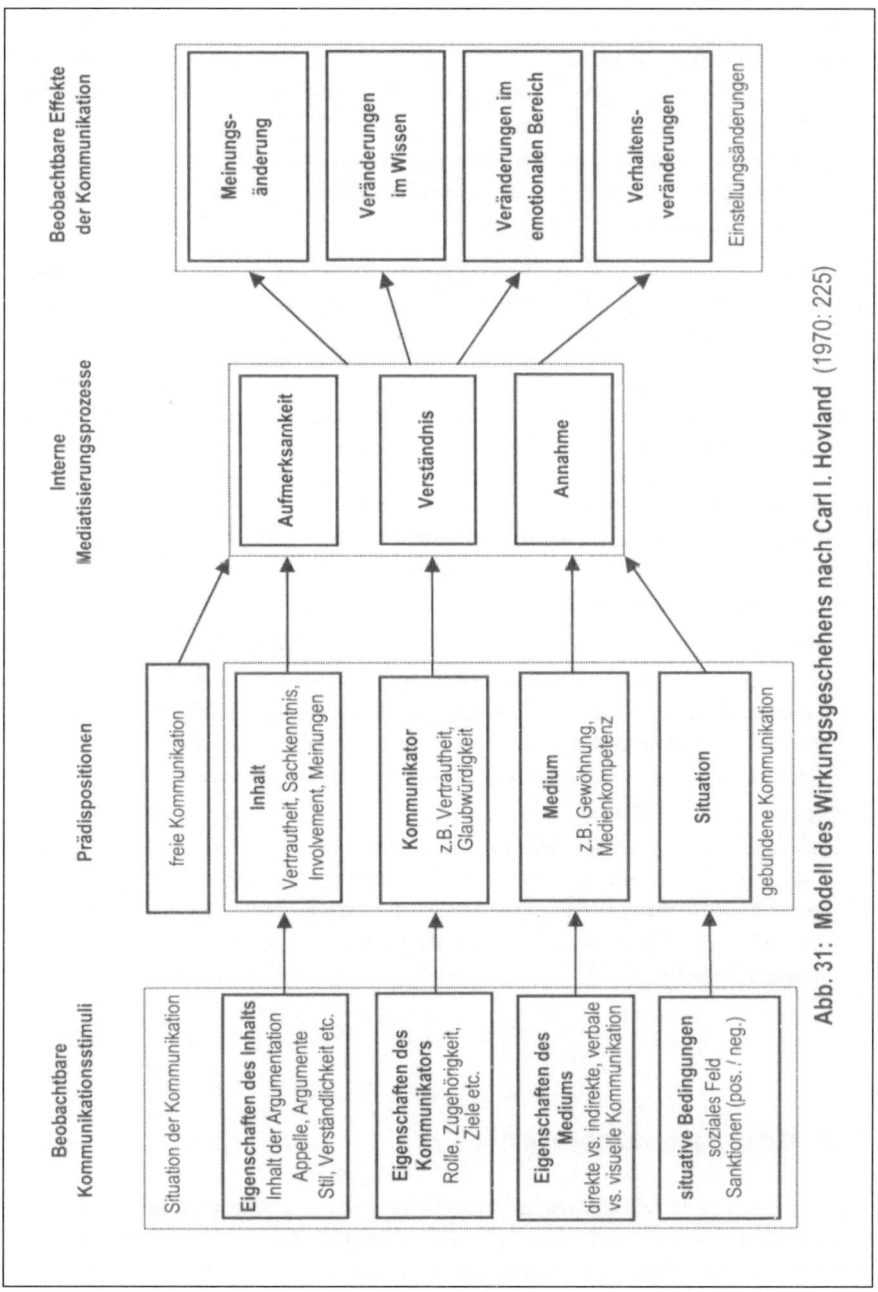

Abb. 31: Modell des Wirkungsgeschehens nach Carl I. Hovland (1970: 225)

Prädisponierende Faktoren sollen den individuellen Differenzen bei den Rezipienten Rechnung tragen, d.h. wenn alle Dimensionen des Stimulus konstant gehalten werden, können je nach Rezipient trotzdem unterschiedliche Wirkungen auftreten.

Gegenstandsbezogene Prädispositionen beeinflussen die Bereitschaft einer Person bezüglich Akzeptanz oder Zurückweisung einer bestimmten Ansicht über einen Gegenstand.

Kommunikationsgebundene Faktoren betreffen die individuelle Interaktion des Rezipienten mit den Kommunikationsstimuli. Hinzu kommen rezipientenbezogene Faktoren allgemeiner Art, wie die *Überredbarkeit* einer Person etc.

Joseph Klapper hat den *Stand der Yale-Forschungen* und auch die Befunde der anderen Ansätze zum Problem der Einstellungsänderung durch Massenkommunikation 1960 folgendermassen festgehalten:

1. Massenkommunikation ist normalerweise *keine notwendige und auch kein*e *hinreichende Ursache* für Wirkungen im Sinne von Einstellungsänderungen, sondern wirkt über mediatisierende Faktoren.

2. *Mediatisierende Faktoren:* Prädispositionen, Normen der Bezugsgruppen, interpersonale Kommunikationsnetze, Meinungsführer.

3. Die mediatisierenden Faktoren sind derart, dass sie die medienvermittelte Kommunikation zu einem Helfer, nicht aber zur alleinigen Ursache im Prozess der *Verstärkung bestehender Einstellungen* machen: Die Medien verstärken eher Einstellungen als dass sie zu deren Änderung führen.

4. Massenkommunikation kann trotzdem zu *Einstellungsänderungen* führen, aber nur, wenn folgende Bedingungen gegeben sind: a) die mediatisierende Faktoren können unwirksam sein (bei Kindern, da keine Prädispositionen, keine Vergleichsquellen), oder b) die mediatisierenden Faktoren unterstützen selbst den Wandel (neue Referenzgruppen etwa, Neigung zu Änderung, sozialer Druck).

3.3 Konsistenztheorien

Der Ansatz der Hovland-Gruppe basiert auf einem wenig differenzierten Einstellungsbegriff und auf einer relativ geringen Betonung der psychischen Struktur der Rezipienten als Prädispositionen etwa.

Die Konsistenztheorien hingegen unterstreichen gerade die *kognitiven Strukturen* des Rezipienten, d.h. seine Kognitionen über sich selbst und seine Umwelt, welche über die Wirkung von Medienbotschaften entscheiden.

Forschungsentwicklung

Den Anstoß zur Entwicklung der verschiedenen konsistenztheoretischen Modelle gab Fritz Heider 1946 mit einem programmatischen Artikel, der den Anspruch erhebt, mit einem relativ einfachen und geschlossenen Modell einen großen Teil interpersonalen Verhaltens und sozialer Wahrnehmung zu erklären. In kurzer Zeit haben dann verschiedene Forscher je anders akzentuierte Theorien formuliert, die alle eine bemerkenswerte Geschlossenheit, theoretische Ausformulierung und empirische Anwendbarkeit aufweisen: Leon Festinger, Milton Rosenberg, M. Rokeach, Percy Tannenbaum, Daniel Bem u.a.m. (vgl. Insko 1967; Hummel 1967; Abelson u.a. 1971; Berkowitz 1978). Bis in die 70er Jahre hinein haben diese Theorien der Sozialpsychologie wichtige Impulse verliehen und die Entwicklung der Einstellungsforschung dominiert. Ein erster abschließender Höhepunkt zeigt sich in dem von Abelson u.a. 1968 herausgegebenen Sammelband: „Theories of Cognitive Consistency: A Sourcebook", der zehn Jahre später durch den Reader „Cognitive Theories in Social Psychology" von Leonard Berkowitz fortgeschrieben worden ist.

Prämissen

Personen tendieren dazu, interne Inkonsistenzen, Dissonanzen oder Inkongruenzen zwischen Überzeugungen oder zwischen Überzeugung und Verhalten möglichst klein zu halten. Die kognitiven Theorien postulieren also den *„rationalen Menschen"*, der nach den Prinzipien seiner *„Psychologik"* handelt. Im Vergleich zur instrumentellen Lerntheorie handelt es sich ebenfalls um S-O-R-Theorien: Ein durch bestimmte Eigenschaften ausgezeichneter Organismus reagiert in bestimmter Weise auf ihn stimulierende Umweltbedingungen im Sinne einer Anpassung. Das Verhalten wird bei den kognitiven Theorien jedoch mehr *prozesshaft* als Folge von Entscheidungen zwischen Alternativen gesehen. Betont wird das Perzeptions- / Verarbeitungsverhalten des kognitiven Systems.

Die Stimuli als Inputs werden nicht wie bei der instrumentellen Lerntheorie als Mittel zur Bedürfnisbefriedigung oder Anpassung, sondern als *Träger von Information* gesehen, die in Konsonanz / Dissonanz zur präkommunikativen Einstellungsstruktur stehen können und dann dementsprechende Anpassungsprozesse des kognitiven Systems in Gang setzen. Je nach dessen Struktur können Änderungen bei der kognitiven Komponente, bei der affektiven Komponente oder bei der verhaltensbezogenen Komponente auftreten. Es ist die Funktion dieser Theorien, zu erklären, wie Anpassungsprozesse ablaufen und welche Konsequenzen sich daraus für die Einstellungsänderung ergeben.

3.3.1 Balancemodell (Heider)

Heider fragt, wie Personen ihre Beziehungen zu anderen Personen und zu ihrer Umwelt sehen: Entwicklung und Stabilisierung der interpersonalen Wahrnehmung. Dabei konzentriert er sich vereinfachend auf die Beziehungen zwischen drei Elementen:

Person (P) hat einerseits eine Beziehung zu einer anderen *Person* (O), andererseits eine Beziehung zu einem *sozialen Objekt* (X) seiner Umwelt. Zugleich perzipiert P die Beziehung von O zu X und organisiert die Beziehungen zwischen je zwei Elementen in seiner kognitiven Struktur als zusammengehörige Relation (engl.: unit relation) mit pos. bzw. neg. Vorzeichen (engl.: sentiment relation), d.h. als „liking" oder „non liking".

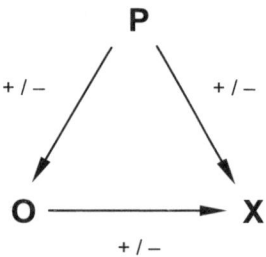

Die durch die drei Relationen repräsentierte kognitive Struktur ist ausbalanciert oder nicht. *Balance*: Alle drei Relationen sind positiv, je zwei Relationen sind negativ und eine positiv. *Keine Balance*: Alle drei Relationen sind negativ, je zwei Relationen sind positiv, eine aber negativ. Insgesamt ergeben sich dadurch 8 verschiedene mögliche Zustände. Entstehen Zustände, die nicht balanciert sind, erfährt P gemäß den Regeln der affektiven Logik eine *psychische Spannung*, die zur Veränderung des bestehenden Zustandes führt. Ausbalancierte Zustände sind demgegenüber bezüglich Einstellungsbeeinflussung resistent. Das Individuum tendiert dazu, sein kognitives System aufrecht zu erhalten. Neue und u.U. inkonsistente Information wird vermieden oder selektiv interpretiert und an die bestehende kognitive Struktur angepasst. Bei nicht balancierten Strukturen stehen je nach Ausgangskonfiguration mehrere Veränderungsmöglichkeiten offen. Bei Spannungsbeseitigung wird die Form des geringsten Widerstands gewählt, wobei die Relation P - O stärkere Bedeutung hat als die Relation P - X, beide haben aber wieder größere Bedeutung als O - X.

Newcomb hat das Heider-Modell 1953 im *interpersonalen Bereich* zu einer *Theorie der Ko-Orientierung* ausgeweitet: Es besteht ein Druck zur Symmetrie zwischen zwei aufeinander bezogenen Personen (P und O), miteinander zu kommunizieren, um Harmonie bezüglich der Sache X zu erzielen. Wenn die

Einstellungen zwischen ihnen harmonisch sind oder harmonisch werden – Ko-Orientierung – dann wird die Kommunikationshäufigkeit ebenfalls hoch sein oder zunehmen. Unklar ist, ob die zunehmende Kommunikation wiederum zu zunehmender Übereinstimmung in den Einstellungen führt.

3.3.2 Kongruenzmodell (Osgood / Tannenbaum)

Charles Osgood und Percy Tannenbaum entwickelten 1955 ein *Kongruitätsmodell*, das sich explizit auf die Massenkommunikation bezieht und genaue Voraussagen über die Richtung und das Ausmaß von Einstellungsänderungen erlaubt. *Basiskomponenten des Modells* sind die präkommunikative Einstellung einer Person (P) zu einer Informationsquelle (S), die präkommunikative Einstellung von P zu einem sozialen Objekt oder Sachverhalt (O), über das die Quelle (S) eine wertende Aussage macht. Die entsprechenden *Einstellungen* sind restriktiv definiert, umfassen dabei nur die evaluative Komponente. Diese wird mit Hilfe einer Einstellungsskala von +3 bis -3 gemessen.

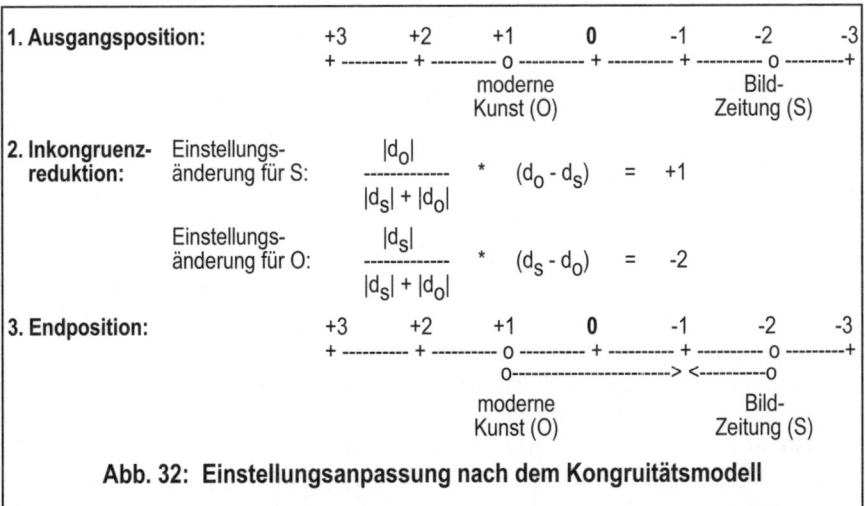

Abb. 32: **Einstellungsanpassung nach dem Kongruitätsmodell**

Zwischen zwei Konzepten können Verbindungen assoziativer oder dissoziativer Art bestehen, z.B. wenn die Kommunikationsquelle Äußerungen über das Objekt macht, die zustimmender oder ablehnender Art sein können. *Kongruenz* oder *Inkongruenz* entsteht dann, wenn P eine Botschaft empfängt, in der eine Quelle (S) zu einem Einstellungsgegenstand (O) eine Äußerung abgibt, und zwar so, dass P eine Einstellung zu S und zu O hat, wobei zugleich S sich negativ oder positiv über O äußert. Inkongruenz erzeugt dann Spannungen, die reduziert werden, indem P seine Einstellungen zu S *und* zu O ändert, und zwar im *umgekehrten* Verhältnis zu ihrer Extremität oder Polarisierung.

Beispiel: P schätzt die Bild-Zeitung (S) mit -2 eher negativ ein. Zugleich hat er eine leicht positive Einstellung gegenüber Moderner Kunst mit +1. Macht nun die Bild-Zeitung in einem Artikel eine positive Aussage über moderne Kunst, dann entsteht Inkongruenz, die zu Einstellungsänderungen bezüglich der Bild-Zeitung und der Modernen Kunst nach der Kongruenztheorie führen muss, und zwar wie in Abb. 32 visualisiert.

3.3.3 Affektiv-kognitive Balance (Rosenberg / Abelson)

Hintergrund. Heiders Ansatz ist noch nicht stringent durchformuliert und empirisch ausgetestet. Zugleich bleibt er auf Phänomene der interpersonalen Wahrnehmung zentriert. Demgegenüber ist das Kongruenzmodell von Osgood / Tannenbaum äußerst explizit formuliert und erlaubt präzise Vorhersagen, was jedoch seine Anwendungsmöglichkeiten stark einengt. Milton Rosenberg und Robert Abelson entwickelten 1960 auf ähnlicher Basis einen Ansatz, der theoretische Formulierung und empirische Anwendung verschränkt, zudem auf viele Phänomene anwendbar ist.

Modell. Einstellungen gegenüber sozialen Objekten haben primär eine *affektive Komponente* als Basis: Ob man für etwas ist bzw. etwas mag oder gegen etwas ist bzw. etwas nicht mag. Die affektiv gewerteten Einstellungsobjekte bilden aber nicht als unverbundene Menge die kognitive Struktur. Sie sind vielmehr mit *Kognitionen*, d.h. Gedanken, Wissenselementen, Vorstellungen, verbunden. Für die Theorie sind bestimmte *Typen kognitiver Elemente* von Bedeutung, und zwar solche, die Einstellungsobjekte mit anderen sozialen Objekten, die ebenfalls von affektiver Bedeutung für den Menschen sind, in *instrumenteller Weise* verknüpfen. *Frage:* Inwieweit ist ein Einstellungsobjekt der Realisierung bestimmter grundlegender Werte förderlich oder abträglich?

Affektiv-kognitive Konsistenz besteht als balancierter Zustand dann, wenn der positiven Wertschätzung eines Einstellungsobjektes eine hohe perzipierte kognitive Instrumentalität bezüglich zentraler Werte gegenübersteht. Die Beziehung zu einem Einstellungsobjekt ist dann ambivalent, wenn es gleichzeitig mit positiven und negativen Kognitionen als instrumentellen Relationen zu wichtigen Werten verknüpft ist. Unter Bedingungen pluralistischer Informationssysteme ist ein *Anwachsen der Ambivalenz* gegenüber sozialen Objekten zu erwarten, weil vermehrte Information notwendigerweise zur Bildung von positiven *und* negativen Kognitionen führt, die mit dem jeweiligen Einstellungsobjekt verknüpft sind. Dieses Vorhandensein von positiven wie negativen Kognitionen bedeutet *Instabilität*, was längerfristig Einstellungsänderungen leichter macht (Schmidtchen 1977: 53ff.). Die Änderung von relativ wenigen kognitiven Relationen kann in einem solchen Fall u.U. zur Änderung der affektiven Komponente führen: *instrumentelle Aktualisierung* (Kepplinger 1989).

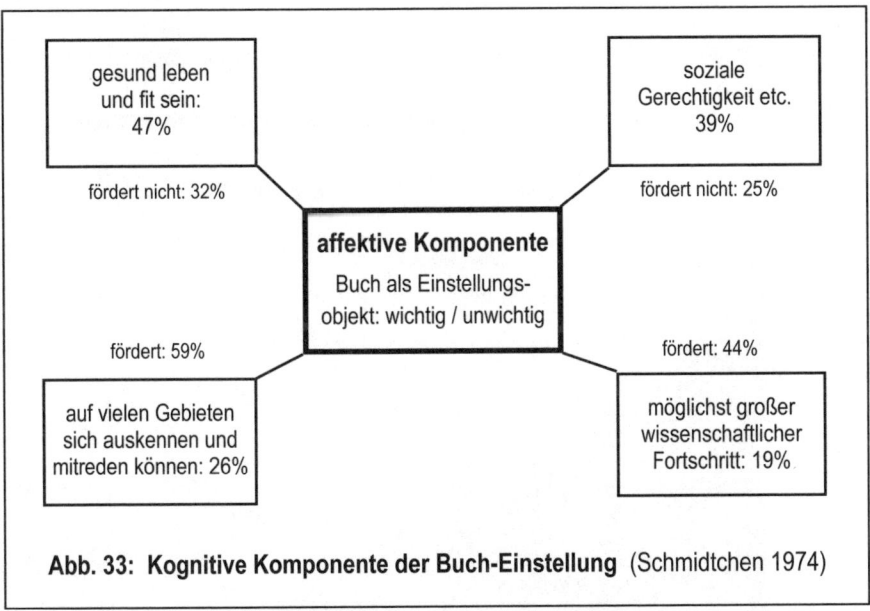

Abb. 33: Kognitive Komponente der Buch-Einstellung (Schmidtchen 1974)

Weil die affektive Einstellungskomponente gleichzeitig in Beziehung zur *Werthierarchie* einerseits, andererseits zur *perzipierten Instrumentalität* steht, kann die Einstellungsbildung oder Einstellungsänderung von drei Faktoren abhängen. Zunächst kommt der Werthierarchie einer Person Bedeutung zu, und zwar quasi als *Anker* der entsprechenden Einstellung. Darüberhinaus müssen sich Überzeugungen über die Erleichterung oder Erschwerung der instrumentellen Verwirklichung von Werten durch das Einstellungsobjekt herausbilden. Je nachdem kann ja ein Einstellungsobjekt mit verschiedenen Werten instrumentell verknüpft gesehen werden. Umgekehrt kann der affektive Bezug zu einem Einstellungsobjekt durch Reinforcement oder Sanktionen gelernt worden sein, was dann nach der Konsistenztheorie zur Übernahme von dazu konsistenten Kognitionen als *Rationalisierung* führen müsste.

Gerhard Schmidtchen versuchte 1974, die Beziehung von Lesern zum Einstellungsobjekt „Buch" im Rahmen der affektiv-kognitiven Perspektive zu erklären: Die *affektive Komponente* der Bucheinstellung wurde mit einem 10-stufigen Leitertest von *„Bücher sind für mich sehr wichtig"* bis *„Bücher sind für mich nicht so wichtig"* gemessen. Nach der affektiv-kognitiven Konsistenztheorie muss der affektiven Komponente eine *kognitive Komponente* als Balance zwischen positiven und negativen Kognitionen entsprechen. Die verwendeten je 7 positiven bzw. negativen Kognitionen ergeben, dass die positiven Argumente für die Bücherlektüre die negativen nur knapp überwogen, was auf eine *ambivalente Beziehung zum Buch* hinweist. Je positiver die affektive Einstellung zum Buch, desto mehr überwiegen auch die positiven Kognitionen.

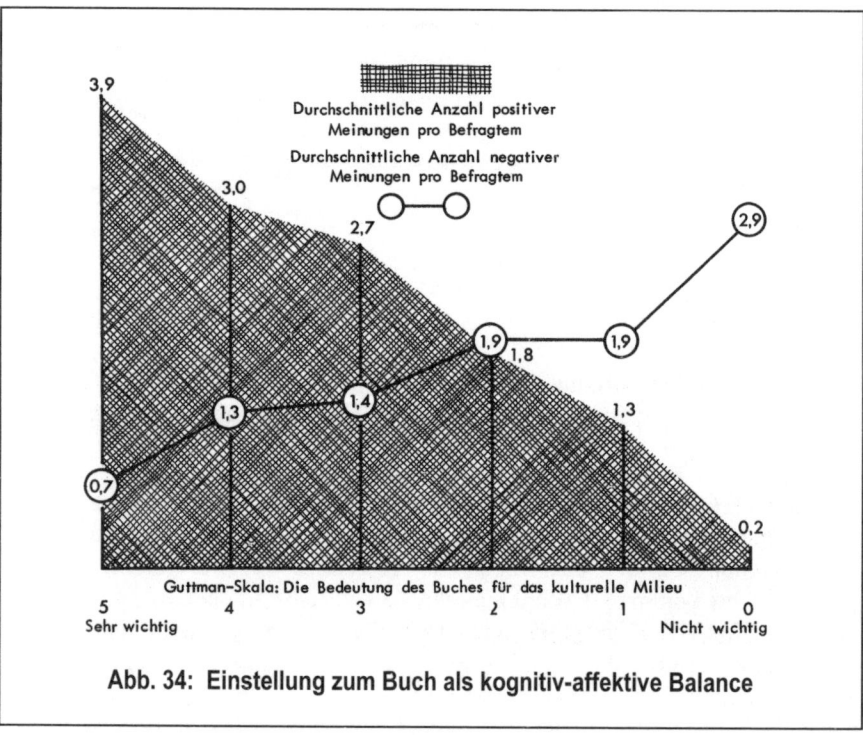

Abb. 34: Einstellung zum Buch als kognitiv-affektive Balance

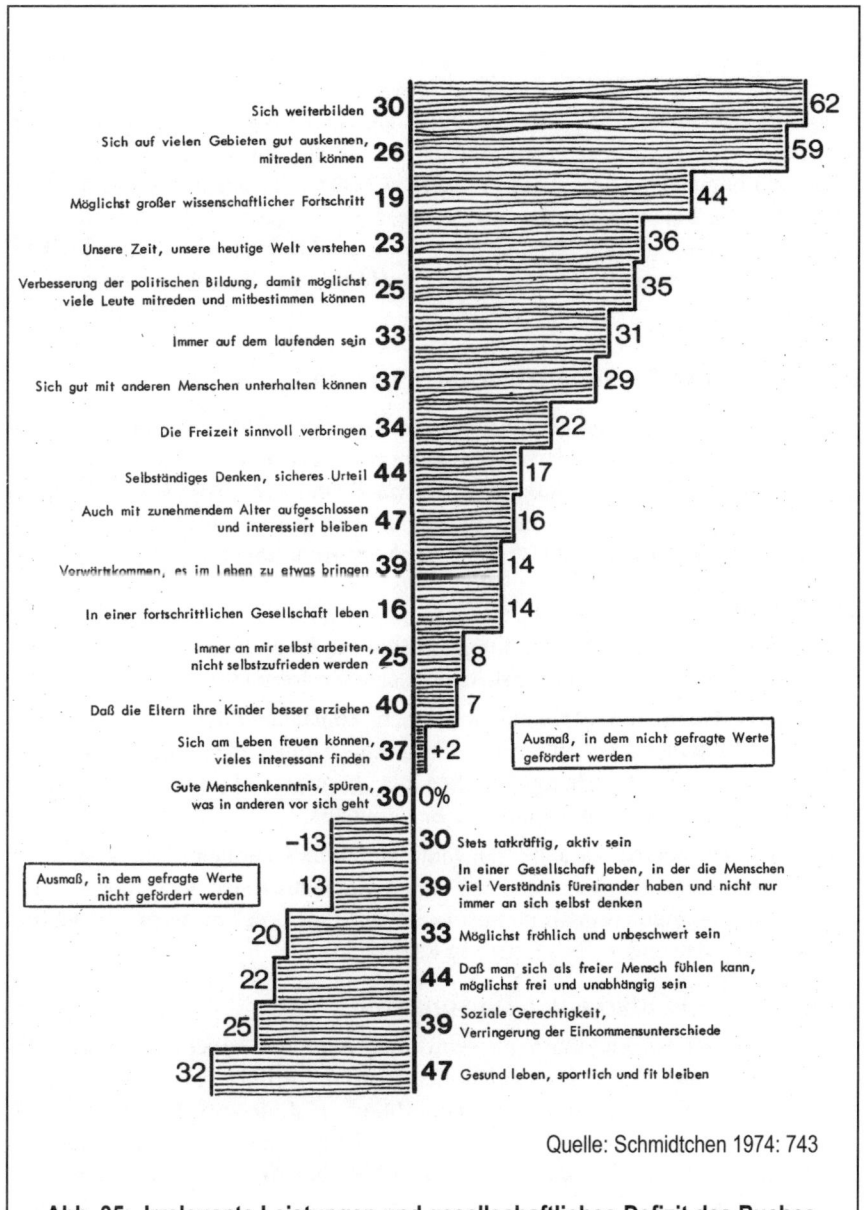

Sich weiterbilden 30 — 62

Sich auf vielen Gebieten gut auskennen, mitreden können 26 — 59

Möglichst großer wissenschaftlicher Fortschritt 19 — 44

Unsere Zeit, unsere heutige Welt verstehen 23 — 36

Verbesserung der politischen Bildung, damit möglichst viele Leute mitreden und mitbestimmen können 25 — 35

Immer auf dem laufenden sein 33 — 31

Sich gut mit anderen Menschen unterhalten können 37 — 29

Die Freizeit sinnvoll verbringen 34 — 22

Selbständiges Denken, sicheres Urteil 44 — 17

Auch mit zunehmendem Alter aufgeschlossen und interessiert bleiben 47 — 16

Vorwärtskommen, es im Leben zu etwas bringen 39 — 14

In einer fortschrittlichen Gesellschaft leben 16 — 14

Immer an mir selbst arbeiten, nicht selbstzufrieden werden 25 — 8

Daß die Eltern ihre Kinder besser erziehen 40 — 7

Sich am Leben freuen können, vieles interessant finden 37 — +2

Gute Menschenkenntnis, spüren, was in anderen vor sich geht 30 — 0%

Ausmaß, in dem nicht gefragte Werte gefördert werden

−13 — 30 Stets tatkräftig, aktiv sein

13 — 39 In einer Gesellschaft leben, in der die Menschen viel Verständnis füreinander haben und nicht nur immer an sich selbst denken

Ausmaß, in dem gefragte Werte nicht gefördert werden

20 — 33 Möglichst fröhlich und unbeschwert sein

22 — 44 Daß man sich als freier Mensch fühlen kann, möglichst frei und unabhängig sein

25 — 39 Soziale Gerechtigkeit, Verringerung der Einkommensunterschiede

32 — 47 Gesund leben, sportlich und fit bleiben

Quelle: Schmidtchen 1974: 743

Abb. 35: Irrelevante Leistungen und gesellschaftliches Defizit des Buches

Darüberhinaus hat Schmidtchen die *instrumentellen Relationen* des Einstellungsobjektes „Buch" zu *22 Werten* untersucht: Obwohl das Buch in bezug auf zahlreiche Werte hohes Ansehen hat (etwa: sich weiterbilden, sich in vielen Gebieten auskennen, die heutige Welt verstehen, möglichst großer wissenschaftlicher Fortschritt, sich mit anderen Menschen unterhalten können etc.), zeigt sich umgekehrt, dass diese Werte zum Teil nicht zentral sind (Abb. 35). – Die kulturelle Leistung des Buches ist unbestritten, aber sie wird nicht mit sehr hoher Motivation gefragt. Umgekehrt gibt es wichtige Werte (gesund bleiben, sportlich und fit sein etc.), die durch das Buchlesen kaum gefördert werden.

3.3.4 Kognitive Dissonanztheorie (Festinger)

Die Kognitive Dissonanztheorie von Leon Festinger (1957) versucht menschliches Handeln in verschiedensten Situationen zu erklären, d.h. unter Rückgriff auf die spezifischen Beziehungen zwischen kognitiver Struktur und Handeln vorauszusagen. Prämisse ist, dass Personen bestrebt sind, in Übereinstimmung mit ihrem Wissen zu handeln: größtmögliche Motiviertheit.

Definitionen

Kognition als Erkenntnis, Meinung, Einstellung eines Individuums bezüglich der Umwelt, Personen, sich selbst, seinem eigenen Verhalten.

Kognitives Element als Kenntnis, Wissen, Einstellung über ein Objekt: a) kognitive Verhaltenselemente und b) kognitive Umweltelemente. *Relation* als die psychologische Beziehung zwischen zwei kognitiven Elementen. Es gibt: a) relevante und b) irrelevante kognitive Beziehungen.

Kognitive Dissonanz ist eine relevante Relation zwischen zwei kognitiven Elementen, wenn das Gegenteil des einen Elementes aus dem andern folgt, oder wenn Nichtübereinstimmung zwischen ihnen erlebt wird. Wenn ein Element aus dem andern folgt, besteht Konsonanz.

Ursprünge und Stärke von Dissonanzen

Kognitive Dissonanzen können verschiedene Ursprünge haben: a) logischer Inkonsistenzen als Folge von Unzulänglichkeiten im Denken, b) heterogenen widersprüchlichen Normen oder Rollenkonflikte, c) Widersprüche zwischen allgemeinen und spezifischen Einstellungen, d) Erinnerung an frühere Erfahrung und aktuelles eigenes Handeln, e) Druck auf Verhalten, f) sozialer Wandel und sich ändernde Umwelt z.B. durch Mobilität, g) neue Information durch Kommunikation. Die *Stärke* der jeweiligen Dissonanz ist abhängig von der Wichtigkeit der Elemente und vom Anteil der Elemente mit dissonanter Relation.

Reduktion von Dissonanzen

Dissonanzen können auf verschiedene Weise reduziert werden: Durch a) aktives Verhalten, indem neue Informationen gesucht werden, die Dissonanz reduzieren oder Konsonanz verstärken, b) „Selective Exposure", d.h. Vermeidung von Informationen, die Dissonanz verstärken (Donsbach 1989), c) Einstellungsänderung, d) Ambiguitätstoleranz als Ertragen von Inkonsistenzen.

Hypothesen

1. Die Existenz der Dissonanz wird psychologisch als unangenehm empfunden und motiviert das Individuum dazu, die *Dissonanz zu reduzieren*.

2. Bei Dissonanz wird das Individuum über Dissonanzreduktionsbemühungen hinaus *Informationen vermeiden*, welche die bestehende Dissonanz verstärken.

3. Die Intensität des Drucks zur Dissonanzminderung ist eine Funktion der Stärke der Dissonanz.

4. Dissonanz kann auf folgende Weise *reduziert* werden: a) Änderung eines oder mehrerer kognitiver Elemente (Änderung), b) durch Vermehrung der Zahl und Stärke der konsonanten Relationen („Bolstering"), c) durch Verringerung der Bedeutung dissonanter Elemente (Differenzierung).

5. Der Erfolg der Dissonanzreduktion ist um so größer, je zugänglicher die neuen konsonanten Elemente sind und je kleiner die Resistenz der dissonanten Elemente gegen Änderung ist.

6. Die *Resistenz der kognitiven Elemente* gegen Änderung ist umso größer, je stärker diese Elemente von der Realität gestützt werden und je größer die Zahl ihrer konsonanten Relationen zu anderen Elementen ist.

Anwendungen der Dissonanztheorie

Diese Hypothesen lassen sich auf folgende Bereiche anwenden und entsprechend überprüfen: a) getroffene Entscheidungen zwischen Alternativen, b) auferzwungenes Verhalten, c) getroffene Äußerungen, die von der Gruppenmeinung abweichen, d) freiwilliges und unfreiwilliges Ausgesetztsein gegenüber neuer Information (vgl. Eagly 1992; Frey / Gaska 1993: 284ff.):

Dissonanz als Folge von Handeln. Wenn man sich in Wahlhandlungen für eine Alternative entscheiden muss, tritt Dissonanz auf zwischen der Kognition der gewählten und der Kognition der nicht gewählten Alternative, weil diese meist auch Vorteile auf sich vereint. Die Stärke der Dissonanz hängt von der Attraktivität der verworfenen Alternativen ab, d.h. je ähnlicher diese zur Wahl sind, desto größer wird die empfundene Dissonanz sein.

Glaubwürdigkeit. Größte Chancen zur *Meinungsänderung* bestehen dann, wenn für eine Person faktisch dissonantes Material als konsonantes ausgegeben wird: *Propagandatechniken.*

Sleeper-Effekt. Bei Dissonanz zwischen Beziehung zum Kommunikator und Beziehung zu seiner Aussage kann zunächst keine Meinungsänderung erfolgen: Erklärt wird dies dadurch, dass die negative Beziehung zum Kommunikator zu Verdrängung, Übersehen, Uminterpretation führt. Trotzdem reagiert der Rezipient überraschenderweise nach einer gewissen Zeit im beabsichtigten Sinn und zeigt Meinungsänderung, weil die Relation der Aussage zum negativ bewerteten Kommunikator vergessen wird. Die Information wird behalten, aber die Dissonanz bewirkende Quelle vergessen.

Bumerang-Effekt. Die Resultate experimenteller Studien zur Einstellungsbeeinflussung zeigen, dass Versuchspersonen ihre Meinungen durchaus im Gegensinn der intendierten Beeinflussungsrichtung ändern können (von Cranach / Irle / Vetter 1973). Obwohl nach der Dissonanztheorie *maximale Diskrepanz* zu maximalem Einstellungswandel führen müsste, kann dissonanz-reduzierende Information zu negativem Einstellungswandel führen, wenn bspw. über die Einstellungen der Rezipienten wenig bekannt ist und ihr Verhalten falsch beurteilt wird. – Dieser Widerstand von Einstellungen gegen Änderungen wird mit dem Einfluss von Drittfaktoren erklärt: hohes Ego-Involvement oder Verankerung der Einstellung in umfassenderen Werthaltungen. Die *Assimilations-Kontrast-Theorie* von Sherif / Hovland erklärt dies durch Bezug auf die Extremität der Einstellung: Wenn die Position einer Aussage zu weit von der des Rezipienten entfernt ist, wird diese nicht assimiliert (Dissonanzreduktion), sondern als abweichender (Kontrast) perzipiert als sie eigentlich ist.

Die wichtigsten Gründe für freiwillige Exponierung einer Information gegenüber sind die Erwartungen relevanter Information für Handlungen und das selektive Beiziehen neuer Information zur Reduktion von Dissonanz. Es genügt also nicht, die selektiven Zuwendungs- und Wahrnehmungsbarrieren zu überwinden und so unfreiwillige Exponierung gegenüber gewissen Informationen (Werbung, Propaganda) zu erzielen: Die so auftretenden Dissonanzen zu Kommunikator und Aussage führen meist nicht zu Meinungsänderung, sondern zu Verhärtung, Uminterpretation oder sogar zu Bumerang-Effekten.

Erzwungene Zustimmung. Eine durch Belohnung oder Bestrafung erzwungene Zustimmung – engl.: forced compliance – , sei es bezüglich der Einstellung oder des Verhaltens, erzeugt Dissonanz. Die Größe der Dissonanz ist proportional zur Wichtigkeit der Angelegenheit und umgekehrt proportional zur Höhe der Belohnung oder Bestrafung. Erzwungene Rollenausübung, Beschäftigung mit alternativem Standpunkt und öffentliches Vertreten dieses Standpunktes.

Dissonanz und Informationssuche. Gefragt wird, warum und unter welchen Bedingungen Personen aktiv Informationen suchen. Nach der Dissonanztheorie sollte das Vorhandensein von Dissonanzen die Suche nach und Aufnahme von dissonanz-reduzierender Information motivieren. Diese Hypothese der *selektiven* Suche von unterstützender Information, aber auch die der selektiven *Vermeidung* von dissonantem Material, konnte empirisch aber nicht eindeutig gestützt werden (Sears 1967 / 1968; Wicklund / Brehm 1976; Eagly 1992). Es müssen eben auch komplementäre Prozesse wie „Stimulushunger", „Interesse für Neues" und „Nützlichkeit für Entscheidungen" oder *Einstellungsfunktionen* wie „Ich-Verteidigung" oder „Selbstverwirklichung" mitberücksichtigt werden.

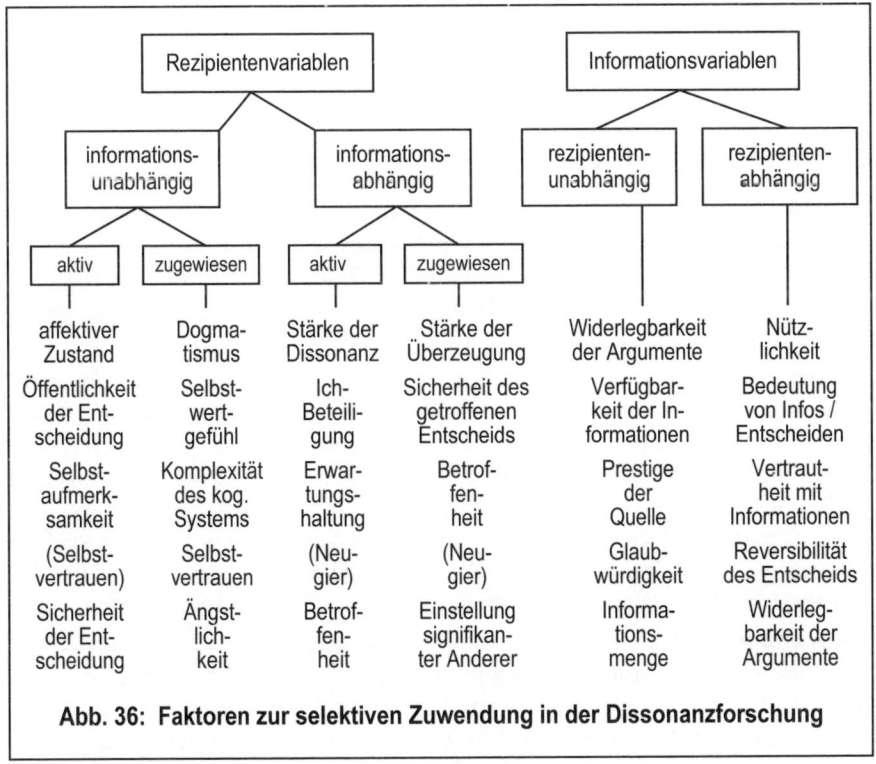

Abb. 36: Faktoren zur selektiven Zuwendung in der Dissonanzforschung

Donsbach (1991: 50ff.) gibt einen Überblick der wichtigsten intervenierenden Variablen in Abb. 36, wobei er auf der obersten Ebene zwischen Rezipienten und Informationsvariablen unterscheidet. Bezüglich beider Bereiche kann wieder unterschieden werden, ob die Selektivität abhängig oder unabhängig von der spezifischen Information erfolgt. Auf einer dritten Ebene geht es um die Frage, ob in der jeweiligen Studie die Drittvariable aktiv manipuliert wird oder zugewiesen ist.

Bewertung. Die Dissonanztheorie ist von allen kognitiven Theorien am offensten, aber auch theoretisch relativ vage und wenig explizit ausformuliert. Ihre generellen Annahmen ermöglichen vielfältige Anwendungen, zugleich läßt sie sich aber kaum falsifizieren. Besonderes Aufsehen erregte sie, weil sie zum Teil unerwartete Voraussagen liefert, die denjenigen der Lerntheorie widersprechen. Da bei Festinger die Bedingungen, unter denen Dissonanz entsteht, nicht eindeutig spezifiziert sind, haben verschiedene Autoren versucht, die Dissonanztheorie zu modifizieren und weiterzuentwickeln (Frey / Gaska 1993: 278ff.).

3.3.5 Inokulationstheorie (McGuire)

Anstoß. Während die Konsistenztheorien bzw. die Wirkungsforschung überhaupt am Problem der Beeinflussung und Änderung von Einstellungen orientiert sind, befasste sich William McGuire (1964) mit seiner *Inokulationstheorie* als erster mit dem Problem, wie bestehende Einstellungen gegenüber Beeinflussungsversuchen resistent gemacht werden können.

Modell. Ausgangspunkt war die *biologische Analogie* der Immunisierung durch Impfung: Das beste Verfahren, Resistenz zu erzeugen, besteht darin, einer Person schwache Dosen des Erregers zu verabreichen. Durch diesen Eingriff wird die Produktion von Abwehrstoffen angeregt, die fähig sind, später auch stärkeren Angriffen des Erregers standzuhalten. Auf Einstellungsstrukturen übertragen heißt dies: die Auseinandersetzung mit abgeschwächter Gegenpropaganda müsste bestehende Einstellungen resistenter machen, im Gegensatz zu Personen, deren Einstellungen nie in Frage gestellt wurden.

Anwendung. McGuire arbeitete mit kulturell weitgehend geteilten Selbstverständlichkeiten im Zusammenhang mit Gesundheit, wie „Zähneputzen nach jedem Mahl ist gut", die normalerweise kaum je in Frage gestellt werden. Diese sollten nach der Inokulationstheorie gegenüber Gegenpropaganda relativ anfällig sein, und zwar a) wegen mangelnder Motivation und b) wegen Ungeübtheit. Umgekehrt sollte die Präsentation von Gegenargumenten bei gleichzeitigem Zeigen, dass diese entkräftet werden können, das Individuum dazu motivieren, Argumente zur Stützung seiner Einstellung zu entwickeln. Die Probanden wurden in einer ersten Sitzung in schriftlicher oder mündlicher, passiver oder aktiver Form mit a) unterstützenden Argumenten oder b) mit entkräfteten Gegenargumenten konfrontiert. In einer zweiten Sitzung hatten sie Texte zu lesen, in denen ihre Einstellung angegriffen wurde. In beiden Sitzungen wurden zudem Fragebogen über Verständlichkeit und Einstellung ausgefüllt.

Befunde. In der Kontrollsituation, wo die Einstellungen weder angegriffen noch verteidigt wurden, war der Mittelwert der Zustimmung bei 12.6 auf einer 15-Punkte-Skala; in der Situation, wo die Einstellung nur angegriffen wurde 6.6. Die Gegenpropaganda war also erfolgreich. Im Vergleich dazu betrug der Mittelwert 7.4 bei jenen, die nur unterstützende Argumente gelesen hatten, 10.3 jedoch bei jenen, die mit Entkräftigungen von Gegenargumenten umgegangen waren.

Weiterentwicklung. Die Inokulationstheorie, vor allem mittels Laborstudien überprüft, hat sich als brauchbares Konstrukt erwiesen, das später in verschiedensten Bereichen konkret angewendet wurde: Werbung, politische Kampagnen oder Präventionskampagnen (Pfau 1998: 142ff.). Zwei Fragestellungen stehen dabei im Zentrum der weiteren Entwicklung des Ansatzes: 1) Genügt allein schon die Bedrohung als Angriff auf eine bestehende Einstellung, um Inokulationsprozesse auszulösen? 2) Wenn eine solche Bedrohung eine Person dazu motiviert, ihre Einstellungen zu schützen – engl.: „Bolstering" –, wie geschieht dies genau, d.h. welche kognitiven Prozesse sind dabei im Spiel?

3.3.6 Elaboration-Likelihood-Modell ELM (Petty / Cacioppo)

Prämissen. Die „Kognitiv-Response-Ansätze" bilden eine ergänzende Fortentwicklung zu den bis jetzt diskutierten Einstellungstheorien. Sie gehen davon aus, dass wohl die Einstellungen von Personen auf einer Einstellungsskala identisch sein können, die mit der Einstellung verknüpften Gedanken sich jedoch meist stark unterscheiden werden (Petty / Ostrom / Brock 1981).

Sind Personen persuasiver Kommunikation ausgesetzt, versuchen sie, die neue Information mit dem vorhandenen themenspezifischen Wissen zu verknüpfen. Die persuasive Botschaft *evoziert kognitive Responses*, die u.U. nichts mit den Argumenten der Persuasion zu tun haben, aber gleichwohl die Einstellungsbeeinflussung mediatisieren.

Fragen. Welche Rolle spielen die kognitiven Responses beim Prozess der Einstellungsbeeinflussung: Welche Faktoren einer persuasiven Kommunikation erleichtern / erschweren die Generierung unterstützender oder hindernder kognitiver Responses?

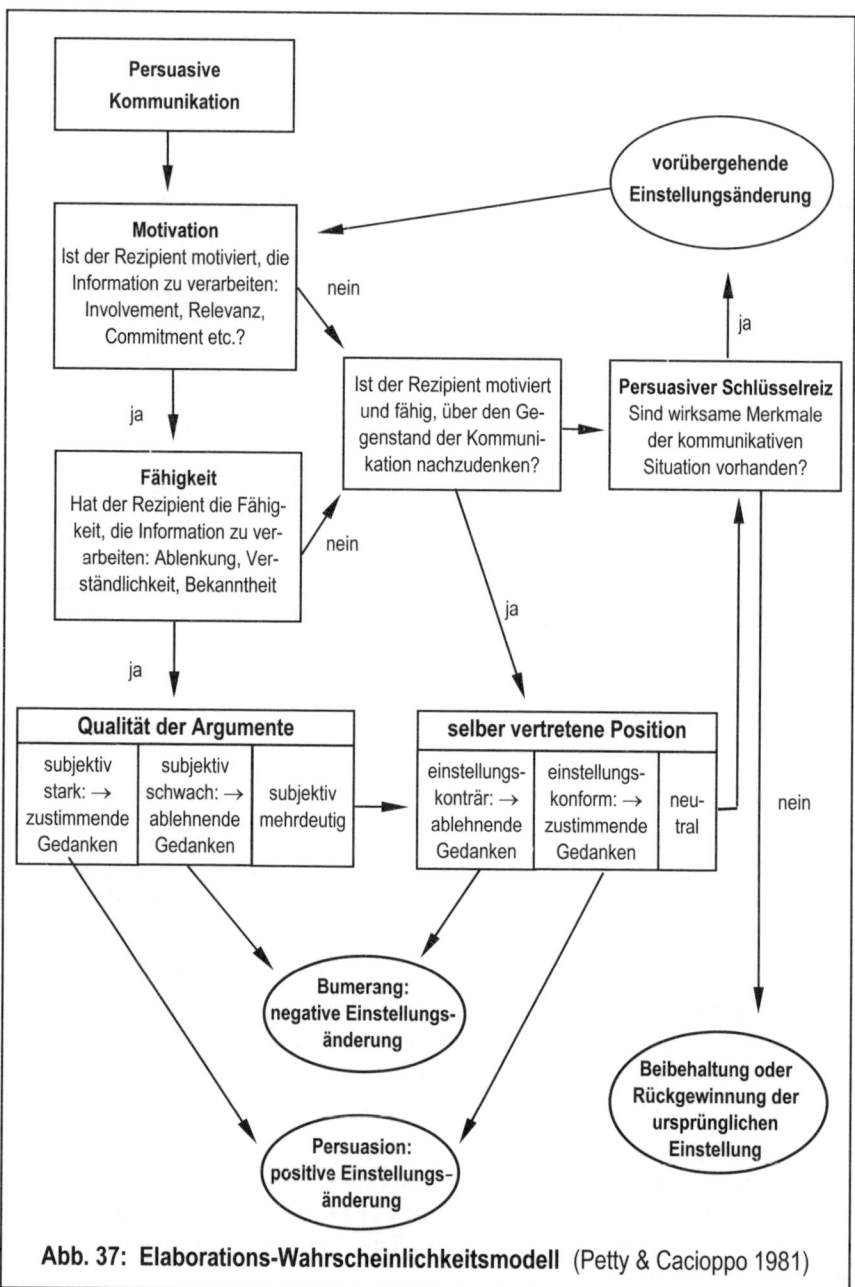

Abb. 37: Elaborations-Wahrscheinlichkeitsmodell (Petty & Cacioppo 1981)

Modell. Das *Elaborations-Wahrscheinlichkeitsmodell der Einstellungsände-rung ELM* von Petty & Cacioppo (1981, 1986 1997) postuliert situationsbe-zogen zwei prinzipiell verschiedene Arten oder Wege der Informationsver-arbeitung, die während einer Beeinflussungssituation zur Einstellungsänderung führen können, wobei die Wahrscheinlichkeit und Stabilität von Einstellungs-änderungen abhängig ist von der Art und Weise, wie eine Botschaft kognitive Responses (= „Elaboration Likelihood") evoziert:

Zentrale Verarbeitung geschieht dann, wenn der Rezipient a) motiviert ist, über die Botschaft nachzudenken und b) die Fähigkeit hat, die Informationen und Argumente intensiv und sorgfältig zu verarbeiten und auf ihre Gültigkeit und Stichhaltigkeit hin zu überdenken.

Dies kann a) in „objektiver" Weise als unvoreingenommene Auseinanderset-zung mit den Argumenten der Botschaft ablaufen oder aber b) in voreingenom-mener Weise, d.h. beeinflusst durch extreme Werthaltungen und / oder beste-hende Einstellungen als Prädispositionen. Objektive Verarbeitung wird einer-seits *gefördert* durch a) persönliche Betroffenheit, b) engl.: „need for cog-nition", c) Intelligenz und d) moderate Wiederholung, andererseits *vermindert* durch a) Ablenkung, b) gehobene Stimmung, c) hohe Komplexität. Bei unvor-eingenommener Verarbeitung hängt eine Einstellungsänderung von der Stärke bzw. Qualität der Argumente ab (Petersen / Doll / Jürgensen 1997).

Vorübergehende Einstellungsänderungen sind aber auch ohne aktives Nach-denken bzw. aktive Informationsverarbeitung möglich: Eine Person ohne spe-zielle Motivation und / oder Fähigkeit zur intensiven Auseinandersetzung ver-arbeitet über die *periphere Route,* wobei sie sich hinsichtlich der Annahme oder Ablehnung der an sie heran getragenen Einstellungsposition nicht an der Argumentationsqualität wie bei der zentralen Verarbeitung, sondern an *situa-tionsgebundenen Reizen* (engl.: „cues") als persuasives Setting orientiert: a) situationsinduzierte Affekte wie gehobene Stimmung oder Belohnung, b) periphere Hinweisreize der Botschaft wie appellativer Charakter, Bilder oder Anzahl der Argumente, c) Charakteristika der Informationsquelle wie Exper-tenstatus, Glaubwürdigkeit, Sympathie und Berühmtheit oder d) personenbe-zogene Faktoren der Verarbeitung wie Betroffenheit, Intelligenz, Vorwissen, Werthaltung, Selbstaufmerksamkeit u.a.m.

Einstellungsänderungen, welche vorwiegend aus intensiver Verarbeitung der themenrelevanten Argumente resultieren (zentrale Route), zeigen größere zeit-liche Persistenz, bessere Verhaltenskonsistenz und stärkere Resistenz gegen-über Gegenbeeinflussung als Einstellungsänderungen, die größtenteils die Folge kognitiver Reaktionen auf periphere Hinweisreize sind. Praktische Um-setzung: Mosler / Ammann / Gutscher (1998).

Bewertung. Das ELM stellt zurzeit das elaborierteste Modell dar, das Einstellungswandel in Bezug auf persuasive Information erklärt, und ist zudem anwendungsrelevant, weil es situativ argumentiert (Petty / Wegener / Fabrigar 1997). Die Qualität von Argumenten spielt im Persuasionsprozess nur insoweit eine Rolle, als Rezipienten motiviert und fähig sind, kognitiv auf die Botschaft zu reagieren: zentrale Route der Verarbeitung. Gleichzeitig integriert es aber auch Low-Involvement Situationen, in denen Rezipienten auf persuasive Botschaften mit simplen heuristischen Entscheidungsroutinen reagieren (Eagly 1992; Halff 1998: 175ff.). Der Ansatz ist aber auch kritisiert worden, weil er zu vereinfachend nur die systematische der heuristischen Informationsverarbeitung gegenüberstellt, obwohl vermutlich dem Rezipienten eine Vielzahl von Modalitäten der Informationsverarbeitung zur Verfügung stehen. Verschiedene Autoren wiesen auch darauf hin, dass das Modell weder die Art des peripheren Prozesses noch den Grund für dessen Verwendung zu erklären vermöge (vgl. auch Stahlberg / Frey 1993; Stroebe / Hewstone / Stephensen 1996: 274).

3.3.7 Vergleich der verschiedenen Konsistenztheorien

Gemeinsame Basis

1. Nach allen Modellen sind Individuen motiviert, stabile, ausbalancierte oder konsistente Einstellungsstrukturen aufzubauen und im Umgang mit der Umwelt aufrechtzuerhalten. Kognitive Elemente sind kompatibel oder nichtkompatibel.

2. Perzipierte Stimuli, die auf bestehende Einstellungen bezogen sind und zur vorhandenen Einstellungsstruktur inkonsistent bzw. dissonant sind, erzeugen Dissonanz, welche psychisch als unangenehm empfunden wird und Stress erzeugt.

3. Dissonanzen und der mit ihnen verbundene Stress motivieren Anpassungsprozesse in der Einstellungsstruktur.

4. Diese Anpassungsprozesse versuchen den psychischen Druck zu reduzieren und stellen so die kognitive Balance oder Konsistenz wieder her.

Unterschiede

1. Alle Modelle sind intrapersonal; einzig Newcomb bezieht sich mit seiner Ko-Orientierungstheorie auf interpersonale Beziehungen.

2. Heider und Osgood / Tannenbaum, teilweise auch Rosenberg, beziehen sich auf eine Person mit Einstellungen gegenüber einer anderen Person und gegenüber dem Objekt. Festinger betrachtet Relationen zwischen Wissen und

Verhalten. Rosenberg analysiert Beziehungen zwischen affektiver und kognitiver Komponente.

3. *Strategien der Dissonanzreduktion.* Nach Heider und Osgood / Tannenbaum wird bei Inkonsistenz Einstellungsänderung eintreten. Nach Festinger kommt es nur dazu, wenn andere Möglichkeiten blockiert sind. Bei Rosenberg können Änderungen in der affektiven oder kognitiven Komponente geschehen.

4. *Methoden der Dissonanzreduktion.* Nach Heider ergibt sich die Anpassung durch Wahl zwischen verschiedenen Einstellungen. Bei Osgood / Tannenbaum steht ein Kompromiss im Zentrum und im ELM wird von situativen Mechanismen ausgegangen. In der Dissonanztheorie wird die Einstellung geändert, so dass das Verhalten oder die Entscheidung besser motiviert ist. Nach Rosenberg ist das Prinzip des geringsten Widerstandes entscheidend, zudem passen sich die Kognitionen eher der affektiven Komponente an.

5. *Messtheorie.* Während Osgood / Tannenbaum mit ihrer Formel sehr explizit sind und auch nach Rosenberg die kognitiv-affektive Balance als Produktsumme mathematisch umgesetzt wird, ist die empirische Umsetzung bei Heider und Festinger, aber auch bei den Kognitiven Response Theorien weitgehend offen.

6. Entsprechend Punkt 5 ist die *Anwendungsflexibilität* bei Festinger und im ELM äußerst groß, während sie bei Osgood / Tannenbaum sehr eng ist.

3.4 Kognitive Theorien

3.4.1 Attributionstheorie (Heider)

Der Ansatz hat sich aus der Forschung zur Personenwahrnehmung heraus entwickelt und untersucht, wie es zur Wahrnehmung von Ursachen eigenen und fremden Verhaltens kommt und welche Konsequenzen die spezifische Wahrnehmung solcher Verhaltensursachen hat. Die Theorie geht davon aus, dass Menschen motiviert sind, beobachtbare Ereignisse nicht nur wahrzunehmen, sondern auf zugrunde liegende Ursachen zurückzuführen. Attributionen haben die Funktion, Ereignissen der sozialen Umwelt Bedeutung zu verleihen und das Verhalten der Interaktionspartner voraussagbar und erklärbar zu machen. Die Attributionstheorie beschäftigt sich so mit der „naiven Psychologie", d.h. mit Verhaltensdeutungen und Erklärungen, wie sie von Personen in ihrem Alltagsleben dauernd vorgenommen werden (Meyer / Foersterling 1993).

Nach Fritz Heider (1958) bildet die *Erforschung der „naiven Psychologien"* den Gegenstand der Attributionstheorie. Die wissenschaftliche Bedeutung, die diesen alltäglichen Prozessen der *Ursachenzuschreibung* zugemessen wird, liegt in der Basisannahme, dass die Ergebnisse dieser Attribuierungsprozesse das faktische Verhalten in einer sozialen Situation beeinflussen. Wissenschaftlich befriedigende Erklärungen von sozialem Handeln sind demnach nur möglich, wenn Attributionen und die ihnen zugrunde liegenden kognitiven Prozesse als mediatisierende Faktoren in die sozialpsychologische Theoriebildung miteinbezogen werden: S → C → R. Das soziale Verhalten einer Person (R) wird nicht unmittelbar durch die Umweltreize (S) gesteuert. Stimuli der Außenwelt müssen zunächst aufgenommen und zu Attributionen (C) verarbeitet werden. Von diesen hängt es dann ab, ob und wie gehandelt wird.

Abb. 38: Attributionsprozesse bezüglich Erfolg

Ursachen:	Klassifikation:	Antezedenzien:
Schwierigkeit	dispositionell Umwelt	Übereinstimmungsausmaß mit anderen Personen hoch
Fähigkeit	dispositionell Person	Übereinstimmung mit anderen Personen gering
Anstrengung	fluktuierend Person	Inkonsistenz, Variabilität nach vorangegangener Konsistenz
Zufall	fluktuierend Umwelt	Inkonsistenz, Variabilität mit vorausgehenden Handlungen

Prämissen. a) Der Mensch gibt sich nicht mit bloßer Beobachtung sozialer Ereignisse zufrieden. Er hat das Bedürfnis, Ereignisse zu verstehen und auf allgemeine Ursachen zurückzuführen. b) Der Mensch ist als rationales Wesen bestrebt, seine Umwelt wirklichkeitsgetreu zu begreifen, also zu realitätsangemessenen Attributionen zu gelangen. Das Individuum wird als quasi Wissenschaftler, wenn auch nur im Sinne eines „naiven Psychologen", begriffen. c) Diese Attributionsprozesse erfüllen für den Handelnden die Funktion, der sozialen Umwelt Bedeutung zuzuschreiben, und zwar zur eigenen Orientierung in dieser Umwelt und zur Steuerung des eigenen Verhaltens.

Theorie. Handlungsausgänge (x) werden in der naiven Psychologie wie in der Wissenschaft grundsätzlich durch zwei Faktorbündel bestimmt: von *Personenfaktoren* (P) und *Umweltfaktoren* (U): $x = f(P, U)$. Der Einfluss von P und jener von U werden dabei als additiv verknüpft angesehen. Auf der Person- wie auf der Umweltseite wird zusätzlich zwischen zeitlich stabilen und variablen Dimensionen unterschieden.

Voraussagbarkeit und mögliche Kontrollierbarkeit sind im interpersonalen Bereich vor allem hoch, wenn das Verhalten personenbezogenen und stabilen Dispositionsfaktoren zugeschrieben werden kann. Das Verhalten wird dann als *beabsichtigt* verstanden und es wird von *persönlicher Kausalität* ausgegangen.

Um einem Verhalten Ursachen attribuieren zu können, muss sich der Beobachter auf die beobachtbaren Tatbestände beziehen, muss bei der Wahrnehmung jedoch bereits von Annahmen ausgehen: a) Der beobachtete Handelnde hat von den Handlungseffekten vorausschauende *Kenntnis* und b) besitzt die *Fähigkeit*, intendierte Effekte auch herbeizuführen. Durch empirische Analysen ist zu untersuchen, wie dieser Inferenzprozess beginnt, und aufgrund welcher beobachteten Handlungsmerkmale er gesteuert wird.

Weiterentwicklung. Die Attributionstheorie ist entscheidend von Kelley im sog. *Kovarianzmodell* weiterentwickelt worden (Kelley / Michela 1980), das zu erklären versucht, wie es zu einer bestimmten Attribution kommt. Drei Arten von Informationen spielen dabei eine entscheidende Rolle: a) *Konsens-Informationen* über die beteiligten Personen: Wie verhalten sich diese in anderen Situationen; b) *Konsistenz-Informationen:* Inwieweit erfolgt gegenüber vergleichbaren Objekten ein ähnliches Verhalten? und c) *Distinktheits-Information:* Wie verhält sich der Akteur in vergleichbaren Situationen?

Relevanz. Die Attributionstheorie lässt sich auf viele Phänomene im Medienbereich allgemein und in der Wirkungsforschung im speziellen anwenden, weil Medien in ihrer Berichterstattung, aber auch im fiktionalen Bereich immer wieder Personen als Akteuren Handlungsmotive zuschreiben und Ereignisse durch Bezugnahme auf bestimmte Ursachen zu erklären versuchen.

Beispiel: Medienattribution und aggressives Verhalten im Alltag. Für die Medienforschung ist die Frage von Interesse, welche der im Fernsehen gezeigten Verhaltensweisen überhaupt durch den Zuschauer als „aggressiv" angesehen werden und wie die Ursachen für solches Verhalten attribuiert werden. Erst wenn man mehr über solche Prozesse weiß, werden auch die Wirkungen von Gewaltdarstellungen eher abschätzbar. – Dass für die Kennzeichnung von Verhaltensweisen als Aggressionen die Schädigung eines Objektes oder einer Person gegeben sein muss, ist einsichtig: physische vs. psychische Gewalt ist sozial sichtbarer! Problematischer ist die Frage, ob die *Intentionen des Aggressors* mitberücksichtigt werden müssen, weil ja die Wahrnehmung einer durch Aggression bedingten Schädigung als beabsichtigte Wirkung unter Umständen das Ausmaß an induzierter Gegenaggression beeinflusst. Untersucht worden ist, ob sich Unterschiede zeigen zwischen Fernsehakteuren, die aus Rache aggressiv reagieren und solchen, deren Handlungen der Selbstverteidigung zuattribuiert werden können. Es stellte sich auch die Frage nach der Wirkung von Gewalt, die durch „gute" bzw. „schlechte" Fernsehhelden ausgeübt wird oder die Folgen der Attribuierung von legitimen Gewaltzielen wie Gerechtigkeit. *Befund*: „*... the greater the degree of justification, the higher the probability of more intense subsequent aggressive behavior.*" (Tannenbaum 1980: 13)

Beispiel: Kommunikatorglaubwürdigkeit. Während in der Hovland-Tradition die Kommunikatorglaubwürdigkeit als unabhängige Variable für die Erklärung von Medienwirkungen benutzt wird, fragt die Attributionstheorie, wie und warum dem Kommunikator als abhängige Dimension überhaupt Glaubwürdigkeit zugeschrieben wird. Eagly (1978) geht davon aus, dass Rezipienten die persuasive Botschaft a) den persönlichen Charakteristika des Kommunikators als *Quellenorientierung,* b) seiner Situation oder Rolle und c) dem in der Meldung beschriebenen Ereignis als *Sachorientierung* zuschreiben können. Die ersten beiden Fälle schreiben die einseitige Darstellung dem Kommunikator zu, und zwar einerseits seiner verzerrten Wahrnehmung der Wirklichkeit, andererseits seiner Bereitschaft, in gewissen Situationen, quasi unabhängig von seinen persönlich gehegten Überzeugungen, eine verzerrte Darstellung der Realität zu geben. Im dritten Fall wird die Darstellung nicht als verzerrte wahrgenommen, sondern als Struktur des Ereignisses selbst perzipiert.

Robertson / Rossiter (1974) untersuchten, wie sich bei *Kindern* mit zunehmendem Alter die Fähigkeit erhöht, *den persuasiven Charakter von Werbesendungen* zu erkennen. Wird der Werbung persuasiver Charakter attribuiert, ist die zugeschriebene Glaubwürdigkeit gering, was in bestimmten Situationen die Werbewirkung herabzusetzen vermag.

Beispiel: Wahlen- & Abstimmungen. Mehrere Untersuchungen befassen sich mit der Frage, wie in der politischen Kommunikation Erfolg oder Misserfolg sowohl durch Journalisten als auch Rezipienten unterschiedlich erklärt wird. Oder: „Welche attributionalen Werkzeuge benutzen Politiker, um sich als besonders kompetent und den Gegner als besonders schlecht dastehen zu lassen?" (Försterling 2000: 96; auch Stiehler / Marr 2000; Melischek / Seethaler 2003)

Beispiel: Attribution und Mediennutzung. Differentialpsychologisch kann gefragt werden, ob es Personen gibt, die das Eintreffen pos. / neg. Ereignisse vor allem als Konsequenzen eigenen Handelns attribuieren *(interne Kontrolle)* oder ob gewisse Personen Ereignisse eher der Situation und äußeren, nicht von ihnen kontrollierbaren Faktoren zuschreiben *(externe Kontrolle).*

Untersuchungen zeigen, dass Personen generalisierte Muster der Kontroll-wahrnehmung als spezifischen Attribuierungsstil ausbilden (Vitouch 1981). Auf die Massenkommunikation bezogen zeigt sich, dass Personen mit perzi-pierter externer Kontrolle (sog. „Externe") sozial inaktiver und schlechter über ihre Umwelt informiert sind als „Interne". „Externe" sind weniger aufmerksam und weniger an Informationen interessiert. Sie ändern ihre Einstellungen auch leichter, können aber weniger Gründe für Entscheidungen angeben als Interne.

Auf die *Mediennutzung* bezogen: Geht das Syndrom „Vielseher" mit der Per-sönlichkeitsdimension „externe Attribuierung von Kontrolle" parallel? Und: Inwiefern fördert das TV-Programm selbst einen externen Attribuierungsstil, indem z.B. in den Nachrichten Situationen gezeigt werden, auf die der einzelne scheinbar keinen Einfluss hat?

3.4.2 Sozial-kognitive Lerntheorie (Bandura)

Während in der instrumentellen Lerntheorie Verhaltensänderung ausschließlich als *Reaktion auf Umweltreize* gesehen wird, die bestärkende oder hemmende Funktion haben können, geht Albert Bandura (1979, 1989, 2000, 2002) davon aus, dass menschliches Verhalten nie einseitig bestimmt ist, sondern von Modell eines *reziproken Determinismus* ausgegangen werden muss, wobei das Verhalten (1), persönliche Faktoren kognitiver und biologischer Natur (2) sowie Umweltereignisse (3) gemeinsam sich gegenseitig beeinflussen: „Auf-grund der Bidirektionalität der Einflüsse sind Menschen sowohl Produkte als auch Produzenten ihrer Umwelt (Bandura 2000: 153).

Die menschliche Natur ist nach dem sozial-kognitiven Ansatz durch ein enor-mes Potential gekennzeichnet. Menschen lernen durch vielfältige *direkte Er-fahrung,* aber auch, indem sie das Verhalten anderer Personen *beobachten* und dieses als *Modell* nachahmen. Die Beobachtung anderer erlaubt Vorstellungen darüber, wie Verhaltensweisen ausgeführt werden. Diese Prozesse basieren auf den menschlichen Fähigkeiten zur Symbolisierung, zur stellvertretenden Erfah-rung, zur Selbstregulierung wie auch zur Selbstreflexion.

Nach Abb. 39 wird das Beobachtungslernen durch vier analytisch getrennte *Subfunktionen* gesteuert: 1) Aufmerksamkeitsprozesse, 2) Prozesse kognitiver Repräsentation, 3) Prozesse der Verhaltensproduktion und 4) motivationale Prozesse.

Weil das symbolische Modelllernen vor allem im Bereich der Wirkungen von Mediengewalt eine große Rolle spielt, soll nachfolgend genauer darauf einge-gangen werden:

Abb. 39: Faktoren, die sozial-kognitives Lernen beeinflussen (Bandura 1979)

Aufmerksamkeit	Behalten	motorische Reproduktion	Motivation
Modell: - Deutlichkeit - affektive Valenz - Komplexität - Verbreitung - funktionaler Wert *Subjekt:* - Wahrnehmungskapazität - Erregungsniveau - Werthaltungen	symbolische Kodierung kognitive Organisation symbolische Nachbildung motorische Nachbildung	physische Fähigkeiten Verfügbarkeit von Teil- reaktionen Selbstbeobachtung bei der Reproduktion Feedback bezüglich Angemessenheit	äußere Bekräftigung stellvertretende Bekräftigung Selbstbekräfti- gung Bekräftigung

Aufmerksamkeitsprozesse entscheiden darüber, was und wie aus der Fülle der auf den Beobachter einwirkenden Modellierungseinflüsse selektiv beobachtet wird und welche dieser Darbietungen berücksichtigt werden. Frage: Welche Faktoren bestimmen darüber, welche Modelle beachtet werden und welche nicht? Was das Modell anbelangt, so sind dies bspw. Aspekte wie Deutlichkeit, affektive Valenz, Komplexität oder Verbreitung. Auf Seite des Beobachters wiederum spielen die Wahrnehmungskapazität oder Wertstrukturen eine Rolle.

Behaltensprozesse. Weiter müssen beobachtete Reaktionsmuster symbolisch im *Gedächtnis gespeichert* werden, wobei davon ausgegangen wird, dass sowohl Behalten als auch Erinnern aktiv-konstruktive Prozesse sind. Dabei spielt die Art und Komplexität der symbolischen Repräsentation eine wichtige Rolle.

Reproduktionsprozesse. Die Umsetzung der symbolischen Repräsentationen in angemessene Handlungen erfordert die kognitive Organisation der Reaktion, ihre Auslösung, ihre Überwachung und ihre Korrektur. Dabei werden zentral gesteuerte Verhaltensmuster aktiviert und die Angemessenheit der jeweiligen Handlung mit dem konzeptionellen Modell verglichen. Längerfristig werden dabei *motorische Kompetenzen* aufgebaut.

Motivationsprozesse. Für die sozial-kognitive Lerntheorie ist die Unterscheidung zwischen *Erwerb* und *Ausführung* von Handlungen zentral, weil Menschen lange nicht alles in die Tat umsetzen, was sie gelernt haben. Die Nichtausübung einer Verhaltensweise heißt somit nicht immer, dass die Person das entsprechende Verhalten nicht gelernt hat, z.B. der Zusammenhang zwischen

Fernsehgewalt und aggressivem Verhalten. Für die Ausübung von Verhaltensweisen sind *drei Typen von Motivatoren* entscheidend: direkte, stellvertretende und selbstproduzierte Motivationen. Menschen werden durch Erfolge anderer motiviert, die ihnen ähnlich sind, sie werden aber auch abgeschreckt, Verhaltensweisen anzustreben, die nach ihrer direkten, aber auch stellvertretenden medienvermittelten Beobachtung häufig zu nachteiligen Konsequenzen führen.

Beispiel: TV als Quelle von Verhaltensmodellen. Das Aufkommen des TV hat für Kinder und Erwachsene gleichermaßen die Zahl der verfügbaren Verhaltensmodelle erheblich vergrößert. Die Modelle, die auf dem Bildschirm dargeboten werden (vor allem auch im Unterhaltungsprogramm), nehmen die Aufmerksamkeit so nachdrücklich gefangen, dass Zuschauer vieles von dem, was sie sehen, lernen, ohne dass sie dazu weiterer Anreize bedürfen. – Folgende *Hauptstrategien* sind nach Leifer (1975) gegeneinander abzugrenzen:

1. Beispielsetzung: Das Fernsehen gibt den Rezipienten viele Beispiele für Handlungen, Einstellungen, Normen, kognitive Informationen etc. Diese können sich direkt an den Rezipienten richten (etwa in Bildungsprogrammen). In den meisten Fällen laufen sie jedoch vor dem Rezipienten ab, ohne den bewussten Versuch der Beeinflussung.

2. Struktur und Wirksamkeit der Beispiele: Häufigkeit, Konsistenz und Mächtigkeit von Beispielen sind für den Lernerfolg von Bedeutung. Inhaltsanalysen der Fernsehprogramme zeigen, dass die Stärke des TV darin liegt, bestimmte Bilder der Realität als Beispiele konsistent immer wieder zu zeigen.

3. Bekräftigung und Bestrafung: Im Gegensatz zur Familie sind die Sozialisationsmöglichkeiten des Fernsehens beschränkt. Bekräftigung und Bestrafung können nur stellvertretend und in symbolischer Form verwendet werden, indem im Programm etwa gezeigt wird, wie erfolgreich bestimmte Verhaltensweisen sind: Gewalt als Mittel zum Erreichen bestimmter Ziele.

4. Einübung und Ausführung: Das Fernsehen kann Rezipienten ermuntern, bestimmte Verhaltensweisen zu lernen und auch auszuführen oder andere zu unterlassen. Es kann aber nicht auf die Ausübung bestehen oder diese gar kontrollieren oder korrigieren. Das Lernpotential ist in diesem Bereich besonders beschränkt. Vor allem das Ausüben von Verhaltensweisen ist durch den sozialen Kontext bestimmt.

5. Auf Eigenarten des Lernenden eingehen: Das Fernsehen kann den Rezipienten bestimmte Modelle vorsetzen und auch symbolisch bekräftigen. Ob der Rezipient diese jedoch schon gelernt hat, ob er überhaupt an diesen interessiert ist, ob er die notwendigen Voraussetzungen mitbringt etc., ist durch das TV nicht zu beeinflussen.

6. *Das Lernen von Fernsehgewalt:* Nach Bandura (1978) werden Menschen nicht mit einem Repertoire von aggressiven Verhaltensweisen geboren; aggressives Verhalten muss gelernt werden. Während die direkte Erfahrung für Kinder eine Quelle von neuen, auch aggressiven Verhaltensmodellen ist, spielen vor allem auch die Medien eine wichtige Rolle für symbolisch vermitteltes, stellvertretendes Lernen von Medienaggression.

Beispiel: Informationskampagnen. Die sozial-kognitive Lerntheorie hat sich auch für die Konzeption und Durchführung von Informationskampagnen als sehr hilfreich erwiesen (McAlister 1987), weil sich aus ihr Prinzipien für die Gestaltung wirksamer Präventionsbotschaften, aber auch Aussagen über deren Wirksamkeit beim Zielpublikum ableiten lassen.

3.4.3 Schema-Theorie

Hintergrund. Der Begriff „Schema" bzw. verwandte Konzepte wie „Frame" – dt.: Rahmen –, „Skript" oder „Map" sind mit ähnlicher Bedeutung in verschiedenen Disziplinen der Sozialwissenschaften seit den 70er Jahren entwickelt worden: In der *Sozialpsychologie* erschien 1974 von Erving Goffmann „Frame Analysis. An Essay on the Organization of Experience". Und in der *Kognitionspsychologie* war die Arbeit von Donald E. Rumelhart wegweisend: „Schemata: the Building Blocks of Cognition" (1980). In der *Wahrnehmungs- und Gedächtnispsychologie* sind Vorläufer wie Jean Piaget in den 50er Jahren zu nennen mit seinem Assimilations- und Akkomodationskonzept. Weitere Beiträge stammen aus der *(Psycho-)Linguistik* sowie der *Entscheidungstheorie* (Kahneman / Tversky 1984). Und Kuklinski / Luskin / Bolland (1991) konstatieren für die *Politische Psychologie* in ihrer Kritik der Schema-Theorie, dass dieses Konzept dort äußerst populär sei. – Im Vergleich dazu ist die Schema- / Frame-Theorie in der empirischen Kommunikationswissenschaft sowohl im Bereich der Aussagenanalyse als auch der Wirkungsforschung relativ spät rezipiert worden, hat aber in jüngster Zeit stark an Popularität gewonnen (Brosius 1991; Wicks 1992+2001; Price / Tewksbury 1998; Scheufele 1999; Reese u.a. 2001).

Grundkonzept. In der *Psychologie* bezieht sich das Konzept auf die menschliche Fähigkeit, *gemeinsame Attribute bei Objekten, Ereignissen und Personen* im Sinne der Reduktion von Komplexität anzunehmen bzw. zu entdecken. Dem zugrunde liegt die Überlegung, dass der Mensch nur einen Bruchteil der auf ihn einströmenden Information aufnehmen und verarbeiten kann, darum bedarf er schnell und mühelos anwendbarer Verarbeitungs- und Speicherungsroutinen. Wahrnehmung erfolgt somit „hypothesen"-geleitet und Schemata als Erwartungen und Vorstellungen leiten diese Hypothesen. Schemata werden in der

Wissenschaft gebraucht, um die Organisation des Gedächtnisses und die Informationsverarbeitung zu erklären.

Formal gesehen ist ein Schema ein *Set von Attributen, Dimensionen oder „Slots", das Objekte einer bestimmten Kategorie teilen.* Inhaltlich wird auch von *„organized knowledge structures"* gesprochen. Zur Erkennung und Speicherung werden also nur einige wenige, für die Objekte *zentrale und diskriminierende* Attribute herbeigezogen, während die meisten als unwichtig unberücksichtigt bleiben. Objekte, die in allen Aspekten dem Schema entsprechen, werden als *Prototypen* bezeichnet.

In der *Linguistik bzw. Texttheorie* spricht man von Begriffs-, Situations- bzw. Text-Schematas und in der *Medienwissenschaft* bspw. vom *Nachrichten-Schema*, das formal aus den Attributen bzw. Dimensionen Ereignis: „Was?", Akteure: „Wer?", Ort: „Wo?", Zeit: „Wann?", Ursachen: „Warum?" und Folgen: „Welche Auswirkungen?" besteht. In anderen Arbeiten ist aber auch von „episodic" vs. „thematic" frames (Iyengar / Simon 1993) oder in der Wissenschaftsberichterstattung von Popularisierungs-, Orientierungs-, Kontroverse- und Skandal-Frames (Peters 1994) die Rede. Gamson / Modigliani (1987) sprechen wiederum von *„Packages"* als Argumentationslinien in kontroversen thematischen Diskursen z.B. bezüglich der Kernenergie. – Der Frame-Begriff wird folglich sehr unterschiedlich gebraucht. Es handelt sich jedoch meist um Tiefenstrukturen, die Texten unterliegen, bzw. Modelle, die zur Analyse von (Medien-) Texten formuliert werden (vgl. Bonfadelli 2002).

Empirische Umsetzung. Experimentell wird das Schema-Konzept bspw. in der Psychologie oder Linguistik mit mehrdeutigem Material nachgewiesen: „Peter rief den Kellner. Nachdem er gekommen war, bestellte er ein Glas Milch." – Obwohl der Satz grammatikalisch mehrdeutig ist, wird er doch von den meisten Menschen eindeutig so verstanden, dass Peter und nicht der Kellner das Glas Milch bestellt. Erklärt wird dies nun durch den Rückgriff auf das Schema-Konzept: Die meisten Menschen haben eine Vorstellung davon, was in einem Restaurant wie abläuft – „Restaurant-Schema" – und verstehen den Satz durch Anwendung dieses Schemas.

Kritik. Bemängelt wird vorab die *variable* und *uneindeutige* Verwendung des Frame- bzw. Schema-Konzepts, das eine empirische Überprüfung erschwere. Unklar bleibt in der angewandten Forschung zudem oft, welche empirischen Kriterien überhaupt gegeben sein müssen, so dass von einem Frame bzw. Schema gesprochen werden kann. Kritisch gefragt wird auch, bspw. von Kuklinski / Luskin / Bolland (1991), wieviel das Schema-Konzept tatsächlich zum Verstehen von politischem Verhalten beitrage. Sie behaupten ferner, dass das Frame-Konzept im Prinzip über das Konzept der Einstellung nicht hinausgehe.

Abb. 40: Empirische Anwendungen der Schema-Theorie (nach Scheufele 1999)

Frage-stellungen	Frames als ...	
	unabhängige Variable	abhängige Variable
Media-Frames	Wie beeinflussen Media-Frames die Person-Frames, Einstellungen und Verhalten von Rezipienten?	Inwiefern sind Media-Frames das Resultat von professionellen journalistischen Routinen?
Person-Frames	Wie beeinflussen z.B. Person-Frames die Motivation, sich an sozialen Bewegungen zu beteiligen?	Inwiefern ist z.B. die Attribuierung von Verantwortung beeinflusst durch spezifische Media-Frames?

Alle kognitiven Ansätze, die sich auf das Konzept „Schema" bzw. „Frame" berufen, gehen davon aus, dass Rezipienten im Rezeptionsprozess aktiv sind, indem sie den Medienaussagen aufgrund der bei ihnen vorhandenen kognitiven Strukturen – Person-Frames – Bedeutung zuweisen. Schemata organisieren also äußere Eindrücke als unabhängige Faktoren (vgl. Abb. 40), sie entwickeln sich aber umgekehrt auch wieder als abhängige Variablen in Auseinandersetzung mit den Media-Frames der (Medien-)Umwelt und werden durch äußere Eindrücke modifiziert. Der Selektionsprozess der Rezipienten wird also im Gegensatz zu den klassischen Ansätzen nicht nur negativ als selektives Vermeiden, sondern positiv als Prozess der aktiven Sinnkonstruktion gesehen.

In der Medienwirkungsforschung wird die Schema-Theorie vor allem zur Analyse der Informationsverarbeitung von politischer Kommunikation angewendet. Gefragt wird bspw., wie Person-Frames sich im Rezeptionsprozess äußern (u.a. Graber 1984; Iyengar / Simon 1993; Gamson 1996; Just / Cringler / Neuman 1996), wobei dies oft im Rahmen von *qualitativen Studien* geschieht.

Beispiel 1: Politische Information. In der Rezeptionsforschung hat Doris Graber (1984) das Frame-Konzept zur Analyse der *Nachrichtenrezeption* von 21 Personen angewendet, die sie länger als ein Jahr mittels einer Vielzahl von Interviews untersucht hat. Nach ihr haben Schemata folgende *Funktionen:* 1) Sie bestimmen, *welche* Informationen innerhalb einer Meldung aufgenommen und weiterverarbeitet werden. 2) Sie helfen, neue Informationen der Medienberichterstattung zu *bewerten* und in vorhandenes Wissen zu *integrieren*. 3) Sie ermöglichen es, über bereitgestellte Informationen hinaus *Inferenzen* zu ziehen und Info-Lücken zu schließen. 4) Sie tragen aber auch dazu bei, Konfliktsituationen zu lösen, indem sie Szenarien und mögliche *Problemlösungen* bereitstellen.

Nach Graber erklärt die Schema-Theorie, wieso Rezipienten in der Nachrich-
tenerinnerung im Allgemeinen schlecht abschneiden, eben weil sie die Flut der
Information auf grundlegende regelhafte Bedeutungen hin reduzieren, wobei
nahezu alle Details vergessen werden. Es bleibt allerdings unklar, wie sie ihre
Schema-Typen – „Cause and Effects" - Schema, „Person" - Schema, „Institu-
tion" - Schema,   „Cultural Norms" - Schema,   „Human Interest & Empathy"-
Schema – herleitet. So bleibt bspw. offen, welche Schemata bei Rezipienten
existieren und wie ihr Bezug speziell zu den Nachrichten-Schemata der JournalistInnen ist.

**Beispiel 2: Kognitive und affektive Dimensionen in der Politikkonstruk-
tion.** Just / Cringler / Neuman (1996) untersuchten mittels qualitativer Leitfa-
den-Interviews, wie 28 Erwachsene über vier politische Themen dachten: SDI,
Apartheid, Drogenmissbrauch, AIDS. Gefragt wurde u.a.: 1) Wie würden die
Befragten diese kontroversen Themen jemandem anderen erklären und welche
Bilder werden mit den Themen assoziiert. 2) Welche Gefühle evozieren die
Themen? 3) Wie erfuhr man von den Themen? 4) Wie berichten die Medien
über das Thema? 5) Als wie wichtig wird das Thema persönlich und für das
ganze Land erachtet? – In der Auswertung äußerten sich nach den Autoren eine
kleine Zahl identifizierbarer Frames: 1) Der sog. *„Human Impact Frame"* be-
trifft den Sachverhalt, dass etwa die Hälfte der Befragten das gewählte Thema
hinsichtlich seiner Wirkungen auf andere Menschen diskutierten, wobei dies
oft emotionsgeladen geschah. 2) Auch etwa die Hälfte der Befragten benützte
das sog. *„Economic Frame"*, indem Äußerungen hinsichtlich Kosten von politischen Programmen gemacht wurden, auf ein Profitmotiv hingewiesen wurde
oder das Thema auf die Wirtschaft der USA bzw. der ganzen Welt bezogen
wurde. 3) Das *„Us-Them Frame"* bezieht sich auf den Sachverhalt, dass
Politik meist als polarisiert erlebt wird. 4) Schließlich bezieht sich das „Control
Frame" darauf, ob man sich in Bezug auf das gewählte Thema als hilflos und
ohnmächtig fühlt oder ob Kontrollmöglichkeiten wahrgenommen werden.

Beispiel 3: Exemplifikation. Zillmann / Brosius (2000: 34ff.) gehen davon
aus, dass in der Medienberichterstattung immer wieder typische Fälle als beispielhaft herausgestellt werden. Man kann derartige Fälle auch als Schemata
interpretieren. Im Alltagshandeln können solche konkreten Fälle, wegen ihrer
guten kognitiven Zugänglichkeit, als Heuristiken in Entscheidungssituationen
dienen: siehe auch Priming-Effekt (Kap. 7.1). Evidenzen aufgrund von Laborexperimenten weisen in diese Richtung.

Fazit. Wegen seiner breiten Anwendbarkeit, nicht zuletzt auch in qualitativen
Studien, ist die Schema- / Frame-Perspektive in der Kommunikationswissenschaft zurzeit populär, wird allerdings auch kontrovers diskutiert. In vielen Be-

reichen besteht noch große Unklarheit. Offen ist etwa die Frage, inwiefern einerseits beim Rezipienten vorab bestehende Frames im Sinne von selektiver Wahrnehmung und Interpretation die Rezeption neuer Medienbotschaften bestimmen, oder andererseits den Medienbotschaften unterliegende Frames den Rezeptionsprozess beim Rezipienten zu determinieren vermögen.

Literatur

Einstellungen

Allport, Gordon W. (1935): Attitudes. In: Murchison, C.M. (Hg.): Handbook of Social Psychology. Worcester, MA, S. 792-844.

Benninghaus, H. (1973): Soziale Einstellungen und soziales Verhalten. In: Albrecht, G. / Daheim, H. / Sack, F. (Hg.): Soziologie. Opladen, S. 671-707.

Bente, Gary u.a. (1992): Fernsehen und Emotion. Neue Perspektiven der psychophysiologischen Wirkungsforschung. In: Medienpsychologie, 4(3), S. 186-204.

Bierbrauer, G. (1976): Attitüden: Latente Strukturen oder Interaktionskonzepte. In: Zeitschrift für Soziologie, 5(1), S. 4-16.

Cialdini, Robert B. / Petty, Richard E. / Cacioppo, John T. (1981): Attitude and Attitude Change. In: American Review of Psychology, S. 357-404.

Dillard, James P. (1993): Persuasion Past and Present: Attitudes Aren't What They Used to Be. In: Communication Monographs, 60, S. 90-97.

Eagly, Alice H. (1992): Uneven Progress: Social Psychology and the Study of Attitudes. In: Journal of Personality and Social Psychology, 63(5), S. 693-710.

Eagly, Alice H. / Chaiken, Shelly (1993): The Psychology of Attitudes. San Diego, CA / Ford Worth, TX.

Flick, Uwe (Hg.) (1995): Psychologie des Sozialen. Repräsentationen in Wissen und Sprache. Reinbek bei Hamburg.

Insko, Chester A. (1967): Theories of Attitude Change. New York.

Leyens, Jacques Philippe / Dardenne, Benoit (1996): Soziale Kognition: Ansätze und Grundbegriffe. In: Stroebe, Wolfgang / Hewstone, Miles / Stephenson, Geoffrey (Hg.): Sozialpsychologie. Eine Einführung. Berlin etc., S. 115-141.

Lilli, Waldemar / Frey, Dieter (1993): Die Hypothesentheorie der sozialen

Wahrnehmung. In: Frey, Dieter / Irle, Martin (Hg.): Theorien der Sozialpsychologie. Band I: Kognitive Theorien. Bern etc., S. 49-78.

McGuire, William J. (1985): Attitudes and Attitude Change. In: Lindzey, G. /
Aronson, E. (Hg.): Handbook of Social Psychology, Vol. 2. New York, S.
233-346.

Ostrom, Thomas u.a. (1994): Attitude Scales: How We Measure the Unmeasu-
rable. In: Shavitt, Sharon / Brock, Timothy (Hg.): Persuasion. Psychological Insights and Perspectives. Boston etc., S. 15-42.

Olson, J.M. / Zanna, Mark P. (1993): Attitudes and Attitude Change. In: Annual Review of Psychology, 44, S. 117-154.

Petty, R. / Cacioppo, J.T. (1981): Attitudes and Persuasion: Classic and Con-
temporary Approaches. Dubuque, Iowa.

Rosenberg, Milton J. / Hovland, Janis C. (1960): Cognitive, Affective and Behavioral Components of Attitudes. In: Hovland, Janis C. / Rosenberg, Milton J. (Hg.): Attitude Organization and Change: An Analysis of Consistency Among Attitude Components. New Haven, CT, S. 1-14.

Six, Bernd / Schäfer, Bernd (1985): Einstellungsänderung. Stuttgart etc.

Six, Ulrike (1982): Einstellungen und Vorurteile. In: Kagelmann, H.J. / Wen-
ninger, G. (Hg.): Medienpsychologie. München, S. 18-25.

Stahlberg, Dagmar / Frey, Dieter (1996): Einstellungen: Struktur, Messung und
Funktion. In: Stroebe, Wolfgang / Hewstone, Miles / Stephenson, Geoffrey
(Hg.): Sozialpsychologie. Eine Einführung. Berlin etc., S. 219-252.

Stroebe, Wolfgang / Jonas, Klaus (1996): Grundsätze des Einstellungserwerbs
und Strategien der Einstellungsänderung. In: Stroebe, Wolfgang / Hewstone, Miles / Stephenson, Geoffrey (Hg.): Sozialpsychologie. Eine Einführung. Berlin etc., S. 253-289.

Thomas, W.I. / Znaniecki, F. (1918): The Polish Peasant in Europe and America. Boston.

Triandis, Harry C. (1975): Einstellungen und Einstellungsänderungen. Weinheim / Basel.

Einstellungen und Verhalten

Fazio, Russell (1986): How Do Attitudes Guide Behavior? In: Sorrentino, R.M.
/ Higgins, E.T. (Hg.): Handbook of Motivation and Cognition. New York /
London, S. 204-243.

Frey, Dieter / Stahlberg, Dagmar / Gollwitzer, Peter (1993): Einstellung und
Verhalten: Die Theorie des überlegten Handelns und die Theorie des ge-
planten Verhaltens. In: Frey, Dieter / Irle, Martin (Hg.): Theorien der Sozialpsychologie. Band I: Kognitive Theorien. Bern etc., S. 327-359.

Kim, Min-Sun / Hunter, John E. (1993): Attitude-Behavior Relations: A Meta-Analysis of Attitudinal Relevance and Topic. In: Journal of Communication, 43(1), S. 101-142.

Six, Bernd (1975): Die Relation von Einstellung und Verhalten. In: Zeitschrift für Sozialpsychologie, 6, S. 270-296.

Zanna, Mark P. / Fazio, Russell H. (1982): The Attitude-Behavior Relation: Moving Toward a Third Generation of Research. In: Zanna, Mark P. / Higgins, E.T. / Herman, C.P. (Hg.): Consistency in Social Behavior. The Ontario Symposium. Vol. 2. Hillsdale, N.J., S. 283-301.

Einstellungen und Informationsverarbeitung

Cotton, J.L. (1985): Cognitive Dissonance in Selective Exposure. In: Zillmann, Dolf / Bryant, Jennings (Hg.): Selective Exposure to Communication. Hillsdale, N.J., S. 11-33.

Donsbach, Wolfgang (1992): Die Selektivität der Rezipienten: Faktoren, die die Zuwendung zu Zeitungsinhalten beeinflussen. In: Schulz, Winfried (Hg.): Medienwirkungen. Weinheim, S. 25-70.

Donsbach, Wolfgang (1989): Selektive Zuwendung zu Medieninhalten. Einflussfaktoren auf die Auswahlentscheidungen der Rezipienten. In: Kaase, Max / Schulz, Winfried (Hg.): Massenkommunikation. Theorien, Methoden, Befunde. Opladen, S. 392-403.

Frey, Dieter (1986): Recent Research on Selective Exposure to Information. In: Berkowitz, Leonard (Hg.): Advances in Experimental Social Psychology. Bd. 19. New York, S. 41-80.

Noelle-Neumann, Elisabeth / Schulz, Winfried / Wilke, Jürgen (Hg.) (1994): Fischer Lexikon Publizistik Massenkommunikation. Frankfurt etc.

Sears, D.O. / Freedman, J.L. (1967): Selective Exposure to Communication: A Critical Review. Public Opinion Quarterly, 31, S. 194-213.

Instrumentelle Lerntheorie

Hovland, Carl I. / Lumsdaine, A. / Sheffield, F. (1949): Experiments in Mass Communication. Princeton UP.

Hovland, Carl I. / Janis, I.L. / Kelley, H.H. (1953): Communication and Persuasion. Yale UP: New Haven.

Hovland, Carl I. / Janis, I.L. (1970): An Overview of Persuability Research. In: Sereno, K.K. / Mortensen, C.D. (Hg.): Foundations of Communication Theory. New York, S. 225ff.

Hovland, Carl I. u.a. (1957): The Order of Presentation in Persuasion. Yale UP: New Haven.

Janis, I.L. / Hovland, C.I. (1959): Personality and Persuability. Yale UP: New Haven.

Klapper, Joseph T. (1960): The Effects of Mass Communication. New York.

Klapper, Joseph T. (1973): Massenkommunikation – Einstellungskonstanz – Einstellungsänderung. In: Aufermann, J. u.a. (Hg.): Gesellschaftliche Kommunikation und Information. Frankfurt a.M., S. 49-63.

Maccoby, Nathan (1973): Die neue „wissenschaftliche Rhetorik". In: Schramm, Wilbur (Hg.): Grundfragen der Massenkommunikation. München, S. 55-70. Auch in: Burkart, Roland (Hg.) (1987): Wirkungen der Massenkommunikation. Wien, S. 8-22.

Konsistenztheorien

Abelson, R.P. u.a. (1971): Theories of Cognitive Consistency: A Sourcebook. Chicago.

Ajzen, Icek (2001): Nature and Operation of Attitudes. In: Annual Review of Psychology, 52, S. 27-58.

Cranach, Mario von / Irle, Martin / Vetter, Hermann (1973): Zur Analyse des Bumerang Effekts. Größe und Richtung der Änderung sozialer Einstellungen als Funktion ihrer Verankerung in Wertsystemen. In: Irle, Martin (Hg.) Texte aus der experimentellen Sozialpsychologie. Neuwied / Darmstadt, S. 343-377.

Festinger, Leon (1978 / 1957[1]): Theorie der kognitiven Dissonanz. Bern.

Festinger, Leon (1964): Die Lehre von der kognitiven Dissonanz. In: Schramm, Wilbur (Hg.): Grundfragen der Kommunikationsforschung. München.

Festinger, Leon: Carlsmith, James M. (1973): Kognitive Folgen erzwungener Zustimmung. In: Irle, Martin (Hg.) Texte aus der experimentellen Sozialpsychologie. Neuwied / Darmstadt, S. 325-342. Engl.: Cognitive Consequences of Forced Compliance. In: Journal of Abnormal Social Psychology, 58, 1959, S. 203-210.

Frey, Dieter / Gaska, Anne (1993): Die Theorie der kognitiven Dissonanz. In: Frey, Dieter / Irle, Martin (Hg.): Theorien der Sozialpsychologie. Band I: Kognitive Theorien. Bern etc., S. 275-326.

Frey, Dieter / Irle, Martin (Hg.) (1993): Theorien der Sozialpsychologie. Band I: Kognitive Theorien. Bern / Göttingen / Toronto / Seattle.

Halff, Gregor (1998): Die Malaise der Medienwirkungsforschung: Transklassische Wirkungen und klassische Forschung. Opladen.

Heider, Fritz (1958): The Psychology of Interpersonal Relations. New York.

McGuire, William (1964): Inducing Resistance to Persuasion. In: Berkowitz, Leonard (Hg.): Advances in Experimental and Social Psychology, 1, , S. 191-229.

Mosler, Hans-Joachim / Ammann, Florin / Gutscher, Heinz (1998): Simulation des Elaboration Likelihood Model (ELM): Ein Beispiel zur Entwicklung und Analyse von Umweltinterventionen. In: Zeitschrift für Sozialpsychologie, 29(1), S. 20-37.

Osgood, Charles / Tannenbaum, Percy (1955): The Principle of Congruity in the Prediction of Attitude Change. In: Psychological Review, 62, S. 42-55.

Petersen, Lars-Eric / Doll, Jörg / Jürgensen, Silke (1997): Systematische und heuristische Informationsverarbeitung beim Betrachten einer Infotainment-sendung. In: Medienpsychologie, 9, S. 24-40.

Petty, Richard / Ostrom, Thomas / Brock, Timothy (Hg.) (1981): Cognitive Responses in Persuasion. Hillsdale N.J.

Petty, Richard / Cacioppo, J.T. (1986a): The Elaboration Likelihood Model of Persuasion. In: Berkowitz, Leonard (Hg.): Advances in Experimental Social Psychology. New York, S. 123-205.

Petty, Richard / Cacioppo, J.T. (1986b): Communication and Persuasion. Central and Peripheral Routes to Attitude Change. New York.

Petty, Richard u.a. (1994): To Think or not to Think: Exploring Two Routes to Persuasion. In: Shavitt, Sharon / Brock, Timothy C. (Hg.): Persuasion. Psychological Insights and Perspectives. New York, S. 113-147.

Petty, Richard / Priester, Joseph (1994): Mass Media and Attitude Change: Implications of the Elaboration Likelihood Model of Persuasion. In: Bryant, J. / Zillmann, D. (Hg.): Media Effects. Hillsdale, S. 91-122.

Petty, Richard u.a. (1993): Conceptual and Methodological Issues in the Elaboration Likelihood Model of Persuasion: A Reply to the Michigan State Critics. In: Communication Theory, 3(4), S. 336-362.

Petty, Richard / Wegener, Duane / Fabrigar, Leandre (1997): Attitude and Attitude Change. In: Annual Review of Psychology, 48, S. 609-647.

Pfau, Michael (1998): The Inoculation Model of Resistance to Influence. In: Barnett, George A. / Boster, Franklin J.: Progress in Communication Sciences: Advances in Persuasion. Vol. 13. Greenwich, Connecticut, S. 133-171.

Rosenberg, Milton (1973): Attitüdenbezogener Affekt und kognitive Struktur. In: Irle, M. (Hg.): Texte aus der experimentellen Sozialpsychologie. Neuwied / Darmstadt, S. 311-324. Engl.: Cognitive Structure and Attitudinal Affect. In: J. of abn. soc. Psych., 53, 1956, S. 367-372.

Schmidtchen, Gerhard (1974): Lesekultur in Deutschland 1974. In: Archiv für Soziologie und Wirtschaftsfragen des Buchhandels, XXX, S. 707-896.

Stahlberg, Dagmar / Frey, Dieter (1993): Das Elaboration-Likelihood-Modell von Petty und Cacioppo. In: Frey, D. / Irle, M. (Hg.): Theorien der Sozialpsychologie. Band I: Kognitive Theorien. Bern etc., S. 327-359.

Wicklund, R.A. / Brehm, J.W. (1976): Perspectives on Cognitive Dissonance. Hillsdale N.J.

Wood, Wendy (2000): Attitude Change: Persuasion and Social Influence. In: Annual Review of Psychology, 51, S. 539-570.

Attributionstheorie

Eagly, A.H. / Wood, W. / Chaiken, S. (1978): Causal Inferences about Communicators and their Effects on Opinion Change. In: Journal of Personality and Social Psychology, 36, S. 424-435.

Försterling, Friedrich (2000): Wahlen aus der Perspektive der Attributionstheorie: Forschungsergebnisse, Versuchspläne und Analyseperspektiven. In: Bohrmann, Hans u.a. (Hg.): Wahlen und Politikvermittlung durch Massenmedien. Wiesbaden, S. 91-104.

Kelley, H.H. / Michela, J.L. (1980): Attribution Theory and Research. In: Ann. Review of Psychology, 31, S. 457-501.

Melischek, Gabriele / Seethaler, Josef (2003): Erfolg und Misserfolg als Dimension der Politikvermittlung. Ein attributionstheoretisches Modell. In: Donsbach, Wolfgang / Jandura, Olaf (Hg.): Chancen und Gefahren der Mediendemokratie. Konstanz, 161-173.

Meyer, Wolf Uwe / Försterling, Friedrich (1993): Die Attributionstheorie. In: Frey, Dieter / Irle, Martin (Hg.): Theorien der Sozialpsychologie. Band I: Kognitive Theorien. Bern etc., S.175-214.

Seibold, D.R. / Spitzberg, B.H. (1982): Attribution Theory and Research: Review and Implications for Communication. In: Dervin, B. / Voigt, M.J. (Hg.): Progress in Communication Sciences III. Norwood, N.J., S. 85-125.

Staab, Joachim Friedrich (1992): Ausstrahlungseffekte von Beiträgen in Fernsehnachrichten. Zur Ursachenattribution bei der Rezeption politischer Medieninhalte. In: Rundfunk und Fernsehen, 40(4), S. 544-556.

Stiehler, Hans-Jörg / Marr, Mirko (1994): „Totgesagte leben länger". Erklärungsmuster der Medien und des Publikums zum Abschneiden der PDS bei den Kommunal- und Europawahlen in Leipzig 1994. In: Holtz-Bacha, Christina / Kaid, Lynda Lee (Hg.): Wahlen und Wahlkampf in den Medien. Untersuchungen aus dem Wahljahr 1994. Opladen, S. 119-149.

Vitouch, Peter (1981): Vielseher und Attribution. In: Fernsehen und Bildung, 15, S. 160-167.

Sozial-kognitive Lerntheorie

Bandura, Albert (1978): Social Learning Theory of Aggression. In: Journal of Communication, 28, S. 12-29.

Bandura, Albert (1979): Die sozial-kognitive Lerntheorie. Stuttgart.

Bandura, Albert (1986): Social Foundations of Thought and Action. Englewood Cliffs.

Bandura, Albert (1989): Die sozial-kognitive Theorie der Massenkommunikation. In: Groebel, Jo / Winterhoff-Spurk, Peter (Hg.): Empirische Medienpsychologie. München, S. 7-32.

Bandura, Albert (2002): Die Sozial-Kognitive Theorie der Massenkommunikation. In: Schorr, Angela (Hg.): Publikums- und Wirkungsforschung. Ein Reader. Wiesbaden, S. 153-180.

Bandura, Albert (2002): Social Cognitive Theory of Mass Communication. In: Bryant, J. / Zillmann, D. (Hg.): Media Effects. Hillsdale, N.J., S. 121-153.

Bruner, Jerome S. / Olson, David R. (1973): Learning Through Experience and Learning Through Media. In: Gerbner, George / Gross, Larry / Melody, William (Hg.): Communication Technology and Social Policy. New York / London, S. 209-227.

Kunczik, Michael (1981): Die Theorie des Lernens durch Beobachtung: Ein Beitrag zur Analyse massenmedialer Wirkungen? In: Communications, 7(1), S. 47-56.

Leifer, Aimee Dorr (1975): Untersuchungen über die Sozialisationseinflüsse des Fernsehens in den USA. In: Fernsehen und Bildung, 9, S. 111-142.

McAlister, Alfred (1987): Social Learning Theory and Preventive Behavior. In: Weinstein, Neil (Hg.): Taking Care. Understanding and Encouraging Self-Protective Behavior. Cambridge, S. 42-53.

Strohner, Hans (1995): Kognitive Systeme. Kap. „Kognitive Lernprozesse". Opladen, S. 191-206.

Schema-Theorie

Bonfadelli, Heinz (2002): Medieninhaltsforschung. Kap. „Frame-Theorie". Konstanz.

Brosius, Hans-Bernd (1991): Schema-Theorie: ein Ansatz in der Wirkungsforschung? In: Publizistik, 36(3), S. 285-297.

Eko, Lyombe (1999): Framing and Priming Effects. In: Stone, Gerald / Singletary, Michael / Richmond, Virginia (Hg.): Clarifying Communication Theories. A Hands-On Approach. Iowa State UP: Ames, S. 276-288.

Gamson, William A. (1996): Media Discourse as a Framing Resource. In:

Cringler, Ann N. (Hg.): The Psychology of Political Communication. Ann Arbor, S. 111-132.

Goffman, Erving (1980): Rahmen-Analyse. Ein Versuch über die Organisation von Alltagserfahrungen. Frankfurt a.M.

Graber, Doris (1984): Processing the News. How People Tame the Information Tide. New York.

Graber, Doris A. (1989): An Information Processing Approach to Public Opinion. In: Dervin, B. u.a. (Hg.) Rethinking Communication. Vol. 2. Newbury Park / London / New Delhi, S. 102-116.

Iyengar, Shanto / Simon, Adam (1993): News Coverage of the Gulf Crisis and Public Opinion. A Study of Agenda-Setting, Priming, and Framing. In: Communication Research, 20(3), S. 365-383.

Just, Marion R. / Cringler, Ann N. / Neuman, Russell (1996): Cognitive and Affective Dimensions of Political Conceptualization. In: Cringler, Ann N. (Hg.): The Psychology of Political Communication. Ann Arbor, S. 133-147

Kahneman, Daniel / Tversky, Amos (1984): Choices, Values, and Frames. In: American Psychologist, 39(4), S. 341-350.

Kuklinski, James H. / Luskin, Robert C. / Bolland, John (1991): Where Is the Schema? Going Beyond the „S" Word in Political Psychology. In: Am. Political Science Review, 85(4), S. 1341-1356.

Price, Vincent / Tewksbury, David (1998): News Values and Public Opinion: A Theoretical Account of Media Priming and Framing. In: Barnett, George A. / Boster, Franklin J. (Hg.): Progress in Communication Sciences: Advances in Persuasion. Vol. 13. Greenwich, Con. / London, S. 173-212.

Reese, Stephen D. / Gandy, Ocar H. / Grant, August E. (Hg.) (2001): Framing Public Life. Perspectives on Media and Our Understanding of the Social World. Mahwah, New Jersey.

Rumelhart, Donald E. (1980): Schemata. The Building Blocks of Cognition. In: Spiro, R.J. / Bruce, B.C. / Brewer, W.F. (Hg.): Theoretical Issues in Reading Comprehension. Hillsdale N.J.

Scheufele, Dietram (1999): Framing as a Theory of Media Effects. In: Journal of Communication, 49(1), S. 103-122.

Wicks, Robert (1992): Schema Theory and Measurement in Mass Communication Research: Theoretical and Methodological Issues in News Information Processing. In: Communication Yearbook 15, Newbury Park, S. 115-145.

Wicks, Robert (2001): Understanding Audiences. Learning to Use the Media Constructively. Kap. "Framing Media Information". Mahwah, N.J., S. 75-95.

Zillmann, Dolf (2002[2]): Exemplification Theory of Media Influence. In: Bryant, Jennings / Zillmann, Dolf (Hg.): Media effects. Advances in Theory and Research. Mahwah, N.J., 19-41.

Zillmann, Dolf / Brosius, Hans-Bernd (1991): Exemplification in Communication. The Influence of Case Reports on the Perceptions of Issues. Mahwah, N.J.

4. Klassische Wirkungsforschung: Soziologische Ansätze

Während für die sozialpsychologischen Ansätze der klassischen Wirkungsforschung die personenbezogenen Konzepte „Einstellung" und „kognitive Struktur" für die Erklärung von Mediennutzung und Medienwirkungen zentral sind, basieren die soziologischen Ansätze auf dem *Konzept der „sozialen Gruppe"*.

4.1 Two-Step-Flow Theorie der Medienwirkung

Untersuchungen zu Problemen der Gruppenpsychologie und zum Verhalten von Personen in Organisationen in den 40er und 50er Jahren erschütterten die lerntheoretische Konzeption vom Menschen, der seine Einstellungen nur aufgrund rationaler Einsicht oder erhofften Gratifikationen ändert.

Auf die Massenkommunikation bezogen werden kommunikationsspezifische Momente relevant, denen in der am Experiment orientierten Yale-Tradition zu wenig Aufmerksamkeit geschenkt worden war. In Frage gestellt und als untersuchenswert gesehen werden Annahmen, dass a) Medien so gut wie alle Rezipienten erreichen; b) dass diese auch bereit sind, die Botschaften aufzunehmen; c) dass die Botschaften einen direkten und hinreichenden Grund zur Meinungsänderung darstellen; d) und dass die Rezipienten schließlich auch den Botschaften entsprechend handeln (Renckstorf 1970).

Kommunikationsinhalte und isoliert angesetzte Einzelrezipienten haben offenbar geringere Erklärungskraft, als bis dahin angenommen worden war. Neben der theoretischen Ausweitung des S-R-Modells auf kognitive Phänomene, wie sie in den Konsistenztheorien vollzogen worden ist, kommt der *sozialen Verankerung des Rezipienten* bezüglich der Erklärung von Medienwirkungen ebenfalls eine wichtige Bedeutung zu: Menschen sind in einer soziologischen Perspektive als soziale Wesen darauf angewiesen, ihre Orientierungen und Verhaltensweisen mit anderen zu vergleichen, zu bewerten und darauf abzustimmen: *sozialer Vergleich, Konformitätsdruck* und *Anerkennungsbedürfnis*.

Der Mensch ist ein soziales Wesen und orientiert sein Verhalten an *sozialen Normen, sozialen Bezugsgruppen* und sozial geprägten Vorstellungen darüber, was „richtiges" Verhalten in bestimmten sozialen Situationen ist. Informelle, nichtrationale Prozesse müssen bei der Erklärung des Einflusses der Massenmedien mitberücksichtigt werden. Einstellungs- und Meinungsänderungen dürfen darum nicht nur als direktes Einwirken oder allenfalls rein individualpsychologisches Geschehen verstanden werden; sie sind vielmehr durch das *Netz sozialer Beziehungen* vermittelt, in denen der Einzelne als Gruppenmitglied verankert ist. Die in den sozialen Kontexten ablaufenden Vergleichs- und Konformitätsprozesse mediatisieren und schränken dabei den Medieneinfluss erheblich ein. Dabei kommt dem Zusammenspiel von interpersonaler Kommunikation und Massenkommunikation besonders wichtige Bedeutung zu.

Fragestellungen sind: Welche sozialen Funktionen erfüllen Kommunikation und Information in sozialen Systemen? Welche Beziehungen bestehen zwischen interpersonaler und medienvermittelter Kommunikation (Müller 1970; Luthe 1973: 194f.; Renckstorf 1970; Eisenstein 1994)?

4.1.1 Die Wahlstudien (Lazarsfeld und Mitarbeiter)

Die Kritik am Konzept der direkten einseitigen Wirkung der Massenmedien eröffnete eine 1940 während der Präsidentschaftswahlen in den USA – Roosevelt gegen Willkie – in *Erie-County*, Ohio, während sieben Monaten durchgeführte *Panelstudie* bei ca. 600 Personen: Die dort gewonnenen Erkenntnisse führten zur Postulierung des „Zwei-*Stufen-Flusses der Medienwirkung*" und zur Formulierung des Konzepts „Meinungsführer" – engl.: opinion leader. Weiter differenziert wurden diese neuen Ideen dann 1954 in der sog. *Elmira Studie* und 1955 in der *Decatur Studie*. Als Folge dieser Befunde wurden bis in die späten 70er Jahre hinein in den Wahlstudien der Michigan University die Medien kaum mehr berücksichtigt (Chaffee / Hochheimer 1983; Langenbucher 1990; Schönbach 1998).

Die in der *Erie-County Studie* verwendete *Panel-Methode* erlaubte es, die Veränderungen in der Wahlabsicht bei einer Person über einen längeren Zeitraum hinweg zu beobachten. Als wichtigster Befund ergab sich, dass zwischen Mai und Oktober die *Wahlabsichten sehr beständig* blieben. Eigentliche Einstellungsänderungen zeigten sich nur bei rund 10% aller Personen. Offenbar hatte der Wahlkampf bei der Mehrzahl der Wähler vorab zur *Bestärkung schon bestehender politischer Prädispositionen* geführt: 77% sagten, dass schon die Eltern bzw. Grosseltern die gleiche Partei gewählt hatten.

Abb. 41: Medienwirkungen im Wahlkampf nach der Erie-County Studie			
Wahlabsicht im Mai:	Wahlabsicht im Oktober:		insg. im Mai
	konsistent zu Prädisposition	dissonant zu Prädisposition	unschlüssig	
konsistent mit Prädisposition	Verstärkung 36%	Änderung 2%	partielle Änderung 3%	41%
dissonant mit Prädisposition	doppelte Änderung 3%	Verstärkung 17%	partielle Änderung 3%	23%
unschlüssig	Aktivierung 14%	Änderung 6%	keine Wirkung 16%	36%
insg. Oktober	53%	25%	22%	100%

Für die Erklärung des Wahlverhaltens sind somit *politische Prädispositionen* der BürgerInnen (Stadt vs. Land, arm vs. wohlhabend, katholisch vs. protestantisch) wichtiger als die Mediennutzung und damit induzierte Wirkungen. – Wieso das Wirkungspotential der Massenkommunikation offenbar gering ist, erklären Lazarsfeld / Berelson / Gaudet (1969) folgendermaßen:

1. Die *Stabilität der Einstellungen* als Wahlabsicht wurde durch einen sog. *„Schutzschild"* ermöglicht: Wähler setzen sich nur derjenigen Propaganda aus, mit der sie sowieso übereinstimmen.

2. Indem die Wähler ihre Einstellungen stabil halten, sind sie imstande, Konflikte und Uneinigkeiten mit Personen ihrer sozialen Umgebung, welche diese Einstellungen teilen, zu vermeiden.

3. Zugleich *bekräftigen* die Kontakte mit den Mitgliedern der Gruppe die in der Gruppe geteilten Einstellungen.

4. *Änderungen* scheinen nur dort vorzukommen, wo etwa Wähler entgegengesetzten Kräften ausgesetzt sind: engl.: cross pressures.

Auf die *Medien* bezogen – damals erst Zeitungen, Zeitschriften und Radio – kommt das Forschungsteam zu folgenden Schlüssen:

5. Die Funktion der Massenkommunikation besteht nicht in der Änderung von politischen Einstellungen, sondern vielmehr in der Aktivierung der latenten politischen Prädispositionen der Wähler: Propaganda verstärkt das zu Beginn des Wahlkampfs erst schwache Interesse; zunehmendes Interesse führt allmählich zu stärkerer Aufgeschlossenheit; die Aufmerksamkeit ist aber selektiv; mit der Zeit kristallisieren sich dann die Stimmen.

6. Eine weitere Medienleistung ist der *Verstärkereffekt*: Die Funktion der Wahlpropaganda ist weniger die Gewinnung neuer als die Abwanderung von Wählern zu verhindern, die der Partei bereits zugeneigt sind: Wahlpropaganda liefert Argumente für die Parteigänger, die aufgrund selektiver Perzeption die Bestätigung, Orientierung und *Konsolidierung* verstärken.

7. *Interpersonale Kommunikation:* Die Wähler nannten interpersonale Quellen der Information zum Wahlkampf 10% häufiger als die Massenkommunikation. Wechsler erwähnten als Grund der Meinungsänderung ebenfalls interpersonale Quellen häufiger.

8. Lazarsfeld / Berelson / Gaudet folgerten daraus in zeitlicher Hinsicht, ohne dies aber überprüft zu haben: *„Ideas often flow from radio and print to opinion leaders and from them to the less active sections of the population. "*

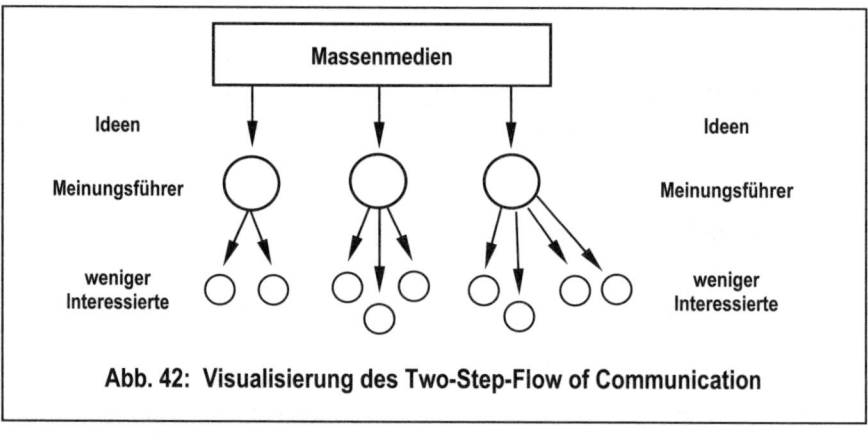

Abb. 42: Visualisierung des Two-Step-Flow of Communication

9. *Meinungsführer* sind Personen, die besonders intensiv am Wahlkampf teilnahmen. Definiert wurden sie aufgrund der Frage: *„Haben Sie neulich versucht, irgend jemanden von Ihren politischen Ideen zu überzeugen?"* Und: *„Hat neulich irgend jemand Sie um Rat über ein politisches Problem gebeten?"* – Total 21% der Wähler wurden als Meinungsführer identifiziert (Katz / Lazarsfeld 1955; Weimann 1991 / 1992; Schenk / Rössler 1997).

10. *Charakteristika der Meinungsführer:* höheres politisches Interesse, kosmopolitische Orientierung, höhere Mediennutzung, höhere Aufmerksamkeit für die Gruppe. Es gibt freilich in jeder sozialen Schicht Meinungsführer, d.h. es handelt sich um horizontale, nicht vertikale Beeinflussung.

Laut Katz (1957) basiert Meinungsführerschaft auf einer Kombination von persönlicher und sozialer Charakteristik: a) „wer man ist" oder die Personifizierung bestimmter Werte; b) „was man weiß" oder die Kompetenz in bestimmten Bereichen; und c) „wen man kennt" oder strategische soziale Platzierung.

4.1.2 Kritik am Zwei-Stufen-Fluss der Kommunikation

Der Kommunikationsforschung hat das Meinungsführerkonzept für die nächsten 25 Jahre äußerst fruchtbare Impulse verliehen (Langenbucher 1990). Weitere Forschungsarbeiten stellten später freilich seine universelle Gültigkeit in Frage Renckstorf 1970; Lin 1977; Noelle-Neumann 1990; Eisenstein 1994): Kritisiert wurde das Konzept unter anderem a) in *konzeptioneller Hinsicht* wegen der Fixierung auf nur zwei Stufen im Kommunikationsprozess; b) bezüglich der Vermischung von *„Information"* und *„Beeinflussung"* sowie c) in *methodischer Hinsicht* bezüglich der Selbsteinschätzung der Meinungsführer.

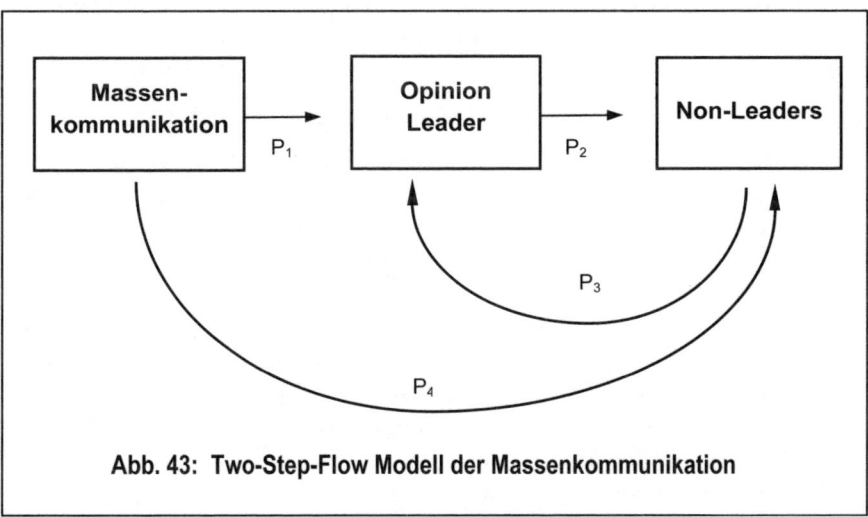

Abb. 43: Two-Step-Flow Modell der Massenkommunikation

Nach Lin (1977) sind nicht alle Hypothesen über den zwei-stufigen Kommunikationsfluss in der Originalstudie überprüft worden. Gezeigt werden konnte nur, dass die sog. *Opinion Leader* etwas häufiger die Medien nutzten ($P_1 > P_4$)

und auch häufiger über die Wahl sprachen. Die OL geben auch an, dass die Massenmedien ihre Entscheidungen stärker beeinflusst hätten als persönliche Beziehungen. Obwohl die Wechsler den persönlichen Einfluss von OL erwähnen (P_2), werden auch Rundfunk und etwas weniger die Zeitungen als Ursache für Meinungsänderungen erwähnt (P_4). Nicht klar ist aber, ob die OL wirklich zeitlich zuerst über die Massenmedien beeinflusst werden. Auch die Frage, ob die OL vor allem die Nicht-Leader, aber die Nicht-Leader nicht umgekehrt auch die OL beeinflussen (P_3), bleibt unbeantwortet (vgl. Abb. 43).

Kritisiert wurde auch die rigide Zweiteilung in *Meinungsführer* und *Gefolgsleute*. Der interpersonale Kommunikationsprozess ist nämlich komplexer, als dies die Zwei-Stufen-Theorie nahelegt. Auf jeden Fall müssen die sogenannten *„Inaktiven"* stärker berücksichtigt werden, die durch interpersonale Quellen kaum, dafür durch die Medien umso stärker beeinflussbar sind. Hinzu kommt, dass zur klassischen Unterteilung nach „Opinion Giver" und „Opinion Receiver" auch das Konzept des *„Opinion Sharing"* untersucht werden muss. Lazarsfeld und seine Mitarbeiter trennen auch nicht zwischen dem Prozess der *Informationsverbreitung* vorab durch die Medien und jenem der *Meinungsbeeinflussung*. – Zusammenfassend muss die Zwei-Stufen-Fluss-Hypothese eher als nachträgliche Erklärung von empirischen Befunden und nicht als Hypothesenbündel, das in der Erie-Studie gezielt überprüft wurde, angesehen werden.

Darum sind folgende *Weiterentwicklungen* dieses Forschungsbereichs relevant:

1. Die Trennung zwischen Informationsfluss und Beeinflussungsprozess und die Frage nach den Beziehungen zwischen Massenmedien und persönlicher Kommunikation im Prozess der Informationsverbreitung führt zur Etablierung der *Diffusionsforschung* (Rosengren 1973 / 1987; Savage 1981; De Fleur 1987; Basil / Brown 1994).

2. Bemängelt wird auch, dass die Wahlkampfforschung den *historischen Kontext* vernachlässigt habe. Mit dem seither stattgefundenen gesellschaftlichen Wandel – Abschwächung der Parteibindung; mehr Wechselwähler – und mit dem Aufkommen des Fernsehens muss heute wieder mehr vom *Modell des starken Medieneinflusses* ausgegangen werden (Noelle-Neumann 1973; Chaffee / Hochheimer 1983).

3. Die Klärung und Differenzierung des „Opinion Leader" - Konzeptes (vgl. Weimann 1991 / 1992; Schenk / Rössler 1997) zeigte, dass die Funktion des Meinungsführers oft auf einzelne Sachbereiche beschränkt bleibt. Der Zwei-Stufen-Fluss weicht darum später der Auffassung eines Netzwerks horizontaler gegenseitiger Beeinflussungen (Rogers 1981; Schenk 1984).

4.2 Diffusions- und Innovationsforschung (Rogers)

Forschungsentwicklung. Die Weiterentwicklung der Zwei-Stufen-Theorie der Massenkommunikation hat zur empirischen Analyse der Verbreitung von Information durch die Massenmedien geführt: Die *Nachrichten-Diffusionsforschung.* Ergänzt wurde dieser Forschungstyp durch die *Innovationsforschung,* wobei hier nicht nur die Aufnahme neuer Information, sondern die Übernahme und Ausübung neuer Ideen, Techniken und Verhaltensweisen analysiert werden. Beispiele sind die Verwendung von neuen Medikamenten durch Ärzte, die Anwendung neuer Ackerbautechniken durch Bauern in der 3. Welt, der Kauf neuer Produkte durch Konsumenten, die Anschaffung neuer Medien wie PC und Internet (Rogers / Adhikarya 1979; Rogers 1983; Rogers / Singhal 1996).

Fragestellungen der Nachrichten-Diffusionsforschung. Im Zentrum steht die Frage, wie sich Nachrichten in einem sozialen System ausbreiten. Damit konzentriert sie sich explizit auf die *Faktoren „Zeit"* einerseits und *„Medien"* andererseits, und zwar im Rahmen einer soziologischen Systemperspektive (DeFleur 1987). Auf der Personenebene geht es um die Frage, wie eine spezifische Nachricht von den Medien bzw. von anderen Personen aufgenommen und ob sie an andere Personen weitergegeben wird. Erste empirische Studien zur Nachrichtendiffusion wurden Mitte der 40er Jahre in den USA durchgeführt, und zwar im Gefolge der Ermordung von Präsident John F. Kennedy mit einem Kulminationspunkt der Forschung in den 60er Jahren (Basil / Brown 1994).

Diffusionsverlauf. Auf der Mikroebene wird zunächst meist abgeklärt, *wann* jemand von einem Ereignis erfahren hat. Dem entspricht auf der Makroebene die Frage: Wie schnell breitet sich eine Neuigkeit bei einer bestimmten Population aus, wobei idealtypischerweise von der für viele Naturprozesse typischen *S-Kurve* bzw. Glocken-Kurve ausgegangen wird: Der Diffusionsprozess verläuft in seiner Anfangsphase zunächst langsam, wird dann immer schneller und verlangsamt sich bis zu seinem Sättigungspunkt hin wieder. Dieser Sättigungspunkt wiederum hängt von der Relevanz des Ereignisses ab.

Mediale vs. interpersonale Kanäle. Neben der Ausgangsfragestellung nach der Diffusionsgeschwindigkeit wird in einem zweiten Schritt nach der *Quelle der Nachricht* gefragt, wobei speziell das Zusammenspiel von medienvermittelter und interpersonaler Kommunikation im Diffusionsprozess genauer abgeklärt wird und als weiterer Faktor der Einfluss unterschiedlich prominenter Ereignisse – engl.: major / minor events – thematisiert wird (Rogers / Shoemaker 1971; Weibull u.a. 1987). Im Vergleich dazu ist wenig untersucht worden, ob und in Abhängigkeit welcher Faktoren Personen aktiv ein Medienereignis, von dem sie gehört haben, an andere weiter kommunizieren (Basil / Brown 1994).

Abb. 44: Diffusionsstudien (Renckstorf, 1970: 177; Basil / Brown 1994: 314; u.a.)

Thema	Jahr	Prozent in 24 Std.	Info-Quellen personal	Info-Quellen medial	Forscher
Roosevelt	1945	> 91%	85%	15%	Miller
Taft	1953	> 50%	26%	74%	Larsen / Hill
Eisenhower I	1956	> 96%	20%	80%	Danielson
Eisenhower II	1957	95%	18%	82%	Deutschmann / Danielson
Explorer I	1958	93%	18%	82%	Deutschmann / Danielson
Alaska	1958	89%	6%	94%	Deutschmann / Danielson
Kennedy	1963	98%	57%	43%	Hill / Bonjean
Chruschtschow	1964	97%	19%	81%	Budd / McLean / Barnes
Jenkins Verhaftung	1964	72%	3%	97%	Budd / McLean / Barnes
Paul IV Enzyklika	1967	35%	2%	98%	Addams / Mullen / Wilson
LBJ' Decision	1968	87%	5%	95%	Allen / Colfax
Palme-Mord	1986	98%	31%	69%	Weibull
Challenger Explosion	1990	>93%	51%	49%	Mayer u.a.
11. September	2001	>95%	23%	77%	Emmer u.a.

Befunde. *1) Veränderungen im Mediensystem*, d.h. insbesondere das Hinzu-kommen des Fernsehens, strukturieren längerfristig die Art und Weise um, wie Mediennutzer zu ihren Nachrichten kommen und welches Medium als erste Info-Quelle fungiert. 2) Entgegen der Zwei-Stufen-Fluss Theorie von Lazars-feld erfahren die meisten Menschen *zuerst via Massenmedien* und nicht via interpersonale Kommunikation von einem Medienereignis. *3) Wichtige Ereig-nisse* diffundieren schneller und erreichen mehr Leute als weniger wichtige. 4) Für Ereignisse von sehr hohem bzw. stark *emotionalem Nachrichtenwert* gilt zudem, dass *interpersonale Kommunikation* zur wichtigsten ersten Informa-tionsquelle wird. 5) Die Quelle der Nachricht – Medien vs. interpersonal – hat keinen Einfluss darauf, ob die Nachricht weitergegeben wird oder nicht; Weitergabe korreliert hingegen mit der persönlichen Wichtigkeit des Themas. 6) Welches Medium im konkreten Fall erste Nachrichtenquelle ist, hängt von der Interaktion zwischen dem Zeitpunkt des Stattfindens des Ereignisses und dem Tagesrhythmus der Bevölkerung ab: Zeitungen können am Morgen, Radio und Gespräche während des Tages und TV am Abend einen Diffusionsvorteil haben (Rosengren 1973; DeFleur 1987; Basil / Brown 1994; Rogers 2000).

Während die Funktion der *Opinion Leader* im Diffusionsprozess heute meist unwesentlich zu sein scheint, spielen sie jedoch im Persuasionsprozess eine größere Rolle, indem sie dort als *Innovatoren* und frühe Übernehmer persönli-chen sozialen Einfluss auszuüben vermögen:

Innovationsprozess. Im Unterschied zur bloßen Informationsverbreitung wird in der Innovationsforschung darüberhinaus untersucht, welche Faktoren die Übernahme einer Innovation beeinflussen, wobei von vier Teilprozessen ausgegangen wird (Rogers 1971 / 1983; Rogers / Adhikarya 1979; Rogers / Singhal 1996): a) Wissen, b) Persuasion, c) Entscheidung und d) Bestätigung.

Die empirische Forschung zeigt, dass Massenmedien als Kanäle in den ersten beiden Phasen „Wecken von Aufmerksamkeit" und „Vermittlung von Wissen" am wichtigsten sind, während die interpersonale Kommunikation in den Phasen „Persuasion" und „Entscheidung" relevant ist.

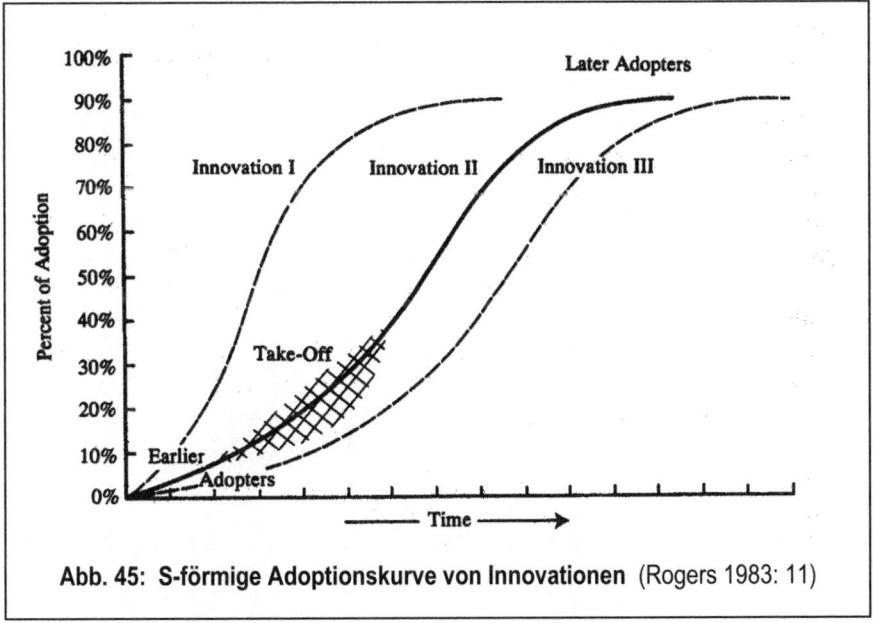

Abb. 45: S-förmige Adoptionskurve von Innovationen (Rogers 1983: 11)

Adoptionsbereitschaft. Auf der Personenebene definiert Rogers folgende *Übernehmertypologie:* a) Innovatoren (5%), b) frühe Übernehmer, c) frühe Mehrheit, d) späte Mehrheit, e) Nachzügler (vgl. Abb. 45). Mit Adoptionsbereitschaft korrelieren sozioökonomische Eigenschaften wie höherer sozialer Status, höhere Bildung, Persönlichkeitseigenschaften wie positive Einstellung zu Wandel, Empathie, Leistungsmotivation und Kommunikationsverhalten wie kosmopolitische Tendenz, häufiger Opinion Leader, größere Mediennutzung.

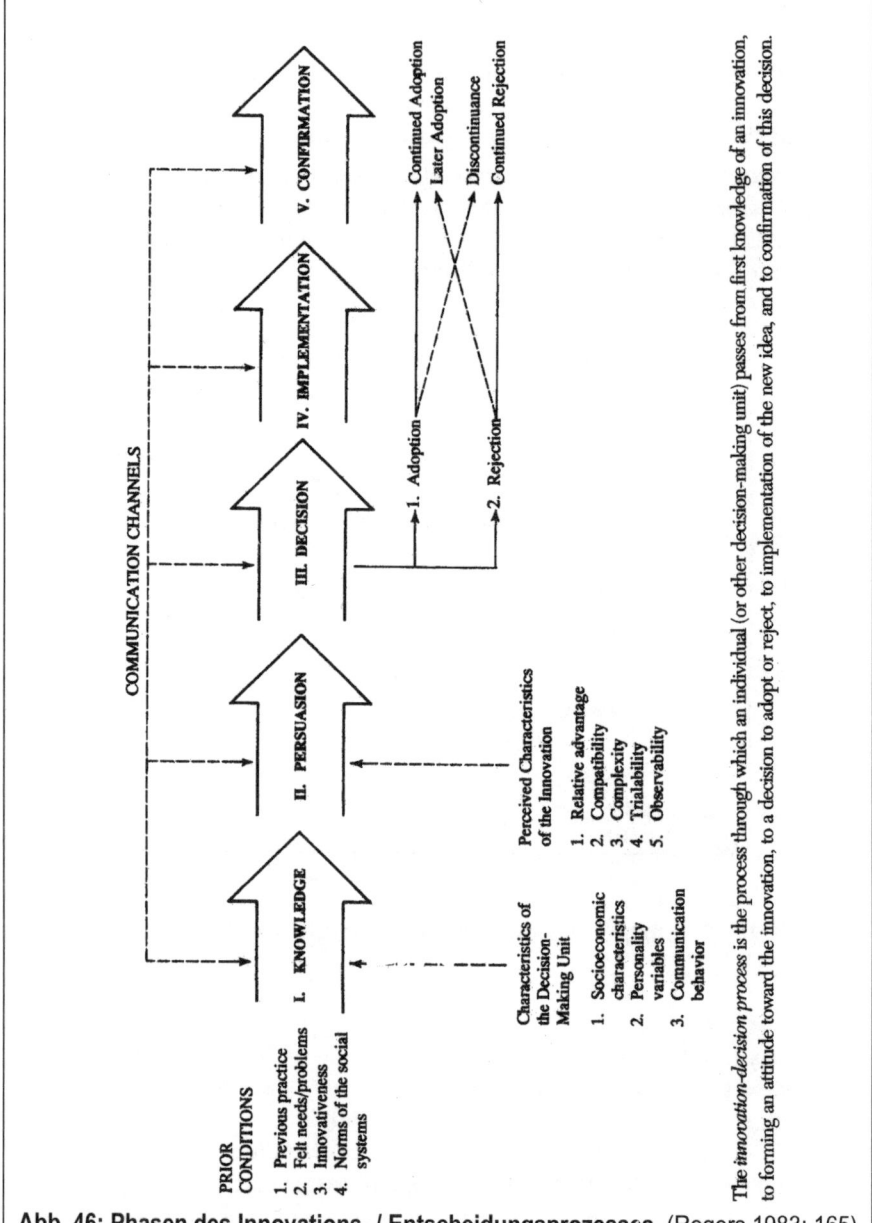

Abb. 46: Phasen des Innovations- / Entscheidungsprozesses (Rogers 1983: 165)

Anwendungen. Die Diffusions- bzw. Innovationsforschung hat im Zusammenhang mit der Einführung der sog. „Neuen Medien" wieder starken Auftrieb erhalten. Solche empirische Studien befassen sich mit der Akzeptanz von Kabelfernsehen, Video, Bildschirmtext, Computer, Internet, wobei jene medialen und sozialen Faktoren eine Rolle spielen, welche die Diffusionsgeschwindigkeit bzw. Innovationsakzeptanz beschleunigen oder aber hemmen, wie z.B. Komplexität der Innovation, perzipierte Nützlichkeit oder Bezug zu einem Innovatorennetzwerk (Carey / Moss 1985; Baer 1985; Saxer 1989; Becker / Schönbach 1989; Schenk / Dahm / Sonje 1997; Atkin / Jeffres / Neuendorf 1998).

Kritik. Die Diffusions- / Innovationsforschung ist in verschiedener Hinsicht kritisiert worden:

1. Hervorgehoben wurde, dass es sich um eine stark individuums-zentrierte Perspektive handle, weil der Diffusions-Adoptionsprozess nur als Resultat einer individuellen Entscheidung betrachtet werde, d.h. strukturelle Aspekte vernachlässigt werden. Dies wurde später von der Netzwerk Theorie aufgegriffen (vgl. Valente 1995; Schenk / Dahm / Sonje 1997).

2. Das stärker soziologische Konzept der sog. „kritischen Masse" (Morris / Ogan 1996: 45), das bezüglich des „Take-off" – Punkts einer Innovation von Bedeutung ist, wurde erst in jüngeren Studien verwendet.

3. In den meisten Studien wird die Frage nach den sozialen Konsequenzen von Innovationen ausgeblendet.

4. Umgekehrt wird der Diffusions-Innovationsforschung vor allem von Forschern aus der Dritten Welt vorgeworfen, dass sie aus der (westlichen) Perspektive der Innovatoren formuliert sei, d.h. einen „Pro-Innovations" Bias betone (Beltran 1976: 137ff.). Hinzu kommt, dass ebenfalls ausgeblendet wird, wie es überhaupt zu einer bestimmten Innovation kommt.

4.3 Netzwerke der persönlichen Kommunikation

Perspektive. Die interpersonalen Beziehungsstrukturen, die einerseits als Informationskanäle, andererseits als Einflusswege für das Individuum fungieren, sind das Untersuchungsobjekt von *Netzwerk-Analysen*. Die strukturelle Beziehungsanalyse als möglichst vollständige Erhebung des Kommunikationsnetzes von Personen erzeugt dabei in der Regel das Bild von verschiedenen *Cliquen* mit primärgruppenhaftem Charakter, in die einzelne Sets von Akteuren durch mehr oder weniger dichte und kohäsive *Relationen* integriert sind. Die Cliquen untereinander können mehr oder weniger integriert sein – Kohäsion –, wobei die Verbindung zwischen den Cliquen in der Regel durch strukturelle Einzelpositionen aufrechterhalten wird, die als *Brücken* oder *Liaisons* bezeichnet werden.

Fragestellungen von Netzwerkanalysen (vgl. Richards / Barnett 1993) beziehen sich u.a. auf die Organisationsstrukturen (Größe oder Dichte) von Netzwerken wie z.B. von Bürgerinitiativen (Schenk 1981), auf die Funktion von Netzwerken bei der Meinungsbildung im Alltag (Schenk 1994), auf die Erklärungskraft von Netzwerken bezüglich Übernahme von Innovationen (Schenk / Dahm / Deziderio 1997) oder auf die Einfluss- und Kommunikationsstrukturen von Interessensgruppen (Aerni 1998).

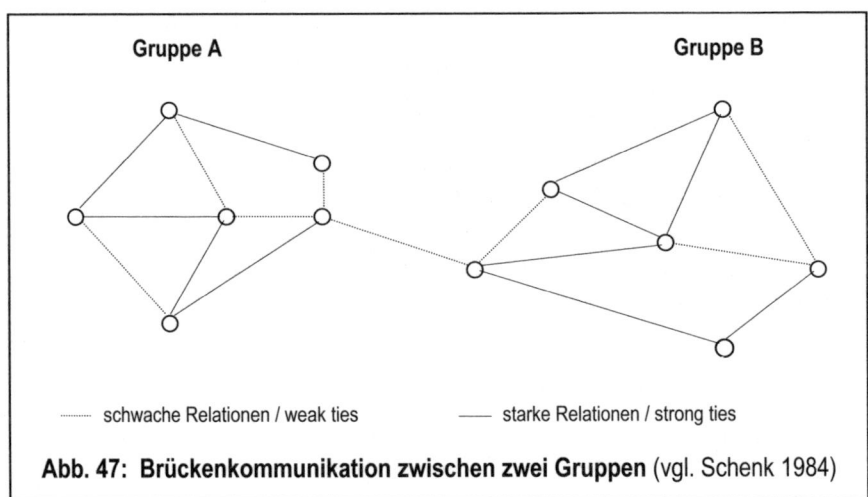

Abb. 47: Brückenkommunikation zwischen zwei Gruppen (vgl. Schenk 1984)

Methoden. Im Unterschied zur üblichen Wirkungsforschung, basieren Netzwerkstudien auf relationalen Datenmatrizen. Meistens kann nicht mit Stichproben – als Alternative: Schneeballverfahren – gearbeitet werden, da die Daten aller möglichen Beziehungen zwischen den Personen des untersuchten Feldes erhoben werden müssen. Die so entstehenden großen Datenmengen bedingen spezielle Computerprogramme zur Analyse der bestehenden Netzwerke.

Befunde. Neben den klassischen *Meinungsführern* kommt den sog. *Marginalen* ebenfalls eine wichtige Funktion im Informationsfluss zu, weil sie bei der Diffusion neuer Ideen im Zusammenhang mit heterophiler Kommunikation zwischen verschiedenen Gruppen entscheidend sein können. Oft ist der Informationsfluss innerhalb der einzelnen Clique einerseits sehr dicht, andererseits aber auch homophil, was hingegen die Abschottung gegen außen fördert. Eine weitere Differenzierung unterscheidet zudem zwischen starken und schwachen Relationen, wobei die schwachen Beziehungen häufiger als Brücken fungieren, d.h. vor allem heterophile Kommunikation ermöglichen, und so für den Austausch von Information zwischen Gruppengrenzen hinweg wichtig sind.

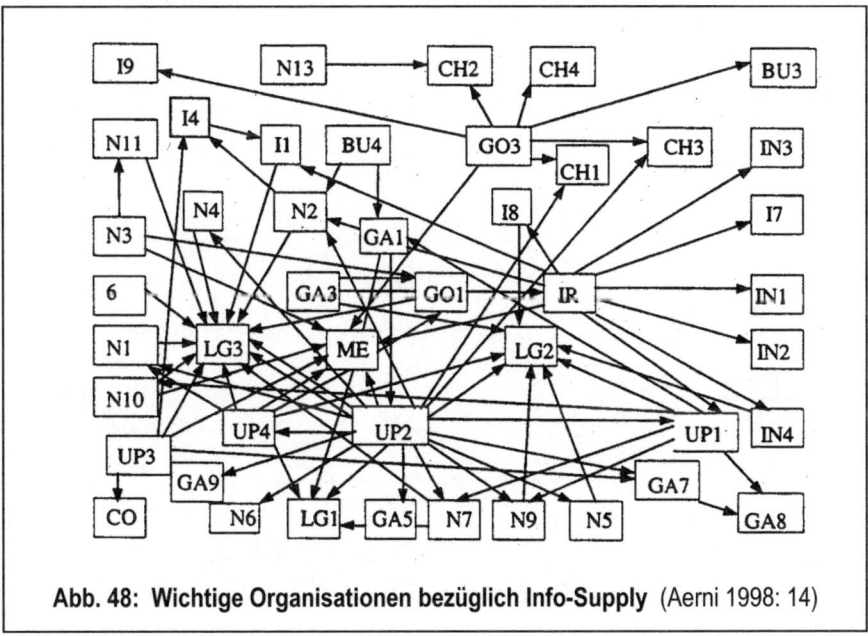

Abb. 48: Wichtige Organisationen bezüglich Info-Supply (Aerni 1998: 14)

Beispiel: Aerni (1998) untersuchte im Zusammenhang mit der öffentlichen Akzeptanz der Gentechnologie in den Philippinen das Kommunikations- und Einflussverhalten von wissenschaftlichen und Regierungsorganisationen, NGOs und Medien in einer Netzwerkperspektive. Folgende Beziehungen wurden erfasst: a) Informationen erhalten und b) geben, c) Anweisungen geben und d) erhalten, e) finanzielle Unterstützung erhalten und f) leisten. Hauptbefunde bezüglich Information waren, dass mit Ausnahme einer Regierungsstelle (GO3) wissenschaftliche Institutionen (UP, IRRI) die wichtigsten Quellen von Informationen waren, während umgekehrt legislative Institutionen (LG) und Medien (ME) die wichtigsten Empfänger von Informationen waren.

4.4 Theorie der Schweigespirale (Noelle-Neumann)

Verortung. Obwohl die durch Elisabeth Noelle-Neumann entwickelte Theorie der Schweigespirale erst in den 70er Jahren formuliert worden ist und von der Prämisse *„Return to the Concept of Powerful Mass Media"* (Noelle-Neumann 1973) ausgeht, mithin eigentlich zu den neuen Ansätzen in der Wirkungsforschung zu zählen ist, basiert sie auf den Grundkonzepten der Einstellungs- und Gruppentheorie und steht darum in der Tradition der Wahlforschung von Lazarsfeld (vgl. Langenbucher 1990).

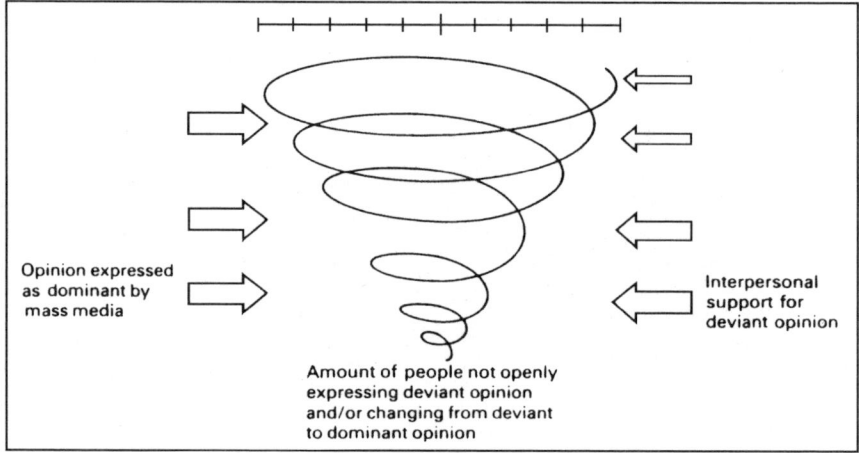

Abb. 49: Visualisiertes Paradigma der Schweigespirale

Prämissen: Medien. Nach Noelle-Neumann ist die Wirksamkeit eines Mediums umso stärker, je weniger es den schützenden Mechanismus der selektiven Wahrnehmung zuläßt. Dies trifft nach ihr besonders für das suggestive, authentische und dadurch glaubwürdige Medium „Fernsehen" zu.

Das starke Wirkungspotential des Fernsehens fasst sie in drei Begriffe: *Kumulation* als stete Wiederholung von Botschaften ist eine Folge der Periodizität und der Agenda-Setting-Funktion der Medien; *Konsonanz* meint bewertungsmäßige Ähnlichkeiten in den publizistischen Aussagen, die nicht auf Übereinstimmung mit der Wirklichkeit basiert, sondern durch die selektive Auswahl der Kommunikatoren entsteht, und zwar aufgrund übereinstimmender Nachrichtenwerte oder politischen Präferenzen der JournalistInnen; *Öffentlichkeits-effekt:* jeder *weiß,* dass *alle* eine Botschaft sehen, hören und erfahren können.

Prämissen: Mensch. Nach Noelle-Neumann veranlasst die soziale Natur des Menschen diesen, *Isolation zu fürchten.* Personen beobachten darum ständig aufmerksam die *Umwelt,* sei dies nun via direkte Erfahrung oder via Massenmedien, um zu wissen, wie man sich öffentlich verhalten muss, d.h. im speziellen, welche Einstellungen man öffentlich äußern kann, ohne sich zu isolieren. Diesen Prozess bezeichnet sie als *quasistatistische Wahrnehmung der Öffentlichen Meinung* (vgl. Abb. 50). Dieses soziale Konsonanzstreben wird gleichsam als anthropologische Konstante mit der sozialen Natur des Menschen gleichsetzt.

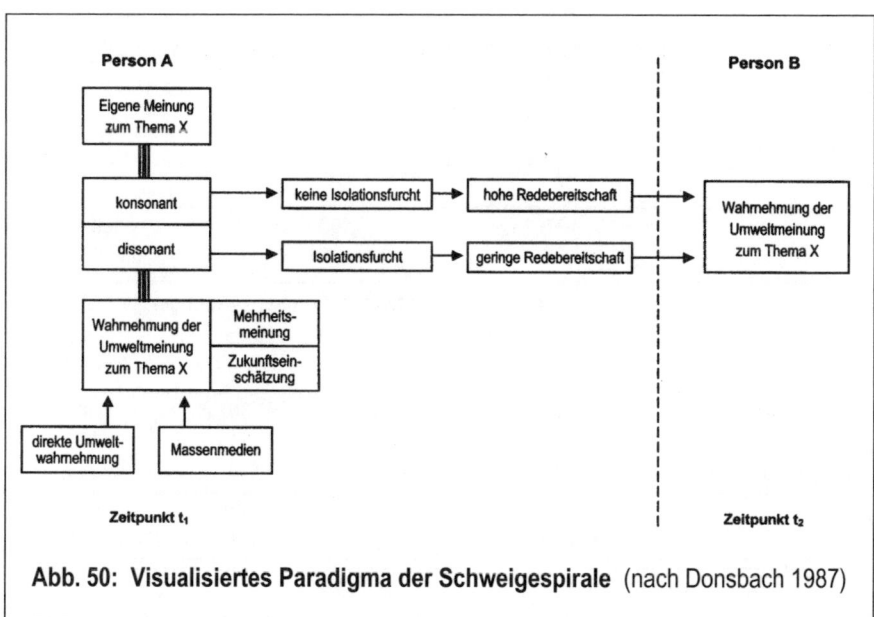

Abb. 50: Visualisiertes Paradigma der Schweigespirale (nach Donsbach 1987)

Konsequenz: Schweigespiraleneffekt. In einem zweiten Schritt werden diese individuellen Wahrnehmungs- und dadurch stimulierten bzw. unterdrückten Kommunikationsprozesse auf der Mikroebene auf deren Konsequenzen hin sowohl im *Zeitverlauf* als auch bezüglich der *Makroebene* betrachtet, was Noelle-Neumann wie folgt generalisiert: Die *kumulierte, konsonante* und nach Noelle-

Neumann *verzerrte* Berichterstattung im öffentlich-rechtlichen Fernsehen kann im Zeitverlauf die selektiven Wahrnehmungs- und Beeinflussungsprozesse außer Kraft und die sog. *Schweigespirale* in Gang setzen: Weil die *faktische Minoritätsmeinung* durch das Fernsehen konsonant und kumulativ *als Mehrheitsmeinung* dargestellt wird, unterlassen es Anhänger, die anderer Ansicht sind, sich aber als dissonant zur vermeintlichen Mehrheitsmeinung perzipieren, ihre eigene Meinung öffentlich kundzutun, was wiederum die Aktivitäten der Minoritätsgruppe stimuliert, so dass sich schließlich ein Umschwung in der Öffentlichen Meinung anbahnen kann.

Abb. 51: Allensbacher Wahldaten (Noelle-Neumann 1982: 228ff.)		
Frage: *„Wissen kann das natürlich niemand, aber was glauben Sie, wer die kommende Bundestagswahl gewinnt, wer die meisten Stimmen bekommt: die CDU/CSU oder die SPD/F.D.P.?"*		
	März 1976	Juli 1976	Sept. 1976

	März 1976	Juli 1976	Sept. 1976
CDU / CSU	47	40	36
SPD / F.D.P	27	33	39
unmöglich zu sagen	26	27	25
	100	100	100
	(n = 1052)	(n = 925)	(n = 1005)

	Nutzung von politischen Fernsehsendungen			
	häufig		selten	
	März 1976	Juli 1976	März 1976	Juli 1976
CDU / CSU	47	34	36	38
SPD / F.D.P	32	42	24	25
unmöglich zu sagen	21	24	40	37
	100	100	100	100
	(n = 175)	(n = 175)	(n = 118)	(n = 118)

	Juli 1976	
	Bevölkerung ab 18 Jahren	Allensbacher Journalistenumfrage
CDU / CSU	40	10
SPD / F.D.P	33	76
unmöglich zu sagen	27	14
	100	100
	(n = 1256)	(n = 100)

Beispiel Wahlniederlage von CDU / CSU 1976. Noelle-Neumann behauptet nun aufgrund dieses Modells, das Fernsehen sei 1976 beim Sieg der SPD / FDP wahlentscheidend gewesen (vgl. Abb. 51): Nach ihr haben die übereinstimmenden politischen Orientierungen der Fernsehjournalisten zu einer wirklichkeitsverzerrenden und konsonant die Linkskoalition begünstigenden Berichterstattung geführt. Dieses Meinungsklima habe nach den demoskopischen Daten des Allensbacher-Instituts vor allem bei den *starken* Fernsehnutzern dazu geführt, dass diese ihre politische Haltung nicht mehr öffentlich geäußert hätten. Die so in Gang gesetzte Schweigespirale habe letztlich zu einem Umschwung der politischen Einstellungen geführt.

Kritik. Es erstaunt nicht, dass es vor allem in Deutschland zu starken *politischen Kontroversen* um die Theorie der Schweigespirale gekommen ist, was sich später bspw. in der verstärkten parteipolitischen Kontrolle des öffentlich-rechtlichen Fernsehens niedergeschlagen hat. Die These vom wahlentscheidenden Einfluss des Fernsehens ist bis aber heute umstritten geblieben (Kiefer 1977; Noetzel 1978; Atteslander 1980; Merten 1983 / 1985; Schönbach 1983).

Kritisiert wurden dabei sowohl die theoretischen Prämissen der Theorie der Schweigespirale, deren methodische Umsetzung wie auch die Interpretation der Befunde:

1. Kritisiert und in empirischen Untersuchungen überprüft wurde die quasi anthropologische Grundannahme, aus Isolationsfurcht würden Menschen nicht zu ihrer Meinung stehen (vgl. Glynn u.a. 1997). Die Befunde bspw. von Gerhards (1996) zeigen, dass differenziert werden muss. Nach ihm gibt es nur 3.5% sog. Anpasser, aber 5% Missionare; 39% Reder und 31% Schweiger, d.h. Menschen, die in allen Situationen ihre Meinung äußern bzw. verschweigen. Diese Verteilung entspricht nach ihm einer generalisierten Kommunikationsbereitschaft bzw. Nichtbereitschaft zur Teilnahme an der Öffentlichkeit, die themenunabhängig zu sein scheint. Die von Noelle-Neumann in ihrer Theorie in den Fokus gerückte Gruppe der Anpasser bildet mit 3.5% somit nur eine verschwindende Minderheit. In Ergänzung dazu belegt die Studie von Lasorsa (1991), dass die Redebereitschaft nicht nur vom Meinungsklima abhängig ist, sondern beträchtlich variiert, und zwar in Abhängigkeit von Faktoren wie politisches Interesse, Self-Efficacy, Betroffenheit durch das Thema, Ausmaß der Mediennutzung und Gewissheit der persönlichen Meinung.

2. Schönbach (1983) hat sich vor allem mit der Behauptung der sog. *„Macht des Fernsehens"* auseinandergesetzt. a) Nach ihm relativieren amerikanische Studien zum einen überhaupt den Einfluss der Medien im Wahlkampf im Vergleich zu politischen Faktoren einerseits, aber auch der Bedeutung

der interpersonalen Kommunikation andererseits. b) Im Medienvergleich finden sich zudem vielfach Belege für die starke Effektivität der Presse sowohl auf das Image der Politiker als auch im Prozess des Agenda-Settings. c) Zusammenfassend kritisiert er zudem das nach ihm überholte „Stimulus-Response-Wirkungsmodell unter erschwerten Bedingungen" von Noelle-Neumann, das nur aufgrund des Medienangebots argumentiert.

3. Speziell der Wahlanalyse von 1976 wurde vorgeworfen (z.B. Kiefer 1977; Merten 1983), dass Noelle-Neumann *keine Inhaltsanalyse* der Fernsehberichterstattung durchgeführt hatte. Kommt hinzu, dass die von ihr dafür als „brüchiger" Beleg verwendete *Journalistenbefragung* vermutlich zur Mehrheit auf Print- und nicht auf Fernsehjournalisten beruht. Zudem wurden diese nur bezüglich der Wahlchancen der Parteien und nicht über ihre persönliche politische Präferenz bzw. ihre Berichterstattung befragt.

4. In methodischer Hinsicht wurde Noelle-Neumann vorgeworfen, dass ihre Analysen meist nur auf *bivariaten Zusammenhängen* beruhen, d.h. weitere intervenierende Drittfaktoren nicht kontrolliert werden, was Behauptungen über kausale Wirkprozesse stark einschränkt. Insbesondere überzeugt nicht, dass sie nur die Nutzung politischer Fernsehsendungen, nicht aber die Zuwendung zur Presse oder anderer Wahlinformation berücksichtigt.

5. Weitere methodische Punkte betreffen Fragen der *Operationalisierung* und der *Validität* a) Als abhängige Variable werden nur die Erwartungen über den Wahlausgang benutzt; das eigene faktische Wahlverhalten wird hingegen nicht berücksichtigt. b) Die *Redebereitschaft* wird mit der Frage nach dem Gesprächsverhalten in der hypothetischen Situation einer fünfstündigen Eisenbahnfahrt operationalisiert. Gefragt wird, ob man mit einer fremden Person, die eine zur eigenen Meinung abweichende Position vertritt, über ein kontroverses Thema diskutieren und die eigene Meinung vertreten würde. – Erstaunlich ist, dass jedoch nicht nach der Häufigkeit des tatsächlichen Kommunikationsverhaltens sowohl in der Rolle des Redens als auch in der Rolle des Zuhörens gefragt wird. c) Unterschieden wird ebenfalls nicht zwischen der faktischen und der perzipierten Minoritätsposition. Es kann ja durchaus sein, dass Personen, die aufgrund der vorliegenden Umfragen faktisch eine Minderheitsmeinung vertreten, sich subjektiv aber als Vertreter der Mehrheitsmeinung einschätzen und umgekehrt.

Zusammenfassend betrachtet sind die bis jetzt vorliegenden Befunde widersprüchlich und alles andere als konsistent, was Salmon / Glynn (1996: 177) zu folgender eher pessimistischen Einschätzung führt: „While the empirical evidence shows that some individuals are reluctant to express minority viewpoints in some settings on some topics with some people, the magnitude of the phenomenon is not nearly as pronounced as is implied in the Noelle-Neumann's claims and generalizations."

Literatur

Zwei-Stufen-Fluss-Konzept

Berelson, Bernard / Lazarsfeld, Paul / McPhee, W. (1954): Voting. UP of Chicago. (Elmira Studie)

Chaffee, Steven / Hochheimer, John L. (1983): Mass Communication in National Election Campaigns: The Research Experience in the United States. In: Schulz, Winfried / Schönbach, Klaus (Hg.): Massenmedien und Wahlen. München, S. 65-103.

Eisenstein, Cornelia (1994): Meinungsbildung in der Mediengesellschaft. Eine Analyse zum Multi-Step Flow of Communication. Opladen.

Katz, Elihu (1957): The Two-Step Flow of Communication: An Up-To-Date Report on a Hypothesis. In: Public Opinion Quarterly, 21, S. 61-78.

Katz, Elihu / Lazarsfeld, Paul (1955): Personal Influence. Glencoe. (Decatur Studie)

Langenbucher, Wolfgang R. (Hg.) (1990): Paul F. Lazarsfeld. Die Wiener Tradition der empirischen Sozial- und Kommunikationsforschung. München.

Lazarsfeld, Paul / Berelson, Bernard / Gaudet, Hazel (1969): Wahlen und Wähler. Soziologie des Wahlverhaltens. Neuwied. (Erie Studie)

Lazarsfeld, Paul / Menzel, Herbert (1973): Massenmedien und personaler Einfluss. In: Schramm, Wilbur (Hg.): Grundfragen der Kommunikationsforschung. München, S. 117-139.

Lin, Nan (1973): The Study of Human Communication. Indiana / New York.

Merten, Klaus (1976): Kommunikation und „two-step-flow of communication". In: Rundfunk und Fernsehen, 24, S. 210-220.

Merton, Robert K. (1949): Patterns of Influence. In: Lazarsfeld, P. / Stanton, F. (Hg.): Communication Research 1948-49. New York. (Rovere Studie)

Müller, Peter (1970): Die soziale Gruppe im Prozess der Massenkommunikation. Stuttgart.

Noelle-Neumann, Elisabeth (1990): The people's choice – revisited. In: Langenbucher, Wolfgang R. (Hg.): Paul F. Lazarsfeld. München, S. 147-155.

Noelle-Neumann, Elisabeth (1973): Return to the Concept of Powerful Mass Media. In: Studies of Broadcasting, 9, S. 67-112.

Renckstorf, Karsten (1970): Zur Hypothese des „two-step-flow" der Massenkommunikation. In: Rundfunk und Fernsehen, 18(3-4), S. 314-333. Auch
in: Burkart, Roland (Hg.) (1987): Wirkungen der Massenkommunikation.
Wien, S. 40-56.

Schenk, Michael / Rössler, Patrick (1997): The Rediscovery of Opinion
Leaders. An Application of the Personality Strength Scale. In: Communications, 22(1), S. 5-30.

Schönbach, Klaus (1998): Politische Kommunikation – Publizistik- und kommunikationswissenschaftliche Perspektiven. In: Jarren, Otfried / Sarcinelli,
Ulrich / Saxer, Ulrich (Hg.): Politische Kommunikation in der demokratischen Gesellschaft. Ein Handbuch mit Lexikonteil. Opladen, S. 114-137.

Weimann, Gabriel (1992): Persönlichkeitsstärke: Rückkehr zum Meinungsfüh-
rer-Konzept? In: Wilke, Jürgen (Hg.): Öffentliche Meinung. Theorie, Methoden, Befunde. Freiburg / München, S. 87-102.

Weimann, Gabriel (1991): The Influentials: Back to the Concept of Opinion
Leaders? In: Journalism Quarterly, 55, S. 267-279.

Diffusions- / Innovationsforschung

Atkin, David J. / Jeffres, Leo W. / Neuendorf, Kimberly A. (1998): Understanding Internet Adoption as Telecommunications Behavior. In: Journal of
Broadcasting & Electronic Media, 42(4), S. 475-490.

Baer, Walter S. (1985): Information Technology Comes Home. In: Telecommunication Policy, 3, S. 3-21.

Basil, Michael D. / Brown, William J. (1994): Interpersonal Communication in
News Diffusion: A Study of „Magic" Johnson's Announcement. In: Journalism Quarterly, 71(2), S. 305-320.

Becker, Lee B. / Schönbach, Klaus (1989): When Media Content Diversifies:
Anticipating Audience Behaviors. In: Becker, Lee B. / Schönbach, Klaus
(Hg.): Audience Responses to Media Diversification. Hillsdale, N.J., S. 1-
27.

Beltran, Luis Ramiro (1976): Alien Premises, Objects, and Methods in Latin
American Communication Research. In: Rogers, Everett M. (Hg.): Communication and Development. Critical Perspectives. Beverly Hills, CA / London, S. 15-42.

Chaffee, Steven H. (1975): The Diffusion of Political Information. In: Chaffee,
Steven H. (Hg.): Political Communication. Issues and Strategies for Research. Beverly Hills / London, S. 85-128.

Carey, John / Moss, Mitchell L. (1985): The Diffusion of New Telecommunication Technologies. In: Telecommunication Policy, 6, S. 145-158.

DeFleur, Melvin L. (1987): The Growth and Decline of Research on the Diffusion of News. In: Communication Research, 14(1), S. 109-130.

Emmer, Martin / Kuhlmann, Christoph / Vowe, Gerhard / Wolling, Jens (2002): Der 11. September – Informationsverbreitung, Medienwahl, Anschlusskommunikation. In: Media Perspektiven, Heft 4, S. 166-177.

Funkhouser, G.R. / McCombs, M.E. (1971): The Rise and Fall of News Diffusion. In: Public Opinion Quarterly, 35, S. 107-113.

Kleining, Gerd (1992): Die Diffusionstheorie als Erklärungsprinzip für die Verbreitung von Neuerungen. In: PR-Magazin, Heft 7, S. 35-42.

Morris, Merrill / Ogan, Christine (1996): The Internet as Mass Medium. In: Journal of Communication, 46(1), S. 39-50.

Rogers, Everett M. (1971): Communication of Innovations. New York / London.

Rogers, Everett M. (1983[3)]: Diffusion of Innovations. New York / London.

Rogers, Everett M. (1987): The Diffusion of Innovation Perspective. In: Weinstein, Neil D. (Hg.): Taking Care. Understanding and Encouraging Self-Protective Bahavior. Cambridge u.a., S. 79-94.

Rogers, Everett M. (2000): Reflections on News Event Diffusion Research. In: Journalism & Mass Communication Quarterly, 77(3), S. 561-576.

Rogers, Everett M. / Adhikarya, Ronny (1979): Diffusion of Innovations. An Up-to-Date Report. In: Nimmo, Dan (Hg.): Communication Yearbook III. New Brunswick, S. 67-81.

Rogers, Everett M. / Singhal, Arvind (1996): Diffusion of Innovations. In: Salwen, Michael / Stacks, Don (Hg.): An Integrated Approach to Communication Theory. Mahwah, N.J., S. 409-420.

Rosengren, Karl Erik (1973): News Diffusion: An Overview. In: Journalism Quarterly, 50(1), S. 83-91.

Rosengren, Karl Erik (Hg.) (1987): A Special Issue on News Diffusion. In: European Journal of Communication, 2(2).

Savage, Robert L. (1981): The Diffusion of Information Approach. In: Nimmo, Dan D. / Sanders, Keith R. (Hg.): Handbook of Political Communication. Beverly Hills / London, S. 101-119.

Saxer, Ulrich (1989): Medieninnovation und Medienakzeptanz. In: Mahle, Walter A. (Hg.): Medienangebot und Mediennutzung. Berlin, S. 145-174.

Stempel, Guido H. (1991): Where People Really Get Most of Their News. In: Newspaper Research Journal, S. 2-9.

Strang, David / Meyer, John W. (1993): Institutional Conditions for Diffusion. In: Theory and Society, 22(4), S. 487-511.

Weibull, Lennart / Lindahl, Rutger / Rosengren, Karl Erik (1987): News Diffusion in Sweden: The Role of the Media. In: European Journal of Communications, 2(2), S. 143-170.

Analyse sozialer Netzwerke

Aerni, Philipp (1998): Public Acceptance of Genetically Engineered Food in Developing Countries. The Case of the Philippines. Research Report. ETH: Zürich.

Marsden, Peter V. / Lin, Nan (Hg.) (1982): Social Structure and Network Analysis. Beverly Hills / London.

Richards, William D. / Barnett, George, A. (Hg.) (1993): Progress in Communication Sciences. Vol. XII. Norwood, N.J..

Rogers, Everett M. / Kincaid, Lawrence D. (1981): Communication Networks: Toward a New Paradigm of Research. New York.

Rogers, Everett M. / Bhowmik, Ph.K. (1971): Homophily – Heterophily: Relational Concepts for Communication Research. In: Public Opinion Quarterly, 34, S. 523-538.

Schenk, Michael (1993): Die ego-zentierten Netzwerke von Meinungsbildnern („Opinion Leaders"). In: Kölner Zeitschrift für Soziologie und Sozialpsychologie, 45(2), S. 254-269.

Schenk, Michael (1985): Politische Meinungsführer: Kommunikationsverhalten und primäre Umwelt. In: Publizistik, 30(1), S. 7-16.

Schenk, Michael (1984): Soziale Netzwerke und Kommunikation. Tübingen.

Schenk, Michael (1983): Meinungsführer und Netzwerke persönlicher Kommunikation. In: Rundfunk und Fernsehen, 31(3-4), S. 326-336.

Schenk, Michael (1981): Bürgerinitiativen: Interpersonelle Kommunikation und personaler Einfluss. In: Kölner Zeitschrift für Soziologie und Sozialpsychologie, Sonderheft, S. 623-637.

Schenk, Michael / Dahm, Hermann / Sonje, Deziderio (1997): Die Bedeutung sozialer Netzwerke bei der Diffusion neuer Kommunikationstechniken. In: Kölner Zeitschrift für Soziologie und Sozialpsychologie, 49(1), S. 35-52.

Valente, T.W. (1995): Network Models of the Diffusion of Innovations. Creskill, N.J.

Theorie der Schweigespirale

Atteslander, Peter (1980): Ist Medieneinfluss bei Wahlen messbar? In: Media Perspektiven, Heft 9, S. 597-604.

Csikszentmihaly, Mihaly (1991): Reflections on the „Spiral of Silence". In: Anderson, J.A. (Hg.): Communication Yearbook 14. Newbury Park, CA, S. 288-297.

Deisenberg, Anna-Maria (1986): Die Schweigespirale – Die Rezeption des Modells im In- und Ausland. München.

Donsbach, Wolfgang / Stevenson, Robert L. (1986): Herausforderungen, Probleme und empirische Evidenzen der Theorie der Schweigespirale. In: Publizistik, 31(1-2), S. 7-34.

Donsbach, Wolfgang (1987): Die Theorie der Schweigespirale. In: Schenk, Michael: Medienwirkungsforschung. Tübingen, S. 324-343.

Fuchs, Dieter / Gerhards, Jürgen / Neidhardt, Friedhelm (1992): Öffentliche Kommunikationsbereitschaft. Ein Test zentraler Bestandteile der Theorie der Schweigespirale. In: Zeitschrift für Soziologie, 21(4), S. 284-295.

Gerhards, Jürgen (1996): Reder, Schweiger, Anpasser und Missionare: Eine Typologie öffentlicher Kommunikationsbereitschaft und ein Beitrag zur Theorie der Schweigespirale. In: Publizistik, 41(1), S. 1-14.

Gerhards, Jürgen / Neidhardt, Friedhelm (1991): Strukturen und Funktionen moderner Öffentlichkeit. In: Müller-Doohm, Stefan / Neumann-Braun, Klaus (Hg.): Öffentlichkeit, Kultur, Massenkommunikation. Oldenburg, S. 31-89.

Glynn, Carroll J. / McLeod, Jack (1984): Public Opinion du Jour: An Examination of the Spiral of Silence. In: Public Opinion Quarterly, 48, S. 731-740.

Glynn, Carroll J. / Hayes, Andrew / Shanahan, James (1997): Perceived Support for One's Opinions and Willingness to Speak Out. In: Public Opinion Quarterly, 61, S. 452-463.

Kepplinger, Hans Mathias (1989): Instrumentelle Aktualisierung. Grundlagen einer Theorie publizistischer Konflikte. In: Sonderheft der Kölner Zeitschrift für Soziologie und Sozialpsychologie, Bd. 30, S. 199-220.

Kiefer, Marie-Luise (1977): Rundfunkjournalisten als Wahlhelfer? Zur Diskussion über die Wahlniederlage von CDU / CSU und ihre möglichen Ursachen. In: Media Perspektiven, Heft 1, S. 1-10.

Lasorsa, Dominic (1991): Political Outspokenness: Factors Working Against the Spiral of Silence. In: Journalism Quarterly, 68(1-2), S. 131-140.

Lübbe, Weyma (1991): Sind wir alle Demoskopen? Über „quasi-statistische" und statistische Meinungsklimaeinschätzungen in Elisabeth Noelle-Neumanns Theorie der öffentlichen Meinung. In: Zeitschrift für Soziologie, 20, S. 104-112.

Merten, Klaus (1983): Wirkungen der Medien im Wahlkampf. Fakten oder Artefakte? In: Schulz, Winfried / Schönbach, Klaus (Hg.): Massenmedien und Wahlen. München, S. 424-441.

Merten, Klaus (1985): Some Silence in the Spiral of Silence. In: Sanders, Keith / Kaid, Lynda Lee / Nimmo, Dan (Hg.): Political Communication Yearbook I. Carbondale / Edwardsville, S. 31-42.

Noelle-Neumann, Elisabeth (1974): The Spiral of Silence: A Theory of Public Opinion. In: Journal of Communication, 24(2), S. 43-51.

Noelle-Neumann, Elisabeth (1977): Turbulences in the Climate of Opinion: Methodological Applications of the Spiral of Silence Theory. In: Public Opinion Quarterly, 41, S. 143-158.

Noelle-Neumann, Elisabeth (1977): Öffentlichkeit als Bedrohung. Freiburg / München.

Noelle-Neumann, Elisabeth (1982): Die Schweigespirale. Öffentliche Meinung – unsere soziale Haut. Frankfurt a.M. / Wien / Berlin.

Noelle-Neumann, Elisabeth (1983): Massenmedien und Meinungsklima im Wahlkampf. In: Schulz, Winfried / Schönbach, Klaus (Hg.): Massenmedien und Wahlen. München, S. 377-405.

Noetzel, Dieter (1978): Über einige Bedingungen des Erwerbs politisch-ideologischer Deutungsmuster. Kritische Anmerkungen zur Theorie der Schweigespirale. In: Oberndörfer, D. (Hg.): Wählerverhalten in der BRD. Frankfurt/M., S. 215-263.

Salmon, Charles T. / Glynn, Caroll J. (1996): Spiral of Silence: Communication and Public Opinion as Social Control. In: Salwen, Michael B. / Stacks, Don W. (Hg.): An Integrated Approach to Communication Theory and Research. Mahwah, N.J., S. 165-180.

Salmon, Charles T. / Kline, Gerald F. (1985): The Spiral of Silence. Ten Years Later. An Examination and Evaluation. In: Sanders, K.R. / Kaid, L.L. / Nimmo, D. (Hg.): Political Communication Yearbook. Carbondale / Edsville, S. 3-30.

Scherer, Helmut (1992): Das Verhältnis von Einstellungen und Redebereitschaft in der Theorie der Schweigespirale. In: Wilke, Jürgen (Hg.): Öffentliche Meinung. Theorie, Methoden, Befunde. Freiburg / München, S.103-121.

Scherer, Helmut (1990): Massenmedien, Meinungsklima und Einstellung. Eine Untersuchung zur Theorie der Schweigespirale. Opladen.

Schönbach, Klaus (1983): Werden Wahlen im Fernsehen entschieden? Einige Überlegungen zur politischen Wirksamkeit von Presse und Fernsehen. In: Media Perspektiven, Heft 7, S. 462-468.

Taylor, Garth D. (1982): Pluralistic Ignorance and the Spiral of Silence. In: Public Opinion Quarterly, 46, S. 311-335.

5. Neue Perspektiven: Medienzuwendung als soziales Handeln

Die ab 1970 verstärkt auftretende Diskussion um die Wirkungen der Massenkommunikation hat zur Entwicklung verschiedenster neuer Fragestellungen und theoretischer Ansätze geführt, die neue Wirkungsphänomene ins Zentrum der Forschung gerückt haben. Man kann diese neuen Perspektiven nun dahingehend befragen, ob sie davon ausgehen, dass die Wirkungen des Mediensystems gesamtgesellschaftlich a) differenzierend bzw. gar desintegrierend oder eher homogenisierend und integrierend sind, und weiter, ob die prognostizierten Effekte für die Zivilgesellschaft b) eher als funktional oder mehr als dysfunktional bewertet werden müssen.

Abb. 52: Neue Wirkungsforschungsperspektiven: Verortung und Bewertung		
Bewertungs-dimension	**Wirkungsdimension**	
	Differenzierung	Homogenisierung
Funktionalität	**Uses-and-Gratifications-Ansatz** (Jay Blumler / Elihu Katz) **Dynamisch-transaktionales Modell** (Werner Früh / Klaus Schönbach)	**Agenda-Setting-Theorie** (Maxwell McCombs / Donald Shaw)
Dys-funktionalität	**Wissenskluft-Perspektive** (Philipp Tichenor / George Donohue / Clarice Olien)	**Kultivierungs-Analyse** (George Gerbner) **Schweigespiralen-Konzept** (Elisabeth Noelle-Neumann)

Für verschiedene Ansätze – Uses-and-Gratifications-Ansatz, Information Seeking Theorie, Perspektive der Ko-Orientierung – steht die Wiederentdeckung des Rezipienten im Zentrum, was eine intensive Beschäftigung mit den Motiven, die hinter der Mediennutzung stehen, nach sich gezogen hat: Eng damit verknüpft ist die Frage nach der Integration der Mediennutzung als soziales Handeln in den Alltag der Rezipienten: lebensweltlich-ökologische Perspektive. Zudem hat der bislang vernachlässigte Bereich der *Rezeption und Verarbeitung* der Medienbotschaften mit der Entwicklung der kognitiven Psychologie forschungsmäßig Auftrieb erhalten, und zwar zusammen mit einer stärkeren Betonung der affektiven Aspekte des Rezeptionsprozesses. Gesamtgesellschaftlich ermöglichen die Medien nach diesen Ansätzen tendenziell Pluralismus und Vielfalt sowie Selbstverwirklichung für das einzelne Individuum.

Im postkommunikativen Bereich sind vorab *kognitive* Wirkungsphänomene neu erschlossen und thematisiert worden. Während die *Agenda-Setting-Theorie* den Medien integrierende Leistungen durch Fokussierung auf gesellschaftlich relevante Themen zuspricht, postuliert die *Wissenskluft-Perspektive* eher dysfunktionale Medieneffekte, weil nach ihr bestehende gesellschaftliche Ungleichheiten durch den medienvermittelten Informationsfluss verstärkt und nicht ausgeglichen werden. Die *Kultivierungs-Analyse* wiederum beschäftigt sich mit Tendenzen der kulturellen Uniformierung und Hegemonie vorab durch das Fernsehen, derweil in dieser Frage die Positionen der Vertreter der *qualitativen Rezeptionsforschung* ambivalent sind: Behauptet werden zum einen Offenheit und Bedeutungsvielfalt von Medientexten, während zum anderen dominant angelegte Rezeptionsweisen als ideologischer Zwang postuliert werden.

5.1 Uses-and-Gratifications: der Nutzenansatz

In Auseinandersetzung mit der klassischen Wirkungsforschung sind theoretische Ansätze entwickelt worden, in denen die klassische Frage: *„Was machen die Medien mit den Rezipienten?"* umgekehrt wurde, und zwar zu: *„Was machen die Menschen mit den Medien?"* – Dahinter steht die *Prämisse* eines mehr oder weniger *aktiven Publikums*. Die Zuwendung zu bzw. die Nutzung von Medien wird als eine Form des sozialen Handelns verstanden, die *aktiv, zielgerichtet* und *sinnhaft* ist. Der einzelne Rezipient bestimmt in Abhängigkeit seiner Bedürfnisse, Probleme und Erwartungen, ob und wie er ein bestimmtes Medium oder einen bestimmten Medieninhalt nutzt oder nicht (vgl. Abb. 53).

Auf die Medien bezogen heißt dies, dass sie untereinander als *Mittel der Bedürfnisbefriedigung oder Problemlösung* in Konkurrenz stehen, und zwar auch zu nichtmedialen Quellen. Medien werden nicht automatisch genutzt. Es muss gefragt werden, wieso sich der einzelne Rezipient ihnen zuwendet. Massenmedien können darum auch nur Wirkungen haben, insofern der Rezipient von ihnen Gebrauch macht, sie also benutzt und als für ihn lohnend einschätzt.

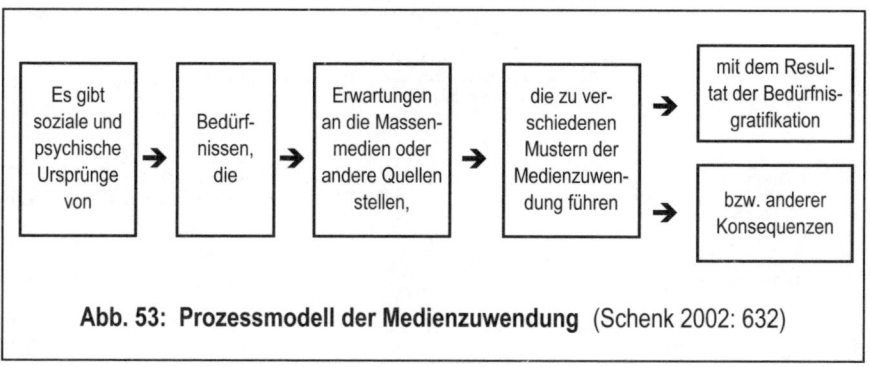

Abb. 53: Prozessmodell der Medienzuwendung (Schenk 2002: 632)

5.1.1 Theoretischer Bezugsrahmen

Der theoretisch wohl differenzierteste Bezugsrahmen stammt von Karl Erik Rosengren (1974). Ausgangspunkt seiner Überlegungen bilden die Grundstruktur der jeweiligen Gesellschaft und das in ihr bestehende Mediensystem einerseits, andererseits biophysiologische und entwicklungspsychologische Gegebenheiten und Bedingungen sowie grundsätzliche menschliche Bedürfnisse. Diese drei ursächlichen Faktoren der Bedingungskonstellation führen im Sozialisationsprozess und in der je konkreten Lebenssituation zu sozial unterschiedlichen, individuell je anders perzipierten Problemstellungen und Bedürfnissen und auf sie bezogenen Möglichkeiten der Bedürfnisbefriedigung und Problemlösung. Dieses Paradigma ist von Karsten Renckstorf (1989: 332) in einer *handlungstheoretischen Interpretation* visualisiert worden: vgl. Abb. 54.

Paradigma. 1) Welche Bedürfnisse und Probleme werden von welchen Menschen in sozialen Situationen und entwicklungspsychologischen Phasen als für sie mehr oder weniger dringlich empfunden? 2) In welcher Weise werden die einzelnen Medien und andere nichtmediale Instanzen als mehr oder weniger optimale Mittel der Problemlösung oder Bedürfnisbefriedigung gesehen? 3) Probleme und Problemlösungsmöglichkeiten setzen sich in der Perzeption des Handelnden in sozialen Situationen und im Zusammenhang mit Handlungsplänen und Situationsdefinitionen vor dem Hintergrund der Medienkompetenz in spezifische Motive für bestimmte Gratifikationen und Problemlösungen um und motivieren so bestimmte Formen von Problemlöseverhalten als Wahl zwischen verschiedenen Medien und nichtmedialen Verhaltensalternativen. 4) Die gewählten Strategien der Bedürfnisbefriedigung und die daraus resultierende mehr oder weniger optimale Bedürfnisbefriedigung wirken ihrerseits auf die subjektiven und objektiven Bedingungsfaktoren des Medienumgangs zurück.

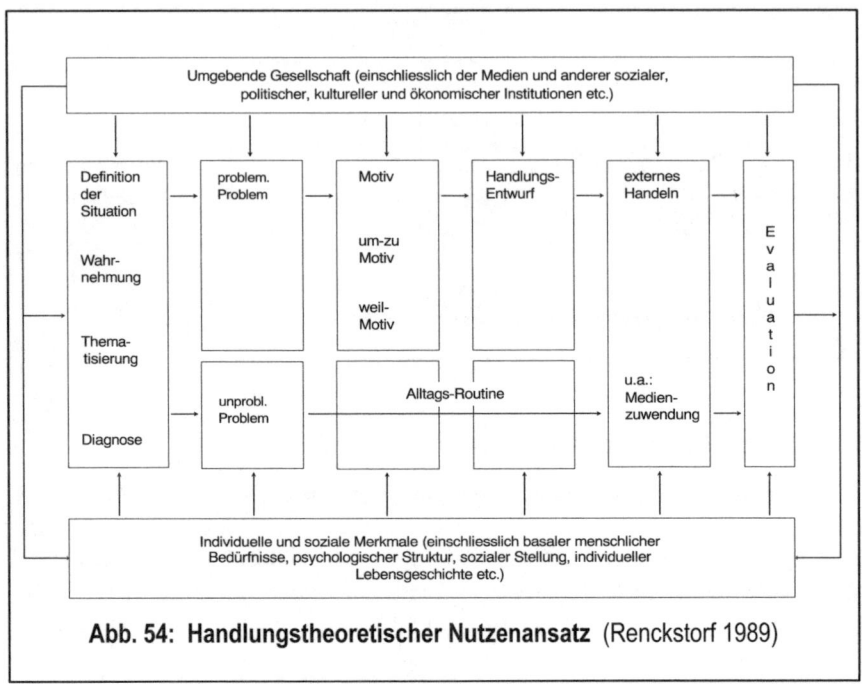

Abb. 54: Handlungstheoretischer Nutzenansatz (Renckstorf 1989)

Entwicklung des Ansatzes. 1. Erste qualitative Studien in den 40er Jahren zur eskapistischen Funktion von Radioquizsendungen: Herzog (1940); 2. Blumler / Katz: The Uses of Mass Communications (1974); 3. Themenheft von Communication Research: The Uses and Gratifications Approach to Mass Communications Research (1979); 4. Rosengren / Wenner / Palmgren: Gratifications Research: Current Perspectives (1985); 5. neue Übersichtsartikel von Rayburn II (1996) oder Rubin (2000 + 2002).

5.1.2 Forschungsfragen

Für die praktische Erforschung der hinter der Medienzuwendung stehenden und diese motivierenden sowie steuernden kommunikationsrelevanten Bedürfnisse ergeben sich folgende Fragestellungen:

1. Erfassung von Struktur, Differenziertheit und Hierarchie der kommunikationsrelevanten Bedürfnisse, Probleme, Absichten oder Erwartungen verschiedener Rezipientengruppen als Antezedenzien.

2. Häufigkeit und Intensität der Mediennutzung insgesamt bezüglich der Befriedigung der einzelnen Bedürfnisse.

3. Funktionalität der einzelnen Medien bezüglich der Befriedigung der verschiedenen Bedürfnisse bzw. funktionale Alternativen.

4. Funktionsvielfalt vs. Funktionsspezifität der einzelnen Medien als Instanzen der Bedürfnisbefriedigung oder Problemlösung.

5. Bedürfnisbefriedigung durch Mediennutzung im Vergleich zu nichtmedialen Quellen wie interpersonale Kommunikation (Gespräche).

6. Konsequenzen der funktionsorientierten Mediennutzung als intervenierende Variable auf die postkommunikative Wirkung von Medienbotschaften.

7. Herausbildung und Reorganisation sowohl der medienrelevanten Bedürfnisse als auch der Mediennutzungsfunktionen im Sozialisationsprozess.

5.1.3 Theoretische Probleme und Weiterentwicklungen

Bedürfnisbegriff. Im Nutzenansatz kommt den Bedürfnissen und Problemen der Rezipienten ein zentraler Stellenwert zu, weil sie als auslösende Motive die Wahl der Kommunikationsquellen, die Qualität der Kommunikationsbeziehung, die Wahl der Kommunikationsinhalte und sogar die aus der Kommunikation resultierenden Wirkungen wesentlich bestimmen.

Bedürfnistypologien. Die theoretische Bestimmung kommunikationsrelevanter Bedürfnisse birgt Probleme und Gefahren in sich, was sich schon in der Vielfalt der verwendeten Typologien äußert: *monofunktionale* (bspw. Mediennutzung als Eskapismus), *bifunktionale* (Informations- vs. Unterhaltungsfunktionen) und *multifunktionale* Konzeptionen:

- *Kognitive Bedürfnisse:* Resultieren aus den Orientierungs- und Entscheidungsproblemen des Handelnden gegenüber seiner Umwelt und umfassen verschiedenste Subdimensionen wie unspezifische Neugier, Kontrolle der Umwelt, Lernen, Realitätsexplorierung, Wissenserweiterung und Handlungsanweisung, aber auch Selbsterfahrung gegen innen.

- *Affektive Bedürfnisse:* Ihnen unterliegen Probleme der individuumszentrierten Stimmungskontrolle wie Entspannung und Rekreation durch Unterhaltung; Ablenkung, Entlastung oder sogar Verdrängung von Umweltanforderungen (Eskapismus); aber auch Spannungssuche und Excitement als Zeitvertreib.

• *Sozial-interaktive Bedürfnisse:* Basieren auf dem Wunsch nach Geselligkeit und sozialem Kontakt mit und Anerkennung durch andere Menschen. Medien liefern dafür Anlässe und Themen für Gespräche; sie ermöglichen Identifikation mit Medienakteuren; in der parasozialen Interaktion werden Medienakteure wie „normale" Menschen behandelt.

• *Integrativ-habituelle Bedürfnisse:* Entstehen aus dem Wunsch nach Vertrauen, Geborgenheit und Sicherheit sowie Stabilität und Wertverstärkung bezüglich verschiedenster Referenzgruppen wie Familie, Gemeinde, Freunde, Vaterland etc. Medien ermöglichen dies über habituelle Nutzungsmuster und ritualisierte Inhaltsstrukturen.

Beispiel: Rosengren u.a. (1985) konzipierten zur Analyse der Nutzung von TV-Nachrichten eine Typologie mit vier Polen: 1) Umweltorientierung, 2) parasozialen Beziehungen, 3) sozialer Integration und 4) Para-Orientierung.

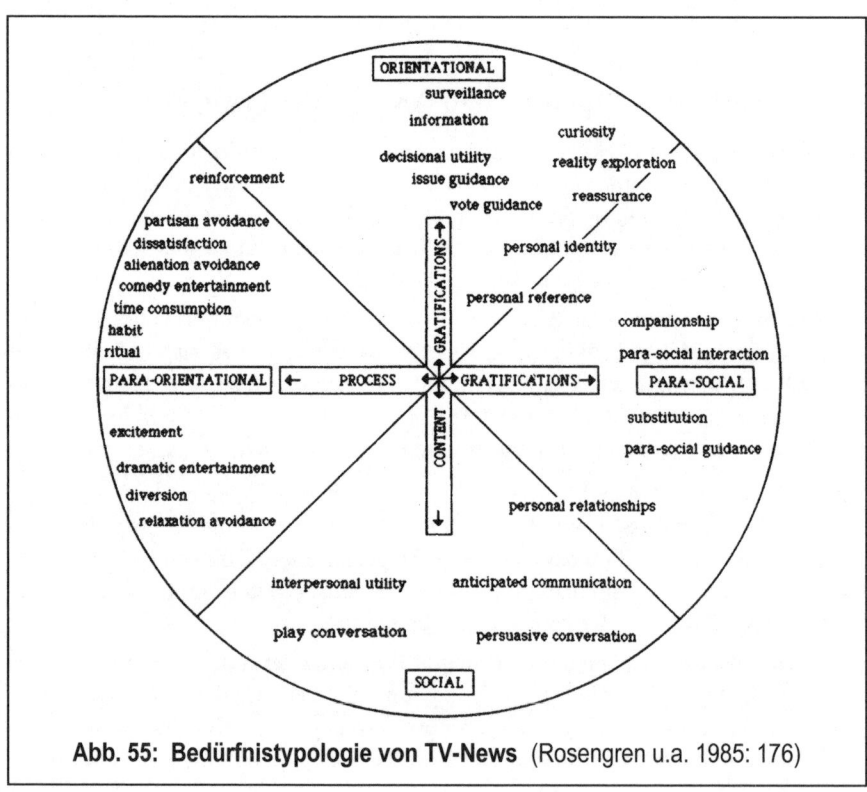

Abb. 55: Bedürfnistypologie von TV-News (Rosengren u.a. 1985: 176)

Herleitung der Bedürfnisse. Das Bedürfniskonzept darf *nicht mentalistisch und statisch* missverstanden werden, indem Bedürfnisse quasi aus dem „Wesen" des Menschen abgeleitet werden. Dabei besteht die *Gefahr eines Tautologieschlusses:* Mediennutzung beweist Bedürfnisse und der Bedarf wiederum legitimiert die Angebote bzw. deren Nutzung (Blumler 1979). Bedürfnisse entwickeln sich immer in Auseinandersetzung von Person, Sozial- und Mediensystem und sind darum vielfältigsten Einflüssen und Veränderungen ausgesetzt; insbesondere äußert sich in den medienbezogenen Bedürfnissen eben auch eine durch Medienmarketing bewusst *erzeugte Nachfrage* (Elliot 1974; Swanson 1979; Merten 1984; Ronge 1984). Zudem kann *in methodischer Hinsicht* bei der Konstruktion von Bedürfnistypologien entweder induktiv-empirisch – z.B. mit Tiefeninterviews oder Gruppengesprächen – oder deduktiv-theorieorientiert vorgegangen werden.

Publikumsaktivität. Kritisiert wird, dass im Uses-and-Gratifications-Ansatz die Publikumsaktivität *überbetont* werde. Medienzuwendung sei vielfach nicht zielorientiert, instrumentell und selbstbestimmt, vielmehr dominiere bspw. gerade beim Fernsehen der habitualisiert-ritualistische Konsum (Rubin 1984; Mehling 2001). Jäckel (1992) hat darum Medienaktivität im Rahmen der Rational-Choice Theorie als Entscheidungshandeln in einer Niedrigkostensituation zu analysieren versucht. Oft bleibt auch *unklar*, was unter „Publikumsaktivität" überhaupt verstanden wird. Nach Blumler (1979) oder Levy / Windahl (1984) sind verschiedene Formen von Aktivität zu unterscheiden, und zwar einerseits bezogen auf die drei Phasen im Kommunikationsprozess und andererseits bezüglich der je spezifischen Orientierung des Medienpublikums (Abb. 56).

Abb. 56: Formen von Publikumsaktivität (Levy /Windahl 1984)			
Orientie-rung des Publikums	**Phase in der Kommunikationssequenz**		
	prä-kommunikativ	während der Kommunikation	post-kommunikativ
Selektivität	selektive Auswahl	selektive Wahrnehmung	selektive Erinnerung
Involvement	Zuwendungs-erwartungen	Aufmerksamkeit Identifikation parasoziale Interaktion	Langfrist-Identifikation Phantasien
Nützlichkeit (engl.: utility)	Gesprächswert (engl.: coin of exchange)	die erzielten Gratifikationen erfahren bzw. ausleben	Themengebrauch Meinungs-führerschaft

Bewusstheit der Bedürfnisse. Der Nutzenansatz geht davon aus, dass die Rezipienten über ihre Motive *wahrheitsgemäß* Auskunft geben, was aber voraussetzt, dass sie dazu überhaupt in der Lage sind, d.h. sie müssen sich ihrer Bedürfnisse in der Mediensituation überhaupt bewusst sein. Das *Problem* besteht darin, dass es nicht nur manifeste, sondern auch latente Bedürfnisse gibt.

Qualität der Bedürfnisbefriedigung. Kritisiert wird auch, dass die Rezipienten die Medien wohl bedürfnisorientiert nutzten, die Medien zudem diese Bedürfnisse zu befriedigen vermöchten; dass der Nutzenansatz aber kaum Aussagen mache bezüglich der *Qualität der Bedürfnisbefriedigung:* kreative, egoerweiternde vs. eskapistisch-meinungsverfestigende Nutzung. Der Ansatz legitimiere wertungsfrei jegliche Medienangebote, weil sie der Anpassung dienten.

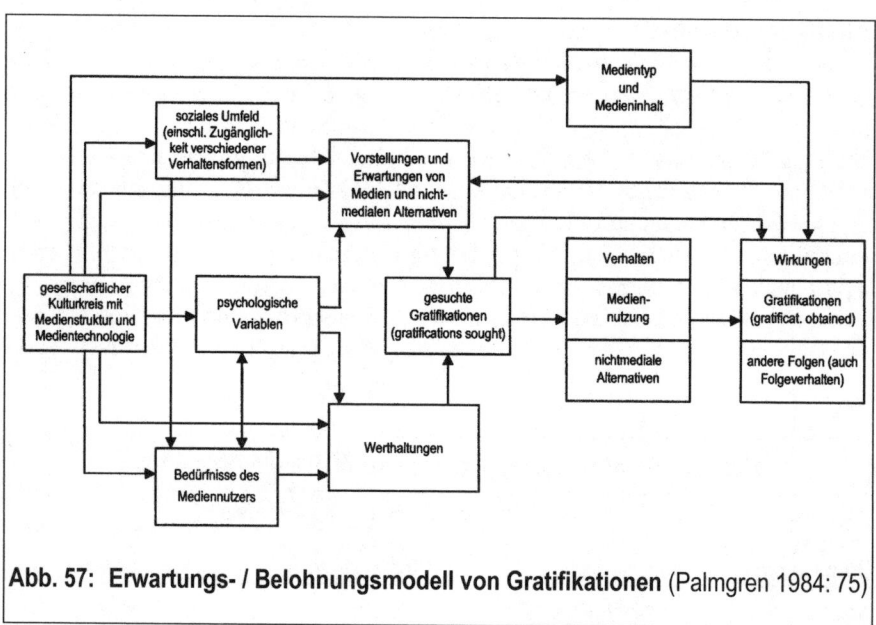

Abb. 57: Erwartungs- / Belohnungsmodell von Gratifikationen (Palmgren 1984: 75)

Bedürfnisse vs. Gratifikationen. In vielen empirischen Studien werden die *medienbezogenen Bedürfnisse* der Rezipienten und die *funktionsorientierte Mediennutzung* nicht unabhängig voneinander gemessen. Oft wird nur untersucht, aufgrund welcher Motive bestimmte Medien genutzt werden. Weil „needs" und „gratifications" nicht klar getrennt werden, unterscheiden neuere methodische

Umsetzungen (vgl. Abb. 57) zwischen *„gratifications sought"* – „I watch TV news to keep up with current issues and events." – und *„gratifications obtained"* –„CBS news helps me to keep up with current issues and events."

Palmgreen (1984) formulierte ein *Erwartungs- / Bewertungsmodell:* Erwartung als perzipierte Wahrscheinlichkeit, dass ein Medium gewisse Eigenschaften besitzt – „The extent to which you feel TV news actually possesses certain characteristics." – und die subjektive Bewertung dieser Eigenschaften. Erst die Differenz zwischen gesuchten und erhaltenen Gratifikationen oder das Produkt von Erwartungen und darauf bezogenen Bewertungen entscheidet schließlich über die erhaltene Gratifikation als *„media satisfaction"* (Palmgren / Rayburn 1982; Palmgren 1984; Rosengren 1996).

Konsequenzen der Mediennutzung. Befriedigen Medienangebote bestehende Bedürfnisse, führt dies zur Habitualisierung oder gar Abhängigkeit bspw. in Form von TV-Sucht als Problem. Konsequenzen für andere Medien und deren Angebote bzw. nichtmediale Aktivitäten können sein: Ihre Angebote werden als Zusatz – engl.: supplement – oder als Ergänzung – engl.: complement – wahrgenommen, aber auch als Konkurrenz und Ersatz – engl.: displacement.

Fazit. Weil in vielen Studien vor allem die *Forschungsstrategie im Zentrum* steht (Schenk 2002: 634ff.), wird nach wie vor kontrovers diskutiert, ob es sich beim U&G-Ansatz letztlich eher um einen *atheoretischen Beitrag* handle, oder ob nicht doch vielfältige Bezüge zum Äquivalenzfunktionalismus, zum Rational Choice Ansatz (Jäckel 1992) oder zur Handlungstheorie (Mehling 2001) und zum symbolischen Interaktionismus (Krotz 1996) bestehen.

5.1.4 Empirische Umsetzung

In der 30jährigen Forschungstradition ist mittlerweile eine Vielzahl empirischer Untersuchungen durchgeführt worden (Rubin 2002: 531ff.). Im Zentrum stehen Studien, in denen die Funktionen einzelner *Medien im Vergleich* untersucht werden (Katz / Gurevitch / Haas 1973; Weiss 1978; Ridder / Engel 2001); daneben bilden Analysen der *Funktionen einzelner Medien* wie TV (Rubin 1981), PC und Internet (Höflich 1994) bzw. von *Mediengenres* wie TV-News (Wenner 1985; Koning / Renckstorf / Wester 2001), Affekt-TV oder Talkshows (Bente / Fromm 1997; Weiß 1999) weitere Schwerpunkte der Forschung. Spezielle Aufmerksamkeit gefunden haben auch Medienfunktionen bei *Kindern* (Saxer / Bonfadelli / Hättenschwiler 1980) sowie *Effekte von Gratifikationen* auf das Lernen (Bonfadelli 1988). – Im Folgenden werden klassische und für die Forschungsentwicklung wegweisende Studien vorgestellt.

Israel-Studie (Katz, Gurevitch, Haas 1973)

Hintergrund. Nachdem in den 50er Jahren mehrere *qualitative* Untersuchungen zur bedürfnisorientierten Mediennutzung durchgeführt worden waren (z.B. Radio Quiz: Herzog 1940; Appeal von Radio Soap-Operas: Herzog 1944; Kinder und Comicslesen: Wolfe / Fiske 1949) bildet die Israel-Studie die erste bedeutende Wiederanknüpfung und methodische Weiterentwicklung. Kürzlich, d.h. 20 Jahre danach, wurde sie wiederholt (Katz / Haas 1995).

Forschungsfragen. Bei 1500 Personen wurde mittels Befragung untersucht: 1) Welche Bedürfnisse werden von den verschiedenen sozialen Gruppen als für sie wie wichtig empfunden? 2) In welcher Weise befriedigen die verschiedenen Medien – TV, Radio, Bücher, Zeitungen, Kino – die unterschiedlichen Bedürfnisse? 3) Wie wird der Beitrag der Massenmedien im Vergleich zur interpersonalen Kommunikation bezüglich der Bedürfnisbefriedigung bewertet?

Abb. 58: Funktionstypologie der Israel-Studie		
a) Modalität (der)	**b) Inhalte** (bezüglich)	**c) Bezugsgruppen**
• Verstärkung	• Kognition: Information, Wissen, Verständnis	• Selbst, Ich
	• Affekt: emotionale Erfahrungen	• Familie
• Schwächung	• Integration: Glaubwürdigkeit,	• Freunde
	Vertrauen, Zuverlässigkeit	• Staat, Gesellschaft
• Erwerb	• Interaktion: Beziehungen	• Tradition, Kultur

Operationalisierung. Der obige *dreidimensionale Raster* (vgl. Abb. 58) wurde zur Formulierung der 35 medienbezogenen Bedürfnisse verwendet: *„Verstehen, was in Israel und der Welt vor sich geht"* = a1, b1, c4; *„Flucht aus dem Alltag"* = a2, b4, c1.

Befunde. *Zeitungen* boten in Israel umfassende Hilfeleistungen, und zwar vor allem bezüglich kognitiver Bedürfnisse und bezüglich Integration und Interaktion. *Bücher* wurden zur Befriedigung affektiver Bedürfnisse *(Eskapismus)* und kognitiver Bedürfnisse *(Wissenserweiterung)* benutzt. Das *Fernsehen* wurde nur bei drei Bedürfnisindikatoren allen anderen Medien vorgezogen: *Zeit innerhalb der Familie verbringen, Zeit totschlagen.* Dieser Befund weicht von den Funktionen des Fernsehens in den USA und Europa beträchtlich ab. *Radio* wurde für kein einziges Bedürfnis als besonders hilfreich empfunden. Der *Film* diente vor allem individuellen affektiven Bedürfnissen. Generell gilt, dass mit steigender Bildung die perzipierte *Funktionalität der Printmedien* höher eingestuft wurde, bei niedriger Bildung war jene der elektronischen Medien höher. Das Fernsehen war unter funktionalen Gesichtspunkten das diffuseste Medium, d.h. befriedigt verschiedenste Bedürfnisse. Bücher und Radio liegen in der Mitte, während Film und Zeitungen bezüglich ihrer Funktionalität spezialisiert sind. Fernsehen und Radio sind einander ähnlich, während bei Fernsehen und Buch die funktionale Austauschbarkeit gering ist. *Nichtmediale Instanzen* wie Familie, Peer Groups u.a. wurden im Vergleich zu den Massenmedien in allen Bedürfnisbereichen als funktionaler beurteilt. – 20 Jahre später wurde die Israel-Studie von Katz / Haas (1995) repliziert.

Schweden-Studie (Rosengren / Windahl 1973)

Fragestellung. Im Vergleich zur Israel-Studie wird hier von einem sozial orientierten und monofunktionalen Bedürfnisbegriff ausgegangen, wobei das tatsächliche Vorhandensein und die Stärke des Bedürfnisses empirisch nicht abgeklärt wurde: *Bedürfnis nach sozialem Kontakt und Interaktion.* Postuliert wird, dass Mediennutzung unter bestimmten Rahmenbedingungen, und zwar in Abhängigkeit von individueller Fähigkeit und milieubedingten Möglichkeiten, eine funktionale Alternative für direkte soziale Interaktion sein kann.

Generalhypothese. Der Fernsehkonsum ist vor allem bei jenen Personen hoch, die wenig Gelegenheit zu Interaktion mit anderen Leuten haben, und zwar psychologisch *(Indikatoren: Beziehungsstruktur am Arbeitsplatz und in Ehe)* und soziologisch *(Indikatoren: sozialer Status, Mobilität, Freizeit);* bei diesen Personen wird zudem das Involvement, d.h. die psychische Beteiligung bezogen auf die Medieninhalte, hoch sein.

Abb. 59: Typologie von Bedürfnisbefriedigungsmöglichkeiten durch Medien		
1) Motivation, 2) Gratifikation, 3) Modalität, 4) Inhalte	Umwelt- und milieubedingte Restriktionen, Kontaktbedürfnisse zu befriedigen:	
	nein	ja
Individuelle nein Restriktionen, Kontaktbedürfnisse zu befriedigen	Zusatz bzw. Supplement Abwechslung Restriktionen, Ungebundenheit Information, Bildung	Ergänzung bzw. Komplement Entschädigung Parasoziale Interaktion Unterhaltung, Musik
ja	Ergänzung bzw. Komplement Eskapismus, Flucht Einzel-Identifikation Lehrfilme, Dokumente	Ersatz bzw. Substitution Stellvertretende Erfahrung Gebundenheit, Capture Romane, Schauspiele

Befunde. In vier Untersuchungen konnten entsprechende Korrelationen zwischen den vier Variablen nachgewiesen werden: vgl. Abb. 60.

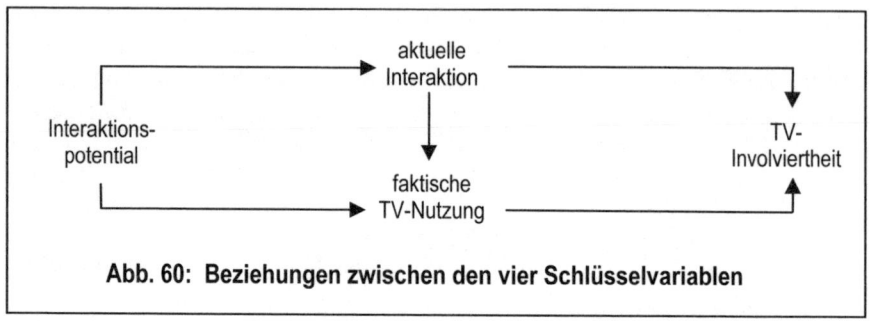

Abb. 60: Beziehungen zwischen den vier Schlüsselvariablen

KtK-Studie in der BRD (Infratest 1975)

Fragestellung. 1975 wurde in der BRD erstmals eine Uses-and-Gratifications Studie im Auftrag der Kommission für den Ausbau des technischen Kommunikationssystems durchgeführt, die sich an der Israel-Studie orientierte und von den subjektiven Bedingungsfunktionen der Mediennutzung ausging: *27 kommunikationsrelevante Absichten* standen im Zentrum der Untersuchung von 2000 repräsentativ ausgewählten Befragten wie z.B. *„Mich über die aktuellsten Ereignisse informieren zu können"* oder *„Mich nicht einsam zu fühlen".*

Methode. Die Befragten mussten in einem ersten Schritt die Bedürfnisstatements nach deren *persönlicher Wichtigkeit (sehr, ziemlich, weniger gar nicht wichtig)* einschätzen. In einem zweiten Schritt hatten die Befragten für fünf Medien – *Bücher lesen, Zeitschrift / Illustrierte lesen, Tageszeitung lesen, Fernsehen, Radiohören* – und für *„persönliche Gespräche führen"* je einzeln anzugeben, inwiefern diese Tätigkeiten dazu beitragen, die kommunikationsrelevanten Absichten zu verwirklichen *(sehr viel, viel, etwas, gar nicht).*

Befund 1: Bedürfnishierarchie. Nicht alle kommunikationsrelevanten Absichten waren gleich wichtig: Am wichtigsten waren „sozialer Kontakt", „Entspannung", „Lebenshilfe" und „politische Kontrolle"; weniger wichtig waren dagegen „Fortbildung", „politischer Meinungsvergleich", „Selbst- und Fremderfahrungen" sowie „Eskapismus". Am weitesten verbreitet waren Bedürfnisse nach Unterhaltung und aktueller Information. Den 27 Bedürfnisindikatoren zugrunde liegen *5 Faktoren*: 1) Öffentliche Teilhabe am Weltgeschehen, 2) persönliches Wohlergehen, 3) persönliche Erfahrung und Anerkennung, 4) unpolitische Neugier und 5) Abgeschiedenheit.

Befund 2: Bedürfnistypen. Aufgrund dieser Faktoren konnten die Befragten in *7 Bedürfnistypen* klassifiziert werden: 1) Weltoffenheit und politisches Interesse (20%), 2) Vielseitigkeit und Aktivität (22%), 3) Vorsicht und Zurückhaltung (12%), 4) Jugend und Lebensbejahung (23%), 5) Nüchternheit und geringes Interesse (10%), 6) Isolation und Interessenarmut (8%) und 7) Desintegration (4%). Diese Typen können durch soziodemographische Faktoren und durch ihr Kommunikationsverhalten charakterisiert werden.

Befund 3: Kommunikationsrelevanz der Medien. In nahezu allen Bedürfnisbereichen dominierte das *Gespräch* als Gratifikationsquelle. Neben diesem war das *Fernsehen* als Medium am universellsten und am wenigsten spezialisiert. Eine differenziertere Beurteilung erlaubte die Diskriminanzanalyse, wobei sich zwei Hauptachsen ergaben: *a) Informationsabsicht:* extrovertiert, aktuell, kurzfristig verwertbar, leicht zugänglich vs. introvertiert, nicht aktuell, langfristig verwertbar, schwer zugänglich; *b) Involviertheit:* ich-bezogen und betroffen, unvermittelt, aktiv vs. distanziert, vermittelt, passiv. Die Medien können durch ihre Position in diesem zweidimensionalen Raum abgebildet werden.

Befund 4: Gespräche vs. Massenmedien. Gespräche erfordern Involviertheit, Aktivität sowie persönlichen Einsatz und zeichnen sich durch Ich-Bezug, Betroffenheit, Aktivität, Hinwendung zur Außenwelt und Aktualität aus. Im deutlichen Unterschied dazu stehen die *technischen Kommunikationsmedien* (TV, Radio, Zeitung), die durch relative Distanz, Vermitteltheit und Passivität gekennzeichnet sind. Im Vergleich dazu erfordern *Bücher* mehr Ich-Bezug und Aktivität; sie sind zudem schwerer zugänglich und eher langfristig verwertbar.

Zürcher-Studie (Saxer / Bonfadelli / Hättenschwiler 1975)

Ansatz. In der Schweiz wurde der Uses-and-Gratifications-Ansatz erstmals 1975 in einer Studie bei Kindern und Jugendlichen im Kanton Zürich angewendet. Gefragt wurde: Wie lernen Kinder und Jugendliche, den einzelnen Medien Sinn und Bedeutung zuzusprechen und diese funktionsorientiert zu nutzen? – Weil für die einzelnen Altersstufen (9, 12, 15 Jahre, N = 2750) unterschiedliche Probleme und verschiedene Sozialisationsinstanzen (Familie, Schule, Peers) von Bedeutung sind, sich zudem die Medien bezüglich Inhalten, Zugänglichkeit und Anforderungsgrad unterscheiden, ist die funktionsbezogene Nutzung der einzelnen Medien entsprechend der jeweils vorherrschenden Konstellation auf den verschiedenen Altersstufen je anders.

Fragestellungen. 1) Welche Medien werden in welcher kommunikationsrelevanten Situation benutzt? 2) Wie ist die funktionale Konkurrenz zwischen Medien und anderen Möglichkeiten der Bedürfnisbefriedigung? 3) Wie reorgani-

siert sich die funktionsorientierte Medienzuwendung im Entwicklungsablauf?
4) Welche entwicklungspsychologischen und sozialen Faktoren beeinflussen
die Herausbildung der je unterschiedlich funktionsorientierten Nutzung der
verschiedenen Medien wie z.B. Buch vs. TV (vgl. van der Voort u.a. 1998)?

Abb. 61: Medienfunktionalität (Saxer / Bonfadelli / Hättenschwiler 1980: 59)

Nennungen in %:	Information Lernen	darüber sprechen	Lange- weile	allein sein	span- nend	traurig trösten	Probleme vergessen	Mittel- wert
Buch	43	12	25	34	19	17	20	24
Fernsehen	15	36	17	9	25	11	14	18
Radio / Platten	7	19	27	33	5	33	30	22
Comics	4	5	7	7	4	7	7	6
Kino	1	7	1	1	14	1	2	4
Zeitung	11	5	1	1	2	1	1	3
anderes	19	16	22	15	31	30	26	23

Neue Medien

Fragestellung. Inwiefern werden Mediennutzungsmuster der „alten" durch die
sog. „Neuen" Medien komplementär ergänzt oder substituiert werden? Und im
speziellen: Wie stark können Gespräche, Briefe, Telex etc. durch neue Formen
der computergestützten Bürokommunikation ersetzt werden? Oder: Inwieweit
werden durch das Internet die Nutzungsfunktionen der „alten" Medien – z.B.
Zeitung oder TV – beeinflusst und deren Reorganisation angeregt?

Ansatz. Neuen Medien und Kommunikationstechniken werden alte Medien
dann ersetzen können, wenn sie deren Leistungen – z.B. im Bürobereich: engl.:
managerial promptness, semantic complexity, interpersonal confidence, admi-
nistrative accuracy – besser und / oder kostengünstiger (finanzieller, zeitlicher
und mentaler Aufwand) zu erfüllen versprechen, und wenn sie darüberhinaus
sogar zusätzlich neue Leistungen zu erbringen vermögen.

Empirische Studien. Funktionen neuer Medien im Vergleich zu interpersonaler und Massenkommunikation sind in verschiedenen Studien theoretisch analysiert und auch empirisch untersucht worden: vgl. Rice / Williams (1984);
Perse / Courtright (1993); Höflich (1994); Bromley / Bowles (1995); Weinreich (1998); Hagen (1998); Kaye / Johnson (2002). – In Deutschland sind
jüngstens in der Studie „Massenkommunikation 2000" das Image und die
Gründe für die *Nutzung des Internets im Vergleich zu Fernsehen, Radio hören*

und Tageszeitung lesen untersucht worden (vgl. Fritz / Gerhards / Klingler 2003: 27). Von den Befragten, die das Internet mindestens mehrmals pro Monat nutzten, taten dies a) 93%, um sich zu informieren, b) 80%, weil es Spaß macht, c) 66%, weil sie Denkanstösse bekommen, und d) 53%, damit man mitreden kann. Im Unterschied zum Fernsehen spielen Funktionen wie „weil es aus Gewohnheit dazu gehört" mit 17%, „weil ich damit den Alltag vergessen möchte" mit 11% und „weil ich mich dann nicht allein fühle mit 9% keine wesentliche Rolle. Beim Medien-Image korrespondiert dazu, dass das Internet bei der Bevölkerung als „zukunftsorientiert" (61%), „modern" (60%) und „vielseitig" (40%), aber auch „anspruchsvoll" (31%) gilt.

5.2 Aktive vs. passive Informationssuche

In Abgrenzung zum Nutzenansatz befassen sich die folgenden Theorien spezifischer mit der *informationsorientierten* Zuwendung zur Massenkommunikation. Ausgangspunkt ist der Befund, dass hohe quantitative Mediennutzung durch die Rezipienten keinesfalls schon entsprechende Wissensaufnahme und Bildungsprozesse garantiert, weil verschiedenste soziale Barrieren den Informationstransfer behindern. Verstanden und erklärt werden muss also, *wieso* bestimmte Rezipienten in bestimmten sozialen Situationen sich den Medien aktiv zuwenden und Informationen aufnehmen und andere dies nicht tun, d.h. die Medien relativ passiv nutzen und trotz hohem Medienkonsum wenig lernen.

5.2.1 Aktive Informationssuche (Atkin)

Prämissen. Zielgerichtete Suche nach Informationen steht immer im Zusammenhang mit subjektiv wahrgenommenen Problemen, die für den Handelnden relevant sind. Medieninhalte haben für potentielle Nutzer nur *instrumentellen Wert*, wenn sie Orientierung, Entscheidung und Handeln im alltäglichen Umgang mit sozialen Problemen der Lebensbewältigung erleichtern oder erst ermöglichen. *Informationssuche- und -aufnahme* wird nur dann erfolgen, wenn der Informationswert größer ist als die damit verknüpften Kosten der Informationsbeschaffung. Der wichtigste Motivationsfaktor ist die instrumentelle Nützlichkeit der Informationsquelle im Zusammenhang mit der Diskrepanz zwischen dem augenblicklichen *Informationsstand* und dem *Informationsbedarf*.

Der *Informationsbedarf* hängt dabei stark von den perzipierten *Adaptionserfordernissen* gegenüber der Umwelt ab. Heute erfolgt bspw. Informationssuche

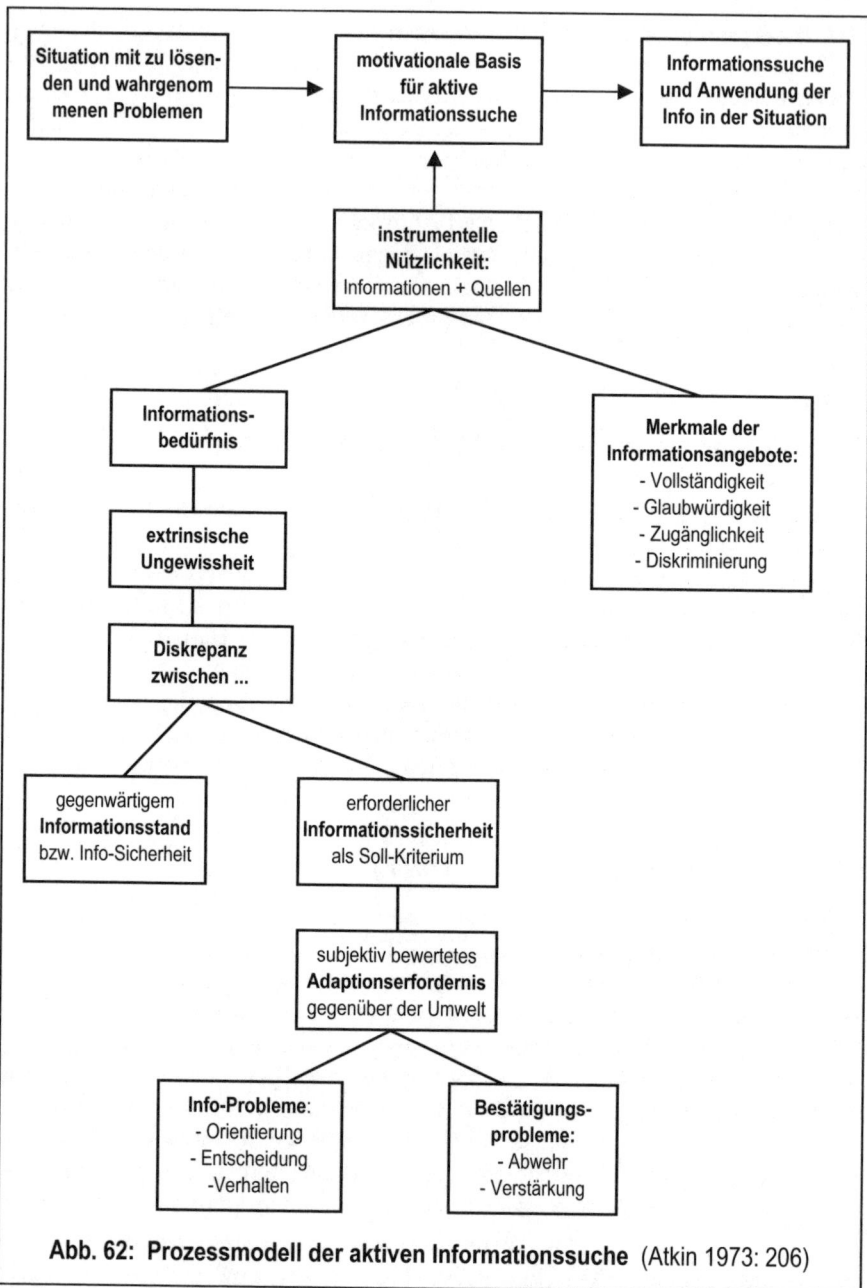

Abb. 62: Prozessmodell der aktiven Informationssuche (Atkin 1973: 206)

und -aufnahme im politischen Bereich nicht mehr quasi automatisch, weil anstehende gesellschaftliche Probleme als solche oft gar nicht wahrgenommen werden. Nach Atkin (1973) gibt es *verschiedene Adaptionsprobleme:* a) kognitive Anpassung aufgrund von Orientierungsunsicherheit, b) affektive Anpassung als Einstellungsbildung, c) Verhaltensanpassung um Handlungsalternativen gegeneinander abzuwägen, d) defensive Anpassung, um Bestätigung und soziale Unterstützung zu erhalten.

Anwendung. Empirisch umgesetzt worden sind erst wenige Aspekte des Problembereichs, und zwar vor allem bezüglich Informationssuche in Bereichen wie Familienplanung, Alkohol- und Drogenmissbrauch, Schwangerschaftsaufklärung etc. (Clarke / Kline 1974; Kline / Miller / Morrison 1974).

5.2.2 Situationaler Informationsgebrauch (Dervin)

Prämissen. Brenda Dervin formuliert einen eigenständigen *situationalen* Ansatz aus der Perspektive des Mediennutzers, in dem „Information" definiert wird als jene Antworten, die sich Handelnde als Fragende bezüglich ihrer konkreten Probleme in sozialen Situationen erschaffen, mit denen sie konfrontiert sind. Information wird in dieser Perspektive durch die Handelnden im jeweils für sie relevanten sozialen Kontext aktiv und sinnorientiert *konstruiert.* Eine solche Perspektive steht im Gegensatz zur üblichen Auffassung von Information als objektive, kontextunabhängiger Ressource, die via Medien übermittelt werden kann.

Situationstypen. Handelnde suchen Information entsprechend den *sozialen Situationen*, in denen sie stehen, und den *Problemen,* die mit diesen Situationen verknüpft sind: a) *Entscheidungssituationen* mit mehreren Alternativen, b) *Beängstigungssituation*, wo kein Weg gesehen wird, c) *Blockierungssituation*, wenn die angestrebte Lösung durch ein Hindernis blockiert wird, d) *Problemsituation* bei Handlungszwang durch Umwelt.

Situationsbezogene Fragen. Für den Handelnden stellen sich dabei *Fragen* wie: Wo bin ich? Wohin gehe ich? Wie kann ich dorthin gelangen? Woher komme ich? Bin ich allein? Wie kann ich mein Verhalten kontrollieren?

Methodischer Zugang. Die Klärung dieser Frage bedingt einen eigenständigen methodischen Zugang in Form des sog. *zeitpunktbezogenen Interviews* (Dervin / Jacobson / Nilan 1982), bei dem bezogen auf ein konkretes zurückliegendes Alltagsproblem – Krankheit, Bibliotheksbesuch, Zeitungslektüre – die Problemsicht und die darauf bezogenen Prozesse der Informationssuche aus der subjektiven Sicht des jeweiligen Handelnden rekonstruiert werden.

Empirische Umsetzung. Umgesetzt worden ist diese Perspektive in For-
schungsprojekten zu Informationssuche bei Krankheit, in Bibliotheken, beim
Zeitungslesen etc. (vgl. Dervin 1976; Dervin u.a. 1980).

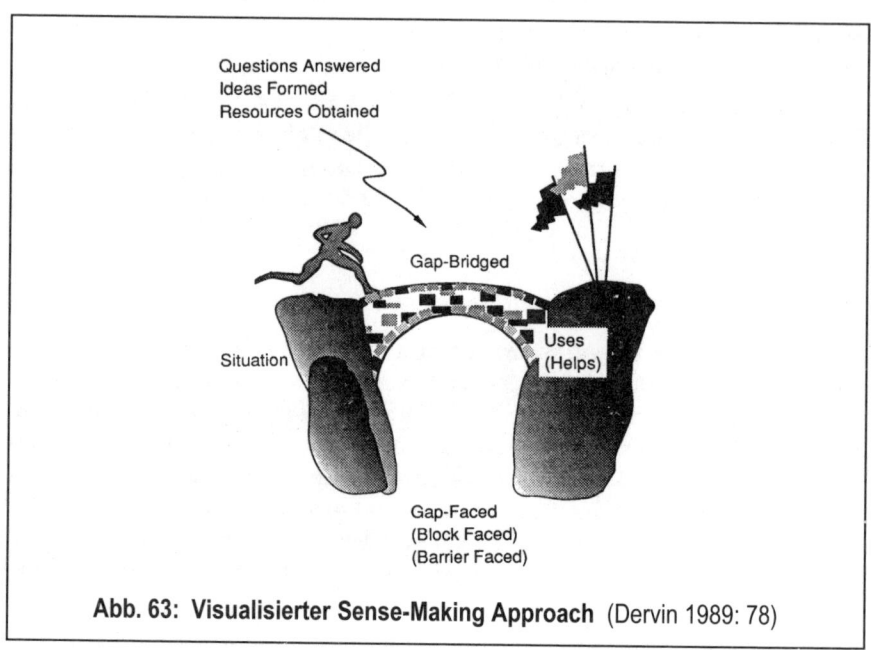

Questions Answered
Ideas Formed
Resources Obtained

Gap-Bridged

Situation

Uses
(Helps)

Gap-Faced
(Block Faced)
(Barrier Faced)

Abb. 63: Visualisierter Sense-Making Approach (Dervin 1989: 78)

5.2.3 Dynamisch-transaktionaler Ansatz (Früh / Schönbach)

Werner Früh und Klaus Schönbach (1982 / 1984) verbinden in ihrem Dyna-
misch-Transaktionalen Ansatz einerseits Elemente des klassischen S-O-R -Mo-
dells, andererseits solche des Nutzenansatzes miteinander. Prämisse ist, dass
Medien wie Rezipienten *sowohl als passive wie auch als aktive Teilnehmer* im
Kommunikationsprozess angesehen werden müssen, wobei es zwischen Kommunikation bzw. Medieninhalt und Rezipient zu *Inter-Transaktionen* und im
Rezipienten selbst zu *Intra-Transaktionen* kommt (vgl. Früh 1991):

Der *Kommunikator* ist aktiv, indem er Informationen auswählt, Akzente setzt
und die Botschaft auf die Bedürfnisse und Gewohnheiten des Publikums ausrichtet. Passiv ist er insofern, als er sich den Bedingungen aussetzen muss, die
Medium und Rezipienten ihm setzen. Und der *Rezipient* ist passiv, insofern er

nur aus denjenigen Aussagen auswählen kann, die ihm angeboten werden; passiv ist er auch in seinem täglichen, habitualisierten Medienkonsum. Aktiv ist der Rezipient bezüglich seiner Medien- und Aussagenselektion. Hinzu kommen die aktiven Prozesse des Verstehens der Medienaussagen, indem der Rezipient aufgrund seines Vorwissens die zunächst unverbundenen Informationen selbständig zu einem subjektiv sinnvollen Ganzen zusammenzufügen versucht.

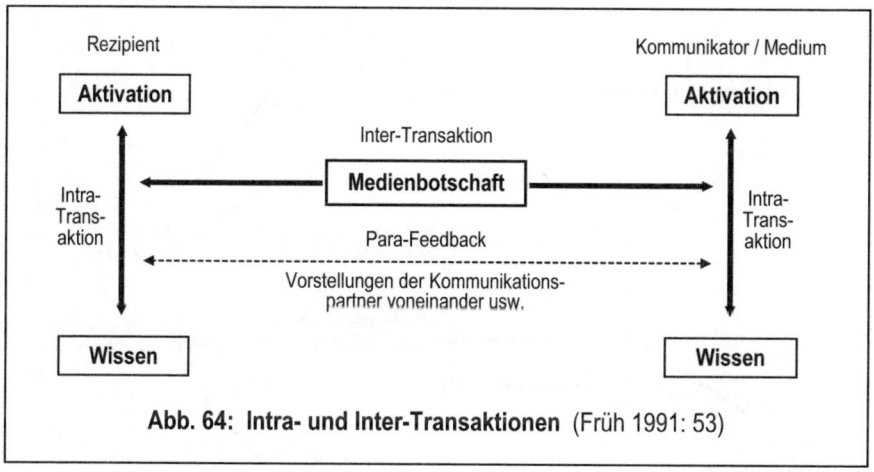

Abb. 64: Intra- und Inter-Transaktionen (Früh 1991: 53)

Früh (1994: 75) setzt sich so explizit vom sog. objektivistischen *Transportmodell* ab, bei dem den Rezipienten höchstens eine negative Selektionsfunktion zugestanden wird. Im Gegensatz dazu spielen beim *Transformationsmodell* vielfältige modifizierende und elaborative Prozesse der Informationsverarbeitung eine wichtige Rolle: Die Medienbotschaft kann 1) unverändert übernommen, d.h. adaptiert werden; 2) sie kann durch unmotiviertes Vergessen reduziert werden; 3) sie kann durch Zusammenfassungen und Generalisierungen modifiziert werden; 4) sie kann ergänzt werden, indem sie zu anderen Wissensbeständen in Beziehung gesetzt und Vorwissen eingebracht wird (Abb. 65).

Nach Früh (1991: 34ff.) lässt sich die *zeitliche Dynamik eines Wirkungsverlaufs* als hypothetisches Szenario wie folgt schildern:

Phase 1. Medienbotschaften – z.B. in Form einer Medienkampagne – wirken als Initialreize, erzwingen Aufmerksamkeit und erhöhen so das Aktivationsniveau. Dadurch kann auf der kognitiven Ebene der Verarbeitungsprozess angestoßen werden und es erhöht sich in der Folge die „Awareness" etwa als Erkennen von Schlüsselwörtern. Auf der motivationalen Ebene steigt das Interesse und es wird Sensibilisierung für das Thema erzeugt

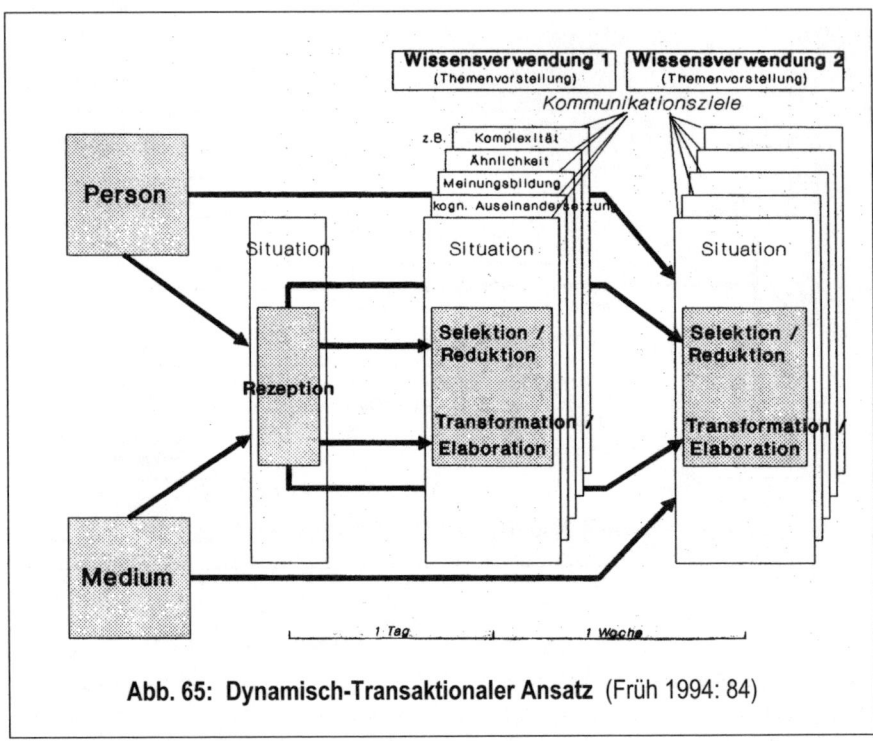

Abb. 65: Dynamisch-Transaktionaler Ansatz (Früh 1994: 84)

Phase 2. Wer mehr weiß, nimmt mit größerer Wahrscheinlichkeit die durch das Mediensystem angebotenen neuen (Fakten-)Informationen auch wahr und vermag diese aufgrund vorhandener kognitiver Schemata, die nun aktiviert werden, auch besser einzuordnen. Ob eine Person aber medienvermittelte Informationen in der konkreten Situation tatsächlich auch aufnimmt, hängt wiederum von der subjektiv empfundenen Diskrepanz zwischen den Kenntnissen, die bereits vorhanden sind, und dem Wissensstand, der als befriedigend angesehen wird, zur aktiven Informationssuche. Ist die Diskrepanz hinreichend groß, werden weitere passende Informationen beachtet oder gar gesucht; ist dies nicht der Fall, erlischt die Aufmerksamkeit und der Wissensstand stagniert.

Phase 3. Ist das Faktenwissen hinreichend groß und das Interesse nachhaltig, bspw. aufgrund von interpersonaler Kommunikation, kann es dazu kommen, dass nun zusätzlich sogar nach qualitativ anderer Information gesucht wird – Wissen über Ursachen, Hintergründe und mögliche Konsequenzen –, um das Ereignis in einen komplexeren Sinnzusammenhang einordnen zu können und sich so eine begründete Meinung zu bilden, um diese später vielleicht aktiv im politischen Gespräch vertreten zu können.

Die stärkere Berücksichtigung der zeitlichen Komponente des Kommunikationsprozesses erfordert also ein *dynamisches Modell,* das auf konstruktivistischen Prämissen basiert: Oft beruhen Medienwirkungen eben auf Kumulationseffekten im Zeitverlauf, oder das Rezipientenverhalten entwickelt sich über mehrere Stadien hinweg, die sich qualitativ voneinander unterscheiden können, was freilich die *methodischen Ansprüche* an die Datenerhebung erhöht, indem die vielfältigen situativen Einflussfaktoren in den relevanten Kontexten zu berücksichtigen sind: *molare / ökologische Perspektive* (Früh 2001).

5.3 Ko-Orientierung und Mediennutzung

Ein Großteil der Wirkungsforschung basiert auf *intrapersonalen Konzepten* und Erklärungsansätzen: Einstellungen, Nutzungsfunktionen etc. Im Gegensatz dazu bezieht sich die Perspektive der Ko-Orientierung nicht auf die Analyseeinheit des einzelnen Individuums, sondern auf *interpersonale Relationen* wie die Dyade oder die Kleingruppe. Kommunikationsverhalten wird so nicht nur durch Merkmale des Rezipienten selbst zu erklären versucht: Verhalten wird vielmehr als Funktion der Perzeption der Orientierungen und Verhaltensweisen der Interaktionspartner, der *Ko-Orientierung,* aufgefasst. Diese meta-theoretische Prämissen sind stark beeinflusst durch den Symbolinteraktionismus, der menschliches Verhalten ebenfalls im Zusammenhang mit den wechselseitigen Perzeptionen und Erwartungshaltungen der Interaktionspartner in sozialen Situationen analysiert (McLeod / Chaffee 1972 / 73).

Ausgangssituation ist das von Newcomb (1953) formulierte Modell, demzufolge bei der Analyse von interpersonalen Beziehungen zwischen zwei Personen A und B eine *Sachdimension* (A-X und B-X) als gemeinsame Ko-Orientierung bezüglich einer Sache sowie eine *Beziehungsdimension* (A-B) von Bedeutung sind. Beide Dimensionen bilden ein System, d.h. beeinflussen sich gegenseitig, etwa so, dass verstärkte Interaktion zu einer Erhöhung der Kommunikationsdichte führt und umgekehrt.

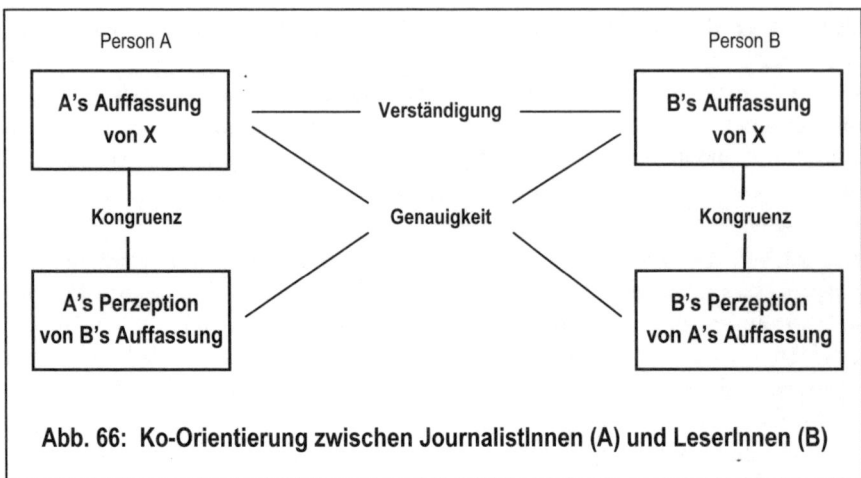

Abb. 66: Ko-Orientierung zwischen JournalistInnen (A) und LeserInnen (B)

Die Ko-Orientierungsanalyse konzentriert sich auf die Veränderungen zwischen A-X-B über Zeit hinweg. Als *Medienwirkungen* sind dabei nicht auf einzelne Personen bezogene Effekte von Bedeutung, sondern Veränderungen der Relationen zwischen Personen, und zwar bezüglich ihrer gegenseitigen Perzeptionen: *Erhöhung von Verständigung* als Übereinstimmung in den gegenseitigen Situationsdefinitionen und -perzeptionen.

Folgende Aspekte müssen voneinander unterschieden werden: a) *Verständigung* als Ähnlichkeit in der Auffassung bezüglich der Sache, d.h. als objektive Übereinstimmung; b) *Kongruenz* als perzipierte Ähnlichkeit zwischen eigener Auffassung und wahrgenommenem Standpunkt des Interaktionspartners; c) *Genauigkeit* als Übereinstimmung von perzipiertem Fremdstandpunkt mit der Fremdauffassung: vgl. Abb. 66.

Beispiel 1: Wissenschaftskommunikation. Tannenbaum (1963) hat bezüglich des Problems der psychischen Krankheiten die Meinungen von Fachleuten, d.h. Psychologen und Psychiatern, mit denen von Wissenschaftsjournalisten verglichen. Die objektive Verständigung zwischen den beiden Gruppen war erstaunlich hoch; aber auch die Befragung von LeserInnen erbrachte eine recht hohe Übereinstimmung mit den WissenschaftsjournalistInnen. Trotzdem unterschieden sich diese Auffassungen von dem durch die Massenmedien gezeichneten Bild der psychischen Krankheiten. Eine genauere Analyse zeigte, dass die Vorstellungen der Journalisten von den vermeintlichen Ansichten ihrer Leserschaft vor allem mit dem von den Medien gezeichneten Bild übereinstimmten: Während die faktische Übereinstimmung als *Verständigung* zwischen Journalisten und Leserschaft also hoch war, bestand auf der Ebene der *Kongruenz* und *Genauigkeit* zwischen *Fremdperzeption* der Leserschaft und deren tatsächlicher Auffassung keine Übereinstimmung.

Beispiel 2: Rollenselbst- / Rollenfremdverständnis von PolitikerInnen und JournalistInnen. Ähnlich haben auch Schaller (1984) und Saxer (1992) die gegenseitige Ko-Orientierung zwischen PolitikerInnen und JournalistInnen untersucht, indem sie deren eigenes *Rollenselbstverständnis* – Autostereotyp – mit dem perzipierten Rollenfremdbild der jeweils anderen Gruppe – Heterostereotyp – verglichen haben. Befunde: Sowohl PolitikerInnen (75% resp. 64%) als auch JournalistInnen (81% resp. 58%) erwarten vom Journalismus, dass „Zusammenhänge aufgezeigt" und „neutral informiert" wird. Während es für JournalistInnen (58%) aber bedeutend wichtiger als für PolitikerInnen (32%) ist, Kontrollfunktionen gegenüber dem politischen System wahrzunehmen, betonen PolitikerInnen (71% resp. 42%) im Unterschied zu den JournalistInnen (46% resp. 10%) viel stärker, dass der Journalismus sowohl der Regierung und dem Parlament als auch den Parteien helfen sollte, deren Absichten bekannt zu machen (Saxer 1992: 106).

Beispiel 3: Familiäre Kommunikation und Mediennutzung. Chaffee / McLeod / Atkin (1971) erklären die Mediennutzung von Kindern und Jugendlichen im Familienkontext nicht durch Rückgriff auf das erzieherische Verhalten der Eltern oder deren Medienkonsum im Sinne eines Vorbildes. Entscheidend sind nach ihnen vielmehr die *interpersonalen Kommunikationsstrukturen der Familie,* in welche die Mediennutzung der Heranwachsenden eingebettet ist. Zur Analyse benützen sie die Ko-Orientierungsperspektive: Prämisse ist, dass es in Familien typische stabilisierte Interaktionsstrukturen gibt, die durch tiefe vs. hohe Ausprägung folgender zwei Faktoren beschrieben werden können:

a) *Sozio-Orientierung* bezieht sich auf die affektiven Beziehungen der Familienmitglieder untereinander; b) *Konzept-Orientierung* bezieht sich auf die Ausrichtung der Familienmitglieder auf die zur Diskussion anstehenden Probleme und Sachverhalte. Die Verknüpfung der beiden Dimensionen ergibt folgende vier Typen familiärer Interaktionsstrukturen:

- *Laisser-Faire Familien:* Keine der beiden Dimensionen wird im Umgang der Familienmitglieder untereinander deutlich betont.

- *Protektive Familien:* Die Betonung liegt auf der Sozio-Dimension, d.h. Harmonie steht im Zentrum des Familienlebens und die Kinder werden aus Konflikten und Sachfragen herausgehalten.

- *Pluralistische Familien:* Die Betonung liegt auf der Sach-Dimension. Kinder werden ermuntert, eigene Ideen und Ansichten auszudrücken und zu diskutieren, auch wenn es dabei zu Konflikten zwischen ihnen und den Eltern kommen kann, was die Beziehungsdimension beeinträchtigt.
- *Konsensuelle Familien:* Betonung sowohl von Konzept- als auch Sozio-Dimension. Einerseits sollen die Heranwachsenden eigene Meinungen und Standpunkte vertreten können, andererseits sollte zugleich eine Übereinstimmung mit den Eltern bestehen, so dass auf der Sozio-Ebene Harmonie nicht gefährdet wird.

Die Befragung sowohl von Eltern als auch Kindern aus 1300 Familien zum Zusammenhang zwischen familiärer Interaktionsstruktur und Mediennutzung (Chaffee / McLeod / Atkin 1971) zeigte, dass Kinder und Eltern aus *pluralistischen Familien* die Medien gegenläufig zu solchen aus *protektiven Familien* nutzten: Erstere weisen einen generell tiefen Fernsehkonsum auf und haben zugleich eine informationsorientiertere Mediennutzung; in protektiven Familien wird am meisten ferngesehen, während die Nutzung der Informationsangebote unterdurchschnittlich ist. Konsensuelle Familien haben auf allen Medienvariablen eher hohe Werte, dagegen scheint die Mediennutzung in Laisser-Faire Familien generell tief zu sein. Insgesamt ist bei jenen Familientypen der Einfluss des elterlichen Medienkonsums auf die Medienzuwendung der Kinder dann hoch, wenn die Sozio-Dimension betont wird.

Beispiel 4: Ko-Orientierung und Info-Suche. In mehreren Studien zeigte sich, dass aktive Informationssuche durch das Vorhandensein von Gesprächspartnern als Ko-Orientierung stimuliert wird. Nach der Zürcher-Studie (Saxer / Bonfadelli / Hättenschwiler 1980) erwähnen häufige Bücher- und ZeitungsleserInnen unter den befragten Heranwachsenden sig. mehr, dass sie im Familienkontext mit den Eltern über Bücher und Zeitung sprechen. Clarke (1971) konnte zeigen, dass vor allem jene Jugendlichen nach einem Konzert zusätzliche Informationen wünschten, die mit anderen über dieses gesprochen hatten oder über Gesprächspartner bezüglich Musik verfügten. Siehe auch: *Meinungsführerschaft* und hohe Mediennutzung unter Ko-Orientierungsperspektive.

5.4 „Third Person"-Effekt

Davison wies 1983 erstmals auf ein neues Wirkungsphänomen hin, das mit Ko-Orientierung zusammenhängt: Menschen gehen im allgemeinen davon aus, dass die anderen – engl.: third persons – durch Medien stärker beeinflusst werden als sie selbst – engl.: first person. Diese Wahrnehmung von Effekten bei anderen Menschen – *Perzeptionshypothese* – kann wiederum Rückwirkungen auf das eigene Verhalten haben: *Verhaltenshypothese* (vgl. Perloff 2002). Beispiel: Man perzipiert negative Effekte von Mediengewalt auf Kinder und Jugendliche und befürwortet als Erziehungsperson darum entsprechende Verbote.

Generalbefund. Perloff (1993) summiert den *Forschungsstand* nach 10 Jahren und bilanzierte, dass 13 von 14 dazu durchgeführte empirische Untersuchungen den „Third Person"-Effekt bestätigen, wobei in zwei Untersuchungen die Befragten sich selbst als stärker beeinflusst sahen als die anderen.

Differenzierungen. Die Stärke des „Third Person"-Effekts ist von verschiedenen Faktoren abhängig: Er ist stärker ausgeprägt bei a) negativen Themen bzw. sozial unerwünschten Effekten wie negativen Wahlkampf-Spots, Pornographie, Diffamierung oder Gewalt, b) hohem Involvement, c) perzipiertem negativem Bias der Quelle, d) höherer Bildung und e) größerer sozialer Distanz zur Referenzgruppe, die als „third person" perzipiert wird.

Verursachende Prozesse. Wieso es zum „Third Person"-Effekt kommt, wird in der Literatur unterschiedlich erklärt: a) In *kognitiver* Hinsicht wird davon ausgegangen, dass Mediennutzer trotz oder gerade wegen fehlendem Wissen über die Wirkungsmöglichkeiten der Medien sog. *„media effects schemas"* in Bezug auf „Medienallmacht" sich aneignen würden, b) gleichzeitig wird in *motivationaler* Hinsicht davon ausgegangen, dass Menschen bezüglich sich selbst die *Illusion der Unbeeinflussbarkeit* – quasi als Selbstschutz – aufrecht erhalten müssen (Davison 1996; Brosius / Engel 1997).

Beispiel. In Deutschland haben Peiser / Peter (2000) bei einer Stichprobe von 200 Personen a) die Perzeption des quantitativen TV-Konsums, b) die zielgerichtete Programmauswahl und in qualitativer Hinsicht c) fünf verschiedene TV-Funktionen abgefragt: Fernsehen, um sich zu informieren, um sich zu unterhalten, aus Gewohnheit und um nicht allein zu sein. Die Befragten hatten jeweils a) ihren eigenen Umgang mit dem Fernsehen, b) das Verhalten ihrer Bekannten und c) das Verhalten der übrigen Bevölkerung (engl.: most others) einzuschätzen. – Als Basishypothese wurde postuliert, dass Menschen davon ausgehen, dass die anderen Menschen mehr Fernsehen, weil die Freizeitaktivität „Fernsehen" nach wie vor sozial als eher unerwünscht angesehen wird. Zudem wurde vermutet, dass die Modalitäten „Fernsehen, um sich zu informieren" und „Sich Programme zielgerichtet auswählen" positiv bewertet sind, d.h. auf diesen beiden Statements würde die Selbst-Beurteilung im Vergleich zur Fremdbeurteilung höher ausfallen. Schließlich wurde postuliert, dass mit zunehmendem sozialen Abstand der „Third Person"-Effekt sich verstärken würde.

Abb. 67: „Third Person"-Effekt beim Thema „Fernsehen" (Peiser / Peter 2000: 38)			
TV-Funktionen	Eigen- vs. Fremd-Perzeption		
Skala: 1 – 4 Punkte	Selbst	Bekannte	die Mehrheit
- Gut 3 Std. pro Tag fernsehen	2.72	3.11	3.84
- Fernsehen, um sich zu informieren	3.36	2.94	2.89
- TV-Programme zielgerichtet auswählen	3.28	2.92	2.57
- Fernsehen, um sich zu unterhalten	2.89	2.89	3.37
- Aus Gewohnheit fernsehen	2.20	2.67	3.21
- Fernsehen, um nicht allein zu sein	1.53	1.82	2.51
- Fernsehen, um eigene Probleme zu vergessen	1.42	1.82	2.48

Die Daten in Tabelle 67 belegen, dass es bezüglich der Tätigkeit „Fernsehen"
„Third Person"-Effekte gibt, insofern davon ausgegangen wird, dass die anderen mehr Fernsehen und dies stärker aus habituellen, sozialen und eskapistischen Motiven geschieht. Umgekehrt wird der eigene TV-Konsum im Vergleich zu anderen Menschen als ziel- und informations-orientierter betrachtet.
Mit wachsender sozialer Distanz verstärkt sich der „Third Person"-Effekt.

5.5 Medienalltag, Medienökologie, Medienrezeption

Hintergrund. Ausgehend von den Prämissen des Nutzenansatzes, der Medienzuwendung als sinnorientiertes soziales Handeln thematisiert, sind Ende der
70er Jahre im deutschen Sprachraum weitere theoretische Perspektiven in kriti-
scher Auseinandersetzung mit und in Abgrenzung zur traditionellen Medienwirkungsforschung entstanden, wobei der Rezeption der angelsächsischen sog.
„Cultural Studies" ein wichtiger Stellenwert zukommt (Seiter 1989; Charlton /
Bachmair 1990; Krotz 1992; Holly / Püschel 1993; Charlton / Schneider 1997;
Jäckel / Peter 1997). Gemeinsam sind ihnen folgende Prämissen:

Prämissen. Im Zentrum stehen nicht die postkommunikativen Medieneffekte
als Endprodukt der Medienzuwendung, sondern der Medienumgang im Le-
benskontext bzw. die *Bedeutung der Medien im Alltag*. Dieser Medienumgang
wird als *regelgeleitet* verstanden, wobei davon ausgegangen wird, dass die
Nutzung der Medien zur *Lebensbewältigung* dient.

Methoden. In methodischer Hinsicht soll der Medienumgang in einer *ganzheitlichen bzw. ökologischen Perspektive* und mit qualitativen Methoden erfasst werden, wobei dem *sozialen Kontext* ein hoher Stellenwert beigemessen wird. Benutzt werden verstehend-hermeneutische Ansätze aufgrund von Tiefeninterviews, Gruppengesprächen oder teilnehmender Beobachtung.

Gegenstandsbestimmung. In der *ökologischen Perspektive* geht es um die systemische Betrachtungsweise des Verhältnisses von Mensch und Umwelt. Gefragt wird, wie Kommunikation und Medien in die Lebenswelt integriert werden und so für die Gestaltung der Beziehungen von Mensch und Umwelt von Bedeutung sind: thematisch voreingenommenes Sinnverstehen (Charlton / Neumann-Braun 1992: 85ff.). *Medienökologie* bezeichnet nach Lüscher / Wehrspaun (1985: 188) „die analytische Rekonstruktion von Medienwirkungen und der sich daraus ergebenden gesellschaftspolitischen Aufgaben. Von *Medienwirkungen* soll gesprochen werden, wenn ein nachweisbarer Anteil von Kommunikation durch und über Medien an der Konstitution des menschlichen Zusammenlebens gemeint ist." Unterschieden wird zwischen a) Medienbeeinflussung *durch* die Kontexte der Produktion, Übermittlung und Rezeption als Folge der im Umgang mit den Medien sich herausbildenden *konkreten Erfahrungen* und b) Medienbeeinflussung *über* Inhalte, die verbreitet werden, also über die vermittelten *abstrakten* – narrativen und institutionalen – Erfahrungen.

Fragestellungen und Forschungsfelder. Für medienökologische Forschung ist von Interesse, a) wie der konkrete Umgang mit den Medien in den Lebenszusammenhang des einzelnen Menschen und in seine Biographie integriert wird, b) inwiefern bestimmte abstrakte und medienvermittelte Erfahrung zu ihrer Rezeption spezifische Kontexte und spezifische konkrete Kenntnisse, Fähigkeiten und damit wiederum zusammenhängende konkrete Erfahrung erfordert; c) wie Medien und deren Inhalte im konkreten Rezeptionsprozess angeeignet werden. Das *Wirkungspotential der Medien* – wertend: ihr Nutzen und ihr Schaden – besteht nach Lüscher / Wehrspaun (1985) teils aus der Qualität der geschaffenen Kontexte, teils aus ihrer Quantität und teils aus der Kombination von „Kontexten" und „Inhalten", d.h. konkreten und abstrakten Erfahrungen und den sich daraus ergebenden Handlungen. –*Forschungsfelder* sind:

1. **Mit Medien handeln.** Erforscht wird bspw. die Integration des Fernsehens in die Familie. Fragen: Welche sozialen Regeln bilden sich unter den Familienmitgliedern im Umgang mit dem Fernsehen heraus? Welche Konsequenzen entstehen daraus für das Familienleben? Welche Unterschiede gibt es zwischen den verschiedenen Familien (Lull 1980; Rogge 1982; Bausinger 1984; Keppler 1994)?

Abb. 68: Beispiele qualitativer Rezeptionsforschung		
AutorIn	Fragestellung	Methode
James Lull Jan-Uwe Rogge Bettina Hurrelmann	- TV-Umgangsregeln in Familien - Medienumgangsmuster in Familien - Lesen und Fernsehen in Familien	Beobachtung Interviews Interviews
Angela Keppler Paul Messaris	- Medienthemen in Tischgesprächen - TV-Gespräche in Familien	Tonbandaufnahmen Beobachtung
Michael Charlton / Klaus Neumann Ben Bachmair	- Medienbezogene Spielaktivitäten von Vorschul- kindern; Medienspuren im Kinderspiel - Mediengeschichten dramatisieren in der Schule	Teilnehmende Beobachtung Beob., Gespräche
Ien Ang E. Katz / T. Liebes Mary Ellen Brown Tamara Press Jens Borchert	- Briefe von Dallas-Fans - Dallas-Rezeption im Kulturvergleich - Symbolischer Widerstand in Frauengesprächen über Dallas - Serienumgang bei Mittel- / Unterschichtfrauen - 64 US-Soap-Opera-Seherinnen	Dokumentenanalyse Gruppengespräche Interviews Interviews 26 Interviews
Janice Radway	- 42 US-Leserinnen von Liebesromanen	Interviews
W. Vogelgesang	- Jugendliche Video- / Computercliquen	Gruppengespräche
David Morley	- Rezeption des TV-Magazins „Nationwide"	Fokusgruppen

2. **Über Medien sprechen.** Untersucht werden spontan sich einstellende Medienthemen in Gesprächen (Keppler 1994) oder Gespräche während oder nach der Rezeption von Fernsehsendungen (Holly / Püschel 1993).

3. **Medienbiographien.** Welche Typen von Medienbiographien gibt es? Welche Faktoren beeinflussen die Herausbildung einer bestimmten Medienbiographie? Welche Kontinuitäten und Diskontinuitäten gibt es im Prozess der Mediensozialisation (Kübler 1982; Rogge 1982a+b; Luger 1985)?

4. **Rezeptionsanalysen.** Mittlerweile gibt es in der Medienwissenschaft eine eigenständige Tradition qualitativer Rezeptionsforschung, und zwar sowohl bezüglich Informationssendungen als auch bezüglich Unterhaltungsprogrammen (z.B. Soaps). Diese nach wie vor recht heterogene Tradition entwickelte sich in den 80er Jahren vorab in Auseinandersetzung mit den „Cultural Studies" einerseits und in Abgrenzung zur „klassischen" Wirkungsforschung andererseits, der vorgeworfen wird, monokausal, mechanistisch sowie quantifizierend zu sein und die Medienbotschaften zu vernachlässigen (vgl. Lindolf 1987 / 1991; Livingstone 1990; Jensen / Rosengren 1990; Charlton / Schneider 1997).

Die neuen Ansätze betrachten in der Tradition der „Cultural Studies" Medienbotschaften als *encodierte bedeutungstragende Texte,* kritisieren aber die textorientierte Ideologiekritik, die aufgrund eines zu simplizistischen Manipulationsmodells die Rezeptionsmodalitäten als *Decodierungprozesse* durch die konkreten Zuschauer nicht berücksichtige: Text und Publikum sind verschränkt und müssen mittels qualitativer Methoden (narratives Interview oder Gruppengespräch) untersucht werden. Je nach Ansatz stehen politische (z.B. Morley 1992) oder Unterhaltungssendungen wie Soap Operas (Ang 1986; Liebes / Katz 1990; Holly / Püschel 1993; Hepp 1999) im Fokus des Interesses.

„Polysemie" und **„Semiotic Democracy".** Die qualitativen Rezeptionsanalysen unterscheiden sich zudem dahingehend, ob sie Medientexte als *polysemisch* betrachten, d.h. *offen* für unterschiedlichste Interpretationen durch die Mediennutzer (z.B. Fiske 1987), oder ob sie eine im jeweiligen Text angelegte bevorzugte Leseart – engl. preferred reading – annehmen (z.B. Morley 1992).

Ien Ang (1986) beschäftigte sich als eine der ersten mit den sich in Zuschriften von LeserInnen äußernden vielfältigen Funktionen der Fernsehserie „Dallas" und Tamar Liebes / Elihu Katz (1986 / 1990) kamen in ihrer *interkulturellen Studie* der Rezeption von „Dallas" zum Schluss, dass die Serie in verschiedenen Kulturen unterschiedliche Bedeutung hat. Demgegenüber wies Andrea Press (1990) *geschlechts- und schichtspezifisch akzentuierte Rezeptionsmuster* bei „Dynasty" nach. Janice Radway (1984 / 1985) wiederum entdeckte in der Lektüre bei Leserinnen von Liebesromanen *„widerständige"* Elemente. Und Ellen Brown (1991) geht davon aus, dass Seherinnen von Soap Operas in Gesprächen mit ihren Freundinnen deren Inhalte spielerisch bzw. kritisch-reflexiv auf ihre eigene Situation zurück beziehen.

Kritik. Trotz wachsender Aufmerksamkeit wie Anerkennung, welche die qualitative Rezeptionsforschung neuerdings auch im deutschen Sprachraum gewonnen hat, gibt es aber auch kritische Stimmen, die diesen Studien – neben methodischen Schwächen – in theoretischer Hinsicht *„Revisionismus"* vorwerfen, weil diese die in den Texten angelegten *„dominant-ideologischen Leseweisen"* zu wenig berücksichtigten und die Distanzierungsmöglichkeiten des Publikums überschätzten.

Beispiel: Rezeptionsweisen bei Informationssendungen. David Morley (1992) untersuchte das englische Fernsehmagazin „Nationwide", wobei er sich fragte: *„Wie legen Texte für ihre LeserInnen bestimmte Leseweisen nahe?"* Und umgekehrt: *„Welchen Einfluss haben der soziale Hintergrund und die kulturelle Kompetenz des Publikums auf den Rezeptionsprozess?"*

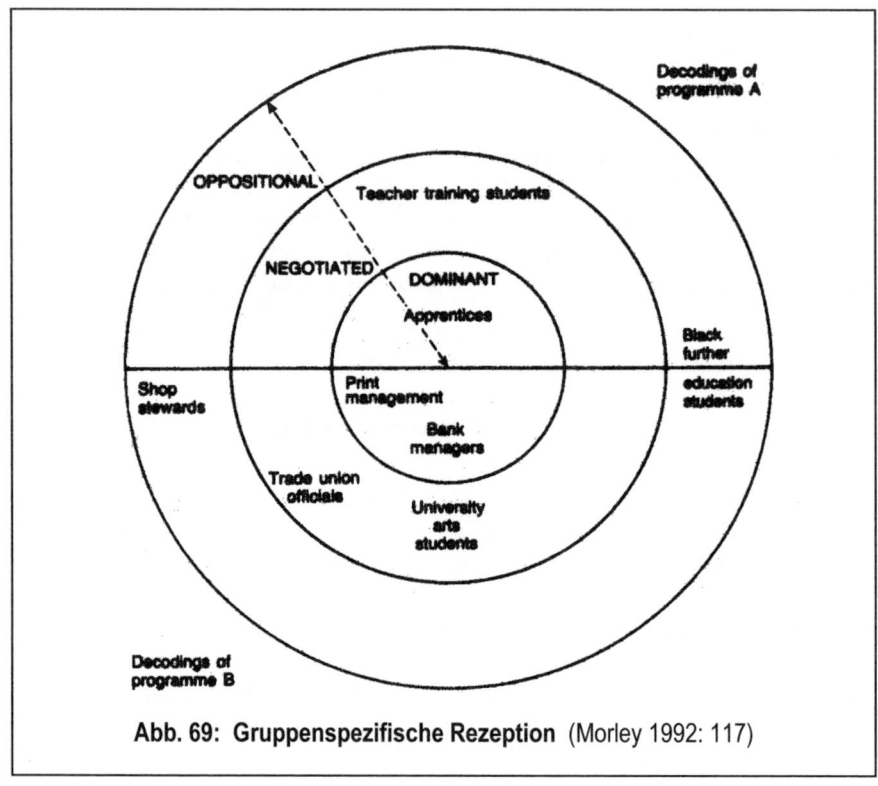

Abb. 69: Gruppenspezifische Rezeption (Morley 1992: 117)

Basierend auf Ideen von Stuart Hall arbeitet er in seiner Untersuchung drei
mögliche *Leseweisen* heraus, die er auf Englisch als „preferred", „negotiated"
und „oppositional reading", d.h. Leseweisen a) der Konformität, b) der Mi-
schung bzw. des Aushandelns oder c) der Opposition bezeichnet. Diese basieren auf einem geschichteten Gesellschaftsmodell mit dominanter bzw. opposi-
tioneller Ideologie, dem wiederum je bestimmte *gesellschaftliche Positionie-
rungen* der Individuen entsprechen. – Zuschauer werden in der konkreten Rezeptionssituation, abhängig von ihrer gesellschaftlichen Positionierung, die im
Fernsehbeitrag vertretende dominante Leseart a) unkritisch übernehmen, ohne
diese zu hinterfragen. b) Der Beitrag kann aber auch aus Distanz oder vor dem
Hintergrund widersprechender persönlicher Erfahrungen quasi „gegen den
Strich" gelesen werden. c) In anderen Fällen wiederum kommt es zu einer
„ausgehandelten" Synthese von eigenen Wissenselementen und Informationen
bzw. Standpunkten, die der rezipierten Fernsehsendung entnommen werden.

Zu welcher Rezeptionsweise es kommen wird, ist nicht nur vom Medientext selbst abhängig, sondern auch von der sozialen Position und den persönlichen Erfahrungen des einzelnen Menschen. Abb. 69 zeigt, dass ein Beitrag zum Nordirlandproblem bei Gewerkschaftern – engl. shop stewards – auf Widerstand stieß und abgelehnt wurde, während dessen Aussagen von den in Ausbildung stehenden Managern akzeptiert wurden.

Zusammenfassend betont John Corner (1991: 267) ähnlich wie David Morley den Prozess der Bedeutungsgenerierung aufgrund der Auseinandersetzung von Text und Rezipient in der konkreten Rezeptionssituation: *„What meanings audiences make of what they see, hear and read, why these meanings rather than others are produced by specific audiences from the range of interpretative possibilities, and how these activities of meaning-making, located (...) in the settings of everyday domestic life, might relate to ideas about the power of the media (...)."*

Literatur

Uses-and-Gratifications

Babrow, Austin (1988): Theory and Method in Research on Audience Motives. In: Journal of Broadcasting, 32(4), S. 471-487.

Bantz, Charles R. (1982): Exploring Uses and Gratifications: A Comparison of Reported Uses of Television and Reported Uses of Favorite Program Type. In: Communication Research, 9(3), S. 352-379.

Bauer, Raimond A. (1973): Das widerspenstige Publikum. In: Prokop, Dieter (Hg.): Massenkommunikationsforschung 2. Frankfurt a.M., S. 152-166.

Bente, Gary / Fromm, Bettina (1997): Affektfernsehen. Motive, Angebotsweisen und Wirkungen. Opladen.

Berelson, Bernard (1965): What Missing the Newspaper Means. In: Schramm, Wilbur (Hg.): The Process and Effects of Mass Communication. Urbana, S. 36-49.

Blumler, Jay G. / Katz, Elihu (Hg.) (1974): The Uses of Mass Communications. Current Perspectives on Gratifications Research. London.

Bonfadelli, Heinz (1988): Lesen, Fernsehen und Lernen. Eine Studie über differentielle Kommunikationseffekte bei 15jährigen Zürcher Jugendlichen. In: Publizistik, 33(2-3), S. 437-455.

Bromley, Rebekah V. / Bowles, Dorothy (1995): Impact of Internet on Use of Traditional News Media. In: Newspaper Research Journal, 16(2), S. 14-27.

Drabcynski, Michael (1982): Motivationale Ansätze in der Kommunikationswissenschaft. Berlin.

Fritz, Irina / Gerhards, Maria / Klingler, Walter (2003): Das Internet im Kontext der Medien. Stellenwert, Entwicklung und soziale Differenzierung. In: Roters, Gunnar / Turecek, Oliver / Klingler, Walter (Hg.): Digitale Spaltung. Informationsgesellschaft im neuen Jahrtausend – Trends und Entwicklungen. Berlin, S. 25-40.

Hagen, Lutz (1998): Online-Nutzung und Nutzung von Massenmedien. Eine Analyse von Substitutions und Komplementärbeziehungen. In: Rössler, Patrick (Hg.): Online-Kommunikation. Beiträge zur Nutzung und Wirkung. Opladen, S. 105-122.

Heikkinen, Kalle J. / Reese, Stephen D. (1986): Newspaper Readers and a New Information Medium. Information Need and Channel Orientation as Predictors of Videotex Adoption. In: Communication Research, 13(1), S. 19-36.

Herzog, Herta (1940): Professor Quiz: A Gratification Study. In: Lazarsfeld, Paul (Hg.): Radio and the Printed Page. New York, S. 64-93.

Höflich, Joachim (1994): Der Computer als „interaktives Massenmedium". Zum Beitrag des Uses and Gratifications Approach bei der Untersuchung computer-vermittelter Kommunikation. In: Publizistik, 39, S. 389-408.

Jäckel, Michael (1992): Mediennutzung als Niedrigkostensituation. Anmerkungen zum Nutzen- und Belohnungsansatz. In: Medienpsychologie, 4(4), S. 246-266.

Katz, Elihu / Gurevitch, Michael / Haas, Hadassah (1973): On the Use of the Mass Media for Important Things. In: American Sociological Research, 38, S. 164-181.

Katz, Elihu / Haas, Hadassah (1995): Kultur und Kommunikation im heutigen Israel: eine Wiederholungsstudie nach 20 Jahren. In: Franzmann, Bodo u.a. (Hg.): Auf den Schultern von Gutenberg. Medienökologische Perspektiven der Fernsehgesellschaft. Berlin / München, S. 195-201.

Kaye, Barbara K. / Johnson, Thomas J. (2002): Online and in the Know: Uses and Gratifications of the Web for Political Information. In: Journal of Broadcasting & Electronic Media, 46(1), S. 54-71.

Kippax, Susan / Murray, John P. (1980): Using the Mass Media. Need Gratification and Perceived Utility. In: Communication Research, 7, S. 335-360.

Koning, Ruben / Renckstorf, Karsten / Wester, Fred (2001): Patterns in Television News Use. In: Communications, 26(4), S 421-442.

Krotz, Friedrich (1996): Der Beitrag des symbolischen Interaktionismus für die Fernsehnutzungs- und Rezeptionsforschung. In: Hasebrink, Uwe / Krotz,

Friedrich (Hg.): Die Zuschauer als Fernsehregisseure. Baden-Baden / Hamburg, S. 52-72.

Levy, Mark R. / Windahl, Sven (1984): Audience Activity and Gratifications. A Conceptual Clarification and Exploration. In: Communication Research, 11(1), S. 51-78.

Lichtenstein, Allen / Rosenfeld, Lawrence (1984): Normative Expectations and Individual Decision Concerning Media Gratifications Choices. In: Communication Research, 11, S. 393-413.

Lichtenstein, Allen / Rosenfeld, Lawrence (1983): Uses and Misuses of Gratification Research. In: Communication Research, 10(1), S. 97-109.

Lometti, G.E. / Reeves, Byron / Bybee, Carl (1977): Investigating the Assumptions of Uses and Gratifications Research. In: Communication Research, 4, S. 321-338.

McLeod, Jack M. / Becker, Lee B. (Hg.) (1981): The Uses and Gratifications Approach. In: Nimmo, D.D. / Sanders, K.R. (Hg.): Handbook of Political Communication. Beverly Hills / London, S. 67-99.

McQuail, Denis (1984): With the Benefit of Hinsight: Reflections on Uses and Gratifications Research. In: Critical Studies in Mass Communication, 1, S. 177-193.

Mehling, Gabriele (2001): Fernsehen ist kein „Problem". Zu den handlungstheoretischen Vorstellungen des Uses-and-Gratifications Approach. In: Rössler, Patrick / Hasebrink, Uwe / Jäckel, Michael (Hg.): Theoretische Perspektiven der Rezeptionsforschung. München, 97-119.

Merten, Klaus (1984): Vom Nutzen des „Uses and Gratifications Approach". Anmerkungen zu Palmgreen. In: Rundfunk und Fernsehen, 32(1), S. 66-72.

Palmgreen, Philip (1984): Der „Uses and Gratifications Approach". Theoretische Perspektiven und praktische Relevanz. In: Rundfunk und Fernsehen, 32(1), S. 51-62.

Palmgreen, Philip / Rayburn, J.D. (1982): Gratification Sought and Media Exposure: an Expectancy-Value Model. In: Communication Research, 9, S. 561-580.

Perse, Elizabeth M. / Courtright, John A. (1993): Normative Images of Communication Media. Mass and Interpersonal Channels in the New Media Environment. In: Human Communication Research, 19(4), S. 485-503.

Rayburn II, J.D. (1996): Uses and Gratifications. In: Salwen, Michael / Stacks, Don (Hg.): An Integrated Approach to Communication Theory and Research. Mahwah, N.J., S. 145-163.

Renckstorf, Karsten (1989): Mediennutzung als soziales Handeln. Zur Entwicklung einer handlungstheoretischen Perspektive in der empirischen (Massen-) Kommunikationsforschung. In: Kaase, Max / Schulz, Winfried

(Hg.): Massenkommunikation. Theorien, Methoden, Befunde. Sonderheft Kölner Zeitschrift für Soziologie und Sozialpsychologie. Opladen, S. 314-336.

Renckstorf, Karsten (1973): Alternative Ansätze zur Massenkommunikationsforschung. Wirkungs- vs. Nutzenansatz. In: Rundfunk und Fernsehen, 21, S. 183-197.

Renckstorf, Karsten (1977): Neue Perspektiven in der Massenkommunikationsforschung. Berlin.

Rice, Ronald / Williams, Frederick (1984): Theories Old and New: The Study of New Media. In: Rice, Ronald (Hg.): The New Media. Communication, Research, and Technology. Sage: Beverly Hills / London / New Delhi, S. 55-80.

Ridder, Christa / Engel, Bernhard (2001): Massenkommunikation 2000: Images und Funktionen der Massenmedien im Vergleich. In: Media Perspektiven, Heft 3, S. 102-125.

Ronge, Volker (1984): Massenmedienkonsum und seine Erforschung – eine Polemik gegen „Uses and Gratifications". In: Rundfunk und Fernsehen, 32(1), S. 73-82.

Rosengren, Karl Erik / Wenner, Lawrence / Palmgreen, Philip (Hg.) (1985): Media Gratifications Research. Current Perspectives. Beverly Hills / London.

Rosengren, Karl Erik / Windahl, Sven (1972): Funktionale Aspekte bei der Nutzung der Massenmedien. In: Maletzke, Gerhard (Hg.): Einführung in die Massenkommunikationsforschung. Berlin, S. 169-186.

Rosengren, Karl Erik / Windahl, Sven (1977): Mass Media Use: Causes and Effects. In: Communications, 3, S. 336-351.

Rosengren, Karl Erik (1996): Inhaltliche Theorien und formale Modelle in der Forschung über individuelle Mediennutzung. In: Hasebrink, Uwe / Krotz, Friedrich (Hg.): Die Zuschauer als Fernsehregisseure? Baden-Baden / Hamburg, S. 13-36.

Rosengren, Karl Erik (1974): Uses and Gratifications. A Paradigm Outlined. In: Blumler, Jay G. / Katz, Elihu (Hg.): The Uses of Mass Communications. Current Perspectives on Gratifications Research. London, S. 269-286.

Rubin, Alan (1981): An Examination of Television Viewing Motivations. In: Communication Research, 8, S. 141-165.

Rubin, Alan (1984): Ritualized and Instrumental Television Viewing. In: Journal of Communication, 34(3), S. 67-77.

Rubin, Alan (1983): Television Uses and Gratifications: the Interaction of Viewing Patterns and Motivations. In: Journal of Broadcasting, 27, S. 37-51.

Rubin, Alan (2000): Die Uses-and-Gratifications-Perspektive der Medienwirkung. In: Schorr, Angela (Hg.): Publikums- und Wirkungsforschung. Wiesbaden, S. 137-152.

Rubin, Alan (2002): The Uses-And-Gratifications Perspective. In: Bryant, Jennings / Zillmann, Dolf (Hg.): Perspectives on Media Effects. Mahwah, N.J., S. 525-548.

Rubin, Alan M. / Rubin, Rebecca B. (1985): Interface of Personal and Mediated Communication: A Research Agenda. In: Critical Studies of Mass Communication, 2(1), S. 36-53.

Saxer, Ulrich (1991): Medien als problemlösende Systeme. Die Dynamik der Rezeptionsmotivation aus funktional-struktureller Sicht. In: SPIEL, 10(1), S. 45-79.

Schenk. Michael (2002²): Medienwirkungsforschung. Kap. „Nutzen- und Belohnungsansatz". Tübingen, S. 627-690.

Swanson, David L. (Hg.) (1979): The Uses and Gratifications Approach to Mass Communications Research. Special Issue of Communication Research, 6(1).

Teichert, Will (1975): Bedürfnisstruktur und Mediennutzung: Fragestellungen und Problematik des Uses and Gratifications Approach. In: Rundfunk und Fernsehen, 23, , S. 269-283.

Teichert, Will (1976): Dem Publikum auf der Spur. In: Bertelsmann Briefe, Heft 87, S. 3-12.

Weaver, David / Wilhoit, G. Cleveland / DeBock, Harold: Personal Needs and Media Use in the Netherlands and the United States. In: Gazette, 26, 1980, S. 171-194.

van der Voort, Tom u.a. (1998): Young People's Ownership and Uses of Old and New Forms of Media in Britain and Netherlands. In: European Journal of Communication, 13(4), S. 457-477.

Weinreich, Frank (1998): Nutzen- und Belohnungsstrukturen computergestützter Kommunikationsformen. Zur Anwendung des Uses and Gratifications Approach in einem neuen Forschungsfeld. In: Publizistik, 43(2), S. 130-142.

Weiß, Andreas (1999): Wer sieht sich das nur an? Den Zuschauern von Daily-Talkshows auf der Spur. München.

Weiss, Hans-Jürgen (1978): Kommunikationsbedürfnisse und Medienfunktionen. In: Berg, Klaus / Kiefer, Marie Louise (Hg.): Massenkommunikation. Mainz, S. 345-390.

Wenner, Lawrence (1985): The Nature of News Gratification. In: Rosengren, Karl E. u.a. (Hg.): Media Gratifications Research. Beverly Hills u.a., S. 171-193.

Westerbarkey, Joachim (1991): Vom Gebrauchswert der Massenmedien: Prämissen, Präferenzen und Konsequenzen. In: Zeitschrift für Psychologie,
3(1), S. 27-52.

Williams, F. / Phillips, A.F. / Lum, P. (1985): Gratifications Associated with
New Communication Technologies. In: Rosengren, K.E. / Wenner, L.A. /
Palmgreen, P. (Hg.): Media Gratifications Research: Current Perspectives.
Beverly Hills, S. 241-252.

Williams, F. / Rice, R.E. (1983): Communication Research and the New Media
Technologies. In: Bostrom, R.N. (Hg.): Communication Yearbook 7. Beverly Hills CA, S. 200-224.

Windahl, Sven (1981): Uses and Gratifications at the Crossroads. In: Wilhoit,
G. Cleveland / Bock, Harold (Hg.): Mass Communication Review Yearbook, Vol.2. Beverly Hills / London, S. 174-185.

Aktive Informationssuche

Atkin, Charles (1973): Instrumental Utilities and Information Seeking. In: Clarke, Peter (Hg.): New Models in Mass Communication Research. Beverly
Hills / London, S. 205-242.

Chaffee, Steven / McLeod, Jack M. (1973): Individual vs. Social Predictors of
Information Seeking. In: Journalism Quarterly, 50, S. 237-245.

Clarke, Peter / Kline, Gerald F. (1974): Medienwirkungen neu überdacht: Einige Strategien zur Kommunikationsforschung. In: Rundfunk und Fernsehen,
22, S. 37-52.

Donsbach, Wolfgang (1989): Selektive Zuwendung zu Medieninhalten. Einflussfaktoren auf die Auswahlentscheidungen der Rezipienten. In: Kaase,
Max / Schulz, Winfried (Hg.): Massenkommunikation. Theorien, Methoden, Befunde. Sonderheft der Kölner Zeitschrift für Soziologie und
Sozialpsychologie. Opladen, S. 392-403.

Johnson, David J. (1991): Women's Preferences for Cancer Information from
Specific Communication Channels. In: American Behavioral Scientist, 34
(6), S. 742-755.

Katz, Elihu (1968): On Reopening the Question of Selectivity in Exposure to
Mass Communication. In: Abelson, P. u.a.: Theories of Cognitive Consistency. Chicago, S. 788-796.

Levy, Mark (1987): VCR Use and the Concept of Audience Activity. In: Communication Quarterly, 35(3), S. 267-275.

Renckstorf, Karsten (1989): Mediennutzung als soziales Handeln. Zur Entwicklung einer handlungstheoretischen Perspektive der empirischen (Mas-
sen-) Kommunikationsforschung. In: Kaase, Max / Schulz, Winfried (Hg.):

Massenkommunikation. Theorien, Methoden, Befunde. Sonderheft der Kölner Zeitschrift für Soziologie und Sozialpsychologie. Opladen, S. 314-336.

Situationaler Informationsgebrauch

Dervin, Brenda: The Everyday Information Needs of the Average Citizen. In: Kochen, H. / Donohue, J.C. (Hg.) (1976): Information for the Community. Chicago, S. 19-38.

Dervin, Brenda (1980): Communication Gaps and Inequities: Moving Toward a Reconceptualization: In: Dervin, Brenda / Voigt, Melvin (Hg.): Progress in Communication Sciences, Vol.2. Norwood N.J., S. 73-112.

Dervin, Brenda u.a. (1980): The Human Side of Information. An Exploration in a Health Communication Context. In: Nimmo, Dan (Hg.): Communication Yearbook 4. New Brundwick / London, S. 591-608.

Dervin, Brenda / Nilan, Michael / Jacobson, Thomas (1982): Improving Predictors of Information Use: A Comparison of Predictor Types in a Health Communication Setting. In: Burgoon, Michael (Hg.): Communication Yearbook 5. New Brunswick / London, S. 807-830.

Dervin, Brenda / Jacobson, Thomas / Nilan, Michael (1982): Measuring Aspects of Information Seeking: A Test of a Quantitative / Qualitative Methodology. In: Burgoon, Michael (Hg.): Communication Yearbook 6. Beverly Hills / London, S. 419-444.

Dervin, Brenda (1989): Audience as Listener and Learner, Teacher and Confidante: The Sense-Making Approach. In: Rice, Ronald / Atkin, Charles (Hg.): Public Communication Campaigns. Beverly Hills / London, S. 67-86.

Dynamisch-transaktionaler Ansatz

Früh, Werner / Schönbach, Klaus (1982): Der dynamisch-transaktionale Ansatz. Ein neues Paradigma der Medienwirkungen. In: Publizistik, 27(1-2), S. 74-88.

Früh, Werner (1991): Medienwirkungen: Das dynamisch-transaktionale Modell. Theorie und empirische Forschung. Opladen.

Früh, Werner (1994): Realitätsvermittlung durch Massenmedien: die permanente Transformation der Wirklichkeit. Opladen.

Früh, Werner (2001): Der dynamisch-transaktionale Ansatz. Ein integratives Paradigma für Medienrezeption und Medienwirkungen. In: Rössler, Patrick / Hasebrink, Uwe / Jäckel, Michael (Hg.): Theoretische Perspektiven der Rezeptionsforschung. München, S. 11-34.

Schönbach, Klaus / Früh, Werner (1984): Der dynamisch-transaktionale Ansatz II: Konsequenzen. In: Rundfunk und Fernsehen, 32(3), S. 314-329.

Ko-Orientierung

Atkin, Charles (1972 / 73): Anticipated Communication and Mass Media Information-Seeking. In: Public Opinion Quarterly, 36, S. 188-199.

Chaffee, Steven / McLeod, Jack / Atkin, Charles (1971): Parental Influence on Adolescent Media Use. In: Kline, Gerald F. / Clarke, Peter. (Hg.): Mass Communication and Youth. Beverly Hills / London, S. 21-38.

Clarke, Peter (1971): Children's Response to Entertainment: Effects of Co-Orientation on Information Seeking. In: Kline, F.G. / Clarke, P. (Hg.): Mass Communication and Youth. Beverly Hills / London, S. 51-67.

Grunig, James E. / Stamm, Keith (1973): Communication and Coorientation of Collectivities. In: American Behavioral Scientist, 16, S. 567-591.

McLeod, Jack / Chaffee, Steven (1972 / 73): Interpersonal Approaches to Communication Research. In: American Behavioural Scientist, 16, S. 469-499.

Kim, Hak Soo (1986): Coorientation and Communication. In: Dervin, Brenda / Voigt, M. (Hg.): Progress in Communication Sciences. Norwood, N.J., S. 31-54.

Newcomb, Theodore (1953): An Approach to the Study of Communicative Acts. In: Psychological Review, 60, S. 393-404.

Saxer, Ulrich (1992): „Bericht aus dem Bundeshaus". Eine Befragung von Bundeshausjournalisten und Parlamentariern in der Schweiz. Seminar für Publizistikwissenschaft: Zürich.

Saxer, Ulrich / Bonfadelli, Heinz / Hättenschwiler, Walter (1980): Die Massenmedien im Leben der Kinder und Jugendlichen. Zug.

Schaller, Beat (1984): Wie kantonspolitische Aussagen her- und bereitgestellt werden Lizentiatsarbeit am Seminar für Publizistikwissenschaft: Zürich.

Tannenbaum, Percy (1976): Die Verbreitung wissenschaftlicher Informationen. In: Badura, Bernhard (Hg.): Seminar angewandte Sozialforschung. Frankfurt a.M., S. 428-440.

„Third Person"-Effekt

Brosius, Hans-Bernd / Engel, Dirk (1997): „Die Medien beeinflussen vielleicht die anderen, aber mich doch nicht": Zu den Ursachen des Third-Person-Effekts. In: Publizistik, 42(3), S. 325-345.

Davison, Phillips W. (1983): The Third-Person Effect in Communication. In: Public Opinion Quarterly, 47, S. 1-15.

Davison, Phillips W. (1996): The Third-Person Effect Revisited. In: Int. Journal of Public Opinion Research, 8, S. 113-119.

Moser, Klaus / Hertel, Guido (1998): Der Dritte-Person-Effekt in der Werbung. In: Zeitschrift für Sozialpsychologie, 29, S. 147-155.

Peiser, Wolfram / Peter, Jochen (2000): Third-Person Perception of Television-Viewing Behavior. In: Journal of Communication, 50(1), S. 25-45.

Perloff, Richard M. (1993): Third-Person Effect Research 1983-1992: A Review and Synthesis. In: International Journal of Public Opinion Research, 5(2), S. 167-184.

Perloff, Richard M. (1996): Perceptions and Conceptions of Political Media Impact: The Third-Person Effect and Beyond. In: Cringler, Ann N. (Hg.): The Psychology of Political Communication. Ann Arbor, S. 177-197.

Perloff, Richard M. (2002): The Third Person Effect. In: Bryant, Jennings / Zillmann, D. (Hg.): Perspectives on Media Effects. Mahwah, N.J., S. 489-506.

Salwen, Michael B. (1998): Perceptions of Media Influence and Support of Censorship. The Third-Person Effect in the 1996 Presidential Election. In: Communication Research, 25(3), S. 259-285.

Qualitativ-medienökologische Perspektiven

Ang, Ien (1986): Das Gefühl Dallas. Zur Produktion des Trivialen. Bielefeld.

Bausinger, Hermann (1984): Media, Technology and Daily Life. In: Media, Culture and Society, 6, S. 343-351.

Brown, Mary Ellen (1991): Knowledge and Power: An Ethnography of Soap-Opera Viewers. In: Vande Berg, Leah R. / Wenner, Lawrence (Hg.): Television Criticism. Approaches and Applications. New York / London, S. 178-198.

Charlton, Michael / Bachmair, Ben (Hg.) (1990): Medienkommunikation im Alltag. Interpretative Studien zum Medienhandeln von Kindern und Jugendlichen. München etc.

Charlton, Michael / Neumann-Braun, Klaus (1992): Medienkindheit – Medienjugend. Eine Einführung in die aktuelle kommunikationswissenschaftliche Forschung. München.

Charlton, Michael / Schneider, Silvia (Hg.) (1997): Rezeptionsforschung. Theorien und Untersuchungen zum Umgang mit Massenmedien. Opladen.

Fiske, John (1987): Television Culture. London / New York.

Heath, Shirley B. (1980): The Functions and Uses of Literacy. In: Journal of Communication, 30, S. 123-133.

Hepp, Andreas (1999): Cultural Studies und Medienanalyse. Eine Einführung. Opladen.

Hickethier, Knut1 (1982): Medienbiographien – Bausteine für eine Rezeptionsgeschichte. In: Medien und Erziehung, 26(4), S. 206-215.

Hurrelmann, Bettina (1989): Fernsehen und Familie. Auswirkungen der Programmerweiterung auf den Mediengebrauch. München.

Holly, Werner / Püschel, Ulrich (Hg.) (1993): Medienrezeption als Aneignung. Methoden und Perspektiven qualitativer Medienforschung. Opladen.

Jäckel, Michael / Peter, Jochen (1997): Cultural Studies aus kommunikationswissenschaftlicher Perspektive. In: Rundfunk und Fernsehen, 45(1), S. 46-68.

Jensen, K.B. / Rosengren, Karl Erik (1990): Five Traditions in Search of the Audience. In: European Journal of Communication, 5(2-3), S. 207-238.

Keppler, Angela (1994): Tischgespräche. Über Formen der kommunikativen Vergesellschaftung am Beispiel der Konversation in Familien. Frankfurt a.M.

Krotz, Friedrich: Kommunikation als Teilhabe. Der „Cultural Studies Approach". In: Rundfunk und Fernsehen, 40, 3/1992, S. 412-431.

Kübler, Hans-Dieter (1982): Medienbiographien – ein neuer Ansatz der Rezeptionsforschung? In: Medien und Erziehung, 26(4), S. 194-205.

Liebes, Tamar / Katz, Elihu (1986): Patterns of Involvement in Television Fiction: A Comparative Analysis. In: European Journal Communication, 1, S. 151-171.

Liebes, Tamar / Katz, Elihu (1990): The Export of Meaning. Oxford.

Lindlof, Thomas L. (Hg.) (1987): Natural Audiences: Qualitative Research of Media Uses and Effects. Norwood N.J.

Lindlof, Thomas L. (1991): The Qualitative Study of Media Audiences. In: Journal of Broadcasting and Electronic Media, 35(1), S. 23-42.

Livingstone, Sonja (1990): Making Sense of Television. Oxford etc.

Luger, Kurt (1985): Medien im Jugendalltag. Wie gehen die Jugendlichen mit den Medien um – was machen die Medien mit den Jugendlichen? Wien.

Lull, James (1982): A Rules Approach to the Study of Television and Society. In: Human Communication Research, 9(4), S. 3-16.

Lull, James (1980): Family Communication Patterns and The Social Uses of Television. In: Communication Research, 7(3), S. 319-334.

Lull, James (1980): The Social Uses of Television. In: Human Communication Research, 6, S. 197-209.

Lüscher, Kurt / Wehrspaun, Michael (1985): Medienökologie: Der Anteil der Medien an unserer Gestaltung der Lebenswelten. In: Zeitschrift für Sozialisation und Erziehung, 5(2), S. 187-204.

Lüscher, Kurt (1984): Fernsehen – Familie – Gesellschaft. In: Ringeling, H. / Svilar, M. (Hg.): Die Welt der Medien. Bern, S. 39-53.

Lüscher, Kurt (1981): Medienökologie. In: Reformatio, 30(6), S. 350-358.

Messaris, T. (1983): Family Conversations about Television. In: Journal of Family Issues, 8(4), S. 293-308.

Moores, Shaun (1993): Interpreting Audiences. The Ethnography of Media Consumption. London etc.

Morley, David (1992): Television, Audiences & Cultural Studies. London.

Press, Andrea (1990): Class, Gender and the Female Viewer: Women's Responses to Dynasty. In: Brown, Mary Ellen (Hg.): Television and Women's Culture. London, S. 158-182.

Radway, Janice (1985): Interpretative Communities and Variable Literacies. The Functions of Romance Reading. In: Mass Communication Review Yearbook, Vol. 5, S. 337-361.

Radway, Janice (1984): Reading the Romance: Woman, Patriarchy and Popular Literature. University of North Carolina Press: Chapel Hill.

Rogge, Jan-Uwe (1982a): Die biographische Methode in der Medienforschung. In: Medien und Erziehung, 26(5), S. 273-287.

Rogge, Jan-Uwe (1982b): Familienwelten – Medienwelten. In: Furian, M. / Wittemann, P. (Hg.): Television total? Heidelberg, S. 107-121.

Seiter, Ellen u.a. (Hg.) (1989): Remote Control. Television, Audiences & Cultural Power. London.

Vogelgesang, Waldemar (1994): Jugend- und Medienkulturen. Ein Beitrag zur Ethnographie medienvermittelter Jugendwelten. In: Kölner Zeitschrift für Soziologie und Sozialpsychologie, S. 464-491.

White, Robert A. (1994): Audience „Interpretation" of Media: Emerging Perspectives. In: Communication Research Trends, 14(3).

6. Neue Perspektiven: Rezeption und Verarbeitung

Gegenstandsbestimmung. Mediennutzung ist nicht nur soziales Handeln als funktionsorientierte Zuwendung zur Massenkommunikation, sondern auch ein *kognitives* und *affektives Geschehen*. Die in der Rezeptionsphase selbst ablaufenden Prozesse der Aufmerksamkeitszuwendung, der Decodierung und der Informationsverarbeitung sind bis jetzt jedoch noch wenig erforscht. Erst seit den 80er Jahren hat die Medienforschung begonnen, sich der Frage zuzuwenden, wie Medienaussagen durch welche Rezipienten in welchen sozialen Situationen wie verstanden werden, wobei Fragen nach dem *„Wie"* im Zentrum stehen.

6.1 Medien-Interaktion

Mit dem Begriff der *Medien-Interaktion* soll die Beziehung erfasst werden, die zwischen dem Rezipienten und dem Medium während der Rezeption in typischer Weise besteht. Forschungsleitend ist die Idee, dass das jeweilige Medium – vor allem das Fernsehen – mit seinen spezifischen medialen Charakteristika die typische Modalität der Medieninteraktion bestimmt, und zwar so, dass dies auch von Bedeutung für postkommunikative Medieneffekte ist. Drei Modalitäten sind im Zusammenhang mit der Aktivität „Fernsehen" vor allem in theoretischer Hinsicht diskutiert und auch empirisch erforscht worden: Identifikation, Eskapismus und parasoziale Interaktion.

6.1.1 Identifikation

Definition. Der *Begriff* stammt aus der Psychoanalyse und bezeichnet die Gefühlsbindung an eine andere Person (Freud 1971: 44ff.) und vereinfachend auf die Mediensituation angewandt, das Bedürfnis des Rezipienten, so zu sein wie andere Personen auf der Leinwand bzw. dem Bildschirm. Der Rezipient identifiziert sich mit dem jeweiligen Helden oder der Heldin im Film oder Fernsehen, indem er denkt, fühlt oder sich verhält, als ob die jeweiligen Charakteristika des Helden die eigenen wären. Nach der Theorie findet vor allem dann Identifikation statt, wenn das Identifikationsvorbild Bedürfnisse und Wünsche des Rezipienten stellvertretend zu befriedigen vermag. Durch *Identifikation mit dem Vorbild* vermag dann der Rezipient die mit dem Vorbild verbundenen positiven Gefühle und Merkmale teilnehmend und in Stellvertretung selbst mitzuerleben.

Hypothesen. „Identifikation" schien im Zusammenhang mit der Massenkommunikation im allgemeinen und dem Fernsehen im speziellen ein sehr erklärungskräftiger Begriff zu sein, weil Medien ihrem Publikum viele attraktive Vorbilder anbieten, die im Kino oder beim Fernsehen zudem äußerst realitätsnah erfahren werden. In der Literatur finden sich schon früh Hinweise darauf, dass sich Kinder, die in unbefriedigenden familiären Verhältnissen aufwachsen, mit Fernsehfiguren identifizieren. Im Zusammenhang mit postkommunikativen Wirkungen wurde zudem vermutet, dass starke Identifikation mögliche Medienwirkungen – bspw. aggressives Verhalten – fördern und verstärken könnte (Eunkyung / Berkowitz 1994, S. 53).

Theoretische Probleme. Die Durchsicht der Literatur zeigt, dass das Konzept „Identifikation" relativ unscharf verwendet wird, wobei oft nicht klar wird, ob Identifikation a) als ein *Endprodukt* betrachtet wird, das aus einer bestimmten psychosozialen Situation wie Stress oder Unzufriedenheit resultiert; b) ein *emotionaler Zustand* während der Medienzuwendung ist; oder c) als *Effekt* angesehen wird, der aus einer bestimmten Art und Weise der Medieninteraktion resultiert? Unklar ist auch das Verhältnis zu anderen verwandten Begriffen wie „Involvement", „Empathie", „Projektion" oder „Imitation" (Vorderer 1994: 332; Charlton / Borcsa 1997: 257). Weiter gibt Anlass zu Kritik, wie Identifikation konkret operationalisiert und gemessen werden soll. Empirische Umsetzungen sind denn auch entsprechend rar geblieben (Noble 1975).

Empirische Befunde. Die vorhandenen Befunde (vgl. Feilitzen / Linné 1974) scheinen darauf hinzudeuten, dass Identifikation beim Fernsehen vor allem bei Kindern relativ häufig vorkommt und praktisch immer mit Personen des gleichen Geschlechts, der gleichen Nationalität und der gleichen Altersgruppe. Identifikation scheint vorab bezüglich der Hauptfiguren in Fernsehfilmen zu erfolgen. Auch soziale Merkmale der Vorbilder wie sozialer Status, Popularität, Attraktivität und perzipierte soziale Nähe oder Ähnlichkeit erleichtern Prozesse der Identifikation. Diese kann zudem in bestimmten Situationen und unter bestimmten Bedingungen zu *Imitation* beispielsweise in Form von aggressivem Verhalten als postkommunikative Wirkung Anlass geben oder dieses doch erleichtern.

6.1.2 Eskapismus

Definition. Dieser, der Identifikation verwandte Begriff, wurde schon früh ebenfalls häufig verwendet, um das Typische des Rezeptionsgeschehens beim Fernsehen zu bezeichnen (Schenk 2002: 628). – Katz / Foulkes (1962) konstatieren, dass der Eskapismus-Begriff *vieldeutig* sei und für die Bezeichnung verschiedenster Phänomene verwendet werde: a) als *Bedürfnis*, welches das Sehverhalten motiviert, b) das Spezifische am *Sehverhalten* selbst, c) bestimmte *Medieninhalte*, d) psychische Prozesse, die beim Fernsehen ablaufen, und e) *Folgen* des Fernsehens als Veränderung der Persönlichkeit des Rezipienten.

Nach ihnen sollte der Eskapismus-Begriff jedoch nur auf bestimmte *dysfunktionale Folgen der Fernsehnutzung* angewendet werden, und zwar zur Bezeichnung von Phänomenen wie dem Rückzug aus dem Alltag mit seinen Problemen, der Abschwächung von gesellschaftlicher Partizipation, der fehlenden Auseinandersetzung mit oder gar der Verdrängung von eigenen Problemen.

Empirische Befunde. In der Praxis umgesetzt worden ist das Konzept vor allem in Uses-and-Gratifications Studien (bspw. Saxer / Bonfadelli / Hättenschwiler 1975), wo es neben anderen Bedürfnissen oder funktionalen Orientierungen die Zuwendung zur Massenkommunikation erklären soll. In allen Untersuchungen zeigte sich, dass die befragten Personen eher selten von sich meinen, dass sie die Medien nutzen würden, „um den eigenen Träumen nachzuhängen", „um mal völlig abschalten zu können" oder „um persönliche Probleme zu vergessen". Zudem scheint nicht nur das *Fernsehen*, sondern auch das *Buchlesen* ein geeignetes Mittel zur Befriedigung eskapistischer Bedürfnisse zu sein. Hinzu kommt, dass eskapistische Bedürfnisse offenbar als motivierende und gratifizierende Elemente, und zwar durchaus auch im positiven Sinn, bei jeder Medien-Interaktion eine Rolle spielen können.

6.1.3 Parasoziale Interaktion

Während der Identifikationsbegriff die TV-Interaktion vor allem als emotionales Geschehen thematisiert, basiert das Konzept der parasozialen Interaktion, erstmals 1956 in einem Aufsatz der beiden Psychiater Horton / Wohl ausformuliert, auf dem Vergleich der Fernseh-Interaktion mit der face-to-face Kommunikation. Beim Fernsehen identifizieren sich die Zuschauer offenbar nicht so stark mit den fiktionalen Personen, wie angenommen worden war, sondern verhalten sich ihnen gegenüber eher wie zu Freunden, d.h. zu Personen, die man kennt und die jenen der Alltagsrealität ähnlich sind. Fernsehen erweckt demnach beim Zuschauer das Gefühl der Realität als *Illusion der persönlichen*

Nähe und *Intimität*, was Rollenübernahme erleichtert, obwohl die Zuschauer letztlich immer nur interpretierende und reagierende Beobachter sein können, dementsprechend ein eigentlicher Rollentausch nicht stattfindet. Trotzdem scheinen sich im Gefolge von habitualisiertem Fernsehen längerfristig parasoziale Beziehungen zwischen den Zuschauern und Serienfiguren zu entwickeln.

Fernsehen erlaubt also *Engagement* und *Pseudoauthentizität*, ohne persönliche Verpflichtung, ohne physischen und sozialen Aufwand, ohne Verantwortung und ohne einschränkende soziale Zwänge und Risiken (Horton / Wohl 1956; Noble 1975). Schon früh wies darum Wiebe (1973) darauf hin, dass diese Merkmale der parasozialen Interaktion beim Fernsehen zu einer Abschwächung der politischen Partizipation führen könnten; Beniger (1987) kritisiert zudem das Überhandnehmen von sog. „Pseudo-Community".

Abb. 70: Forschungsthemen zu (para-)sozialen Beziehungen der Mediennutzer	
Art der sozialen Beziehung	**Beispiele**
a) Bezüge zwischen Personen im engeren sozialen Umfeld	
- „Aushandlungsprozesse" vor der Medienrezeption - kollektive Rezeptionssituationen - Fernsehen im Familienalltag - Unterstützung beim Erwerb von Medienkompetenz - Anschlusskommunikation	- Diskussion in der Familie darüber, welche Sendung eingeschaltet wird - Gespräche, die parallel zur Rezeption geführt werden - Zeitbudget, Stellenwert der Medien - Eltern, die ihren Kindern vermitteln, welche Sendungen für sie geeignet sind - Gesprächsthemen, die sich aus der Medienrezeption ergeben, z.B. im Tischgespräch der Familie
b) Beziehungen zwischen größeren soziale Gruppen	
- Identifikation mit der Zielgruppe eines Medienangebots - Distinktion bzw. Abgrenzung von anderen sozialen Gruppen durch Mediennutzung	- Sendungen für ausländische Mitbürger - Rezeption bestimmter Programme, die in anderen Bevölkerungsgruppen negativ konnotiert sind, z.B. Wrestling-Kämpfe
c) Beziehungen zwischen Publikum und Akteuren	
- parasoziale Beziehungen zu Medienakteuren - direkte Kommunikation mit Akteuren in den Medien - Kommunikation von Nutzern / Akteuren miteinander	- Serienhelden als Identifikationssymbole - Gespräche zwischen TV-Zuschauern und Personen, die live an einer Sendung teilgenommen haben - Gespräche in Chat-Kanälen oder Kommunikation in Newsgroups innerhalb des Internets
Quelle: nach Goertz 1997: 23.	

Während lange Zeit keine empirischen Untersuchungen zur parasozialen Interaktion durchgeführt worden waren, hat das Konzept in den letzten Jahren im Zusammenhang mit dem Reality-TV neues Interesse auf sich gezogen, was zu Veröffentlichungen (Isotalus 1995; Themenheft „Medienpsychologie" 1996; Vorderer 1998), aber auch empirischen Untersuchungen zu verschiedensten Themen geführt hat (vgl. Gleich / Burst 1996; Paus-Haase u.a. 1999), wobei häufig die sog. PSI-Skala von Rubin / Perse / Powell (1985) eingesetzt wird.

Beispiel. Paus-Haase u.a. (1999) haben in einer repräsentativ angelegten Studie das Sehverhalten von Daily Talkshows bei 657 12-17jährigen Jugendlichen in Deutschland untersucht, wobei sie drei *Rezeptionsdimensionen* herausarbeiteten: 1) Jugendliche können eine Talkshow naiv oder reflektiert, 2) involviert oder eher distanziert, 3) unterhaltungsorientiert oder orientierungsgerichtet verfolgen. In einem weiteren Schritt wurde zudem untersucht, welche *parasozialen Beziehungen* jugendliche Talkshownutzer zu den ModeratorInnen von Daily Talks entwickeln, indem ihnen eine Reihe von Items vorgelegt wurde. Besonders hoch skorten dabei unproblematische Items wie „Ich sehe ihn/sie als ganz normale Person wie ‚Du und ich'" mit 3.13 oder „Ich würde ihn/sie ganz gerne persönlich kennen lernen" mit 2.78 auf einer Skala von 1 = „trifft gar nicht zu" bis 4 = „trifft genau zu". Items wie „Ich denke in meinem Alltag immer wieder an ihn/sie mit 1.52, „Manchmal passiert es mir, dass ich in Gedanken oder auch tatsächlich etwas zu ihm/ihr sage" mit 1.59 oder „Er/sie hat mich schon einmal sehr enttäuscht" mit 1.63, welche auf extreme, ja gar pathologische parasoziale Beziehungen verweisen, erhielten am wenigsten Zustimmung. Die Studie zeigte zudem, dass parasoziale Beziehungen zu LieblingsmoderatorInnen deutlich von der Nutzungshäufigkeit abhängen, aber auch mit dem Muster der Talkshow-Orientierung zusammenhängen.

6.1.4 Aufmerksamkeit

Fragestellungen. Sowohl in der Medienöffentlichkeit als auch in der Kommunikationswissenschaft hat das Thema „Aufmerksamkeit" erst in jüngster Zeit verstärkt Beachtung erlangt (Beck / Schweiger 2001). Die *Erzeugung und Steuerung von Aufmerksamkeit* spielt dabei nicht nur im verschärften Wettbewerb der kommerziellen Fernsehanbieter um Publika, sondern vor allem auch in der nachfrage-orientierten Online-Kommunikation eine wichtige Rolle. Neuere Ansätze des medienvermittelten Lernens untersuchen neben affektiven und parasozialen Faktoren zunehmend auch kognitive Aspekte der Medieninteraktion wie das Ausmaß an Aufmerksamkeit, das Rezipienten Medientexten entgegenbringen oder Medientexte umgekehrt bei den Rezipienten evozieren.

Befunde. In der Forschung zum Zusammenhang von Mediennutzung und Informiertheit ist vielfach belegt (Garramone 1984, McLeod / McDonald 1985;
Chaffee / Schleuder 1986), dass erst ein bestimmtes Maß an *Aufmerksamkeit*
während des Fernsehens zu Informationsaufnahme führt. Salomon (1983)
konnte zudem zeigen, dass der *mentale Aufwand* beim Fernsehen (sog. Konzept „AIME" = amount of invested mental effort) im Vergleich zu Printmedien
als kleiner perzipiert wird und unter der Bedingung eines höheren Ausmaßes an
AIME wurde auch mehr medienvermittelte Information aufgenommen.

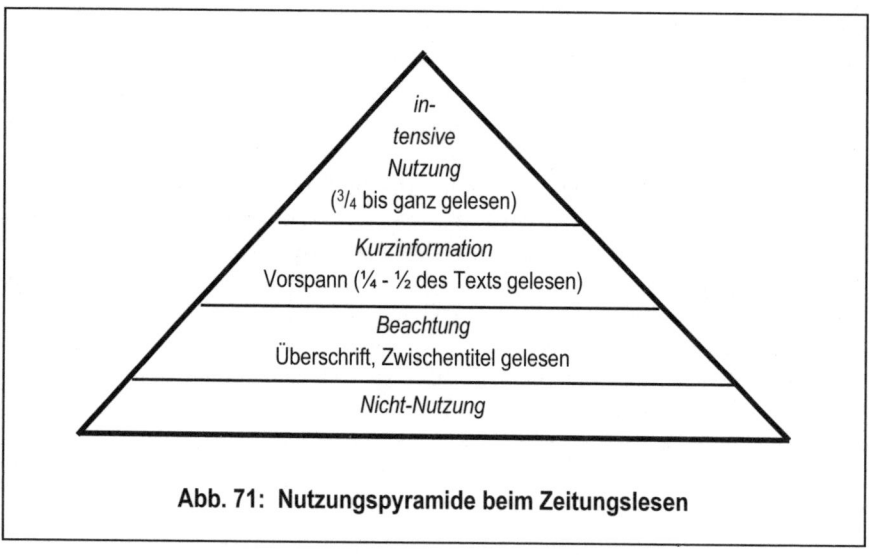

Abb. 71: Nutzungspyramide beim Zeitungslesen

Dieser Aufwand an Aufmerksamkeit ist aber nicht nur von Merkmalen der Rezipienten abhängig, sondern kann durch gestalterische Aspekte der Medienbotschaft gesteuert werden, wie praxisorientierte Leserschaftsstudien aufgrund
von *Blickaufzeichnungsanalysen* (vgl. Kap. 2.2.2) zeigen. Daraus können wiederum Folgerungen für lesergerechtes Zeitungs- (Koschnick 1991; Bucher
1996; Heijnk 1997) oder Multimediadesign (Biocca 1993; Schweiger 1996) gezogen werden: Beim Lesen tastet der Blick die Zeitungsseite oder das Inserat
von oben nach unten und den Bildern entlang ab, wobei Bilder zwar als Blickfang steuern, jedoch wenig Einfluss darauf haben, ob der Leser auch tatsächlich in den Artikel einsteigt oder nicht. Hier kommt den Titeln und Zwischen-
titeln als Auswahlkriterien offenbar die entscheidende Funktion zu (Abb. 71).

6.2 Perzeption der Medienrealität

Fragen. In der Mediensozialisationsforschung (Bonfadelli 1981) wurde untersucht, inwieweit Kinder fähig sind, *Medienwirklichkeit* bezüglich der dargestellten Personen und Motive von *Alltagsrealität* zu unterscheiden: Ab welchem Alter oder kognitiver Entwicklung wird der fiktionale Charakter der TV-Realität erkannt? Welche Faktoren – Bildung, Geschlecht, Erfahrung – beeinflussen die perzipierte Wirklichkeitsnähe des TV (Kepplinger / Tullius 1995)? Von Praxisrelevanz sind solche Fragen auch im Zusammenhang mit der *Werbewirkung auf Kinder:* Auf welcher Altersstufe und aufgrund welcher Kriterien erkennen Kinder TV-Werbung (Charlton u.a. 1995; von Ploetz 1999)?

Fiktionalität. Obwohl nur eine Minderheit von 13% der Kinder im Alter von 3-6 Jahren über keine Werbekompetenz verfügt, d.h. keine Werbung in Stimulusmaterial erkannte, ist das Verständnis der Werbewelt bei Kindergartenkindern erst sehr gering ausgeprägt (von Ploetz 1999: 100). Und erst ab Schulbeginn werden sich Kinder auch verstärkt bewusst, dass die Charaktere, die sie am Fernsehen sehen, nicht richtige Menschen, sondern nur Schauspieler sind, die ihre Rollen spielen.

Wirklichkeitsnähe. Weiter kann untersucht werden, inwiefern Kinder unterschiedliche fiktionale Angebote – Personen und Handlungen – als mehr oder weniger wirklichkeitsnah erleben. Zu fragen ist auch, aufgrund welcher Dimensionen Kinder die Medienrealität strukturieren; d.h. welche Kriterien sie benützen, um deren Wirklichkeitsnähe abzuschätzen. Jüngere Kinder beziehen sich offenbar vor allem auf diskrete, oberflächliche und meist ganz periphere – aber dennoch korrekte Sachverhalte (Reeves / Greenberg 1977; Klapper 1978).

Medien-Image. Bei Erwachsenen sind verschiedene Aspekte des Medien-Images (McKeone 1995) wie *Glaubwürdigkeit* (Bentele 1994; Self 1996) oder *Unabhängigkeit* sowie *Bindung* an die Medien – vgl. Studie MASSENKOMMUNIKATION (Berg / Ridder 2002) bzw. Univox-Studie (Bonfadelli 1998) – untersucht worden. Neuerdings gibt es Versuche, Dimensionen des Medienimages zur Erklärung der Interpretation von lokalen Themen durch das Publikum als Medienwirkungen heranzuziehen (Kosicki / Becker / Fredin 1994).

6.3 Informationsverarbeitung und Verständnis

Entwicklung und Stand der Forschung. Bei Kindern begann man aufgrund der kognitiven Entwicklungstheorie von Jean Piaget in den 70er Jahren zu untersuchen, wie im Altersverlauf die medienbezogenen Fähigkeiten zunehmen, Elemente und Aufbau des Plots, die Bildsprache und die Perspektivität von Sendungen und Werbung am Fernsehen zu verstehen (Wartella 1979 / 1981; Collins 1980). In Deutschland und Skandinavien sind in den 80er Jahren Untersuchungen zum *Verstehen und Lernen bei TV-Nachrichten* durchgeführt worden (Wember 1976; Findahl / Höijer 1981; Habermann 1984; Merten 1985; Brosius 1990 / 1994 / 1995; Schaap / Renckstorf / Wester 1998). Und in der Schweiz zeigen Befunde des Univox-Survey (Bonfadelli 1998), dass ein Drittel der Aussage „ziemlich" bzw. „sehr" zustimmt, dass die *Medienberichterstattung für den „normalen Bürger" unverständlich und zu schwierig* sei.

Während die ersten Forschungen der 70er Jahre noch wenig theoriegeleitet waren, arbeiten jüngere Untersuchungen (Bryant / Anderson 1983; Meyer 1985; Kellermann 1985; Bryant 1991) vermehrt mit *schema-theoretischen Modellen* (Graber 1989, Brosius 1991, Wicks 1992; vgl. Kap. 3.4.3) und anderen *Konzepten der kognitiven Psychologie*, die sie auf die medienbezogenen Prozesse der Informationsaufnahme / -verarbeitung anwenden. Bis jetzt sind Fragestellungen und theoretische Perspektiven aber disparat geblieben; der komplexe

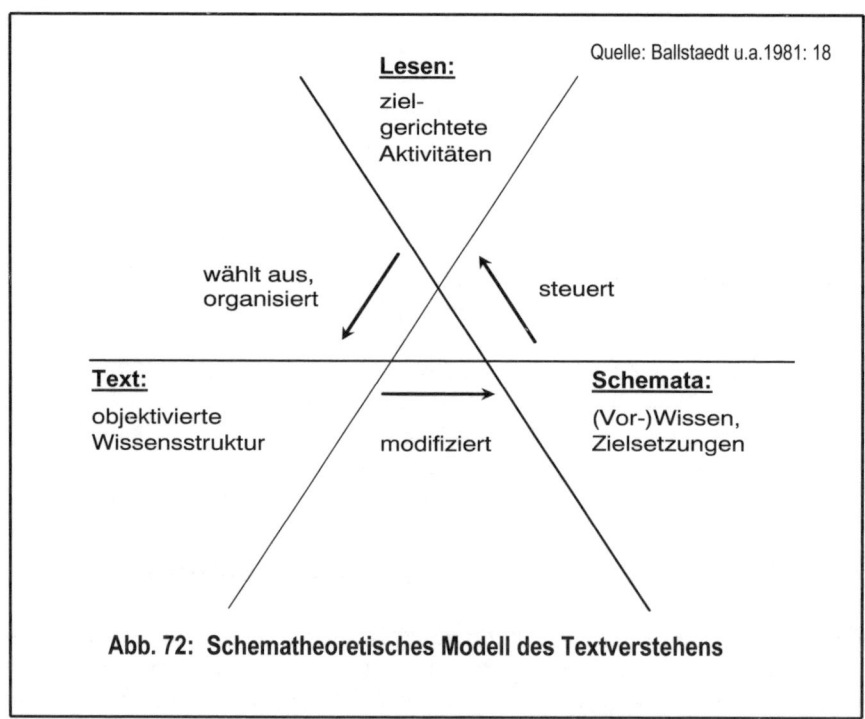

Abb. 72: Schematheoretisches Modell des Textverstehens

Wechselwirkungsprozess zwischen Personen-, Angebots- und Kontextfaktoren im Rezeptionsprozess ist noch wenig erhellt (ARD-Forschungsdienst 1998).

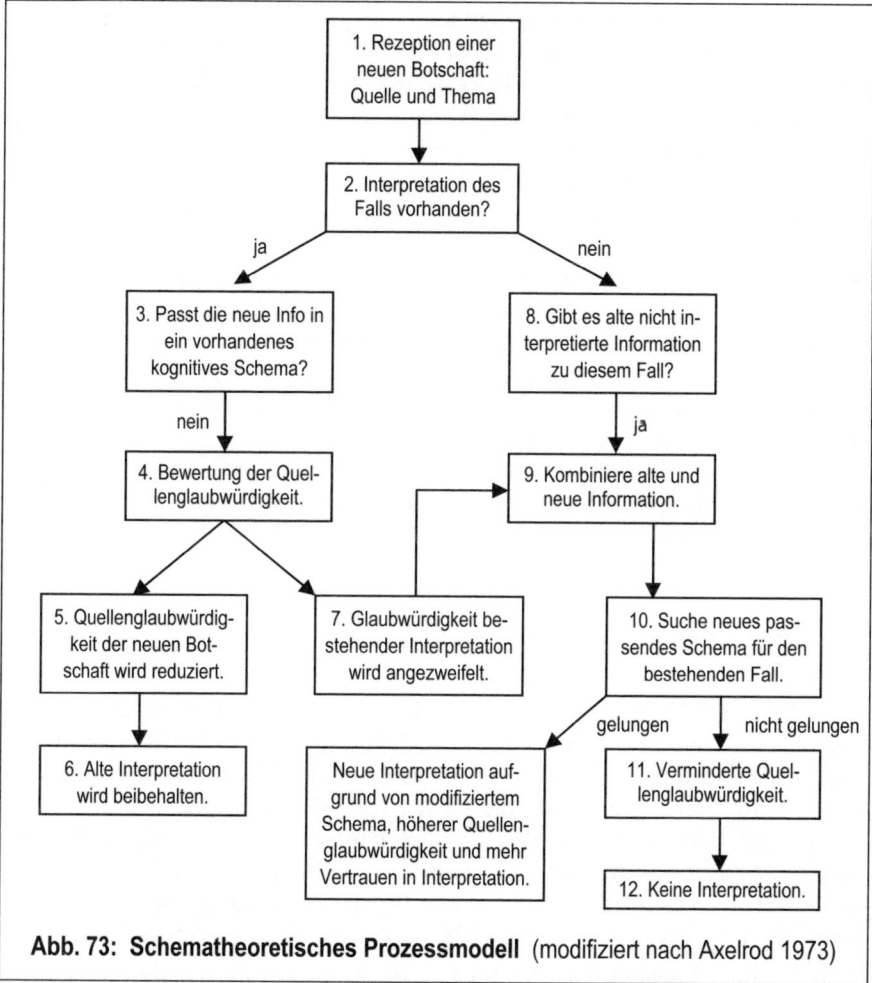

Abb. 73: Schematheoretisches Prozessmodell (modifiziert nach Axelrod 1973)

Schemagesteuerte Textverarbeitung. Schemata, Skripts, bzw. Frames sind kognitiv organisierte Erfahrungen typischer Zusammenhänge der Lebenswelt wie Konzepte über Gegenstände, Zustände, Ereignisse etc. Im Rezeptionspro-

zess (vgl. Abb. 72) gibt es sowohl *absteigende* Verarbeitungsstrategien, wenn
vorhandene Schemas die Verarbeitung von Fernsehinformation oder Texten
steuern als auch *aufsteigende Verarbeitungsprozesse.* Solche finden dann statt,
wenn spezifische Medieninformation bestimmte, im Gedächtnis gespeicherte
Wissensbestände und dazu gehörige kognitive Schemata aktivieren und auch
modifizieren. Je nach Anzahl und Differenziertheit der vorhandenen Schemata
wird die Rezeption des gleichen Textes anders ausfallen (Ballstaedt u.a. 1981).

In Abb. 73 wird die schemagesteuerte Informationsverarbeitung nach einem
Prozessmodell von Axelrod (1973: 1251) visualisiert: Wenn eine neue Medienbotschaft wahrgenommen wird (1), sucht der Rezipient nach einem Schema in
seinem Gedächtnis (2), das als Interpretationsfolie dienen kann. Ist ein Schema
vorhanden (3), aber die neue Information dazu scheint inkonsistent (4), kann
einerseits die Quellenglaubwürdigkeit der neuen Botschaft reduziert (5) und die
alte Interpretation beibehalten werden (6) oder andererseits die Glaubwürdigkeit der bestehenden Interpretation in Frage gestellt werden (7). Wird kein pas-
sendes Schema gefunden (8), wird nach bestehender, aber noch nicht interpre-
tierter Information zum Thema gesucht. Die vorhandene alte wird sodann mit
der neuen Information kombiniert (9) und nach einem neuen Schema gesucht
oder ein neues Schema gebildet (10). Gelingt dies nicht, wird die Quellenglaubwürdigkeit der neuen Information herabgesetzt (11) und diese wird nicht
weiter interpretiert (12).

6.4 Emotionale Medieneffekte

Über die in der TV-Interaktion ablaufenden emotionalen Prozesse ist noch wenig bekannt, weil die Analysen unter der Perspektive der Informationsverarbeitung bisher vor allem kognitive Aspekte betont haben. Obwohl man weiß, dass
in vielen Rezeptionssituationen die Inhalte von TV-Sendungen offenbar zweit-
rangig sind, oder doch zumindest wenig gelernt wird, ist es, methodisch gesehen, schwierig, affektive Prozesse valide in den Griff zu bekommen. Fruchtbare theoretische Ansätze wie empirische Studien sind rar geblieben (Tannenbaum 1980; Sturm 1981; Zillmann 1982; Vitouch 1982; Vorderer 1994).

Aktivierungs-Theorie. Für die Medienforschung ist die *Aktivierungstheorie*
von Stanley Schachter (1962) relevant, die zwischen zwei Prozessen unterscheidet, die bei der Entstehung von Gefühlen beteiligt sind. Einerseits gibt es
ein unspezifisches physiologisches Aktivierungssystem, das durch externe Rei-
ze erregt wird und körperliche Begleiterscheinungen wie Änderung des Herz-
schlags, Handleitfähigkeit, Muskeltonus etc. bewirkt. Dieser Aktivierungsgrad

bestimmt aber nur die *Intensität der Emotion.* Die *Qualität der Emotion* hängt mehr von kognitiven Prozessen ab, in denen der Rezipient u.U. die gleiche physiologischen Begleiterscheinungen in Abhängigkeit von der kognitiven Bewertung der Situation je anders erlebt: als Freude, Spannung, Furcht, Eifersucht etc. (vgl. Wünsch 2002).

6.4.1 Emotionen und Unterhaltung

Fragestellungen. Der Anreiz des Fernsehens für die Zuschauer besteht offenbar darin, eine bequeme und kontrollierte Situation zu bieten, um den affektiven *Aktivierungstonus* zu verändern und so Entspannung und Spannung zu erleben. Neuere Arbeiten (Zillmann / Bryant 1985) zur selektiven Zuwendung zum Fernsehen – engl.: selective exposure – belegen, dass unterschiedliche physiologische Zustände (z.B. Stress) die Höhe des TV-Konsums wie auch die Zuwendung zu bestimmten Programmen beeinflussen, die dann je nach präkommunikativer emotionaler Situation des Rezipienten Spannung oder Entspannung zur Folge haben. Medienzuwendung kann als *Mood Management* (vgl. Meadowcroft / Zillmann 1987; Myrtek u.a. 1997), d.h. als Mittel zur Beeinflussung der momentanen affektiven Befindlichkeit, verstanden werden. Prämisse ist der *hedonistische Rezipient,* der stets angenehme Stimmungen sucht. Dementsprechend erstaunt es nicht, wenn andere Studien zeigen, dass die Nutzung des Hörfunks (Eckhardt 1982) im Tagesablauf stark schwankt, und zwar entsprechend der zeitlich je dominanten emotionalen Gefühlslage.

Beispiel 1: Fernsehen im Vergleich. Kubey / Csikszentmihalyi (1990) haben zur Erforschung dieser Fragen methodisches Neuland erschlossen, indem Versuchspersonen zu zufällig ausgewählten Zeitpunkten im Tagesablauf – engl.: experience sampling – einerseits Angaben zur gerade stattfindenden Tätigkeit machten (z.B. Lesen, Fernsehen, Essen etc.), andererseits mittels eines Semantischen Differentials ihren Gefühlszustand (z.B. aktiv vs. passiv, glücklich vs. traurig etc.) einschätzten.

Abb. 74 zeigt verschiedene Tätigkeiten im Vergleich, wobei pro Tätigkeit drei Dimensionen ausgewiesen sind: a) *Aktivierung* basiert auf dem Durchschnitt von folgenden drei Dimensionen des Semantischen Differentials: „aktiv" vs. „passiv", „stark" vs. „schwach" und „aufregend" vs. „langweilig", und b) *Affekt* auf dem Durchschnitt von „glücklich" vs. „traurig", „gesellig" vs. „allein" und „freundlich" vs. „feindselig". c) Die *intrinsische Motivation* schließlich bezog sich darauf, ob das momentane Verhalten eher als durch die Situation oder als durch die Person selbst bestimmt eingeschätzt wurde.

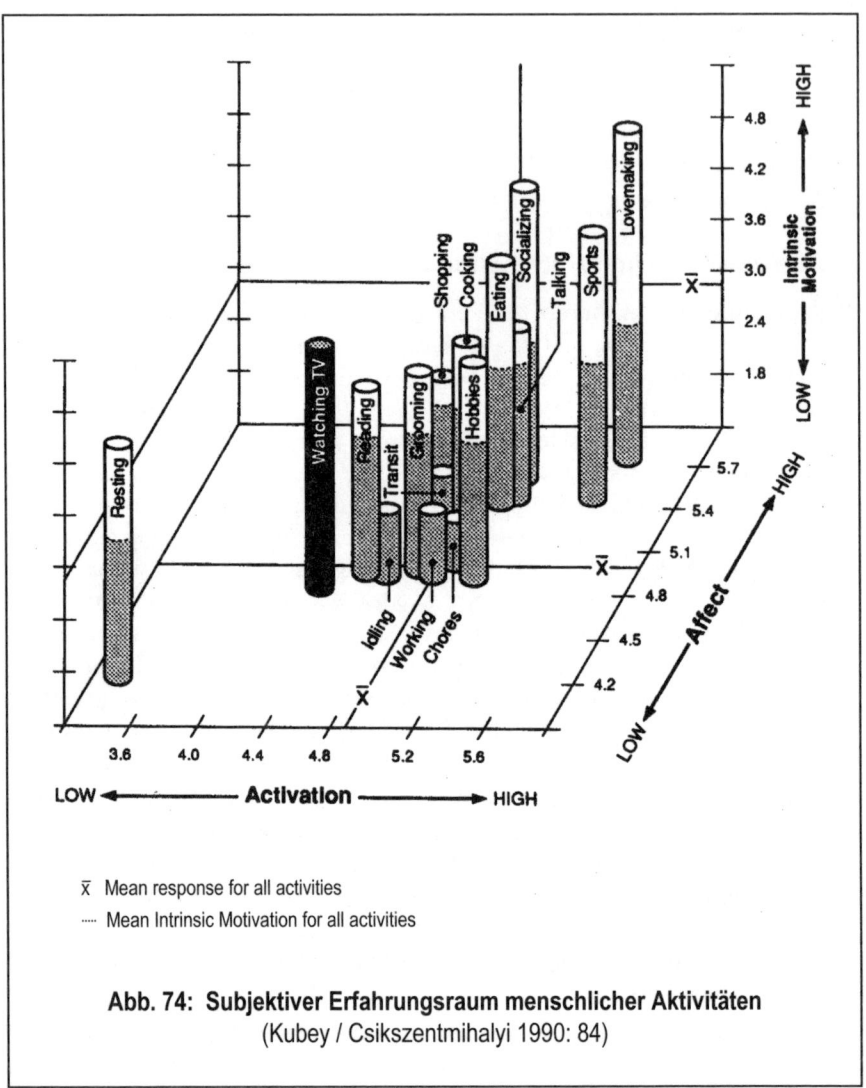

Abb. 74: Subjektiver Erfahrungsraum menschlicher Aktivitäten
(Kubey / Csikszentmihalyi 1990: 84)

Von den Befunden her ist interessant, das die Tätigkeiten „*Fernsehen*" und „*Lesen*" subjektiv recht ähnlich erlebt werden, wobei die intrinsische Motivation beim Fernsehen etwas höher war als beim Lesen; das Lesen wurde aber umgekehrt bezüglich Affekt und Aktivierung etwas stärker eingestuft. Größere

Unterschiede zwischen Fernsehen und Lesen gab es freilich bezüglich der Bewertung: Die Aktivität „Lesen" wurde signifikant mehr geschätzt als die Aktivität „Fernsehen" (Mittelwerte: 5.0 und 4.3 auf der Skala: 1 = „like very little"; 7 = „like very much").

Beispiel 2: Mediengewalt. Im Bereich der postkommunikativen Wirkungen wies Zillmann (1979) nach, dass es offenbar nicht der *aggressive Inhalt* von Fernsehsendungen ist, der späteres aggressives Verhalten hervorruft, sondern primär die *unspezifische Erregung*, die das Anschauen eines solchen Film erzeugt. In Experimenten konnte durch andere Medieninhalte wie Sport, Pornographie etc. die gleich hohe Erregung hervorgerufen werden wie durch aggressive Fernsehinhalte. Ob und wie sich diese *physiologische Erregung* in nachfolgendes Verhalten umsetzt, hängt offenbar nicht mehr von inhaltlichen Merkmalen, sondern von situativen Faktoren ab.

6.4.2 Emotionen und Information

Komplexitätstheorie. Im Unterschied zu den Konsistenztheorien gehen Donohew / Tipton (1973) in ihrer *Komplexitätstheorie* davon aus, dass Individuen stets einen bestimmten Aktivierungspegel erhalten möchten und darum Abwechslung suchen. Aktivierung, die emotional als angenehm erlebt wird, kann durch aktive Informationssuche und Informationsselektion erzeugt werden. Dabei bewegt sich der Rezipient kontinuierlich zwischen den Polen der *Abwechslung* und der *Redundanz*. Befindet sich der Rezipient in einem Zustand mit zu hoher Aktivierung, wird er seinen Input durch konsistente Information zu reduzieren versuchen; unterschreitet der Rezipient jedoch die untere Grenze und empfindet ob der Redundanz der Information Langeweile, wird er neue Quellen und Informationen suchen und aufnehmen, die mehr Neuigkeitswert und Abwechslung bieten.

Beispiel: Früh (1978) hat diese Überlegungen auf den Leseprozess angewendet. Er konnte zeigen, dass die Informationsaufnahme bei einem mittleren Niveau der Aktivierung am größten war; zu hohe Redundanz erzeugte Langeweile, zu geringe Redundanz bei hoher Komplexität hatte Überforderung zur Folge. Diese Beziehung zwischen Vertrautheit und Komplexität bzw. zwischen Form und Inhalt und deren Konsequenzen bezüglich der Erzeugung von Interesse und Aufmerksamkeit in der Rezeptionssituation haben Rice / Huston (1985: 34) in einer Kurve visualisiert (vgl. Abb. 75): Auf extrem neue, komplexe und inkonsistente Information wird emotional zunächst eher ablehnend mit Unverständnis reagiert; umgekehrt erzeugen aber auch zu einfache, vertraute, redundante und repetitive Inhalte Langeweile. Demgegenüber wird auf bedingt Neues, das in bereits Bekanntes integriert werden kann, zumeist mit Interesse reagiert; die Verstehenskurve selbst verschiebt sich mit dem kognitiven Entwicklungsstand und der zunehmenden Fernseherfahrung eines Kindes.

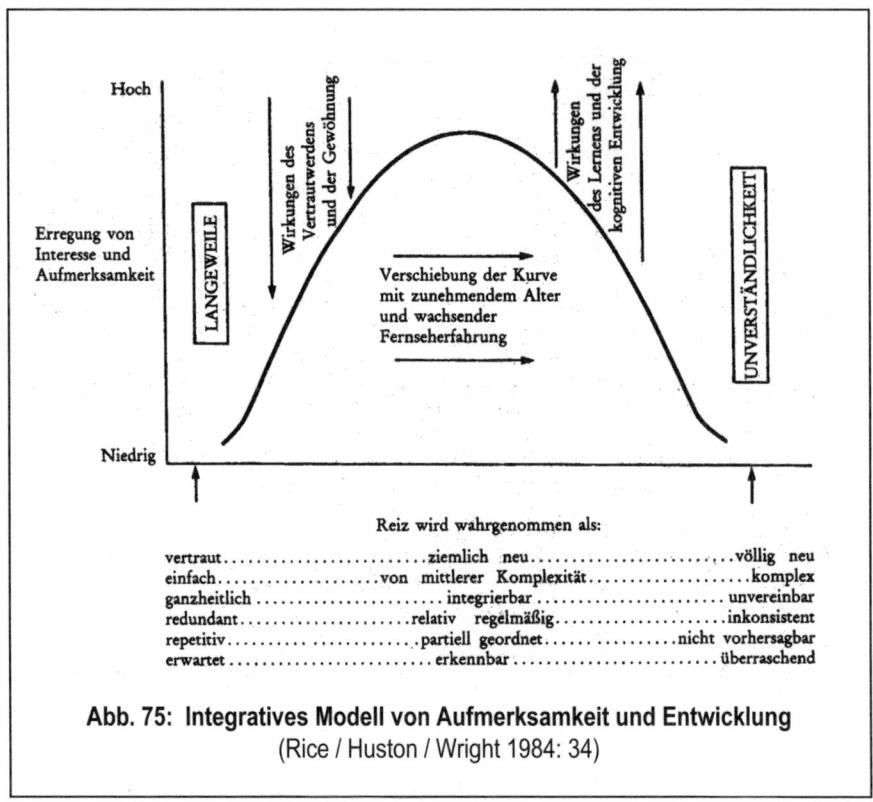

Abb. 75: Integratives Modell von Aufmerksamkeit und Entwicklung
(Rice / Huston / Wright 1984: 34)

6.4.3 Emotionen und Vergessen

Rezipientenorientierter Ansatz. Hertha Sturm untersuchte in verschiedenen Studien die Fernsehrezeption im Zusammenhang mit Emotionen, wobei sie neuartige physiologische Messmethoden anwandte. Ihr *rezipientenorientierter Ansatz* will Medienwirkungen als Veränderungen von *personalen Befindlichkeiten* thematisieren und daraus Folgerungen für eine rezipientenorientierte Dramaturgie ableiten (Sturm 1982+2000).

Zeigarnik-Effekt. Einer ihrer Befunde geht dahin, dass Gefühle, die beim Fernsehen mit Fernsehhelden verbunden werden, sehr stabil sind. Im Gegensatz dazu wird das mit den gleichen Personen verbundene Wissen viel rascher vergessen. Für sie ist darum vermehrt zu untersuchen, welche Folgen es z.B. hat, wenn vertraute Fernsehakteure aus Fernsehserien plötzlich verschwinden: Verlust- und Trennungsangst bei Kindern. Zudem erzeugen auch nichtabgeschlossene Handlungen Dissonanzen beim Zuschauer, was sie als Zeigarnik-Effekt bezeichnet.

Fehlende Halbsekunde. Ebenfalls von Bedeutung scheint ihr die schnelle und pausenlose Darbietungsform beim Fernsehen zu sein, die es dem Rezipienten oft nicht erlaubt, seiner undifferenzierten emotionalen Erregung eine kognitive Bewertung oder nur Benennung zu geben: *fehlende Halbsekunde* zum Einbringen eigener Erfahrung (Sturm 1980). Sie fordert darum eine *zuschauerfreundliche Mediendramaturgie* beim Fernsehen.

Diskrepanz zwischen Information und Affekt. In einer weiteren Untersuchung wird die Ursache der schlechten Erinnerung bei Fernsehnachrichten auf die Diskrepanz zwischen emotionalem Bildgehalt von Fernsehsendungen und sachlichem Off-Ton zurückgeführt. Neuere empirische Studien aus den USA bestätigten diese Hypothese: Hoch emotionale Meldungen in Nachrichtensendungen – sog. „Bad News" bzw. Katastrophenberichte (Bonfadelli 1994; Wember 1993) – behindern offenbar die kognitive Verarbeitung der nachfolgenden Nachrichten; diese werden schlechter erinnert; der Effekt verschwand nach etwa drei Minuten wieder (Mundorf / Drew / Zillmann / Weaver 1990).

6.5 Formale Medieneffekte

Prämissen. Die Forschungen von Hertha Sturm weisen darauf hin, dass nicht nur Medieninhalte, bspw. als Gewalt in den Medien, sondern auch *formale Angebotsweisen der Medien* ihre Auswirkungen auf die Rezipienten haben. Umgekehrt erwerben die Heranwachsenden im *Prozess der Mediensozialisation*, d.h. im steten Umgang mit spezifischen formalen Codes und inhaltlichen Angeboten der verschiedenen Medien, eine je spezifische *Medienkompetenz*.

Medienkompetenz. Gavriel Salomon (1979) hat sich als einer der ersten intensiv mit theoretischen Fragen der Interaktion zwischen Inhalt, Medium, Symbolsystem und Kognition auseinandergesetzt. Nach ihm besitzt jedes Medium spezifische Möglichkeiten in Form eines Symbolsystems oder Codes, beliebige Inhalte zu repräsentieren. Der Rezipient muss im Rezeptionsprozess, d.h. im

Umgang mit diesen Codes, diese extern im Symbolsystem des Mediums reprä-
sentierten Inhalte in sein internes kognitives System umsetzen. Der stete Umgang mit den Medien und ihren spezifischen Codes *kultiviert* dabei entsprechende kognitive Fähigkeiten als Medienkompetenzen – engl.: visual literacy,
media skills – bei Rezipienten.

In die Praxis umgesetzt bedeutet dies, dass der längerfristige habituelle Umgang mit einem Medium, bspw. Dominanz der TV-Nutzung im Gegensatz zur
überwiegenden Printmediennutzung, zu einer anders akzentuierten Medienkompetenz führen muss.

Befunde. Nach Hertha Sturm (1977+1979, zusammenfassend 1991) sind es vor
allem gewisse *fernseh-typische Charakteristika,* welche die Entwicklung der
kognitiven Fertigkeiten als formale Medienwirkungen beeinflussen. Ihre dazu
formulierten Hypothesen sind bis jetzt aber kaum getestet:

1. **Schnelligkeit und Aufmerksamkeitserfordernis.** Die Medien Fernsehen
   erfordert wegen der Schnelligkeit seiner sprachlichen, aber auch bildlichen
   Angebotsweisen vom Rezipienten eine kontinuierlich gespannte Aufmerksamkeit, was die Bildung eigener Vorstellungen behindert und Kreativität
   sowie Phantasie unterdrückt.

2. **Kurzfristigkeit und rascher Wechsel.** Der ständige rasche Wechsel von
   Themen und Bildfolgen sowie unvollständige Handlungsabläufe verlangen
   dem Zuschauer bezüglich Informationsverarbeitung hohe Anforderungen
   ab. Dadurch werden interpretierende und reflektierende Leistungen erschwert oder unterbleiben. Diese beiden Momente führen längerfristig zu
   nachlassenden Aufmerksamkeitsspannen. Vor allem Kinder sind offenbar
   quantitativ und qualitativ nur begrenzt aufnahmefähig, ermüden rasch und
   nehmen dementsprechend eher nur Einzeln-Unverbundenes war.

3. **Fremdgesteuerte Informationsaufnahme.** Im Gegensatz zum Lesen kann
   die Informationsaufnahme beim Fernsehen weder angehalten noch den individuellen Voraussetzungen der einzelnen Rezipienten angepasst werden,
   was das Verständnis und das Lernen beeinträchtigt.

4. **Dominanz des Bildes und Text-Bild-Schere.** Gefördert wird das bloße
   Hinsehen. Der Zuschauer hangelt sich zwar dem anschaulichen Bilderfluss
   entlang; weil die Bildebene jedoch meist nur Nebeninformationen enthält,
   erfolgen die notwendigen aktiven Verstehensleistungen nur vereinzelt. Die
   Tiefen- bzw. Strukturinformation der Textebene wird wegen der Konzentration auf die Bilder nur ungenügend aufgenommen und verstanden. Dementsprechend gering bleibt die Erinnerungsleistung (vgl. auch Wember
   1976; Winterhoff-Spurk 1986; Brosius / Birk 1994).

5. **Interferenz-Effekte.** Die rasche Abfolge von mitunter ganz verschiedenen Inhalten beim Fernsehen – Beispiel: Nachrichten – erschwert deren Aufnahme. Es kommt zu Vermischung in der Erinnerung. Zusammenfassende, synthetisierende Leistungen unterbleiben.

Im Gegensatz zu Hertha Sturm gehen Reeves / Nass (1996) in ihrer *„Media Equation"* - *Perspektive* davon aus, dass allgemeine psychologische Gegebenheiten – Wahrnehmung, Gedächtnis, Informationsverarbeitung – direkt auf den Umgang mit Medien wie TV oder Computer übertragen werden können. Nach ihnen besteht dabei kein Unterschied zwischen „realer Welt" und „Medienwirklichkeit". Folgende Gesetzmäßigkeiten wurden empirisch überprüft:

1. **Höflichkeit.** Menschen verhalten sich auch Computer gegenüber höflich, d.h. auch dort gelten Regeln wie: Es ist höflich, sich zu verabschieden, sich beim Reden anzuschauen oder kommunikative Prämissen wie Wahrhaftigkeit oder Verhältnismäßigkeit.

2. **Interpersonale Distanz.** Räumliche Arrangements bestimmen die Intensität von Reaktionen, d.h. auch mediale Nähe evoziert Aufmerksamkeit.

3. **Interpersonale Bewertungen wie Lob.** Alle Menschen lieben es, gelobt zu werden; dies gilt auch für die PC-Interaktion.

Literatur

Medien-Interaktion

Beck, Klaus / Schweiger, Wolfgang (2001): Attention please! Online-Kommunikation und Aufmerksamkeit. München.

Beniger, James (1987): Personalization of Mass Media and the Growth of Pseudo-Community. In: Communication Research, 14(3), S. 352-371.

Charlton, Michael / Borcsa, Maria (1997): Thematische Voreingenommenheit, Involvement und Formen der Identifikation. In: Charlton, Michael / Schneider, Silvia (Hg.): Rezeptionsforschung. Opladen, S. 254-267.

Eunkyung, Jo / Berkowitz, Leonard (1994): A Priming Effect Analysis of Media Influences: An Update. In: Bryant, Jennings / Zillmann, Dolf (Hg.): Media Effects. Advances in Theory and Research. Hillsdale, N.J., S. 43-60.

Feilitzen, Cecilia von / Linne, Olga (1975): Identifying with Television Characters. In: Journal of Communication, 25, S. 51-55.

Freud, Sigmund (1971 / 1921[1]): Massenpsychologie und Ich-Analyse. Frankfurt a.M. / Hamburg.

Gleich, Uli / Burst, Michael (1996): Parasoziale Beziehungen von Fernsehzuschauern mit Personen auf dem Bildschirm. In: Medienpsychologie, 8(3), S. 182-200.

Isotalus, Pekka (1995): Friendship through Screen. Review of Parasocial Relationship. In: Nordicom Review, 1, S. 59-64.

Horton, Donald / Wohl, Richard (1976): Mass Communication and Para-Social Interaction: Observations on Intimacy at Distance. In: Combs, James / Mansfield, Michael (Hg.): Drama in Life. New York, S. 212-228.

Katz, Elihu / Foulkes, David (1962): On the Use of the Mass Media as „Escape": Clarification of a Concept. In: Public Opinion Quarterly, 26, S. 377-388.

Keppler, Angela (1998): Interaktion ohne reales Gegenüber. Zur Wahrnehmung medialer Akteure im Fernsehen. In: Vorderer, Peter (Hg.): Fernsehen als "Beziehungskiste". Parasoziale Beziehungen und Interaktionen mit TV-Personen. Opladen, S. 11-24.

Krotz, Friedrich (1996): Parasoziale Interaktion und Identität im elektronisch mediatisierten Kommunikationsraum. In: Vorderer, Peter (Hg.): Fernsehen als „Beziehungskiste". Parasoziale Beziehungen und Interaktionen mit TV-Personen. Opladen, S. 73-90.

Paus-Haase u.a. (1999): Talkshows im Alltag von Jugendlichen. Opladen.

Rubin, Alan M. / Perse, Elizabeth M. / Powell, R.A. (1985): Loneliness, Parasocial Interaction, and Local Television News Viewing. In: Human Communication Research, 12, S. 155-180.

Schenk, Michael (2002[2]): Medienwirkungsforschung. Tübingen.

Vorderer, Peter (1994): „Spannung ist, wenn's spannend ist". Zum Stand der (psychologischen) Spannungsforschung. In: Rundfunk und Fernsehen, 42(3), S. 323-339.

Vorderer, Peter (Hg.) (1998): Fernsehen als „Beziehungskiste". Parasoziale Beziehungen und Interaktionen mit TV-Personen. Opladen.

Wiebe, Gerhart D. (1973): Mass Media and Man's Relationship to his Environment. In: Journalism Quarterly, 50, S. 426-432.

Informationsverarbeitung: allgemein

Ballstaedt, Steffen-Peter u.a. (1981): Texte verstehen, Texte gestalten. München.

Bock, Michael (1990): Medienwirkungen aus psychologischer Sicht: Aufmerksamkeit und Interesse, Verstehen und Behalten, Emotionen und Einstellungen. In: Meutsch, Dietrich / Freund, Bärbel (Hg.): Fernsehjournalismus und die Wissenschaften. Opladen, S. 58-88.

Bonfadelli, Heinz (1988): Was wissen wir über Verarbeitung und Auswirkungen von Text und Bild beim Rezipienten? In: Bosshart, Louis / Chuard, Jean-Pierre (Hg.): Communication visuelle: l'image dans la presse et la publicité. Fribourg, S. 171-191.

Bonfadelli, Heinz (1998): Thema „Kommunikation". Univox-Survey: Zürich.

Bryant, Jennings / Anderson, Daniel (1983): Children's Understanding of Television. Research on Attention and Comprehension. New York / London.

Collins, Andrew W. (1979): Children's Comprehension of TV Content. In: Wartella, Ellen (Hg.): Children Communication. Beverly Hills / London, S. 21-52.

Früh, Werner (1983): Der aktive Rezipient – neu besehen. Zur Konstruktion faktischer Information bei der Zeitungslektüre. In: Publizistik, 28(3), S. 327-342.

Früh, Werner / Wirth, Werner (1997): Positives und negatives Infotainment. Zur Rezeption unterhaltsam aufbereiteter TV-Information. In: Bentele, Günter / Haller, Michael (Hg.): Aktuelle Entstehung von Öffentlichkeit. Konstanz, S. 367-381.

Hamm, Ingrid (1990): Das Fernsehen als Informationsquelle. Zum Verhältnis von Gestaltung und Rezeptionserfolg. In: Rundfunk und Fernsehen, 38(2), S. 201-221.

Kellerman, Kathy (1985): Memory Processes in Media Effects. In: Communication Research, 12(1), S. 83-131.

Meyer, Manfred (Hg.) (1984): Wie verstehen Kinder Fernsehprogramme? Forschungsergebnisse zur Wirkung formaler Gestaltungselemente des Fernsehens. München / New York.

Pingree, Susanne / Hawkins, Robert P. (1982): What Children Do with Television. In: Dervin, B. / Voigt, M. (Hg.): Progress in Communication Sciences, Vol.3. Norwood N.J., S. 225-244.

Salomon, Gavriel (1984): Der Einfluss von Vorverständnis und Rezeptionsschemata auf die Fernsehwahrnehmung von Kindern. In: Meyer, Manfred (Hg.): Wie verstehen Kinder Fernsehprogramme? München / New York / London, S. 199-218.

Salomon, Gavriel (1990): Kognitionswissenschaft und Bildungsfernsehen. In: Meutsch, Dietrich / Freund, Bärbel (Hg.): Fernsehjournalismus und die Wissenschaften. Opladen, S. 169-185.

Wartella, Ellen (Hg.) (1979): Children Communicating. Beverly Hills / London.

Wartella, Ellen (1980): Children and TV. The Developing of the Child's Understanding of the Media. In: Wilhoit, G.C. / de Bock, H. (Hg.): Mass Communication Review Yearbook I. Beverly Hills / London, S. 516-553.

Wicks, Robert (1992): Schema Theory and Measurement in Mass Communication Research: Theoretical and Methodological Issues in News Information Processing. In: Communication Yearbook 15, Newbury Park, S. 115-145.

Informationsverarbeitung: Fernsehnachrichten

ARD-Forschungsdienst (1998): Rezeption und Wirkung von Nachrichten. In: Media Perspektiven, Heft 10, S. 524-529.

Berry, Colin (1983): Learning from Television News: A Critique of Research. In: Journal of Broadcasting, 27(4), S. 359-370.

Brosius, Hans-Bernd (1990): Eins und eins ist ungleich zwei: Differentielle Aufmerksamkeit, Lebhaftigkeit von Information und Medienwirkung. In: Publizistik, 35(4), S. 398-407.

Brosius, Hans-Bernd (1995): Alltagsrationalität in der Nachrichtenrezeption. Ein Modell zur Wahrnehmung und Verarbeitung von Fernsehnachrichten. Opladen.

Brosius, Bernd / Birk, Monika (1994): Text-Bild-Korrespondenz und Informationsvermittlung durch Fernsehnachrichten. In: Rundfunk und Fernsehen, 42(2), S. 171-183.

Findahl, Olle / Höijer, Birgitta (1979): Nachrichtensendungen – wie werden sie verstanden? In: Fernsehen und Bildung, 13, S. 7-19.

Graber, Doris (1984): Processing the News. How People Tame the Information Tide. New York.

Habermann, Peter (1984): Fernsehen und Informationsverarbeitung. Perspektiven psychologischer Medienwirkungsforschung. In: Media Perspektiven, Heft 1, S. 51-57.

Merten, Klaus (1985): Re-Rekonstruktion von Wirklichkeit durch Zuschauer von Fernsehnachrichten. In: Media Perspektiven, Heft 10, S. 753-763.

Ruhrmann, Georg (1989): Rezipient und Nachricht. Struktur und Prozess der Nachrichtenrekonstruktion. Opladen.

Schnaap, Gabi / Renckstorf, Karsten / Wester, Fred (1998): Three Decades of Television News Research: An Actional Theoretical Inventory of Issues and Problems. In: Communications, 23(3), S. 351-382.

Wember, Bernward (1976): Wie informiert das Fernsehen? München.

Winterhoff-Spurk, Peter (1986): Fernsehen. Kap. „Die Text-Bild-Schere – Informationsverarbeitung beim Fernsehen. Bern, S. 150-158.

Medienrealität

Charlton, Michael u.a. (1995): Fernsehwerbung und Kinder. Band 2: Rezeptionsanalyse und rechtliche Rahmenbedingungen. Opladen.

Kepplinger, Hans Mathias / Tullius, Christiane (1995): Fernsehunterhaltung als Brücke zur Realität. Wie die Zuschauer mit der Lindenstraße und dem Altern umgehen. In: Rundfunk und Fernsehen, 43(2), S. 139-157.

Klapper, H. L. (1978): Children's Perceptions of the Realism of Televised Fiction. New York University.

Ploetz, Anke von (1999): Werbekompetenz von Kindern im Kindergartenalter. Ein Experiment zum Erkennen von Werbung. München.

Potter, James W. (1988): Perceived Reality in Television Effects Research. In: Journal of Broadcasting, 32(1), S. 23-41.

Reeves, Byron / Greenberg, Bradley S. (1977): Children's Perceptions of Television Characters. In: Human Communication Research, 3, S. 113-127.

Medienimages und Glaubwürdigkeit

Bentele, Günter (1994): Objektivitätsanspruch und Glaubwürdigkeit. In Jarren, Otfried (Hg.): Medien und Journalismus 1. Opladen, S. 296-313.

Berg, Klaus / Ridder, Christa-Maria (2002): Massenkommunikation VI. Eine Langzeitstudie zur Mediennutzung und Medienbewertung 1964 - 2000. Baden-Baden.

Bonfadelli, Heinz (1998): Thema „Kommunikation". Univox-Survey: Zürich.

Kosicki, Gerald / Becker, Lee / Fredin, Eric (1994): Buses and Ballots: the Role of Media Images in a Local Election. In: Journalism Quarterly, 71(1), S. 76-89.

McKeone, Dermot (1995): Measuring Your Media Profile. Aldershot.

Self, Charles C. (1996): Credibility. In: Salwen, Michael / Stacks, Don (Hg.): An Integrated Approach to Communication Theory and Research. Mahwah, S. 421-441.

Design und Optimierung von Texten und Multimedia

Biocca, Frank (1993): Communication Research in the Design of Communication Interfaces. In: Journal of Communication, 43(4), S. 59-68.

Bucher, Hans-Jürgen (1996): Textdesign – Zaubermittel der Verständlichkeit? Die Tageszeitungen auf dem Weg zum interaktiven Medium. In: Hess-Lüttich, Ernest / Holly, Werner / Püschel, Ulrich (Hg.): Textstrukturen im Medienwandel. Frankfurt a.M. u.a., S. 31-59.

Heijnk, Stefan (1997): Textoptimierung für Printmedien. Theorie und Praxis journalistischer Textproduktion. Opladen.

Maier-Rabler, Ursula / Sutterlüti, Erich (1997): Hypertextualität als neues Informationsprinzip. In: Renger, Rudi / Siegert, Gabriele (Hg.): Kommunikationswelten. Innsbruck / Wien, S. 243-265.

Schweiger, Wolfgang (1996): Gebrauchstexte im Hypertext- und Papierformat. Ein Vergleich der Nutzerfreundlichkeit. In: Publizistik, 41(3), S. 327-345.

Affektive Effekte

Bente, Gary u.a. (1992): Fernsehen und Emotion. Neue Perspektiven der psychophysiologischen Wirkungsforschung. In: Medienpsychologie, 4(3), S. 186-204.

Bonfadelli, Heinz (1994): Bad News. Zur Wirkung von Mord und Totschlag in Nachrichten und Reportagen. In: Gangloff, Tilmann / Abarbanell, Stephan (Hg.): Liebe Tod und Lottozahlen. Fernsehen in Deutschland. Hamburg / Stuttgart, S. 47-55.

Donohew, Lewis / Palmgren, Philip (1971): An Investigation of 'Mechanisms' of Information Seeking. In: Journalism Quarterly, 48, S. 627-639.

Donohew, Lewis / Tipton, Leonard (1973): A Conceptual Model of Information Seeking, Avoiding, and Processing. In: Clarke, Peter (Hg.): New Models for Communication Research. Beverly Hills / London, S. 243-268.

Donohew, L. / Nair, M. / Finn, S. (1984): Automaticity, Arousal, and Information Exposure. In: Bostrom, R.N. (Hg.): Communication Yearbook 8. Beverly Hills / London, S. 267-284.

Donohew, Lewis / Sypher, Howard E. / Higgins, Tory E. (Hg.) (1988): Communication, Social Cognition, and Affect. Hillsdale, N.J..

Dorr, Aimée (1982): Television and Affective Development and Functioning. In: Pearl, D. et al.: Television and Behavior: Ten Years of Scientific Progress and Implications for The Eighties. Washington D.C., S. 68-77.

Dorr, Aimée / Doubleday, Catherine / Kovaric, Peter (1984): Im Fernsehen dargestellte und vom Fernsehen stimulierte Emotionen. In: Meyer, M. (Hg.): Wie verstehen Kinder Fernsehprogramme? Forschungsergebnisse zur Wirkung formaler Gestaltungselemente des Fernsehens. München, S. 93-137.

Früh, Werner (1978): Leseranspruch und Leserurteil. In: Publizistik, 23(4), S. 319-336.

Früh, Werner (1980): Lesen, Verstehen, Urteilen. Untersuchungen über den Zusammenhang von Textgestaltung und Textwirkung. Freiburg i.Br. / München.

Kubey, Robert / Csikszentmihalyi, Mihaly (1990): Television and the Quality of Life. Hillsdale, N.J..

Lorey, E.M. (1981): Die Entfesselung des Zuschauers? In: Medium, 12(5), S. 7-15.

Meadowcroft, Jeanne / Zillmann, Dolf (1987): Women's Comedy Preferences During the Menstrual Cycle. In: Communication Research, 14(2), S. 204-218.

Mundorf, Norbert / Drew, Dan / Zillmann, Dolf / Weaver, James (1990): Effects of Disturbing News on Recall of Subsequently Presented News. In: Communication Research, 17(5), S. 601-615.

Myrtek, Michael / Scharff, Christian / Brügner, Georg (1997): Psychophysiologische Untersuchungen zum Fernsehverhalten bei 11- und 15jährigen Schülern unter besonderer Berücksichtigung der emotionalen Reaktionen. In: Charlton, Michael / Schneider, Silvia (Hg.): Rezeptionsforschung. Opladen, S. 122-146.

Rice, Mabel / Huston, Aletha / Wright, John (1984): Fernsehspezifische Formen und ihr Einfluss auf Aufmerksamkeit, Verständnis und Sozialverhalten der Kinder. In: Meyer, Manfred (Hg.): Wie verstehen Kinder Fernsehprogramme? München / New York, S. 17-49.

Schachter, Stanley / Singer, Jerome (1962): Cognitive, Social, and Physiological Determinants of Emotional State. In: Psychological Review, 69, S. 379-399.

Singer, Jerome (1980): The Power and Limitations of TV. In: Tannenbaum, Percy (Hg.): The Entertainment Functions of Television. Hillsdale, N.J., S. 31-65.

Sturm, Hertha (1977): Die Wirkungen des Fernsehens: Förderungen und Defizite. In: Fernsehen und Bildung, 11, S. 172-186.

Sturm, Hertha (1979): Grundlagen einer Medienpädagogik. Zug.

Sturm, Hertha (1981): Die Vielseher im Sozialisationsprozess. Rezipientenorientierter Ansatz der formalen medienspezifischen Angebotsweisen. In: Fernsehen und Bildung, 15, S. 137-148.

Sturm, Hertha (1982): Der rezipienten-orientierte Ansatz in der Medienforschung. In: Publizistik, 27(1-2), S. 89-98.

Sturm, Hertha (1991): Fernsehdiktate: Die Veränderung von Gedanken und Gefühlen. Ergebnisse und Folgerungen für eine rezipientenorientierte Mediendramaturgie. Gütersloh.

Sturm, Hertha (2000): Der gestreßte Zuschauer. Folgerungen für eine rezipientenorientierte Dramaturgie. Stuttgart.

Sturm, Hertha / Jörg, Sabine (1980): Informationsverarbeitung durch Kinder. München.

Sturm, Hertha u.a. (1982): Emotion und Erregung – Kinder als Fernsehzu-
schauer, eine psychophysiologische Untersuchung. In: Fernsehen und Bildung, 16(1-3), S. 9-114.

Tannenbaum, Percy (Hg.) (1980): The Entertainment Functions of Television.
Hillsdale, N.J.

Tannenbaum, P. / Zillmann, D. (1975): Emotional Arousal and the Facilitation
of Aggression through Communication. In: Berkowitz, Leonard (Hg.): Advances in Experimental and Social Psychology, 8, New York.

Themenheft (1978): „Emotion und Information ". In: Fernsehen und Bildung,
12(3).

Themenheft (1993): „The Role of Affect in Persuading and Informing". In:
Communication Research, 20(5).

Vitouch, Peter (1982): Emotion. In: Kagelmann, H. / Weninger, G. (Hg.): Medienpsychologie. München, S. 26-34.

Vorderer, Peter (1994): "Spannung ist, wenn's spannend ist". Zum Stand der
(psychologischen) Spannungsforschung. In: Rundfunk und Fernsehen,
42(3), S. 323-339.

Wünsch, Carsten (2002): Unterhaltungstheorien. Ein systematischer Überblick.
In: Früh, Werner (Hg.): Unterhaltung durch Fernsehen. Eine molare Theorie. Konstanz, S. 15-49.

Zillmann, Dolf (1982): Television Viewing and Arousal. In: Pearl, D. et al.:
Television and Behavior: Ten Years of Scientific Progress and Implications
for The Eighties. Washington D.C., S. 53-67.

Zillmann, Dolf / Bryant, Jennings (Hg.) (1985): Selective Exposure to Communication. Hillsdale, N.J.

Formale Effekte

Brosius, Bernd / Birk, Monika (1994): Text-Bild-Korrespondenz und Informationsvermittlung durch Fernsehnachrichten. In: Rundfunk und Fernsehen, 42(2), S. 171-183.

Reeves, Byron / Nass, Clifford (1996): The Media Equation. How People Treat
Television, and New Media Like Real People and Places. Stanford / Cambridge.

Salomon, Gavriel (1979): Shape, Not Only Content: How Media Symbols Par-
take in the Development of Abilities. In: Wartella, E.: Children Communicating. Beverly Hills / London, S. 53-82.

Salomon, Gavriel (1979): Interaction of Media, Cognition and Learning. San
Francisco.

Salomon, Gavriel (1983): Television Watching and Metal Effort: A Social Psychological View. In: Bryant, Jennings / Anderson, Daniel: Children's Understanding of Television. Research on Attention and Comprehension. New York / London, S. 181-198.

Salomon, Gavriel (1984): Der Einfluss von Vorverständnis und Rezeptionsschemata auf die Fernsehwahrnehmung von Kindern. In: Meyer, Manfred (Hg.): Wie verstehen Kinder Fernsehprogramme? Forschungsergebnisse zur Wirkung formaler Gestaltungselemente des Fernsehens. München / New York, S. 199-218.

Sturm, Hertha (1985): Das „Wie der Präsentation" – Methoden und Ergebnisse zu Wirkungen der formalen medienspezifischen Angebotsweisen. In: Mahle, Walter A. (Hg.): Fortschritte der Medienwirkungsforschung? Berlin, S. 19-24.

Sturm, Hertha (1989): Wissensvermittlung und Rezipient: Die Defizite des Fernsehens. In: Bertelsmann-Stiftung (Hg.): Wissensvermittlung, Medien und Gesellschaft. Gütersloh, S. 47-76.

Sturm, Hertha (1991): Fernsehdiktate: Die Veränderung von Gedanken und Gefühlen. Ergebnisse und Folgerungen für eine rezipientenorientierte Mediendramaturgie. Gütersloh.

Wember, Bernward (1976): Wie informiert das Fernsehen? München.

Wember, Bernward (1993): Die Bauch-Kopf-Schere. Oder: Was machen Menschen mit Informationen? In: Themenheft „Nachrichten- und Informationsprogramme im Fernsehen". Medium spezial, S. 31-36.

Winterhoff-Spurk, Peter (1986): Fernsehen. Kap. „Die Text-Bild-Schere – Informationsverarbeitung beim Fernsehen". Bern, S. 150-158.

7. Neue Perspektiven: Kognitive Medieneffekte

Die in Kap. 5 vorgestellten neuen Ansätze belegen, dass in den 70er Jahren ein Paradigmawechsel hin zum aktiven Rezipienten stattgefunden hat. Als Folge rückte die *präkommunikative Phase* des Wirkungsgeschehens stärker ins Zentrum. Daraus ergaben sich neue Fragestellungen nach der Wahl zwischen verschiedenen Medien und nichtmedialen Alternativen aufgrund unterschiedlicher Motivationen und Erwartungen, aber auch nach der aktiven Suche von Informationen. Schließlich illustrierte Kap. 6, dass die *kommunikative Phase* für die Wirkungsforschung ebenso relevant ist. Der Rezipient ist auch während der Mediennutzung selbst aktiv, variiert doch die Höhe der Aufmerksamkeit für die Medienangebote beträchtlich. Darüberhinaus stellen sich Fragen sowohl nach den kognitiven Verarbeitungsprozessen als auch nach der affektiven Qualität der Medien-Interaktion und der Intensität der emotionalen Aktivierung.

Trotz dieser neu erschlossenen Forschungsbereiche und der darauf bezogenen Fragestellungen darf aber nicht vergessen werden, dass sich die Medienwirkungsforschung schwergewichtig nach wie vor auf die postkommunikative Phase des Wirkungsprozesses konzentriert. Allerdings stellte sich als Folge der kognitiven Wende auch hier ein Perspektivenwechsel ein. In der Erforschung der *postkommunikativen inhaltlichen Medienwirkungen* ist seit den 70er Jahren eine Verlagerung zu konstatieren, und zwar weg von der Analyse des Medieneinflusses auf Einstellungen sowie Verhalten und hin zur Untersuchung *kognitiver Wirkungsphänomene*. Nachfolgend sollen die wichtigsten theoretischen Perspektiven dargestellt werden. Es handelt sich um a) die Agenda-Setting-Theorie, b) die Wissenskluft-Perspektive und c) die Kultivierungs-Analyse.

Diese Ansätze können nach Bonfadelli (1994: 58) in verschiedene Typen klassifiziert werden. Diese unterscheiden sich dahingehend, ob sie einerseits die Wirkungsbilanz des Mediensystems insgesamt eher als *homogenisierend* oder mehr als *differenzierend* und andererseits ob sie den gesellschaftlichen Beitrag der Medien als *funktional* oder *dysfunktional* bewerten (vgl. Abb. 51). Zudem lassen sich nach Merten (1994: 314) die neuen Ansätze der Medienwirkungsforschung entstehungsgeschichtlich in einem *Stammbaum der Wirkungsforschung* verorten, der drei Äste besitzt beziehungsweise auf drei Schulen basiert, die je von einem anderen zentralen Wirkungsprinzip ausgehen:

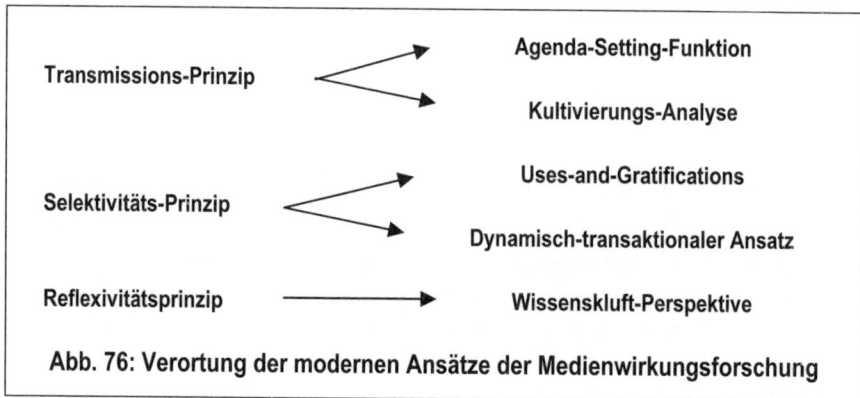

Abb. 76: Verortung der modernen Ansätze der Medienwirkungsforschung

Das *„Transmissions- / Stimulus-Response"* - *Prinzip* liegt den Ideen von Harald Lasswell (1927) zugrunde und führte in den 50er Jahren zu den Yale-Studien der Hovland-Gruppe, erlebte aber in der *Agenda-Setting Theorie* von McCombs (1972) eine Renaissance. Behauptet werden homogenisierende und integrierende Wirkungen der Medien als Fokussierung der gesellschaftlichen Öffentlichkeit auf eine begrenzte Zahl geteilter Themen, was als funktional für den politischen Prozess betrachtet wird. Die *Kultivierungs-Analyse* postuliert demgegenüber einen homogenisierenden Effekt vorab des Fernsehens auf die Gesellschaft, der aber dysfunktional als Kultivierung verzerrter Realitätsvorstellungen oder als Kulturimperialismus interpretiert werden kann, ähnlich wie ältere *Manipulationstheorien* (neo-)marxistischer Prägung den Massenmedien ideologische Gleichschaltung und Entfremdung vorgeworfen haben.

Die Wurzeln des *„Selektivitäts-Prinzips"* liegen in den Wahlstudien von Lazarsfeld (1944) einerseits und den Balance-Theorien von Heider (1946) und Festinger (1957) andererseits, bilden aber auch die Basis von modernen Perspektiven wie dem *Uses-and-Gratifications-Ansatz* von Katz / Blumler (1974) oder dem *Transaktionalen Modell* von Schönbach und Früh (1984). Die resultierende Differenzierung wird als personale Selbstverwirklichung und kulturelle Vielfalt bzw. Meinungspluralismus in der Gesellschaft positiv bewertet.

Und schließlich hat das *„Reflexivitätsprinzip"* nach Merten seinen Ursprung in der Two-Step-Flow Konzeption von Lazarsfeld (1944), liegt aber auch der *Theorie der Schweigespirale* von Noelle-Neumann (1974) oder der *Wissenskluft-Hypothese* von Tichenor / Donohue / Olien (1970) zugrunde. Als negative Konsequenzen werden Normlosigkeit und Spaltung der Gesellschaft, aber auch ein Verlust an kultureller Identität befürchtet.

7.1 Agenda-Setting-Funktion der Massenmedien

7.1.1 Der Ansatz

Prämisse. Die Agenda-Setting-Theorie wird als wichtigste Perspektive der neueren Wirkungsforschung betrachtet. Sie thematisiert mittel- bis langfristige kognitive Effekte der Massenkommunikation. Ausgangspunkt ist die *Prämisse*, dass *vor* jeder Meinungs- oder Einstellungsbeeinflussung durch die Medien die Funktion der *Thematisierung* steht. Zurückgegriffen wird auf Ideen, die Walter Lippmann schon 1922 im Kapitel „The World Outside and the Pictures in Our Heads" in seinem Buch *„Public Opinion"* reflektiert hatte: Medien können aus der Vielfalt der möglichen Ereignisse, die tagtäglich in der „Welt" passieren, immer nur eine kleine Menge auswählen, über die dann als „Medienrealität" berichtet wird. Massenmedien konstruieren so für die Öffentlichkeit durch Selektion, Thematisierung und Gewichtung – engl.: salience – ein *Themenuniversum* (Luhmann 1978), welches für das Publikum quasi als „dringlich" dargestellt wird und wiederum die *Prioritätensetzung* und *Themenstrukturierung* beim Rezipienten als Publikumsagenda bzw. „soziale Realität" bestimmt (McCombs / Bell 1996; McCombs 2000; McCombs / Reynolds 2002).

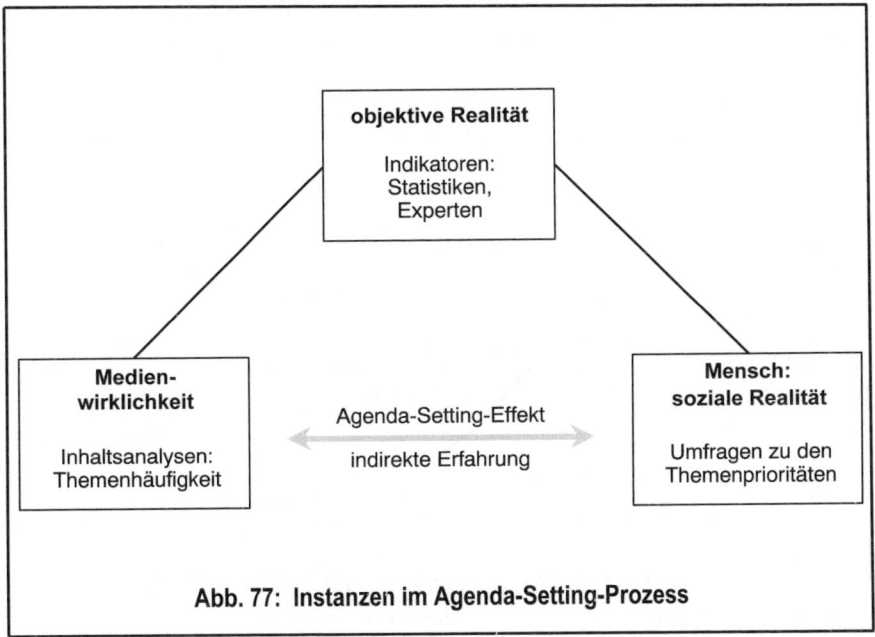

Abb. 77: Instanzen im Agenda-Setting-Prozess

Instanzen. Abb. 77 visualisiert die im Agenda-Setting-Prozess involvierten Instanzen: a) Die *Welt bzw. die Gesellschaft,* in der wir leben, ist als „objektive Realität" das Bezugssystem sowohl der Menschen als auch der Medien. Sie kann durch unterschiedliche Indikatoren wie z.B. Kriminalitätsstatistiken, wissenschaftliche Messungen des Umweltzustands oder Anzahl von Parlamentsvorstößen als Policy-Agenda mehr oder weniger zuverlässig beschrieben werden. b) Die *Medienwirklichkeit* läßt sich durch das Instrument der quantifizierenden Inhaltsanalyse bezüglich Häufigkeit und Gewichtung von Themen erfassen. c) Die *soziale Realität* wiederum, bspw. als Wahrnehmung von Umweltproblemen oder Angst vor Kriminalität und Drogen, kann mit dem Instrument der standardisierten Bevölkerungsbefragung erfasst werden.

Fragestellungen. Medieneffekte werden so durch Rückgriff auf Umfang und Struktur der Medieninhalte des Mediensystems erklärt: Bevor sich der Rezipient eine Meinung zu einem bestimmten Thema bildet oder gar verändern kann, muss er durch die Vermittlung der Massenkommunikation den jeweiligen Meinungs*gegenstand* erst einmal kennen lernen: Die Medien nehmen so zunächst einmal Einfluss darauf, *worüber* Menschen nachdenken; erst in einem zweiten Schritt kann dann untersucht werden, welche Wirkung Medien darauf haben, *wie* Menschen über ein Thema denken. Oder bereits 1963 von B. Cohen pointiert formuliert: „That the media may not be successful in telling people what to think, but they are stunningly successful in telling them what to think about (vgl. McCombs / Reynolds 2002: 1). – Die Agenda-Setting-Forschung setzt sich darum zum Ziel, abzuklären, welche Faktoren darüber bestimmen, ob, wie und durch welche Medien das Publikum auf welche gesellschaftlichen Probleme aufmerksam gemacht wird oder nicht (McCombs / Shaw 1972).

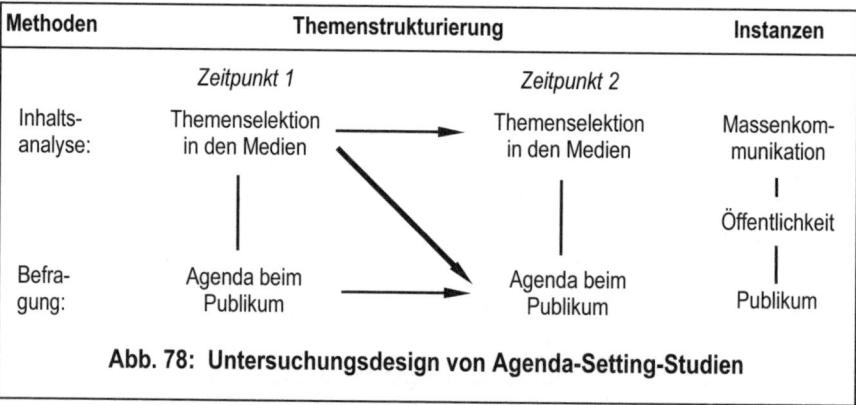

Abb. 78: Untersuchungsdesign von Agenda-Setting-Studien

Methodische Umsetzung. Die empirische Analyse von Agenda-Setting-Effekten verlangt darum den Einsatz von *mindestens zwei Instrumenten* (Abb. 78), die idealiter im Zeitverlauf miteinander verknüpft werden sollten, obwohl es auch Querschnittstudien gibt: a) die *Inhaltsanalyse* der Medienthemenstruktur und b) eine bzw. mehrere *Bevölkerungsumfragen* zur Wahrnehmung der Dringlichkeit der untersuchten Themen durch die Bevölkerung. Erst die zwei- bzw. mehrmalige Messung erlaubt nämlich die Bestimmung der *Kausalitätsrichtung*, d.h. die Entscheidung der Frage, ob die Medienagenda die Bevölkerungsagenda bestimmt, oder ob nicht umgekehrt sich in der Medienagenda die Bevölkerungsmeinung spiegelt. In methodischer Hinsicht muss dabei weiter unterschieden werden zwischen Studien, welche a) Agenda-Setting-Effekte nur mittels *aggregierter Daten* auf Systemebene belegen, indem sie Medien- und Bevölkerungsagenda als Ganzes miteinander in Beziehung setzen, und solchen Untersuchungen, die b) auf Basis von *individuellen Daten* sowohl zur Publikumsagenda als auch zur Mediennutzung auf Personenebene arbeiten.

7.1.2 Konzeptionelle Weiterentwicklung

Die Agenda-Setting-Theorie ist der erfolgreichste neue Ansatz der Wirkungsforschung (Rogers 1993). In den letzten 25 Jahren wurden dazu mehr als 200 Studien durchgeführt (McCombs 2000: 124). Der Ansatz hat sich dabei in konzeptioneller Hinsicht weiter entwickelt. Zunächst sind auf der begrifflichen Ebene Differenzierungen erfolgt, wobei das sog. *Second-Level-Agenda-Setting* die wichtigste Neuerung darstellt. Darüberhinaus wurde aber auch die zu unspezifische Ausgangshypothese – Medienagenda → Bevölkerungsagenda – durch Miteinbezug von *mediatisierenden Drittfaktoren* genauer spezifiziert (Rogers / Dearing 1988; Protess / McCombs 1991; McCombs / Reynolds 2002; Brosius 1994; McCombs / Bell 1996): Unter welchen Bedingungen sind stärkere bzw. schwächere Agenda-Setting-Effekte zu erwarten? Untersucht wurden Faktoren wie Medienkonkurrenz, Quellenglaubwürdigkeit, Thementyp, Personalisierung, Orientierungsbedürfnis des Mediennutzers u.a.m.

Grundbegriffe. Für die Agenda-Setting-Theorie zentral ist der Begriff „Thema". In der englischsprachigen Literatur finden sich dafür die Bezeichnungen „issues", „topics" oder „item". Dabei handelt es sich nicht um Themen ganz generell, sondern um gesellschaftlich *kontroverse Fragen und Probleme* wie Kriminalität, Arbeitslosigkeit, Ausländerfrage, Inflation, Drogenproblematik, Umwelt etc. Nicht immer genügend spezifiziert ist freilich, auf welcher Ebene der Konkretisierung, solche Themen definiert und operationalisiert – Befragung und Inhaltsanalyse – sind (Kosicki 1993).

Thematisierung vs. Themenstrukturierung. Es muss unterschieden werden zwischen a) einzelnen Thematisierungseffekten als Umfang der Berichterstattung über *ein* spezifisches Thema, bspw. Energiekrise, bzw. Prioritätseinschätzung eines Themas durch die Bevölkerung, und b) themenübergreifenden Strukturierungseffekten als Prioritätsstruktur von mehreren Themen, deren Rangierung dann verglichen wird. Die Agenda-Setting-Theorie postuliert einen *Transfer von Salienz bzw. Relevanz:* Bedeutsame Medienthemen erlangen auch Bedeutung in den Köpfen bzw. der sozialen Realität des Publikums (McCombs 2002: 123).

Bevölkerungsagenda. Das Konzept hat sich als vielschichtig erwiesen. Zur Messung werden darum unterschiedliche Operationalisierungen verwendet. a) *Intrapersonale Agenda* durch personbezogene Fragen wie „What are you most concerned these days?" Oder: „Es soll einmal untersucht werden, was den Menschen heute Sorgen bereitet, was sie bedrückt. Können Sie diese Karten bitte auf diese Streifen verteilen – je nachdem, was für Sie persönlich zutrifft?" (Institut für Demoskopie Allensbach, nach Brosius / Weimann 1995: 317). b) *Perzipierte öffentliche Agenda:* „Things, government should concentrate on." c) *Interpersonale Agenda:* Auf die Öffentlichkeit bezogene Fragen wie „Worüber man mit anderen Personen spricht".

Thementypen. Die Überlegung, dass Agenda-Setting-Effekte nicht nur das Resultat von Medienberichterstattung sein müssen, sondern sich ebenfalls durch direkte Konfrontation mit dem Problem im Alltag einstellen können, liegt der Unterscheidung von Themen nach dem *Grad ihrer Sichtbarkeit, Auffälligkeit bzw. Aufdringlichkeit* – engl.: obtrusiveness – zugrunde. Als Beispiel: „Inflation" ist ein aufdringliches Thema, weil steigende Preise für alle direkt sichtbar sind. Umgekehrt ist die „Zunahme von Kriminalität" weniger sichtbar, da die wenigsten Leute damit direkt konfrontiert werden, außer in Form von Medienberichten. Wirkungsbezogen sind Agenda-Setting-Effekte durch Medienberichterstattung bei nichtaufdringlichen Themen wahrscheinlicher, da nichtmediale Einflüsse eine geringere Rolle spielen.

Eine andere Einteilung legt Neuman (1990) seiner amerikanischen Längsschnittanalyse zugrunde. Er unterscheidet zwischen a) *Krisen* mit einem klaren Beginn, Höhepunkt und Ende wie dem Vietnamkrieg (1962-75), den Rassenunruhen (1954-1980) oder der Energiekrise (1972-80), b) *symbolischen Krisen*, bei denen die öffentliche Problemdefinition im Vordergrund steht, wie Watergate (1972-76), Drogen (1945-80), Luftverschmutzung (1968-80) und Armut (1964-80), c) *sozialen Problemen* wie Inflation (1945-80) oder Arbeitslosigkeit (1945-80) und d) *Nichtproblemen* wie Kriminalität (1966-80).

Agenda-Setting-Konstellationen. Seit der Pionierstudie von McCombs / Shaw (1972) haben sich mehr als zweihundert Studien mit der Frage beschäftigt, ob und welche Beziehungen zwischen a) der Medienagenda einerseits und b) der Bevölkerungs- bzw. c) der Politikeragenda andererseits bestehen (vgl. Rogers / Dearing 1988; McCombs /Reynolds 2002; Brosius 1994).

Betrachtet man diese drei Agenden, so ergeben sich neun Wirkungskonstellationen (vgl. Abb. 79), wobei nach Rogers / Dearing (1988) bis jetzt hauptsächlich die Konstellationen 2, 3 und 6 untersucht worden sind, also der Einfluss der Medienagenda auf die Bevölkerungs- (2) oder Politikeragenda (3) einerseits, andererseits der Einfluss der Bevölkerungs- auf die Politikeragenda (6). In neuerer Zeit wurden auch vermehrt medieninterne bzw. intermediale Agenda-Setting-Prozesse (1) thematisiert (Breen 1997). Nach Brosius / Weimann (1995: 312ff.) haben bis jetzt die Beziehungen zwischen Bevölkerungs- und Medienagenda (4) und bevölkerungsinterne Agenda-Setting-Prozesse (5) am wenigsten Beachtung gefunden wie bspw. die Beeinflussung der Bevölkerung durch die Gruppe der sog. Persönlichkeitsstarken bezüglich des Themas „Arbeitslosigkeit" (vgl. Brosius / Weimann 1995: 324ff.).

Abb. 79: Typologie von Agenda-Setting-Konstellationen			
Ursache des Agenda-Settings bei ...	**Wirkung des Agenda-Setting-Prozesses bei ...**		
	Medien	Bevölkerung	Politik
Medien	1	2	3
Bevölkerung	4	5	6
Politik	7	8	9

Wirkungsverläufe. Kepplinger u.a. (1989) unterscheiden aufgrund von Zeitreihenanalysen zwischen verschiedenen *Wirkungsverläufen* des Agenda-Setting-Prozesses: 1) Im *Kumulationsmodell* besteht eine lineare Beziehung zwischen Thematisierungsintensität und Problembewusstsein, d.h. eine Verdoppelung der Berichterstattung führt zu einem doppelt starken Agenda-Effekt. Demgegenüber stehen verschiedene nichtlineare Modelle wie 2) das *Schwellenmodell,* nach dem eine minimale Intensität der Berichterstattung notwendig ist, damit es überhaupt zu Agenda-Effekten kommt; bleibt die Berichterstattung unter diesem Schwellenwert, wird das Thema von der Bevölkerung nicht beachtet. 3) Beim *Beschleunigungsmodell* reagiert die Bevölkerung überdurchschnittlich rasch und intensiv auf die Medienthematisierung, etwa als Folge der Berichterstattung über einen politischen Skandal oder eine Katastrophe: Trigger Event. Gerade umgekehrt verhält es sich 4) beim *Trägheitsmodell,* wo die Themenrelevanz ab einer gewissen Höhe der Berichterstattung nur noch unterdurchschnittlich zunimmt: Abnützungseffekt. 5) Das *Echomodell* bezeichnet einen Wirkungsverlauf, bei dem die Berichterstattung ab einem gewissen Punkt stark zurückgeht – typisch für Katastrophenberichterstattung (z.B. Tschernobyl) –, wobei aber die Agenda-Effekte auf einem mehr oder weniger hohen Niveau weiter bestehen bleiben. 6) *Spiegelungsmodell:* Im Unterschied zu den bis jetzt diskutierten Fällen gibt es Themen, bei denen nicht die Medienberichterstattung die Problemsicht der Bevölkerung bestimmt, sondern umgekehrt reagiert die Medienberichterstattung verspätet auf die schon seit längerem bestehende Sensibilisierung der Bevölkerung für ein bestimmtes Problem. – Zur genaueren Spezifizierung solcher Wirkungsverläufe sind die *Anzahl und die Länge der gewählten Untersuchungsintervalle* entscheidend.

Second-Level Agenda-Setting. Das Basiskonzept der Agenda-Setting-Theorie ist die Tagesordnung bzw. die Agenda der Medienberichterstattung. In den klassischen Studien bilden darum die Gegenstände (Objekte), d.h. die öffentlichen Anliegen oder Themen, die grundlegenden Untersuchungseinheiten sowohl der Inhaltsanalysen als auch der Bevölkerungsumfragen. In neueren Veröffentlichungen (McCombs u.a. 1997; McCombs 1997 + 2000) wird darüber hinaus auf einer zweiten Ebene ein weiterer Aspekt berücksichtigt: die *Attribute der Themen.* In der Medienberichterstattung über Themen werden immer bestimmte Aspekte, Charakteristika, Attribute hervorgehoben, während andere im Hintergrund bleiben: „Wie es eine Agenda der Objekte gibt, so gibt es auch eine Agenda der Attribute für jedes Objekt, die in Orientierung an der relativen Salienz der Attribute aufgebaut werden kann. Sowohl die Auswahl der Objekte im Sinne des auf sie aufmerksam machens, wie auch die Auswahl der Attribute, um die Reflektion über diese Objekte anzuregen, beinhalten einflussreiche Agenda-Setting-Rollen (McCombs 2000: 125).“ – Inwiefern zwischen den Konzepten „Attribute-Agenda" und „News Frames" eine Konvergenz besteht, wird zurzeit kontrovers diskutiert (McCombs 1997; Scheufele 2000).

Priming-Effekte. Nach Iyengar (1989) hat die Fokussierung der Medien auf bestimmte Themen im Wahlkampf einen zusätzlichen indirekten *Priming-Effekt* (engl.: priming = aufladen) zur Folge, indem durch das Agenda-Setting und den Prozess des Framings nicht nur die Bedeutung der Kandidatinnen und Kandidaten beeinflusst wird, sondern darüberhinaus auch *Wahrnehmungs- und Bewertungsdimensionen* vermittelt werden, die für das Image eines Kandidaten entscheidend sein können. Dominiert bspw. das Thema „Wirtschaftspolitik und wirtschaftlicher Aufschwung" und nicht „Arbeitslosigkeit und deren Bekämpfung" den Wahlkampf, hat dies zur Folge, dass bei der Beurteilung der Kandidatenimages als Maßstab ebenfalls „Wirtschaftspolitik" und nicht „Arbeitslosigkeit" relevant ist. Die je spezifische Thematisierungsfunktion der Medien macht sich somit nicht nur auf der kognitiven Ebene bemerkbar, sondern beeinflusst indirekt ebenfalls die *Einstellungen,* indem durch die Fokussierung auf ganz bestimmte Themen entsprechende *Bewertungsmassstäbe* gesetzt werden. Kognitiv wird dies dadurch erklärt, dass Menschen bei ihrer Urteils- und Entscheidungsfindung bspw. zwischen Kandidaten in einem Wahlkampf nie systematisch alle gespeicherte Medieninformation berücksichtigen, sondern selektiv nur die besonders zugänglichen Informationen benutzen (vgl. Peter 2002).

7.1.3 Empirische Umsetzung

Chapel-Hill-Studie. McCombs / Shaw (1972) wendeten als erste den Agenda-Setting-Ansatz empirisch an, indem sie die Thematisierungsfunktion der Tagespresse für die Bevölkerung von Chapel Hill, North Carolina, während eines Wahlkampfs untersuchten. Methodisch gesehen musste wie in allen Untersuchungen zur Agenda-Setting-Funktion der Medien eine *Inhaltsanalyse* der Wahlkampfthemen mit einer *Befragung* der subjektiv eingeschätzten Themenprioritäten der Wähler verglichen werden, und zwar bezüglich Übereinstimmung zwischen Gewichtung in der Berichterstattung und Prioritäten bei den Wählern. Der Agenda-Setting-Effekt wurde in Form eines Rang-Korrelationskoeffizienten ausgedrückt. – Mangelhaft ist diese erste empirische Umsetzung insofern, als nur zu einem Zeitpunkt gemessen wurde, die Bevölkerungsumfrage nur gerade 100 noch unentschlossene WählerInnen umfasste und die Rangkorrelation von +0.967 auf den aggregierten Werten basierte.

Thematisierungsfunktion der Presse zum Energieproblem im Zeitverlauf. Abb. 80 zeigt im Verlauf von acht Jahren aufgrund von aggregierten Daten, wie intensiv einerseits die Zeitung NEW YORK TIMES über das Thema Energiekrise berichtet hatte, und andererseits welche Priorität das Thema „Energie" aufgrund von regelmäßig durchgeführten Gullop Polls bei der Bevölkerung hatte (Neuman 1990). Auffällig ist die visuelle Übereinstimmung des Verlaufs der beiden Kurven, obwohl berücksichtigt werden muss, dass die Kurvenhöhen gewichtungsmäßig angeglichen wurden. Deutlich erkennbar ist, wie 1973/74 die durch die Erdölgesellschaften künstlich herbeigeführte sog. „Ölkrise" sich im Bewusstsein der Bevölkerung bemerkbar machte, während 1979 offenbar ein verzögertes Reagieren der Medienberichterstattung auf vorhandene Bevölkerungsängste zum Ausdruck kommt.

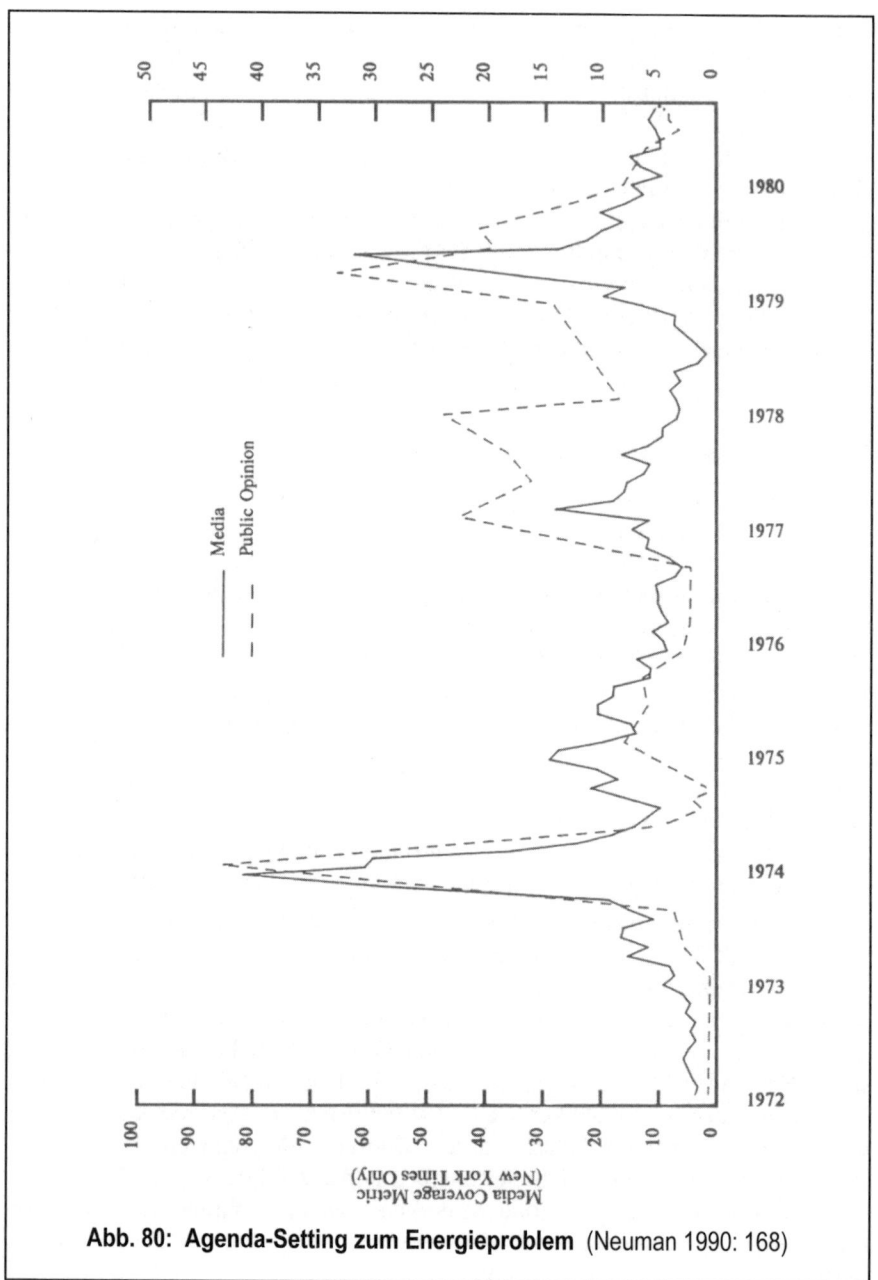

Abb. 80: Agenda-Setting zum Energieproblem (Neuman 1990: 168)

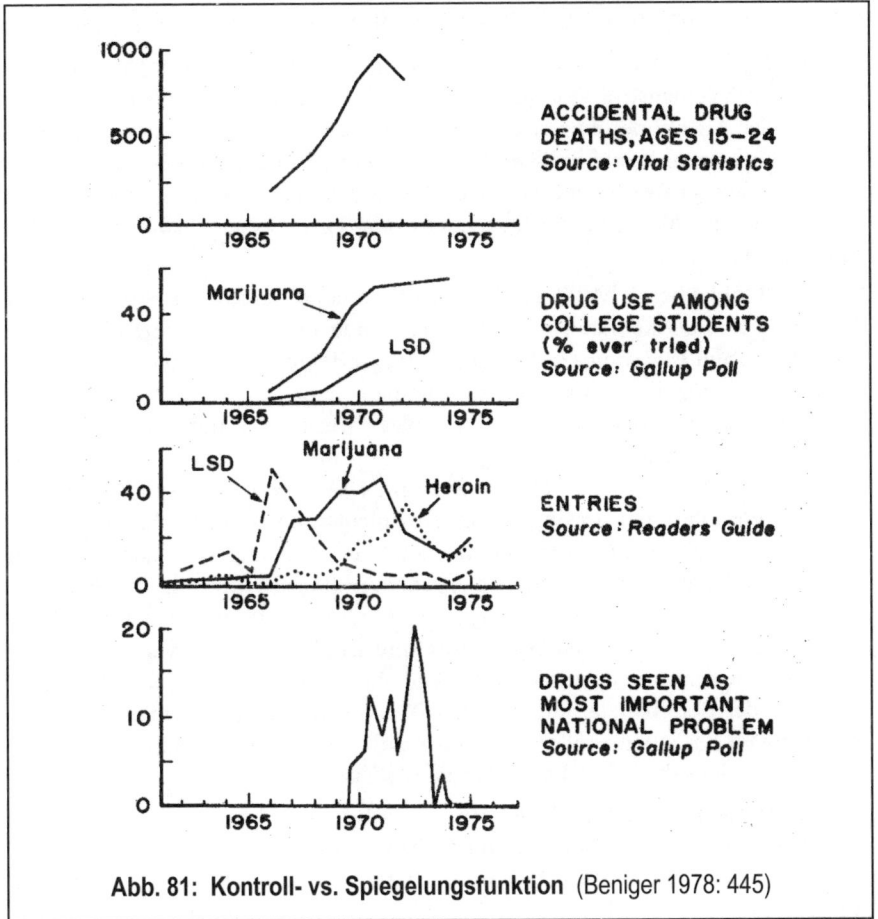

Abb. 81: Kontroll- vs. Spiegelungsfunktion (Beniger 1978: 445)

Drogenberichterstattung: Spiegelung vs. Kontrolle. In einer Sekundärstudie analysiert Beniger (1978) aufgrund unterschiedlicher Indikatoren das Drogenproblem (vgl. Abb. 81). Während sich bezüglich „Marihuana" Parallelen zwischen Indikatoren der realen Welt – Marihuanarauchen bei College Studenten – und der Medienberichterstattung als *Spiegelungseffekt* äußern, scheint die intensive Berichterstattung über LSD ab 1965 geradezu die Verbreitung dieser Modedroge erst ermöglicht zu haben – *Kontrolleffekt* –, während der Agenda-Setting-Effekt bei der übrigen Bevölkerung als Sensibilisierung bezüglich des Drogenproblems sich erst relativ spät einstellte.

7.1.4 Intervenierende und differenzierende Faktoren und Prozesse

Der anfänglichen Überzeugung, dass es eine *uneingeschränkte* Thematisierungs- und Themenstrukturierungsfunktion der Medien gebe, wich somit mit wachsender Anzahl der empirischen Forschungen die Einsicht, dass bestimmte *Rahmenbedingungen* und *mediatisierende Faktoren* im Agenda-Setting-Modell mitberücksichtigt werden müssen wie Themenprägnanz, Medienspezifika, Präsentationsunterschiede, Media-Dependenz oder Orientierungsbedürfnis der Rezipienten etc.

Erbring / Goldenberg / Miller (1979) spezifizierten als eine der Ersten aufgrund theoretischer Überlegungen drei einschränkende und differenzierende Bedingungen. a) *Inhaltswirkungen:* Thematisierungseffekte sind vor allem bei Personen hoch, die für die entsprechenden Themen schon von vornherein sensibilisiert sind – engl.: issue sensitivity –; später wurde dies durch das Orientierungsbedürfnis der Rezipienten ergänzt. b) *Nutzungswirkungen:* „News-Exposure" wirkt sich unterschiedlich aus. Bei *neuen* Themen ist die Agenda-Setting-Wirkung vor allem bei sensibilisierten Rezipienten hoch, wenn sie die Medien stark nutzen; bei *eingeführten* Themen setzt sich Nutzung vor allem bei noch nicht sensibilisierten Rezipienten in Agenda-Setting-Effekte um. c) *Bindungswirkungen: Ausschließliche* Nutzung *eines* Mediums – Media-Dependenz (vgl. Kap. 7.2.1) – erhöht dessen Agenda-Setting-Effekt. Nutzung verschiedenster Medien verwischt hingegen mögliche Agenda-Effekte, sofern nicht hohe Konsonanz in der Berichterstattung besteht. d) *Kontextwirkungen:* Die *direkt* erfahrene Umwelt hat einen größeren Einfluss auf die Agenda bei den Rezipienten als der Agenda-Setting-Effekt des Mediensystems.

Weitere Befunde (Eichhorn 1996: 30ff.; Rössler 1997: 144ff.): *Tageszeitungen* scheinen im politischen Bereich andere bzw. stärkere Themenstrukturierungsfunktion auszuüben als das *Fernsehen* (vgl. McClure / Patterson 1976; Mc Combs 1977; Schönbach 1981). Dabei scheinen auch die spezifischen *Formate und Präsentationsmerkmale* der Medien eine Rolle zu spielen.

Insgesamt machen sich Agenda-Setting-Effekte auf der *nationalen* Ebene stärker bemerkbar als auf der *lokalen Ebene,* wo direkte Erfahrung bzw. interpersonale Kommunikation den Agenda-Setting-Effekt der Medien überlagern (Palmgreen/ Clarke 1977). In Verbreitungsgebieten mit *Zeitungswettbewerb* besteht, generell gesehen, ein breiteres Spektrum von politisch als wichtig eingestuften Themen beim Publikum als in Gebieten ohne Zeitungswettbewerb: *Themenpluralismus.* Auch scheint der Grad der *politischen Informiertheit* der Bevölkerung nachweislich mit der Angebotsvielfalt auf dem Zeitungsmarkt verknüpft zu sein (Clarke / Fredin 1978; Ehlers 1983).

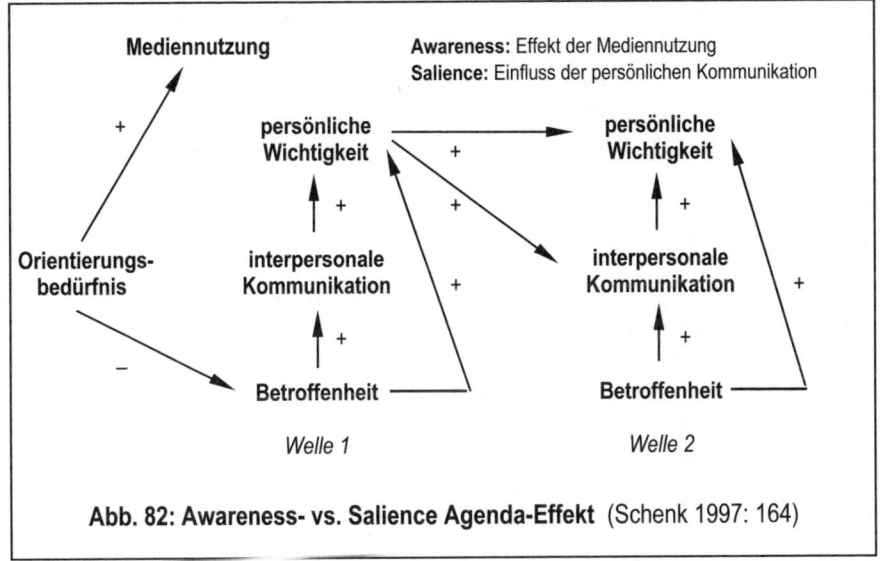

Abb. 82: **Awareness- vs. Salience Agenda-Effekt** (Schenk 1997: 164)

„Auch *interpersonale Kommunikation* interveniert in den Agenda-Setting-Prozess, wenngleich sie sich in manchen Studien positiv, in anderen, gewissermaßen in Konkurrenz zur Massenkommunikation, negativ auf das Media-Agenda-Setting auswirke." (Schenk 1997: 163) In einer eigenen Studie während der Zeit der deutsch-deutschen Wiedervereinigung manifestierten sich zwar beträchtliche *„Awareness-Effekte"* des Media-Agenda-Settings, aber erst interpersonaler Austausch im sozialen Netzwerk führte zur eigentlichen *Themenwichtigkeit* bzw. *Salience.*

Brosius / Weimann (1995) verbinden zudem den Agenda-Setting-Prozess mit dem *Zwei-Stufen-Fluss der Kommunikation:* a) Nach klassischer Auffassung beeinflusst dabei die Medienagenda die Agenda der sog. „Persönlichkeitsstarken" und deren Agenda wiederum beeinflusst in einem zweiten Schritt die Bevölkerungsagenda. b) Es ist aber auch ein umgekehrter Zwei-Stufen-Fluss denkbar, indem die Persönlichkeitsstarken auf die Bevölkerungsagenda reagieren und diese wiederum an die Medien weitergeben. c) In einer dritten Konstellation reagieren die Medien auf die Agenda der Persönlichkeitsstarken, setzen aber in einem zweiten Schritt die Bevölkerungsagenda. – Die Ergebnisse ihrer Studie bestätigen zwar keines dieser drei Modelle vollständig, immerhin deuten sie aber an, dass die bislang vernachlässigte Einflussrichtung von der Bevölkerungs- auf die Medienagenda ernster genommen werden muss.

Fazit. Die bis jetzt durchgeführten empirischen Studien – Surveys wie Labor-experimente – ergeben eine starke Evidenz dafür, dass die Medien für die Rezi-pienten Agenda-Setting-Funktionen ausüben. Eine Meta-Analyse von 90 empi-rischen Studien ergab eine durchschnittliche Korrelation zwischen Medien- und Bevölkerungsagenda von +0.53 (vgl. McCombs / Reynolds 2002: 8).

7.1.5 Praktische Relevanz

Die Agenda-Setting-Theorie geht davon aus, dass Medien den Blick des Publi-kums auf soziale und politische Probleme im weitesten Sinn lenken. Damit verknüpft ist die Frage, ob und wie Medien gesellschaftliche Realität *„spie-geln"* oder *„kontrollieren"*. Die empirische Forschung zeigt, dass die Antwor-ten auf diese Frage je nach Thema und Kontext unterschiedlich ausfallen. Normativ gewendet werden ebenfalls unterschiedliche Positionen vertreten: Neben der Leistungserwartung, dass das Mediensystem ein möglichst *„objek-tiver" Spiegel der Realität* sein sollte, wird die These vertreten, dass die Ge-sellschaft auch *Frühwarnfunktionen* erwartet; die Medienberichterstattung habe deshalb Themen zu thematisieren, bevor diese sich schon zu schwerwiegenden sozialen Problemen entwickelt haben. Haben sich soziale Probleme dann tatsächlich zu gesellschaftlichen Zerreißproben entwickelt – z.B. Rinderwahn-sinn, AIDS oder Fremdenfeindlichkeit – wird wiederum von den Medien ver-langt, dass sie sich in ihrer Berichterstattung eher mäßigen, also den bestehen-den Konflikt nicht noch weiter anheizen oder beschleunigen sollten.

Solche Überlegungen lenken den Blick auf die Frage: Wie entsteht überhaupt die Themenstruktur der Medien? Wer entscheidet darüber: die Medien, die Politiker oder das Publikum? Vor allem im Zusammenhang von Wahlkämpfen kann wahlentscheidend werden (Einstellungseffekte aufgrund von Priming), wer bestimmte *dominierende Themen*, die ja immer wertbezogen sind, durch-zusetzen vermag. Solchen Fragen des *Themenmanagements* als aktivem Pro-zess des *Agenda-Buildings* ist in den letzten Jahren vermehrt in der empiri-schen Forschung Aufmerksamkeit geschenkt worden (Schönbach 1983; Ehlers 1983; Kepplinger u.a. 1989; Mathes / Pfetsch 1991). – Longchamp (2000) untersuchte dazu am Beispiel der schweizerischen Nationalratswahlen (1983-1995) Trends in der Medien- resp. Bevölkerungsagenda, wobei Themenfelder mit gleichzeitiger Thematisierung und Problematisierung (1), d.h. mit starken Agenda-Setting-Effekten, Themen mit gleichzeitiger De-Thematisierung und Ent-Problematisierung (2) gegenüber standen. Es gab aber auch Medienthema-tisierung ohne Problematisierung bei den Wahlberechtigten (3) wie Problemati-sierung durch die WählerInnen, aber ohne Medienthematisierung (4).

7.2 Wissensvermittlung durch Massenkommunikation

Die heutigen Menschen erfahren und lernen ausgesprochen viel durch die Nutzung der Massenmedien. Andererseits zeigt die Forschung, dass es auch durch groß angelegte Informationskampagnen äußerst schwierig sein kann, den Wissensstand des Publikums über ein bestimmtes Problem zu erhöhen (vgl. Hyman / Sheatsley 1947). Empirisch belegt ist jedoch, dass die Informiertheit der Bürger über politische Probleme meist relativ tief ist, und zwar trotz Omnipräsenz der Medien in der Gesellschaft und ebenfalls hoher Nutzung der tagesaktuellen Medien durch das Publikum (Robinson 1972; Robinson / Levy 1996; Graber 2001). Zu untersuchen ist also, wie erklärt werden kann, *wer durch welche Medien was worüber und wofür lernt?* – Es muss dabei unterschieden werden zwischen medien-, gesellschafts- und personorientierten Ansätzen, welche nachfolgend dargestellt und diskutiert werden.

7.2.1 Perspektive der Medien-Dependenz

Konzept. Dieser makrotheoretische Ansatz erklärt Medieneffekte durch Rückgriff auf die Beziehungen zwischen Gesellschaft, Medien und Publikum. Zentrales erklärendes Konzept ist der Grad der Abhängigkeit des Publikums von den Medien als Informationsquellen. *„Medien-Dependenz"* ist definiert als: *„(...) a relationship in which the satisfaction of needs or the attainment of goals by one party is contingent upon the resources of another party."* (Ball-Rokeach / DeFleur 1976)

Hintergrund. In urbanen Industriegesellschaften nimmt die Komplexität in allen Gesellschaftsbereichen stark zu. Die Gesellschaftsmitglieder haben immer weniger direkten Kontakt mit der Gesellschaft als Ganzem. Das Mediensystem differenziert sich als eigenständiges Subsystem aus und übernimmt in verstärktem Ausmaß Informations- und Kontrollfunktionen – Medialisierung – bezüglich der Politik im engeren und der Öffentlichkeit im umfassenden Sinn, d.h. die Gesellschaftsmitglieder, aber auch gesellschaftliche Subsysteme wie Politik, Wirtschaft, Kultur werden umgekehrt vom Mediensystem abhängig: Medien kontrollieren so mehr oder weniger stark den Zugang zu sozietaler Information, und zwar vor allem bezüglich der Rezipienten (Schulz 1997: 24ff.).

Hypothesen. a) Je komplexer eine Gesellschaft ist, desto abhängiger sind die Mitglieder vom Mediensystem. b) Je stärker der Grad an Veränderung und Konflikt in einer Gesellschaft ist, desto größer ist die Medien-Dependenz. c) In Zeiten und Situationen mit erhöhter Unsicherheit steigt die Medien-Dependenz. d) Je größer die Medien-Dependenz des Publikums ist, desto größer ist das Potential des Mediensystems für Medienwirkungen. – Empirisch umgesetzt und überprüft ist von diesen makrotheoretischen Hypothesen bis jetzt freilich noch wenig (Ball-Rokeach 1985).

Weiterentwicklung. Becker / Whitney (1980) differenzieren und operationalisieren das Medien-Dependenz Konzept auf der *individuellen Ebene*: Rezipienten können unterschieden werden nach dem Grad ihrer Abhängigkeit vom TV, den Printmedien und anderen interpersonalen Informationsquellen. Nach ihnen sind Unterschiede in der Wissensaufnahme und im Wissensstand zwischen Rezipienten signifikant mitbeeinflusst durch die je spezifische Medien-Dependenz, und zwar darum, weil sich Fernsehen und Printmedien stark bezüglich formaler und inhaltlicher Kriterien voneinander unterscheiden. Zeitungsabhängigkeit korreliert positiv mit Wissen und Verständnis über die Regierung, TV-Abhängigkeit jedoch negativ, und zwar unabhängig von Bildung. Empirische Belege fanden sich zu beiden Hypothesen. Graber (2001: 2ff.) vertritt demgegenüber die These, dass das Fernsehen durchaus in der Lage wäre, politische Information effizient zu vermitteln; die Berichterstattung müsste nur stärker auf die Interessen des Publikums abgestimmt werden. Zugleich meint sie, dass den vorliegenden Studien überzogene normative Ansprüche an den Informationsstand unterliegen und überdies von einem unrealistischen Bild des sog. „idealen Bürgers" in Bezug auf politische Partizipation ausgegangen wird.

Fragen. Wie kommt es auf der Ebene des Individuums, aber auch auf jener von sozialen Systemen, zu einer bestimmten, mehr oder weniger ausgeprägten Medienabhängigkeit? Wie interagieren TV- und Printmedienabhängigkeit, aber auch Medienabhängigkeit und Abhängigkeit von interpersonalen Quellen?

7.2.2 Mediennutzung, Wissen und Bildung

Ausgangspunkt. Empirisch belegt ist, dass in den meisten Studien nur eine relativ schwache Korrelation zwischen der *objektiven Mediennutzung* und dem Informationsstand besteht (Robinson 1972; Clarke / Kline 1974; Robinson / Levy 1996; Chaffee / Kanihan 1997). Es zeigen sich aber medienspezifische Unterschiede: Die *Nutzung der Printmedien* (Zeitung, Zeitschrift, Buch) führt offenbar zu weit höherem Wissenserwerb als die Nutzung der *elektronischen Medien* (Radio, TV). Vor allem beim Fernsehen belegen verschiedenste Studien, dass die hohe quantitative Nutzung dieses Mediums sich im Wissensstand kaum bemerkbar macht. – Die Breite des inhaltlichen Angebots der Medien und selbst deren häufige Nutzung garantieren also keinesfalls schon entsprechende Bildungsprozesse: *psychische, soziale und kulturelle Barrieren* stehen offenbar einem optimalen Wissenstransfer im Weg.

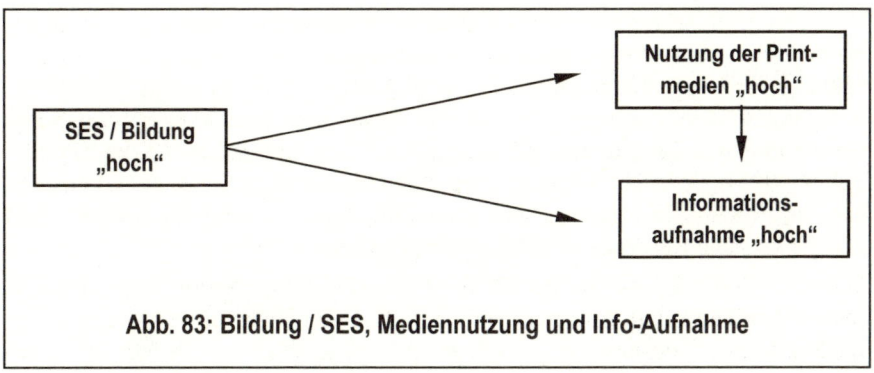

Abb. 83: Bildung / SES, Mediennutzung und Info-Aufnahme

Ob sich Mediennutzung in Informationsaufnahme und Wissenserwerb umsetzt, lässt sich nur erklären, wenn weitere soziale Faktoren als *mediatisierende Instanzen* mitberücksichtigt werden. Der Bildungsgrad und / oder soziale Status sind dabei, neben anderen motivationalen bzw. situationalen (Dervin 1980) Aspekten, wichtige erklärende Faktoren. Bildung und SES (engl.: socio economic status) hängen meist stark mit der Mediennutzung selbst zusammen. Je höher die Rangposition eines Individuums bezüglich der Statuslinien Bildung und / oder SES ist, desto stärker ist die Zuwendung zu den informationsreichen Printmedien; je tiefer diese ist, desto höher ist die Nutzung des Fernsehens als ausschließliche Informationsquelle. Hinzu kommt, dass beide Faktoren generell mit hohem Wissensstand korrelieren. Bildung und SES sind aber bezüglich Informationsaufnahme meist erklärungskräftiger als die Mediennutzung selbst.

Die Interaktion der drei Faktoren zeigt, dass Mediennutzung *und* Informationsaneignung durch Bildung / SES mediatisiert sind. Interessant ist, dass Gut-Gebildete oder Personen mit hohem SES, praktisch unabhängig von der Höhe ihrer faktischen Mediennutzung, immer auch gut informiert sind. *Erklärungsmöglichkeiten:* Einmal ist davon auszugehen, dass diese Gruppe bezüglich neuer Information stärker *motiviert* ist – Info- vs. Unterhaltungsorientierung – und auch bei geringer Mediennutzung diese sofort und *effizient* – differenziertere Medienkompetenz – aufnimmt, so dass sich intensivere Nutzung u.U. nicht in wesentlich höherem Wissensstand äußert: *Ceiling-Effekt* aufgrund begrenzter Medien-Info. Andererseits ist die ausschließliche *Medien-Dependenz* dieser Gruppe geringer; ihr Zugang zu interpersonalen und institutionellen Informationsquellen, aber auch zu Spezialmedien, ist besser (Rosser u.a. 1990).

Die oben erwähnten Unterschiede sind natürlich nicht bei allen *Wissensformen* gleichermaßen stark ausgeprägt. Informationsdefizite sind am größten im Bereich der politischen und wirtschaftlichen Information. Dies gilt vor allem, wenn traditionelle Wissenstests verwendet werden, die sich an der Berichterstattung der Printmedien orientieren und Wissen vom Typus des Schulbuchwissens abfragen. Es zeigt sich, dass der Bildungseinfluss kleiner wird, wenn *funktionale* und *rezipientenorientierte* Wissensoperationalisierungen (Price / Zaller 1993) gebraucht werden. Dies hängt damit zusammen, dass Personen sich Informationen aussetzen und diese aufnehmen, die für sie nützlich sind und funktionale Relevanz haben (Graber 2001; Böck 2003).

Während Personen mit hohem Bildungsstatus / SES aufgrund ihrer Schulerfahrung gewohnt sind, Informationen an sich und unabhängig von einem spezifischen Verwertungskontext – dekontextualisiertes Wissen – als nützlich anzusehen und auch aufzunehmen, nehmen Personen mit tiefem Bildungsstatus / SES Medieninformation meist nur auf, wenn sie einen expliziten und erkennbaren Bezug zu ihrer Alltagsrealität und zu ihrem Lebensvollzug haben.

Darum haben einfache und *kontextualisierte Informationen*, die in Strukturähnlichkeit zur interpersonalen Kommunikation stehen und zudem *personenbezogen* und *ereignishaft* sind, bei dieser Gruppe eine größere Chance, wahr- und aufgenommen zu werden. Die Verwendung von Wissensmassen, die der subjektiven Organisation des Wissens gerecht werden (bspw. Problemwissen, Hauptinformationen, Lösungs-, Akteurwissen) und auch die persönliche Relevanz und den Situationsbezug berücksichtigen.

7.3 Die Wissenskluft-Perspektive

7.3.1 Fragestellung und Ausgangshypothese

Die oben diskutierten Zusammenhänge zwischen Medienangebot, Mediennutzung, Wissenserwerb und Bildung / SES wurden in zeitlicher, medialer, sachlicher und sozialer Hinsicht miteinander verknüpft und 1970 erstmals durch die Forschergruppe Phillip J. Tichenor, George A. Donohue und Calarice N. Olien von der University of Minnesota explizit als *Hypothese* von der *„Increasing Knowledge-Gap"* formuliert und mit zu verschiedenen Zeitpunkten erhobenen Surveydaten zu Fragen nach der Möglichkeit einer Mondlandung, dem Zusammenhang von Rauchen und Krebs und Fortschritten in der Raumfahrt empirisch illustriert (Übersichtsartikel: Gaziano 1983; Bonfadelli 1994; Gaziano / Gaziano1996; Viswanath / Finnegan 1996; Wirth 1997a; Holst 2000). Unter dem Label „Digital Divide" hat sie im Zusammenhang mit der Diffusion der Online-Kommunikation erneut soziale Brisanz erlangt (Bonfadelli 2002).

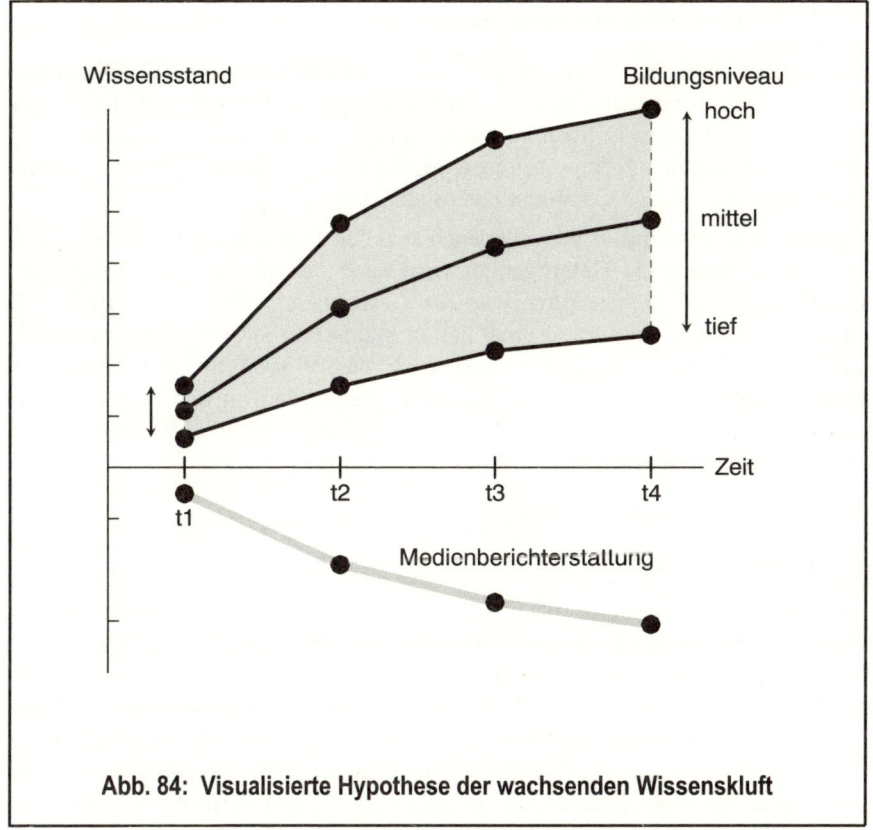

Abb. 84: Visualisierte Hypothese der wachsenden Wissenskluft

Die *Ausgangshypothese* in verbalisierter Form und oben visualisiert in Abb. 84 lautet in der deutschen Übersetzung:

> *„Wenn der Informationszufluss in ein Sozialsystem wächst, tendieren die Bevölkerungssegmente mit höherem sozio-ökonomischem Status und / oder höherer formaler Bildung zu einer rascheren Aneignung dieser Information als die status- und bildungsniedrigeren Segmente, so dass die Wissenskluft zwischen diesen Segmenten tendenziell zu- statt abnimmt.“*

(Tichenor / Donohue / Olien 1970: 159, dt. nach Saxer 1978: 35/36)

7.3.2 Theoretischer Hintergrund

Die Wissenskluft-Hypothese basiert, was die zeitliche und mediale Dimension der Informationsverbreitung durch Massenmedien anbelangt, auf den Fragestellungen der älteren Diffusionsforschung (vgl. Budd / McLean Barnes 1966), geht aber weiter, insofern postuliert wird, dass der Informationsfluss in sozialer Hinsicht nicht homogen, sondern heterogen ist.

Der Informationsstand in verschiedenen sozialen Segmenten und seine zeitlich zu- oder abnehmende Heterogenität wird nach der Wissenskluft-Perspektive durch Bezug auf die *Sozialstruktur der Gesellschaft* erklärt: Die bestehende soziale Schichtung der Gesellschaft hat, in Interaktion mit dem Informationsangebot der Medien, zur Folge, dass auch das Wissen in der Gesellschaft ungleich verteilt wird und dass sich diese Disparitäten in der Verteilung des gesellschaftlichen Wissens bei Zunahme der Information nicht ausgleichen, sondern sogar verstärken.

7.3.3 Gesellschaftliche Relevanz

Die Medien funktionieren somit als *Trendverstärker* – „Matthäus-Effekt"–, tragen zur Verfestigung der bestehenden Machtstrukturen bei und sind darum kaum Agenten des sozialen Wandels. Ein zunehmendes Informationsangebot – bspw. durch das Internet – führt also nicht automatisch zur Informiertheit aller, sondern hat eher Informationsüberlastung zur Folge. Obwohl die Mehrheit der Bevölkerung durchaus über bestimmte herausragende Ereignisse informiert ist, bleibt dieses Wissen gleichzeitig wiederum in vielen Fällen oberflächlich und besteht oft nur aus irrelevanten Einzelheiten.

7.3.4 Erklärungen

Erklärt wird das Entstehen solcher Wissensunterschiede zwischen den verschiedenen sozialen Segmenten der Gesellschaft dadurch, dass jene, die bildungsmäßig und sozial privilegiert sind, die Medien vorteilhafter nutzen und so auch besser informiert sind und ihren Wissensvorsprung demnach sogar noch auszuweiten vermögen. Relevante *Faktoren* sind nach Tichenor / Donohue / Olien (1970): 1) Die *Sensibilisierung* gegenüber neuen Themen und Problemen ist größer. 2) Ihr umfangreiches *Vorwissen*, durch Schulbildung und Mediennutzung erworben, macht sie gegenüber neuer Information motivierter und erlaubt wegen der vorhandenen Konzepte bessere Lernleistungen. 3) Ihre *Kommunikations- und Medienkompetenz* ist differenzierter und dies vor allem im Zusammenhang mit der Printmediennutzung. 4) Sie nutzen andere, d.h. informationsreichere Quellen, *Printmedien,* sind also weniger nur vor einer Quelle abhängig. 5) Sie haben bezüglich vieler Themen Ko-Orientierung und nutzen so auch *interpersonale Quellen* intensiver.

7.3.5 Forschungsstand und Forschungsrichtungen

Seit Formulierung der Ausgangshypothese sind weit *über 100 empirische Studien* (Bonfadelli 1994: 138ff.) *zu verschiedensten Fragestellungen* durchgeführt worden wie Nachrichtendiffusion (Budd / McLean / Barnes 1966), Wahlen (Moore 1987), Debatten (McLeod / Bybee / Durall 1979), Abstimmungen (Bonfadelli 1978), Info-Kampagnen (Douglas / Westley / Chaffee 1970; Ettema / Brown / Luepker 1983; Visvanath u.a. 1991), Entwicklungskommunikation (Shingi / Mody 1976; Galloway 1977) oder Medienberichterstattung bzw. Medienereignissen (Genova / Greenberg 1979; Wanta / Elliott 1995; Holst 2000). Sie basieren auf Querschnitt- und Paneldesigns oder Experimenten (Wirth 1997a+b) und verwenden je andere Operationalisierungen des Wissens.

Abb. 85: Forschungsfeld der Wissenskluft-Perspektive		
Forschungstypen	**Weiteres Umfeld der Wissenskluft-Perspektive**	**Engerer Rahmen der Wissenskluft-Hypothese**
Querschnitt Studien	- Nutzung, Präferenzen und Funktionen von Medien - Umgang mit Neuen Medien - Evaluation von Info-Kampagnen - Politische Informiertheit	Mikroebene: - Wissensklüfte und Drittfaktoren Makroebene: - Größe, Homogenität, Konflikt etc.
Längsschnitt Studien	- ungleiche Diffusion von Nachrichten	- Informationskampagnen - Wahlen und Debatten - Feldexperimente - Medienereignisse

In der Forschungsentwicklung kann einerseits zwischen einer mehr *psychologischen*, andererseits einer eher *soziologischen* Richtung unterschieden werden:

Makro-Ebene. Tichenor u.a. (1973 / 1980) konnten nachweisen, dass es Mechanismen gibt, die auf der Ebene des Medien- und Gesellschaftssystems zu einer *Homogenisierung des Wissens*, d.h. zu einer Einebnung bestehender Wissensklüfte führen können. a) *Sozialer Konflikt:* In sozialen Systemen, wo die Berichterstattung bezüglich eines Themas konflikthaltiger ist und die Meinungen polarisiert sind, ist die Wissensverteilung im Vergleich zu wenig kontroversen Themen homogener (Olien / Donohue / Tichenor 1983). b) *Pluralismus:* Wissensklüfte sind in größeren und komplexeren Gemeinden mit diversifizierteren Mediensystemen stärker ausgeprägt (Finnegan u.a. 1993; Viswanath u.a. 1994). c) *Zeitverlauf:* Wissensklüfte treten vor allem am Anfang der Thematisierung von Konflikten auf, können jedoch unter bestimmten Voraussetzungen wie hohe Betroffenheit und intensive Berichterstattung im Laufe der Zeit geschlossen werden (Holst 2000: 259).

Abb. 86: Gleichzeitig anwachsende und sich verringernde Wissensklüfte

Prozentanteile	Agenda-Setting-Wissen: t_1: August	t_2: Oktober	Subjektives Wissen: t_1: August	t_2: Oktober
Insgesamt	67	97	62	75
Oberschicht	89	100	71	86
Mittelschicht	61	98	63	78
Unterschicht	51	95	49	58
Knowledge Gap	38	5	22	28

Anmerkung: Agenda-Setting-Wissen: Wissen, worum es in der Volksabstimmung Zwentendorf geht; Subjektives Wissen: Prozentanteil jener, die sich subjektiv informiert fühlen. N=ca. 200.
Quelle: Bonfadelli 1980: 180, Sekundäranalyse nach Geretschläger 1977.

Abb. 87: Mediennutzung, Bildung und Informationsstand bezüglich EWR

Prozentanteile mit „Minimalwissen"	insg.	Bildungsniveau: niedrig	mittel	hoch	Wissenskluft in Prozent
Insgesamt	63	51	60	85	+34%
Sich auf dem hoch	88	77	88	91	+14%
Laufenden mittel	67	63	61	89	+26%
halten: tief	32	25	34	44	+19%
Medieneffekt in %	+56%	+52%	+54%	+47%	
Info- Printmedien	77	63	72	90	+27%
Quellen: Elektronische Med.	63	52	62	82	+30%
Medienunterschied:	+14%	+11%	+10%	+8%	

Quelle: Bonfadelli 1995.

Mikro-Ebene. Auf *psychologischer Ebene* konnte gezeigt werden, dass a) motivational die perzipierte *Problemrelevanz* bzw. die *subjektive Betroffenheit* sowie das *Themeninteresse* und b) kognitiv das vorhandene Vorwissen und die *informationsorientierte Mediennutzung* im Zeitablauf zu einem Ausgleich des Wissens führen können und bestehende Bildungsnachteile teilweise kompensiert werden. c) Dies gilt ebenfalls für die Nutzung von *interpersonalen Quellen* und von *Printmedien*, sofern diese durch die benachteiligten Segmente überhaupt genutzt werden, wie auch die Mitgliedschaft in Gewerkschaften oder für lokale Partizipation (Shingi / Mody 1976; Bonfadelli 1978; Brantgärde 1983; Bonfadelli 1995). d) Was die Berichterstattung der Medien selbst anbelangt, so scheinen Wissensklüfte insbesondere dann zu entstehen, wenn die Medien mit *hoher Informationsdichte, aber geringer Intensität* über einen Konflikt berichten (Holst 2000: 258).

Sachwissen Mittelwerte 0-10 Pkte.		Gesamt (N=840)	Bildungsniveau			Wissens-kluft
			tief (N=128)	mittel (N=497)	hoch (N=215)	
Wissensstand total		6.6	5.4	6.4	7.7	+2.3
Qualitäts-zeitung	ja (N=526)	7.1	5.8	6.9	8.0	+2.2
	nein (N=314)	5.7	4.9	5.8	6.7	+1.8
Zeitungs-Effekt		+1.4	+0.9	+1.1	+1.3	
Internet-Zugang	ja (N=463)	6.9	5.8	6.8	7.6	+1.8
	nein (N=377)	6.3	4.7	6.0	7.8	+3.1
Internet-Effekt		+0.6	+1.1	+0.8	-0.2	

Abb. 88: Nutzung von Zeitungen vs. Internet und Wissensklüfte

Anmerkung: Im Rahmen eines repräsentativen Surveys in der Schweiz wurden Personen mit bzw. ohne Zugang zum Internet bezüglich ihrer Mediennutzung, aber auch der Informiertheit über 10 aktuelle politische Themen befragt. Zwecks Neutralisierung von Dritteinflüssen wurden die Samples bezüglich Alter, Sex, Bildung egalisiert. Quelle: Bonfadelli / Marr 2002.

Beispiel: Neue Medien und Internet. Im Zusammenhang mit der Einführung von *Neuen Medien* werden, wenigstens in der Anfangsphase, sich verstärkende Nutzungs- und Kommunikationsklüfte prognostiziert. Diese Prognose ist erstmals im Zusammenhang der Btx-Begleitforschungen in der BRD, aber auch in der Schweiz empirisch überprüft worden (Katzman 1974; Ettema 1984; Bonfadelli 1994: 151ff.). Öffentlichkeitswirksame Beachtung ist der Wissenskluft-

Hypothese jüngst zudem unter dem Label „*Digital Divide*" zuteil geworden (vgl. Kubicek / Welling 2000; Norris 2001; DiMaggio u.a. 2001; Bonfadelli 2002; Roters / Turecek / Klingler 2003; Groebel / Gehrke 2003). Im Zusammenhang mit der sozial ungleichen Diffusion des Internets wird in der Öffentlichkeit kontrovers diskutiert, ob sich im Sinne eines sog. „*trickle-down*" - *Effekts* die Unterschiede im Zugang und in der Nutzung des Internets zwischen Gebildeten und Ungebildeten, Reichen und Armen, Jung und Alt sowie Männern und Frauen in nächster Zeit einebnen werden, oder ob *strukturelle* Zugangs- und Nutzungsbarrieren auch längerfristig bestehen bleiben werden. Zudem ist empirisch noch weitgehend ungeklärt (vgl. Abb. 88), ob sich im Sinne der sog. *Ketten-Hypothese* 1) die postulierten Informationsvorteile des Internets – Menge, Qualität und Interaktivität der Information – zusammen mit 2) dem sozial ungleichen Zugang und 3) der bildungsspezifisch unterschiedlichen Nutzung des Internets sich tatsächlich 4) in verstärkten Wissensklüften auswirken werden. Zurzeit scheint das Internet noch eher wenig zur politischen Information genutzt zu werden, und wenn überhaupt, dann wird meist auf die klassischen Medien wie Online-Zeitungen zugegriffen, also Information abgerufen, die auch sonst zugänglich ist.

Fazit. Während in den meisten Wissenskluft-Studien signifikante Korrelationen zwischen Wissensstand und Bildung zu einem bestimmten Zeitpunkt nachgewiesen werden konnten, sind die Evidenzen zur Entwicklung dieser Wissensklüfte im Zeitverlauf weniger eindeutig geblieben, wurden doch neben dem Anwachsen auch sich verringernde Wissensklüfte, vor allem bei Informationskampagnen, festgestellt (vgl. Gaziano 1983 / 1996; Bonfadelli 1985, 1991, 1994; Wanta / Elliott 1995; Viswanath / Finnegan 1996).

Diese empirischen Inkonsistenzen, zusammen mit theoretischen Überlegungen haben zu einer Differenzierung des Wissenskluft-Paradigmas geführt.

7.3.6 Weiterentwicklungen

Konzept „Wissen". Der zentrale Stellenwert des Konzepts „Wissen" hat zu verschiedenen Weiterentwicklungen Anlass gegeben: Zunächst müssen *Wissensbereiche* – Politik- und Wissenschafts- vs. Alltags- oder Praxiswissen – und *Wissenstypen* – „Kenntnis von" als „knowledge about" vs. „Wissen über" als „knowledge of" oder Fakten- vs. Struktur- oder Hintergrundwissen – stärker differenziert werden. Diese Überlegungen sind eng mit der *Messproblematik* verknüpft: geschlossene Antwortvorgaben mittels Multiple-Choice-Tests als Abfrage von Schulbuchwissen im Unterschied zu offenen Vorgehensweisen, die nach Ursachen oder Lösungen von Problemen fragen (Wirth 1997: 101ff.).

Abb. 89: Wissenskluft-relevante mediatisieren Prozesse und Drittfaktoren	
Sozialsystem	- Größe: groß vs. klein - Pluralität: homogen vs. heterogen - Ausmaß an Konflikt: gering vs. hoch
Medienthema	- national / international vs. lokal - politisch / „public affair" vs. Softnews - naheliegend / erfahrbar / obtrusive vs. entfernt
Informationsangebot	- hohe vs. geringe Medienpublizität - hohe vs. geringe Informationsdichte - Medienberichterstattung vs. Informationskampagnen
Mediennutzung (engl.: exposure)	- Medien-Dependenz: Printmedien vs. Fernsehen - interpersonale Kommunikation vs. Massenmedien
Rezeptionsmodalität	- Aufmerksamkeit: hoch vs. niedrig
Person	- Affekt: Interesse, Involvement, Relevanz, Funktionalität - Kognitionen: Vorwissen, Schemata: ja vs. nein - Partizipation: Mitgliedschaft in Organisationen, Gespräche
Wissenstyp	- Agenda- / Salience- vs. Struktur- / Hintergrundwissen - „Schulbuch"- vs. Alltagswissen: Probleme, Lösungen - Komplexität des Wissens: hoch vs. niedrig - geschlossene vs. offene Wissensfragen

Ceiling-Effekte. Mit dem Begriff „Deckeneffekt" werden weitere Probleme angesprochen: Wissenstests sollten methodisch so konstruiert sein, dass diese zwischen den verschiedenen sozialen Segmenten gleichermaßen gut zu diskriminieren vermögen. Zudem gibt es Wissensformen wie bspw. beim Agenda-Wissen, die nicht weiter vermehrbar sind, was quasi automatisch wegen diesem unvermeidbaren Deckeneffekt zu einer Einebnung von anfänglich bestehenden Klüften führen muss (Ettema / Kline 1977).

Defizite vs. Differenzen. Theoretisch wurde bspw. von Brenda Dervin (1980) betont, dass das in manchen Untersuchungen abgefragte Wissen nicht in allen sozio-ökonomischen Segmenten von gleicher Relevanz sein muss, die festgestellten Unterschiede also nicht automatisch als *Defizite*, sondern u.U. nur als *Differenzen* zu interpretieren sind. Nach Ettema / Kline (1977) sind für das Entstehen von Wissensklüften vorab *unterschiedlich ausgeprägte Motivationen*, sich bestimmte Informationen anzueignen oder nicht, relevant. Zu fragen ist darum, ob solche Motivationsunterschiede nur *situational* oder *situationsübergreifend* mit der Bildungs- / Schichtstruktur verknüpft sind (dazu auch: Yows u.a. 1991; Visvanath u.a. 1993; Wanta / Elliott 1995).

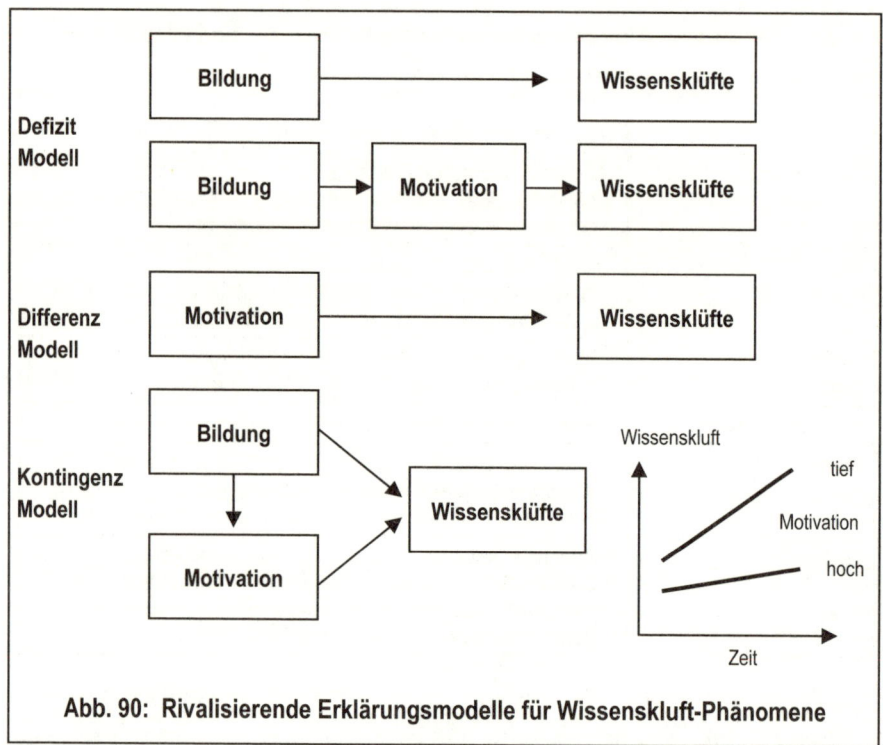

Abb. 90: Rivalisierende Erklärungsmodelle für Wissenskluft-Phänomene

Rivalisierende Erklärungsmodelle. Kwak (1999) synthetisiert das rivalisierende Defizit- und Differenz-Modell im sog. *Kontingenz-Modell* (Abb. 90). Nach diesem spielen bei der Entstehung von Wissensklüften sowohl Bildung als auch Motivation eine entscheidende Rolle. Während bei hoher Motivation sich im Zeitverlauf bestehende Wissensklüfte nur unwesentlich oder gar nicht verstärken, akzentuieren sich bei nur schwacher Motivation diese deutlich. Viswanath u.a. (1993: 559) beschreiben diesen multifaktoriellen Zusammenhang folgendermassen: „In our view, the issue is not motivation or education; it is motivation and education as they operate jointly to affect knowledge."

Äquivalenz von Zuwendung vs. Rezeption. Eine weitere Klärung ergibt sich, wenn man nach Phasen im Rezeptionsprozess unterscheidet (Wirth 1997). Frage: Entstehen Wissensklüfte vor allem, weil z.B. durch die Kampagne oder die Debatten die verschiedenen sozialen Segmente *unterschiedlich gut erreicht* worden sind – engl.: access gap –, oder wird auch bei gleicher Erreichbarkeit mit steigendem Bildungshintergrund die vermittelte Information *schneller bzw. besser rezipiert* – engl.: usage gap. Das Beispiel „Sesame Street" (siehe 1.4.4) zeigt, dass die schon anfangs bestandenen Wissensklüfte sich vergrößerten, weil die Sendung von den privilegierten Kindern häufiger gesehen wurde und weil in einem zweiten Schritt, unabhängig von der Anzahl der gesehenen Sendungen, die privilegierten Kinder mit den besseren Ausgangsleistungen von den Sendungen mehr lernten als die unterprivilegierten Kinder mit den schlechteren Ausgangsleistungen.

Grundsätzlich verdeutlichen die bis jetzt durchgeführten empirischen Untersuchungen, dass der Prozess der medienvermittelten gesellschaftlichen Informationsverteilung ein im Zeitverlauf dynamisches Geschehen ist, bei dem *verschiedenste Faktoren und Prozesse* sowohl der Mikro- als auch der Makroebene auf äußerst komplexe Art und Weise zusammenwirken. Deren Konstellation entscheidet letztlich, ob es im jeweiligen Fall zu anwachsenden, gleichbleibenden oder sich einebnenden Wissensklüften kommen wird.

7.4 Kultivierungs-Analyse

7.4.1 Hintergrund

Im Rahmen der Wissenskluft-Hypothese wurde darauf hingewiesen, dass sich bei politischen Medieninhalten vorab ein Effekt der Wissensdifferenzierung einstelle. *George Gerbner* entwickelte demgegenüber Anfangs der 70er Jahre mit seinem Forschungsteam an der „Annenberg School of Communications" in Philadelphia, ausgelöst durch Diskussionen über *Gewalt in Unterhaltungssendungen des Fernsehens,* quasi eine entgegengesetzte Kultivierungs-Hypothese, die dem Fernsehen *Homogenisierungseffekte* unterstellt, indem es die Konvergenz von Wahrnehmungen, Perspektiven und Erwartungen befördert (Gerbner / Gross 1976; Gerbner 2000; Gerbner u.a. 2002). Wie bei der Agenda-Setting-Theorie beruht sein Ansatz auf zwei Elementen: a) die Analyse von Medieninhalten als „Message-System-Analysis" bzw. „Cultural-Indicators-Analysis" und b) die Analyse der Mediennutzung bzw. Medienwirkung als „Cultivation-Analysis".

Ausgangspunkt war die inhaltsanalytisch aufgrund einer seit 1967 bis Mitte der 80er Jahre jährlich durchgeführten „Message-System-Analysis" erhärtete Tatsache, dass das U.S.-Fernsehen in seinen Unterhaltungsprogrammen *kumulativ* und *konsonant* bestimmte *symbolische Gesellschaftsbilder* vermittelt, die von der *Alltagsrealität* systematisch abweichen, aber nach der Gerbner-Gruppe die sog. „Mainstream"-Ideologie der Gesellschaft widerspiegeln. Das Fernsehen mit seinen erzählten Geschichten und Bildern ist für ihn eine zentralisiert produzierte und standardisierte geteilte Symbolwelt – engl.: centralized system of storytelling –, in der die heutigen Menschen aufwachsen und der niemand auszuweichen vermag. Sie nimmt nach Gerbner heute die frühere Funktion der Religion ein. Und im Umgang mit dieser Fernsehrealität werden beim Rezipienten längerfristig konsonante Vorstellungen über die Alltagsrealität kultiviert.

Die Kultivierungsperspektive erzeugte in den 70er Jahren rasch ein grosses Medienecho, während die akademische Forschung eher reserviert bis ablehnend reagierte (vgl. die Kritik von Hirsch 1980+81). Aufgrund der breiten empirischen Evidenz gehört der Ansatz aber heute zum Kernbestand der Medienwirkungsforschung. Gerbner (2002: 116/17) selbst versteht die Kultivierungsanalyse jedoch nicht als Ersatz, sondern eher als *Ergänzung der traditionellen Ansätze der Wirkungsforschung,* die sich mit Veränderung und weniger mit Stabilität befassen, wobei sich die Kultivierungsanalyse auf die „andauernden und allgemeinen Folgen des Aufwachsens und Lebens mit dem Fernsehen" konzentriert.

Im Bereich der Politik ist auf zwei *klassische Vorläuferstudien* zu verweisen, die ebenfalls die verzerrende Funktion und Wirkung der Medien dokumentieren: Lang / Lang (1968) verglichen die „Einseitigkeit" der Fernsehberichterstattung über den *McArthur Day in Chicago* mit persönlichen Augenzeugenberichten von Anwesenden, und Halloran / Elliott / Murdock (1970) wiesen in *„Demonstrations and Communication"* nach, wie eine einseitig konsonante Realitätsinterpretation in der Medienberichterstattung als Folge der vorab geschaffene Erwartungshaltung, dass eine Demonstration gegen den Vietnamkrieg „gewalttätig" werde, entstehen konnte.

7.4.2 Kultivierungshypothese

Nach Gerbner kommt dem Fernsehen eine wichtige Funktion als *integrierender Symbolproduzent* in der Gesellschaft zu, indem es bestimmte geteilte Perzeptionen der sozialen Realität beim Publikum kultiviert. *Kultivierung* als Medieneffekt meint dabei, dass bei Personen, die viel fernsehen, und zwar im Gegensatz zu den Wenigsehern, die Wahrnehmung der Welt von den inhaltlichen Strukturen des Fernsehens geprägt ist.

Gerbner erklärt die *Homogenität der Fernsehinhalte* 1) mit der zentralistischen Produktionsweise und 2) dem kommerziellen Zwang, möglichst große heterogene Publika anzusprechen. 3) Populär sind TV-Programme dann, wenn sie die dominante kulturelle Ideologie spiegeln. Auf Seiten der Zuschauer begründet Gerbner den Kultivierungseffekt damit, dass 4) der Fernsehkonsum hoch ist, und dass 5) die Programmwahl nicht selektiv sei.

7.4.3 Methodische Umsetzung

„Cultural-Indicators-Analysis". Jedes Jahr wurde seit 1967 eine Woche TV-Programm inhaltsanalytisch untersucht, wobei in der Anfangsphase das Hauptinteresse auf *Fernsehgewalt* lag: Einerseits wurden die erhobenen Dimensionen in einen „Gewalt- bzw. Mean-World-Index" verdichtet, andererseits wurden für verschiedene Bevölkerungsgruppen Risikoraten berechnet, Opfer von Gewalt zu werden bzw. selbst Gewaltakte zu begehen. Später sind weitere Themen untersucht worden wie Geschlechtsrollen, Konsumerismus, Gesundheitsbilder resp. Krankheits- oder Körperdarstellung, Beziehungs- und Familienbilder, Heirat und Mutterschaft, Vorstellungen von Politik oder gegenüber Minoritäten, Umweltdarstellung etc. (vgl Gerbner u.a. 1994; Signoriclli / Morgan 1996; Morgan / Shanahan 1997; Shanahan / Morgan / Stenbjerre 1997; Überblick in Weimann 2000). – Neuere Studien befassen sich zunehmend auch mit spezifischen Programmgenres wie bspw. Talkshows (Hasebrink 2001; Rössler / Brosius 2001), Krankenhausserien (Chory-Assad / Tamborini 2003; Rossmann 2002) oder Soaps und Sitcoms (Segrin / Nabi 2002) und ihren Zielgruppen wie Jugendliche (Hasebrink 2001) bzw. junge Frauen (Harrison 1997; Ex / Janssens / Korzilius 2002).

„Cultivation-Analysis". Das Schwergewicht liegt auf der Befragung von repräsentativen Querschnitt-Stichproben bei Erwachsenen, aber auch Jugendlichen. Den Befragten wird einerseits ein Set von Fragen (vgl. Abb. 91) vorgelegt, die sich auf die Gesellschaft beziehen – etwa: „Wie hoch ist die Chance, dass Sie innerhalb eines Jahres Opfer einer Gewalttat werden?"– und bspw. zu einem sog. „Mean World" - Syndrom addiert werden, andererseits wird die Höhe des TV-Konsums in Minuten pro Tag oder die Nutzung von spezifischen Programmgenres – bspw. Krimis oder Serien – erhoben. In der Auswertung wird dann als *Kultivierungsdifferential* untersucht, ob Vielseher im Gegensatz zu Wenigsehern verstärkt jene gesellschaftlichen Vorstellungen betonen, die aufgrund der Cultural-Indicators als „TV-Realität" ermittelt worden sind, d.h. z.B. der Anteil der Fernsehprotagonisten, die Opfer von Fernsehgewalt werden, im Unterschied zum tatsächlichen Risiko aufgrund von Kriminalitätsstatistiken. Die Unterscheidung nach Viel- und Wenigsehern erfolgte dabei nicht immer aufgrund gleicher Kriterien; in verschiedenen Studien (NORC-Survey) be-

zeichnet die Gerbner-Gruppe Personen als Vielseher, die pro Tag vier und
mehr Stunden fernsehen, was einem Anteil von 30% an der Stichprobe entspricht.

Abb. 91: Indikatoren für die Kultivierungsanalyse		
Reale Welt	(1)	US-Zensus-Daten zeigen z.B., dass 1% aller arbeitenden Männer Berufe im Bereich Kriminalitätsbekämpfung innehaben (eng.: law enforcement and crime detection).
	(2)	Nach US-Zensus-Daten gab es 1970 0.32 Gewaltkriminalität (engl. violent crimes) auf 100 Personen.
TV-Welt	(1)	Nach Gerbners Cultural-Indicators-Analyse sind es im TV 12%.
	(2)	Nach Gerbners Cultural-Indicators-Analyse sind zwei Drittel der TV-Akteure während einer Woche in Gewalt verwickelt (engl. involved in violence).
Soziale Realität	(1)	Die sog. „forced-error" Fragestellung der Kultivierungsanalyse lautet, ob der entsprechende Anteil 5% (TV-Antwort) oder 1% betrage. Als Befund geben 50% der Wenigseher im Vergleich zu 59% der Vielseher die sog. Fernsehantwort.
	(2)	39% der Wenigseher im Gegensatz zu 52% der Vielseher gaben an, dass die Anzahl der Leute, die pro Woche in Gewalt verwickelt seien, näher bei 1 zu 10 (TV-Antwort) als bei 1 zu 100 liege.
Quelle: Gerbner u.a. 1977, zitiert nach Morgan / Shanahan 1997: 8ff.		

Weil sich die Kultivierungsanalyse für interkulturelle Vergleiche eignet, ist
mittlerweile eine Vielzahl von empirischen Untersuchungen in verschiedensten
Ländern durchgeführt worden, wobei sich die festgestellten Kultivierungsef-
fekte in jenen Ländern (bspw. Großbritannien) als schwächer ausgeprägt bzw.
weniger konsistent erwiesen haben, in denen die TV-Realität im Vergleich zur
USA vielfältiger und weniger repetitiv bzw. homogen war (vgl. Wober 1998).

7.4.4 Befunde

US-Daten. Gerbner und sein Team konnten in mehreren Untersuchungen aufgrund verschiedener Stichproben und mit unterschiedlichsten Kultivierungsfra-
gen zeigen, dass Vielseher auf verschiedenste gewaltbezogene Fragen tatsächlich in stärkerem Ausmaß als Wenigseher jeweils die „TV-nahe" Antwort
wählten. Vielseher nehmen ihre Umwelt als gewalthafter wahr, als diese in
Wirklichkeit ist. Sie äußern entsprechend mehr Angstgefühle, erwarten häufiger, in Gewalttätigkeiten verwickelt zu werden, was entsprechend auch ihre

Bereitschaft steigert, selbst aggressiv in als bedrohlich empfundenen Situationen zu reagieren (Gerbner u.a. 1976 und folgende; Hawkins / Pingree 1982).

Abb. 92 zeigt Befunde aus einer repräsentativen amerikanischen Befragung (Quelle: Public Opinion Research Corp.: 1979): 29% der Vielseher im Unterschied zu nur 20% der Wenigseher gaben damals an, dass „Angst vor Verbrechen für sie ein ernstes persönliches Problem ist". Gerbner u.a. (1981: 37) interpretieren dies als Kultivierungseffekt, wobei vor allem bezüglich Einkommen und Rasse die Haltungen der Wenigseher heterogen sind und sich durch den hohen TV-Konsum angleichen (= Mainstreaming Effekt); bezüglich Geschlecht und Wohnort äußert sich hingegen ein Resonanz-Effekt aufgrund der Übereinstimmung von realen Lebensumständen und Umweltbedingungen mit den TV-Inhalten, insofern sich die Kultivierungswirkung des Fernsehens besonders stark bei Frauen und Städtern bemerkbar macht.

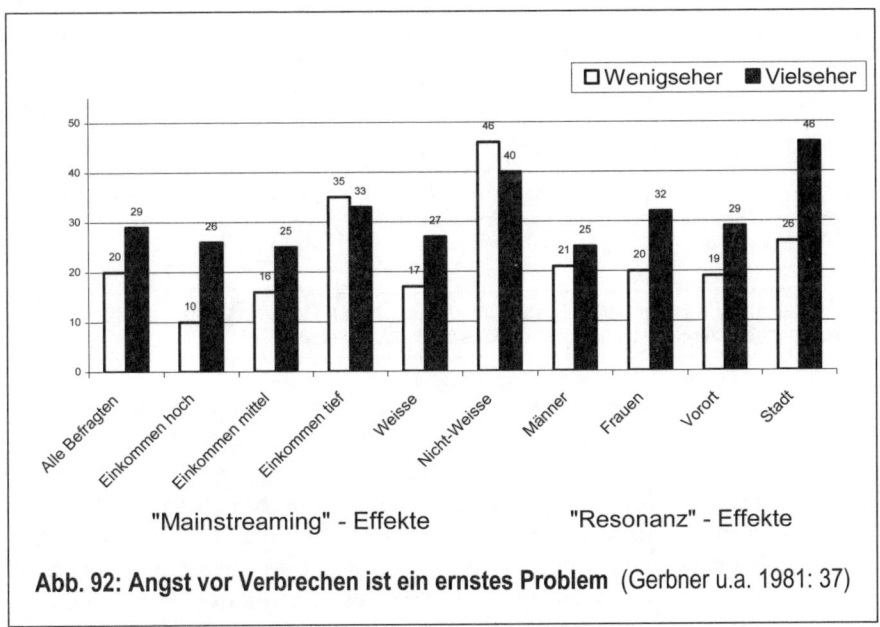

Abb. 92: Angst vor Verbrechen ist ein ernstes Problem (Gerbner u.a. 1981: 37)

Beispiel: Zürcher-Studie. Solche Zusammenhänge, allerdings stark beeinflusst durch mediatisierende Drittfaktoren, konnten auch im deutschsprachigen Raum bei 348 15jährigen Jugendlichen nachgewiesen werden (Bonfadelli

1983), bestand doch eine einfache Korrelation von +0.21 bis +0.26 zwischen dem Kultivierungs-Index als Summe von acht gewaltbezogenen Indikator-Fraugen und der TV-Nutzung im allgemeinen, der Krimi-Nutzung im speziellen und dem TV-Index insgesamt (vgl. Abb. 93). Selbst bei Kontrolle von vier Drittfaktoren blieben die Partiellen Korrelationen mit der Krimi-Nutzung (+0.11) und dem TV-Index (+0.12) noch signifikant, außer jene mit der allgemeinen Fernsehnutzung (+0.05). Differenzierend zeigt die Studie, dass der Kultivierungsprozess bei Jugendlichen aus gehobenerem Bildungsmilieu, aber auch bei Mädchen im Vergleich zu Knaben deutlich stärker ausgeprägt war.

Abb. 93: Differentielle Kultivierungseffekte bei Zürcher Jugendlichen						
TV-Index	insg.	Bildungsniveau			Geschlecht	
		Realsch.	Sekundar.	Gymnasium	männlich	weiblich
insgesamt	6.7	7.6	6.7	5.9	6.9	6.5
hoch	7.5	7.4	7.6	8.3	7.7	7.3
mittel	7.1	7.2	6.3	6.7	7.0	7.2
niedrig	6.4	7.1	6.6	5.7	6.1	6.6
sehr niedrig	6.0	8.4	6.5	5.3	6.5	5.4
%-Differenz	+1.5	-1.0	+1.1	+3.0	+1.2	+1.9
Partielle Korr. sig.	0.12 *	0.01 ns.	0.14 *	0.16 *	0.12 *	0.16 *
Anmerkung: Partielle Korrelationen 4ter Ordnung, kontrolliert für Bildung, Sex, Schicht, Note, familiär-schulische Belastung; * p. < .05. Quelle: Bonfadelli (1983).						

7.4.5 Kritik

Die Kultivierungs-Hypothese führte in der amerikanischen aber auch der deutschen Kommunikationswissenschaft (Themenheft „Fernsehen und Bildung" 1981) zu einer heftigen Kontroverse darüber, ob dieser direkte und unvermittelte Fernseheinfluss wirklich so abgesichert sei, wie von der Gerbner-Gruppe behauptet. Kritisiert wurden in der Folge verschiedenste Punkte sowohl in methodologischer als auch in theoretischer Hinsicht:

Methodische Mängel. Hirsch (1980/81) unterstellte Gerbner vor allem *methodische Mängel* hinsichtlich der nicht konsistenten Operationalisierung von „Vielsehen" wie „Wenig- bzw. Nichtsehen", der ungenügenden Kontrolle von

Drittvariablen, beruhen doch die Kultivierungs-Befunde nur auf *korrelativer Evidenz* von Querschnittstudien, und der Nichtlinearität der Zusammenhänge. Neuere Studien zeigen, dass die quantitative Höhe des Fernsehkonsums allein nur einen relativ geringen Anteil der Varianz in den Alltagsperzeptionen der Zuschauer zu erklären vermag, mithin weitere *mediatisierende Drittfaktoren* wie bspw. die Wohnsituation, persönliche Erfahrungen mit Gewalt oder die funktionale Orientierung der Fernsehnutzung bzw. die genutzten Inhalte oder Genres berücksichtigt werden müssen wie bspw. in der Studie von Roßmann (2002) zur Kultivierung durch Krankenhausserien.

Einflussrichtung. Unklar ist zudem die *Einflussrichtung* bzw. der postulierte *Kausalitätsschluss*, da bis jetzt kaum longitudinale Studien oder Experimente durchgeführt worden sind (Groebel 1982). Möglich wäre durchaus, dass hoher Fernsehkonsum mit einem fatalistisch-pessimistischen Persönlichkeitssyndrom parallel geht, das sich durch Ängstlichkeit und Unsicherheit auszeichnet (Vitouch 1993); immerhin sind Wechselwirkungen wahrscheinlich. Vielseher äussern nämlich durchgängig häufiger, dass das Fernsehen für sie Orientierung leiste und für Entspannung und Ablenkung sorge (Schulz 1997).

Psychologische Prozesse. Die Kultivierung von Realitätswahrnehmungen wird meist als *Lern- bzw. Sozialisationsprozess* verstanden, allerdings haben sich erst einzelne Studien mit der Frage beschäftigt, was genau unter „Kultivierung" zu verstehen ist, bzw. welche psychologischen Teilprozesse den Kultivierungseffekten tatsächlich unterliegen. Hawkins / Pingree (1990) differenzierten als erste zwischen fünf Faktoren bzw. Prozessen: Informationsverarbeitung (1), kritische Fernsehrezeption (2), persönliche Realitätserfahrungen und andere Info-Quellen (3), soziale Einflüsse (4) und Kultivierung aufgrund spezifischer TV-Inhalte bzw. selektiver TV-Nutzung.

Theoretische Unklarheiten. Die stärkere Beschäftigung mit psychologischen Teilprozessen führte dazu, dass zwischen *zwei Subprozessen* der Kultivierung unterschieden wurde (Hawkings / Pingree / Adler 1987; Potter 1991 + 1993): *Kultivierung erster Ordnung* meint die kognitive Einschätzung der Häufigkeiten von Ereignissen (bspw. Anzahl Verbrechen oder Morde), während die *Kultivierung zweiter Ordnung*, welche darauf aufbaut, die Herausbildung von Einstellungen, Bewertungen und Wertvorstellungen beinhaltet. Die empirischen Belege dazu sind freilich widersprüchlich geblieben.

Aktiver Rezeptionsprozess. Eher grundsätzlicher Art ist dagegen die „humanistische" Kritik von Newcomb (1978), der bezweifelt, ob die durch Inhaltsanalysen festgestellten TV-typischen Gewaltstrukturen durch die Rezipienten als Realitätsbilder überhaupt so homogen perzipiert werden, wie dies Gerbner annimmt. Im Gefolge der Verbreitung von Fernbedienung, Videorecorder und Spartenkanälen hätten sich zudem die Selektionsmöglichkeiten der Zuschauer stark vergrößert, wird argumentiert. Nach Newcomb wären ergänzende rezipientenorientierte qualitative Ansätze zur Abklärung der „subjektiven Bedeutung" von Gewalt notwendig.

7.4.6 Weiterentwicklung

Gerbner hat als Konsequenz solcher Kritik das Kultivierungs-Modell differenziert, indem er die Prozesse „Mainstreaming" und „Resonance" in die Kultivierungstheorie einführte:

„Mainstreaming" liegt dann vor, wenn das Fernsehen die Ansichten von abweichenden Gruppen auf die Mehrheitsmeinung der Bevölkerung hin anpasst, d.h. bei Wenigsehern liegen die Meinungen auseinander – Heterogenität –, während sie bei Vielsehern signifikant homogener sind (vgl. Abb. 93).

„Resonance" liegt dann vor, wenn das Fernsehen eine Verstärkung der Ansichten vorab bei jenen Gruppen bewirkt, die sich „zu Recht" betroffen fühlen, z.B. Frauen oder Bewohner von Großstädten bezüglich Gewalt. –

Kritiker meinen allerdings dazu, dass so praktisch jedes empirische Forschungsresultat im nachhinein entweder als „Mainstreaming" oder als „Resonance" interpretiert werden könne, mithin die Kultivierungstheorie gar nicht mehr falsifizierbar sei.

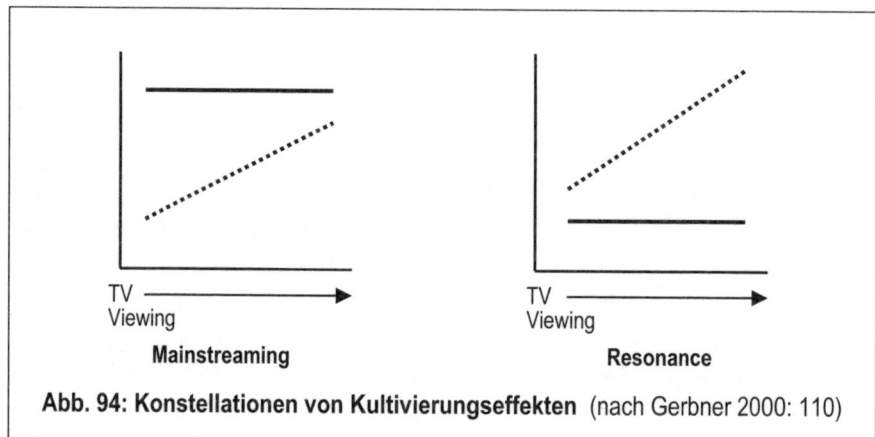

Abb. 94: Konstellationen von Kultivierungseffekten (nach Gerbner 2000: 110)

Zusammenfassend ist trotz solcher Relativierungen festzuhalten, dass mittlerweile in mehr als 300 empirischen Studien in den USA wie im Ausland, mehrheitlich konsonante Befunde zur Kultivierungs-Hypothese vorliegen, obwohl die Stärke des belegten Zusammenhangs „is likely to be modest in terms of its absolute size." (Signorielli / Morgan 1996: 123). Eine kürzlich publizierte *Meta-Analyse* beziffert den durchschnittlichen Kultivierungseffekt mit r = 0.09, was nur einer erklärten Varianz von 1% entspräche, wobei Morgan / Shanahan (1997: 33) meinen, dass höhere Werte nur schon darum nicht erwartet werden dürfen, weil es kaum Menschen gibt, die nicht im Verlaufe ihres Lebens einer beträchtlichen Dosis „Fernsehen" ausgesetzt sind: „The forces that shape our beliefs are many and varied; television is just one. As Gerbner et al. have repeatedly argued over the years, television is by no means the most powerful influence on people, but it is the most common, the most pervasive, the most widely shared."

Literatur

Agenda-Setting

Behr, R. / Iyengar, Shanto (1985): Television News, Real-World Cues, and Changes in the Public Agenda. In: Public Opinion Quarterly, 49, S. 38-57.

Beniger, James R. (1978): Media Content as Social Indicators: The Greenfield Index of Agenda Setting. In: Communication Research, 5(4), S. 437-453.

Blood, Warwick (1982): Agenda Setting: A Review of the Theory. In: Media Information Australia, 26, S. 3-12.

Breen, Michael J. (1997): A cook, a cardinal, his priests, and the press: Deviance as a trigger for intermedia agenda-setting. In: Journalism & Mass Communication Quarterly, 74(2), S. 348-356.

Brettschneider, Frank (1994): Agenda-Setting. Forschungsstand und politische Konsequenzen. In: Jäckel, Michael u.a.: Politik und Medien. Analysen zur Entwicklung der politischen Kommunikation. Berlin, S. 211-229.

Brosius, Hans-Bernd (1994): Agenda-Setting nach einem Vierteljahrhundert Forschung: Methodischer und theoretischer Stillstand? In: Publizistik, 39(3), S. 269-288.

Brosius, Hans-Bernd / Kepplinger, Hans Mathias (1990): The Agenda-Setting Function of Television News. Static and Dynamic Views. In: Communication Research. 17(2), S. 183-211.

Brosius, Hans-Bernd / Kepplinger, Hans Mathias (1992): Linear and Nonlinear Models of Agenda-Setting in Television. In: Journal of Broadcasting and Electronic Media, 36, S. 5-23.

Brosius, Hans-Bernd / Weimann, Gabriel (1995): Medien oder Bevölkerung: Wer bestimmt die Agenda? Ein Beitrag zum Zwei-Stufen-Fluss von Agenda-Setting. In: Rundfunk und Fernsehen, 41(3), S. 312-329.

Cohen, Bernard C. (1963): The Press and Foreign Policy. Princeton, N.J.

Dearing, James W. / Rogers, Everett M. (1996): Communication Concepts 6: Agenda-Setting. Thousand Oaks.

Edelstein, Alex (1983): Agenda-Setting: Was ist zuerst: Menschen oder Medien? Medienwissenschaftliche Variationen einer alten Fragestellung. In: Media Perspektiven, Heft 7, S. 469-474.

Ehlers, Renate (1983): Thematisierung durch Medien? Zum Verhältnis von Agenda-Setting-Forschung und praktischer Politik. In: Rundfunk und Fernsehen, 31(3-4), S. 319-325.

Ehlers, Renate (1983): Themenstrukturierung durch Massenmedien. Zum Stand der empirischen Agenda-Setting-Forschung. In: Publizistik, 28(2), S. 167-186.

Eichhorn, Wolfgang (1996): Agenda-Setting-Prozesse. Eine theoretische Analyse individueller und gesellschaftlicher Themenstrukturierung. München.

Erbring, Lutz / Goldenberg, Edie N. / Miller, Arthur (1980): Front-Page News and Real World Cues: A New Look at Agenda-Setting by Mass Media. In: American Journal of Political Science, 24(1), S. 16-49.

Funkhouser, G. R. (1973): The Issues of the Sixties: An Exploratory Study in the Dynamics of Public Opinion. In: Public Opinion Quarterly, 37, S. 62-75.

Funkhouser, G. R. (1973): Trends in Media Coverage of the Issues of the Sixties. In: Journalism Quarterly, 50, S. 533-538.

Hill, David B. (1985): Viewer Characteristics and Agenda Setting by Television. In: Public Opinion Quarterly, 49, S. 340-350.

Iyengar, Shanto (1988): New Directions of Agenda-Setting Research. In: Communication Yearbook 11, S. 595-602.

Iyengar, Shanto (1992): Wie Fernsehnachrichten die Wähler beeinflussen. Von der Themensetzung zur Herausbildung von Bewertungsmaßstäben. In: Wilke, Jürgen (Hg.): Öffentliche Meinung. Theorie, Methoden, Befunde. Freiburg / München, S. 123-142.

Iyengar, Shanto / Kinder, Donald R. (1987): News that Matters. University of Chicago Press: Chicago.

Iyengar, Shanto / Simon, Adam (1993): News Coverage of the Gulf Crisis and Public Opinion. In: Communication Research, 20(3), S. 365-383.

Kepplinger, Hans Mathias / Gotto, Klaus / Brosius, Hans-Bernd / Haak, Dietmar (1989): Der Einfluss der Fernsehnachrichten auf die politische Meinungsbildung. Freiburg / München.

Kepplinger, Hans Mathias u.a. (1981): Instrumentelle Aktualisierung. Grundlagen einer Theorie publizistischer Konflikte. In: Kaase, H. / Schulz, W. (Hg.): Massenkommunikation. Theorien, Methoden, Befunde. Opladen, S. 199-220.

Kosicki, Gerald M. (1993): Problems and Opportunities in Agenda-Setting Research. In: Journal of Communication, 43(2), S. 92-119.

Longchamp, Claude (2000): Themenhierarchisierung und Klimaerzeugung: Überlegungen zur Bedeutung des „agenda-setting"-Ansatzes für die Analyse und Gestaltung von politischen Kampagnen am Beispiel der Schweizerischen Nationalratswahlen 1983-1995. In: Borhmann, Hans u.a. (2000): Wahlen und Politikvermittlung durch Massenmedien. Wiesbaden, S. 191-211.

McClure, R.D. / Patterson, Th.E. (1976): Setting the Political Agenda: Print vs. Network News. In: Journal of Communication, 26, S. 23-28.

McCombs, Maxwell E. (1977): Newspapers vs. Television: Mass Communication Effects over Time. In: Shaw, D.L. / McCombs, M.E. (Hg.): The Emergence of American Political Issues. The Agenda-Setting Function of the Press. St. Paul: West, S. 89-105.

McCombs, Maxwell E. (1981): Setting the Agenda for Agenda-Setting Research: An Assessment of the Priority Ideas and Problems. In: Wilhoit, G.C. / Bock, H. (Hg.): Mass Communications Review Yearbook. Vol. 2. Beverly Hills / London, S. 209-211.

McCombs, Maxwell E. (1981): The Agenda-Setting Approach. In: Nimmo, Dan D. / Sanders, Keith R. (Hg.): Handbook of Political Communication. Beverly Hills / London, S. 121-140.

McCombs, Maxwell (1992): Explorers and Surveyors: Expanding Strategies for Agenda-Setting Research. In: Journalism Quarterly, 69(4), S. 813-824.

McCombs, Maxwell (1997): New Frontiers in Agenda Setting: Agendas of Attributes and Frames. In: Mass Comm Review, 24(1+2), S. 32-52.

McCombs, Maxwell (2000): Agenda-Setting: Zusammenhänge zwischen Massenmedien und Weltbildern. In: Schorr, Angela (Hg.): Publikums- und Wirkungsforschung. Ein Reader. Wiesbaden, S. 123-136.

McCombs, Maxwell / Bell, Tamara (1996): The Agenda Setting Role of Mass

Communication. In: Salwen, Michael / Stacks, Don (Hg.): An Integrated Approach to Communication Theory and Research. Mahwah, N.J., S. 93-110.

McCombs, Maxwell / Reynolds, Amy (2002): News Influence on Our Pictures of the World. In: Bryant, Jennings / Zillmann, Dolf (Hg.): Media Effects. Advances in Theory and Research. Hillsdale, N.J., S. 1-18.

McCombs, Maxwell E. / Danielian, Lucig / Wanta, Wayne (1995): Issues in the News and the Public Agenda: The Agenda Setting Tradition. In: Glasser, Theodore / Salmon, Charles T. (Hg.): Public Opinion and the Communication of Consent. New York / London, S. 281-300.

McCombs, Maxwell E. / Llamas, Juan Pablo / Lopez-Escobar, Esteban / Rey, Federico (1997): Candidate Images in Spanish Elections: Second-Level Agenda-Setting Effects. In: Journalism & Mass Communication Quarterly, 74(4), S. 703-717.

McCombs, Maxwell E. / Shaw, Donald Lewis (1972 / 73): The Agenda-Setting Function of Mass Media. In: Public Opinion Quarterly, 36, S. 176-187.

McLeod, Jack M. / Becker, Lee B. / Byrnes, J.E. (1974): Another Look at the Agenda-Setting Function of the Press. In: Communication Research, 1, S. 131-166.

Mathes, Rainer / Pfetsch, Barbara (1993): The Role of the Alternative Press in the Agenda-Building Process: Spill Over Effects and Media Opinion Leadership. In: European Journal of Communication, 6, S. 33-62.

Neuman, Russel W. (1990): The Threshold of Public Attention. In: Public Opinion Quarterly, 54(2), , S. 159-176.

Palmgreen, Philip / Clarke, Peter (1977): Agenda-Setting with Local and National Issues. In: Communication Research, 4(4), S. 435-452.

Peter, Jochen (2002): Medien-Priming – Grundlagen, Befunde und Forschungstendenzen. In: Publizistik, 47(1), S. 21-44.

Protess, David L. / McCombs, Maxwell (Hg.) (1991): Agenda Setting. Reading on Media, Public Opinion, and Policymaking. Hillsdale, N.J.

Rogers, Everett / Dearing, James (1988): Agenda-Setting Research. Where Has It Been, Where Is It Going? In: Anderson, J.A. (Hg.): Communication Yearbook 11. Newbury Park, S. 555-594.

Rogers, Everett / Dearing, James / Chang, Soonbum (1991): AIDS in the 1990s. The Agenda-Setting Process for a Public Issue. In: Journalism Monographs, No. 126.

Rössler, Patrick (1997): Agenda-Setting. Theoretische Annahmen und empirische Evidenzen einer Medienwirkungshypothese. Opladen.

Schenk, Michael (1997): Massenkommunikation und ihre Wirkungen. In: Fünfgeld, Hermann / Mast, Claudia (Hg.): Massenkommunikation. Ergebnisse und Perspektiven. Opladen, S. 155-168.

Scheufele, Betram (2000): Agenda-Setting, Priming, and Framing Revisited: Another Look at Cognitive Effects of Political Communication. In: Mass Communication and Society, 3(2&3), S. 297-316.

Schönbach, Klaus (1981): Agenda-Setting im Europawahlkampf 1979: Die Funktion von Presse und TV. In: Media Perspektiven, Heft 7, S. 537-547.

Schönbach, Klaus (1983): Der „Agenda-Setting" Approach: theoretische Perspektiven und praktische Relevanz. In: Hans-Bredow-Institut (Hg.): Medienwissenschaftliches Symposium 1983. Hamburg, S. 88-97.

Schönbach, Klaus (1982): „The Issues of the Seventies". Elektronische Inhaltsanalyse und die langfristige Beobachtung von Agenda-Setting Wirkungen der Massenmedien. In: Publizistik, 27(1-2), S. 129-140.

Schulz, Winfried (1984): „Agenda-Setting" und andere Erklärungen. Zur Theorie der Medienwirkung. In: Rundfunk und Fernsehen, 32, S. 206-213.

Shaw, E.F. (1977): The Agenda-Setting Function Hypothesis Reconsidered: Interpersonal Factors. In: Gazette, 23, S. 230-240.

Symposion (1993): „Agenda Setting Revisited". In: Journal of Communication, 43(2), S. 58-127.

Themenheft (1993): „Two Decades of Agenda-Setting Research". In: Journalism Quarterly, 69(4), S. 813-920.

Winter, James P. / Eyal, Chaim H. (1981): Agenda Setting for the Civil Rights Issue. In: Public Opinion Quarterly, 45, S. 376-383.

Medien-Dependenz

Ball-Rokeach, Sandra J. / De Fleur, Melvin L. (1976): A Dependency Model of Mass-Media Effects. In: Communication Research, 3(1), S. 3-21.

Ball-Rokeach, Sandra J. (1985): The Origins of Individual Media-System Dependency. A Sociological Framework. In: Communication Research, 12(4), S. 485-510.

Becker, Lee B. / Whitney, Charles D. (1980): Effects of Media Dependencies. Audience Assessment of Government. In: Communication Research, 7(1), S. 95-120.

Donald, Daniel G. (1983): Investigating Assumptions of Media Dependency Research. In: Communication Research, 10(4), S. 509-528.

Miller, Mark M. / Reese, Stephen D. (1982): Media Dependency as Interaction. Effects of Exposure and Reliance on Political Activity and Efficacy. In: Communication Research, 9(2), S. 227-248.

Zukin, Cliff / Snyder, Robin (1984): Passive Learning: When the Media Environment is the Message. In: Public Opinion Quarterly, 48, S. 629-638.

Wissensvermittlung durch Medien

Böck, Margit (2003): Information, Wissen und medialer Wandel. In: Medien Journal, 27(1), S.51-65.

Bonfadelli, Heinz (1993): Von der Medieninformation profitieren nicht alle. In: Medien zwischen Geld und Geist. 100 Jahre Tagesanzeiger. Zürich, S. 109-126.

Brosius, Hans-Bernd (1997): Der gut informierte Bürger? Rezeption von Rundfunknachrichten in der Informationsgesellschaft. In: Charlton, Michael / Schneider, Silvia (Hg.): Rezeptionsforschung. Theorien und Untersuchungen zum Umgang mit Massenmedien. Opladen, S. 92-104.

Chaffee, Steven / Kanihan, Stacy Frank (1997): Learning about Politics from Mass Media. In: Political Communication, 14, S. 421-430.

Fritz, Angela / Burkart, Roland (1987): Informationsvermittlung im Wahlkampf. Analyse am Beispiel der Grünen Alternativen Wahlbewegung anlässlich der österreichischen Nationalratswahl 1986. In: Media Perspektiven, Heft 12, S. 771-781.

Garramone, Gina (1983): TV News and Adolescent Political Socialization. In: Bostrom, R.M. (Hg.): Communication Yearbook 7. Beverly Hills / London, S. 651-669.

Garramone, Gina (1984): Audience Motivation Effects: More Evidence. In: Communication Research, 11(1), S. 79-96.

Graber, Doris A. (2001): Processing Politics. Learning from Television in the Internet Age. UP of Chicago: Chicago / London.

Hamm, Ingrid (1990): Das Fernsehen als Informationsquelle. Zum Verhältnis von Gestaltung und Rezeptionserfolg. In: Rundfunk und Fernsehen, 38(2), S. 201-221.

Hyman, Herbert H. / Sheatsley, Paul B. (1947): Some Reasons Why Information Campaigns Fail. In: Public Opinion Quarterly, 11, S. 412-423.

McLeod, Jack M. / McDonald, Daniel G. (1985): Beyond Simple Exposure. Media Orientations and their Impact on Political Processes. In: Communication Research, 12(1), S. 3-33.

McLeod, Jack M. / Perse, E.M. (1994): Direct and Indirect Effects of Socioeconomic Status on Public Affairs Knowledge. In: Journalism Quarterly, 71, S. 433-442.

Price, Vincent / Zaller, John (1993): Who Gets the News? Alternative Measures of News Reception and their Implications for Research. In: Public Opinion Quarterly, 57, S. 133-164.

Robinson, John P. (1972): Mass Communication and Information Diffusion. In: Kline, F.G. / Tichenor, Ph.J. (Hg.): Current Perspectives in Mass Communication Research. Beverly Hills / London, S. 71-93.

Robinson, John P. / Levy, M.R. (1996): New Media Use and the Informed Public. A 1990s Update. In: Journal of Communication, 46(2), S. 129-135.

Rosser, Connie u.a. (1990): Using Research to Predict Learning from a PR Campaign. In: Public Relations Review, 16(2), S. 61-77.

Schulz, Winfried (1997): Politische Kommunikation. Theoretische Ansätze und Ergebnisse empirischer Forschung. Opladen / Wiesbaden.

Wissenskluft-Perspektive

Bonfadelli, Heinz (1978): Zur „increasing knowledge gap" Hypothese. In: Buch und Lesen. Bertelsmann Texte 7, S. 71-90.

Bonfadelli, Heinz (1980): Neue Fragestellungen in der Wirkungsforschung: Zur Hypothese der wachsenden Wissenskluft. In: Rundfunk und Fernsehen, 28, S. 173-193.

Bonfadelli, Heinz (1994): Die Wissenskluft-Perspektive: Massenmedien und gesellschaftliche Information. Konstanz.

Bonfadelli, Heinz (1995): EG und EWR: Wie steht es um die Information der Öffentlichkeit in der Schweiz? In: Erbring, Lutz (Hg.): Kommunikationsraum Europa. Konstanz, S. 222-232.

Bonfadelli, Heinz (2002): The Internet and Knowledge Gaps. A Theoretical and Empirical Investigation. In: European Journal of Communication, 17(1), S. 65-84.

Bonfadelli, Heinz / Marr, Mirko (2002): Die Medien in der Informationsgesellschaft. In: Bundesamt für Statistik / Gruppe für Wissenschaft und Forschung / Bundesamt für Kommunikation (Hg.): Informationsgesellschaft Schweiz. Standortbestimmung und Perspektiven. Neuchâtel, S. 49-67.

Budd, Richard W. / McLean, Malcolm S. / Barnes, Alene M. (1966): Regularities in the Diffusion of Two Major News Events. In: Journalism Quarterly, 43, S. 221-230.

Chew, Fiona / Palmer, Sushma (1994): Interest, the Knowledge Gap, and Television Programming. In: Journal of Broadcasting and Electronic Media, 38(3), S. 271-287.

Dervin, Brenda (1980): Communication Gaps and Inequities: Moving Toward a Reconceptualization. In: Voigt, M. / Dervin, B. (Hg.): Progress in Communication Sciences. Norwood N.J., S. 73-112.

DiMaggio, Paul u.a.: Social Implications of the Internet. In: Annual Review of Sociology, 27, S. 307-336.

Donohue, George / Tichenor, Phillip / Olien, Clarice (1975): Mass Media and Knowledge Gap. A Hypothesis Reconsidered. In: Communication Research, 2(1), S. 3-23.

Douglas, Dorothy / Westley, Bruce / Chaffee, Steven H. (1970): An Information Campaign that Changed Community Attitudes. In: Journalism Quarterly, 47, S. 479-487.

Ettema, James S. / Brown, James W. / Luepker, Russell V. (1983): Knowledge Gap Effects in a Health Information Campaign. In: Public Opinion Quarterly, 47, S. 516-527.

Ettema, James / Kline, Gerald F. (1977): Deficits, Differences, and Ceilings. Contingent Conditions for Understanding the Knowledge Gap. In: Communication Research, 4, , S. 179-202.

Ettema, James (1984): Three Phases in the Creation of Information Inequities: An Empirical Assessment of a Prototype Videotex System. In: Journal of Broadcasting, 28(4), S. 383-395.

Eveland, W.P. / Scheufele, D.A. (2000): Connecting News Use with Gaps in Knowledge and Participation. In: Political Communication, 17, S. 215-237.

Finnegan, John R. / Viswanath, K. / Kahn, Emily / Hannan, Peter (1993): Exposure to Sources of Heart Disease Prevention Information: Community Type and Social Group Differences. In: Journalism Quarterly, 70(3), S. 569-584.

Fredin, Eric S. / Haugen Monnett, Theresa / Kosicki, Gerald M. (1994): Knowledge Gaps, Social Locators, and Media Schemata: Gaps, Reverse Gaps, and Gaps of Disaffection. In: Journalism Quarterly, 71(1), S. 176-190.

Galloway, John J. (1977): The Analysis and Significance of Communication Effects Gaps. In: Communication Research, 4(3), S. 363-386.

Gaziano, Cecilie (1983): The Knowledge Gap: An Analytical Review of Media Effects. In: Communication Research, 10(4), S. 447-486.

Gaziano, Cecilie (1997): Forecast 2000: Widening Knowledge Gaps. In: Journalism & Mass Communication Quarterly, 74(2), S. 237-264.

Gaziano, Cecilie / Gaziano, Emanuel (1996): Theories and Methods in Knowledge Gap Research since 1970. In: Salwen, Michael / Stacks, Don (Hg.): An Integrated Approach to Communication Theory and Research. Mahwah, S. 127-143.

Genova, B.K.L. / Greenberg, Bradly (1979): Interests in News and the Knowledge Gap. In: Public Opinion Quarterly, 43, S. 79-91.

Geretschläger, Erich (1978): Informationswirkungen der Massenmedien im Hinblick auf die Meinungsbildung zur Volksabstimmung Zwentendorf. Salzburg.

Grabe, Maria Elisabeth u.a. (2000): Cognitive Access to Negatively Arousing News: An Experimental Investigation of the Knowledge Gap. In: Communication Research, 27, 3-26.

Griffin, Robert J. (1990): Energy in the Eigthies: Education, Communication, and the Knowledge Gap. In: Journalism Quarterly, 67(3), S. 554-566.

Groebel, Joe / Gehrke, Gernot (Hg.) (2003): Internet 2002: Deutschland und die digitale Welt. Internetnutzung und Medieneinschätzung in Deutschland und Nordrhein-Westfalen im internationalen Vergleich. Opladen.

Holbrock, Thomas M. (2002): Presidential Campaigns and the Knowledge Gap. In: Political Communication, 19(4), S. 437-454.

Holst, Isabella-Afra (2000): Realitätswahrnehmung in politischen Konflikten. Grundlagen einer Theorie der Wissenskluft. Konstanz.

Horstmann, Reinhold (1991): Medieneinflüsse auf politisches Wissen. Zur Tragfähigkeit der Wissenskluft-Hypothese. Wiesbaden.

Jäckel, Michael (1999): Inklusion und Exklusion durch Mediennutzung? In: Honegger, Claudia / Hradil, Stefan / Traxler, Franz (Hg.): Grenzenlose Gesellschaft? Opladen, S. 692-706.

Katzman, Natan (1974): The Impact of Communication Technology: Promises and Prospects. In: Journal of Communication, 24, S. 47-58.

Kubicek, Herbert / Welling, Stefan (2000): Vor einer digitalen Spaltung in Deutschland? Annäherung an ein verdecktes Problem von wirtschafts- und gesellschaftspolitischer Brisanz. In: Medien & Kommunikation, 48, S. 497-517.

Kwak, Nojin (1999): Revisiting the Knowledge Gap Hypothesis. Education, Motivation, and Media Use. In: Communication Research, 26, S. 385-413.

McLeod, Jack M. / Bybee, Carl / Durall, Jean A. (1979): Equivalence of Informed Political Partizipation. The 1976 Presidential Debates as a Source of Influence. In: Communication Research, 6, S. 463-487.

Miyo, Y. (1983): Knowledge Gap Hypothesis and Media Dependency: Is Television a Knowledge Leveler? In: Bostrom, R.M. (Hg.): Communication Yearbook 7. Beverly Hills / London, S. 626-650.

Moore, David W. (1987): Political Campaigns and the Knowledge Gap Hypothesis. In: Public Opinion Quarterly, 51, S. 186-200.

Norris, Pippa (2001): Digital Divide: Civic Engagement, Information Poverty and the Internet Worldwide. Cambridge.

Olien, Clarice N. / Donohue, George A. / Tichenor, Phillip J. (1983): Structure,

Communication and Social Power: Evolution of the Knowledge Gap Hypothesis. In: Mass Communication Review Yearbook, 4, S. 455-461.

Roters, Gunnar / Turecek, Oliver / Klingler, Walter (2003): Digitale Spaltung. Informationsgesellschaft im neuen Jahrtausend – Trends und Entwicklungen. Baden-Baden.

Saxer, Ulrich (Hg.) (1985): Gleichheit oder Ungleichheit durch Massenmedien. München.

Saxer, Ulrich (1978): Medienverhalten und Wissensstand – zur Hypothese der wachsenden Wissenskluft. In: Buch und Lesen. Bertelsmann Texte 7, Gütersloh, S. 35-70.

Shingi, Prakah / Mody, Bella (1976): The Communication Effects Gap: A Field Experiment on Television and Agricultural Ignorance in India. In: Communication Research, 3, S. 171-190.

Snyder, Lesly B. (1990): Channel Effectiveness Over Time and Knowledge and Behavior Gaps. In: Journalism Quarterly, 67(4), S. 875-886.

Tichenor, Phillip / Donohue, George / Olien, Clarice (1980): Community Conflict and the Press. Beverly Hills / London.

Tichenor, Phillip / Donohue, George / Olien, Clarice (1970): Mass Media Flow and Differential Growth in Knowledge. In: Public Opinion Quarterly, 34, S. 159-170.

Tichenor, Phillip / Rodenkirchen, J. / Olien, Clarice / Donohue, George (1973): Community Issues, Conflict, and Public Affairs Knowledge. In: Clarke, Peter (Hg.): New Models for Communication Research. Beverly Hills / London, S. 45-79.

Viswanath, K. u.a. (1991): Health and Knowledge Gaps: Some Lessons from the Minnesota Health Program. In: American Behavioral Scientist, 34, S. 712-726.

Viswanath, K. (1993): Motivation and the Knowledge Gap. Effects of a Campaign to Reduce Diet-Related Cancer Risk. In: Communication Research, 20(4), S. 546-563.

Viswanath, K. u.a. (1994): Community type and the diffusion of campaign information. In: Gazette, 54, S. 39-59.

Viswanath, K. / Finnegan, John (1996): The Knowledge Gap Hypothesis: Twenty-Five Years Later. In: Burleson, Brant / Kunkel, Adrianne (Hg.): Communication Yearbook 19. Thousand Oaks / London / New Delhi, S. 187-227.

Wanta, Wayne / Elliott, William R. (1995): Did the "Magic" Work? Knowledge of HIV / AIDS and the Knowledge Gap Hypothesis. In: Journalism and Mass Communication Quarterly, 72(2), S. 312-321.

Weenig, Mieneke / Midden, Cees (1997): Mass-Media Information Campaigns and Knowledge Gap Effects. In: Journal of Applied Social Psychology, 27(11), S. 945-958.

Wirth, Werner (1995): Bildungsspezifische Rezeption politischer Fernsehbeiträge: Ein Beitrag zur Wissenskluftthese. In: Jarren, Otfried / Knaup, Bettina / Schatz, Heribert (Hg.): Rundfunk im politischen Prozess. Jahrbuch 1995 der Arbeitskreise „Politik und Kommunikation" der DVPW und der DGPuK. Münster / Nürnberg, 197-241.

Wirth, Werner (1997a): Von der Information zum Wissen. Die Rolle der Rezeption für die Entstehung von Wissensunterschieden. Opladen.

Wirth, Werner (1997b): Bildungsspezifische Rezeption politischer Fernsehbeiträge: Ein Beitrag zur Wissenskluftthese. In: Jarren, Otfried / Knaup, Bettina / Schatz, Heribert (Hg.): Rundfunk im politischen Kommunikationsprozess. Münster / Hamburg, S. 197-241.

Yows, Suzanne R. u.a. (1991): Motivational and Structural Factors in Predicting Different Kinds of Cancer Knowledge. American Behavioral Scientist, 34(6), S. 727-741.

Kultivierungs-Analyse

Adoni, Hanna / Mane, Sherrill (1984): Media and the Construction of Reality. Toward an Integration of Theory and Research. In: Communication Research, 11(3), S. 323-340.

Barth, Bertram (1988): Fernsehnutzung und Realitätswahrnehmung. Zur Überprüfung der Kultivierungshypothese. In: Rundfunk und Fernsehen, 36(1), S. 67-79.

Bonfadelli, Heinz (1983): Der Einfluss des Fernsehens auf die Konstruktion der sozialen Realität: Befunde aus der Schweiz zur Kultivierungshypothese. In: Rundfunk und Fernsehen, 31(3-4), S. 415-430.

Chory-Assad, Rebecca / Tamborini, Ron (2003): Television Exposure and the Public's Perceptions of Physicians. In: Journal of Broadcasting & Electronic Media, 47(2), S. 197-215.

Ex, Carine T.G. / Janssens, Jan M.A. / Korzilius, Hubert P.L.M. (2002): Young Females' Images of Motherhood in Relation to Television Viewing. In: Journal of Communication, 52(4), S. 955-970.

Gerbner, George (2000): Die Kultivierungsperspektive: Medienwirkungen im Zeitalter von Monopolisierung und Globalisierung. In: Schorr, Angela (Hg.): Publikums- und Wirkungsforschung. Wiesbaden, S. 101-121.

Gerbner, George / Gross, Larry (1976): Living with Television: The Violence Profile. In: Journal of Communication, 26(2), S. 173-199.

Gerbner, George u.a. (1977): TV Violence Profile No.8: The Highlights. In: Journal of Communication, 27(2), S. 171-230.

Gerbner, George u.a. (1978): Cultural Indicators: Violence Profile No.9. In: Journal of Communication, 28(3), S. 176-206.

Gerbner, George u.a. (1979): The Demonstration of Power: Violence Profile No.10. In: Journal of Communication, 29(3), S. 177-196

Gerbner, George u.a. (1980): The „Mainstreaming" of America: Violence Profile No.11. In: Journal of Communication, 30(3), S. 10-29.

Gerbner, George u.a. (1980): Aging with Television. Images on Television Drama and Conceptions of Social Reality. In: Journal of Communication, 30(1), S. 37-47.

Gerbner, George u.a. (1982): Charting the Mainstream: Television's Contributions to Political Orientations. In: Journal of Communication, 32(2), S. 100-127.

Gerbner, George u.a. (1984): Political Correlates of Television Viewing. In: Public Opinion Quarterly, 48, 1/, S. 283-300.

Gerbner, George / Gross, Larry / Morgan, Michael / Signorielli, Nancy / Shanahan, James (2002): Growing Up With Television: Cultivation Processes. In: Bryant, Jennings / Zillmann, Dolf (Hg.): Media Effects. Advances in Theory and Research. Hillsdale, N.J., S. 43-67.

Gleich, Uli (1996): Kultivierung durch Fernsehen? Wirklichkeitsdarstellung und ihr Einfluss auf die Zuschauer. In: Media Perspektiven, Heft 4, S. 224-228.

Groebel, Joe (1982): „Macht" das Fernsehen die Umwelt bedrohlich? Strukturelle Aspekte und Ergebnisse einer Längsschnittstudie zu Fernsehwirkungen. In: Publizistik, 27(1-2), S. 152-165.

Harrison, Kirsten (1997): Does Interpersonal Attraction to Thin Media Personalities Promote Eating Disorders? In: Journal of Broadcasting & Electronic Media, 41, S. 478-499.

Harrison, Kirsten / Cantor, Joanne (1997): The Relationship Between Media Consumption and Eating Disorders. In: Journal of Communication, 47(1), S. 40-67.

Hasebrink, Uwe (2001): Kultivierte Talkshow-Nutzer? Tägliche Talkshows und die Realitätswahrnehmung Jugendlicher. In: Schneiderbauer, Christian (Hg.): Daily Talkshows unter der Lupe. Wissenschaftliche Beiträge aus Forschung und Praxis. München, S. 153-177.

Hawkins, Robert / Pingree, Suzanne (1981): Using Television to Construct Social Reality. In: Journal of Broadcasting, 25(4), S. 347-364.

Hawkins, Robert / Pingree, Suzanne (1982): Television's Influence on Social Reality. In: NIMH: Television and Behavior: Ten Years of Scientific Progress and Implications for the 80s. Washington D.C., S. 224-247.

Hawkins, Robert / Pingree, Suzanne (1990): Divergent psychological Processes in constructing social reality from mass media content. In: Signorielli, Nancy / Morgan, Michael (Hg.): Cultivation Analysis. New Directions in Media Effects Research. Newbury Park / London / New Delhi, S. 35-50.

Hirsch, Paul M. (1980): The „Scary World" of the Nonviewer and Other Anomalies. A Reanalysis of Gerbner et al.'s Findings on the Cultivation Hypothesis. In: Communication Research, 7(4), S. 403-456.

Hirsch, Paul M. (1981): On Not Learning from One's Own Mistakes. A Reanalysis of Gerbner et al.'s Findings on the Cultivation Hypothesis. In: Communication Research, 8(1), S. 3-37.

Holbert, Lance / Kwak, Nojin, Shah, Dhavan (2003): Environmental Concern, Patterns of Television Viewing, and Pro-environmental behaviors: Integrating Models of Media Consumption and Effects. In: Journal of Broadcasting & Electronic Media, 47(2), S. 177-196.

Melischek, Gabriele / Rosengren, Karl Erik / Stappers, James (Hg.) (1984): Cultural Indicaters. An International Symposium. Wien.

Morgan, Michael / Shanahan, James (1991): Do VCRs Change the TV Picture? VCRs and the Cultivation Process. In: American Behavioral Scientist, 35(2), S. 122-135.

Morgan, Michael / Shanahan, James (1997): Two Decades of Cultivation Research: An Appraisal and Meta-Analysis. In: Communication Yearbook 20, Thousand Oaks / London / New Delhi, S. 1-45.

Newcomb, Horace (1978): Assessing the Violence Profile of Gerbner and Gross: A Humanistic Critique and Suggestions. In: Communication Research, 5(3), S. 264-282.

Potter, James W. (1991): Examining Cultivation from a Psychological Perspective. Component Subprocesses. In: Communication Research, 18(1), S. 77-102.

Potter, James W. (1993): Cultivation Theory and Research. A Conceptual Critique. In: Human Communication Research, 19(4), S. 564-601.

Rössler, Patrick / Brosius, Hans-Bernd (2001): Prägen Daily Talks die Vorstellungen Jugendlicher von der Wirklichkeit. In: Schneiderbauer, Christian (Hg.): Daily Talkshows unter der Lupe. Wissenschaftliche Beiträge aus Forschung und Praxis. München, S. 119-151.

Roßmann, Constanze (2002): Die heile Welt des Fernsehens. Eine Studie zur Kultivierung durch Krankenhausserien. München.

Rubin, Allan / Perse, Elizabeth M. / Taylor, Donald S. (1988): A Methodological Examination of Cultivation. In: Communication Research, 15(2), S. 107-134.

Ruddock, Andy (2001): Understanding Audiences. Kap. "Cultivation Analysis". London / Thousand Oaks / New Delhi, S. 97-115.

Schulz, Winfried (1997): Vielseher im dualen Rundfunksystem. Sekundäranalyse zur Langzeitstudie Massenkommunikation. In: Media Perspektiven, Heft 2, S. 92-102.

Segrin, Chris / Nabi, Robin L. (2002): Does Television Viewing Cultivate Unrealistic Expectations About Marriage? In: Journal of Communication, 52(2), S. 247-263.

Shanahan, James / Morgan, Michael (1999): Television and its viewers: Cultivation theory and research. Cambridge.

Shanahan, James / Morgan, Michael / Stenbjerre, Mads (1997): Green or brown? Television's cultivation of environmental concern. In: Journal of Broadcasting & Electronic Media, 41(3), S. 305-323.

Signorielli, Nancy / Morgan, Michael (Hg.) (1990): Cultivation Analysis. New Directions in Media Effects Research. Newbury Park / London / New Delhi.

Signorielli, Nancy / Morgan, Michael (1996): Cultivation Analysis: Research and Practice. In: Salwen, Michael B. / Stacks, Don W. (Hg.): An Integrated Approach to Communication Theory and Research. Mahwah, New Jersey, S. 111-126.

Tapper, John (1995): The Ecology of Cultivation: A Conceptual Model for Cultivation Research. In: Communication Theory, 5(1), S. 36-57.

Themenheft (1981): Der Vielseher – Herausforderung für die Fernsehforschung und Gesellschaft. In: Fernsehen und Bildung, 15(1-3).

Vitouch, Peter (1993): Fernsehen und Angstbewältigung: zur Typologie des Zuschauerverhaltens. Opladen.

Weimann, Gabriel (2000): Communicating Unreality. Modern Media and the Reconstruction of Reality. Thousand Oaks / London / New Delhi.

Wober, Mallory (1998): Cultural Indicators: European Reflections on a Research Paradigm. In: Dickinson, R. / Harindranath, R. / Linné, O. (Hg.): Approaches to Audiences. A Reader. London, S. 61-73.

8. Wirkungsforschung: Befunde

Die nachfolgend präsentierten Befunde der „klassischen" Wirkungsforschung erheben keinen Anspruch auf Vollständigkeit. Sie basieren vielfach auf amerikanischen Studien, die zu verschiedensten Zeitpunkten und an je anderen Populationen – leider allzu oft „college students" – durchgeführt worden sind. Sie sind unterschiedlich gut abgesichert und ihre *Generalisierbarkeit* muss hinterfragt werden. Organisiert sind sie nach den wichtigsten *Determinanten von Medieneffekten*, nämlich Kommunikator, Medium, Aussage und Rezipient.

Quellen

Berelson / Steiner 1972; Triandis 1975, Hackforth 1976; Liebert / Schwartzberg 1977; Bergler / Six 1979; Braehmer 1980; Roberts / Bachen 1981; Roberts / Maccoby 1985; Perloff 1993; Shavitt / Brock 1994; Stiff 1994; Brosius 1997; Allen / Preiss 1998; Severin / Tankard 2001; Schenk 2002.

Generalbefund

Medieninhalte sind weder eine *hinreichende* noch eine *notwendige* Ursache von direkten Effekten. Der Einfluss der Medien ist im kognitiven Bereich größer als bei Einstellungen. Massenkommunikation verstärkt in erster Linie existierende Einstellungen, aktiviert latente Positionen und verändert mit geringster Wahrscheinlichkeit existierende oder latente Gegenpositionen.

8.1 Kommunikator

Hauptfragestellungen

Wie reagieren Rezipienten je verschieden auf identische Medienbotschaften, die von einem bestimmten Kommunikator mitgeteilt werden, und zwar im Unterschied zu einem anderen Kommunikator mit anderen Merkmalen. Folgende kommunikatorbezogene Merkmale sind empirisch untersucht worden: *Sachkenntnis* (angenommenes Expertentum), *Glaubwürdigkeit* (Vertrauenswürdigkeit), *Attraktivität* (hängt von perzipierter Ähnlichkeit, Sympathie und Bekanntheitsgrad ab), *Macht* (Sanktionspotential, Kontrollmöglichkeiten) und *perzipierte Beeinflussungs- und Überredungsabsicht.*

Befunde

• Je größer die *Ähnlichkeit* zwischen Informationsquelle und Publikum (perzipierte soziale Nähe), desto attraktiver ist die Quelle bzw. der Kommunikator für das Publikum.

• Je mehr ein Kommunikator als *attraktiv, bekannt, glaubwürdig, mächtig, kompetent und Prestige verkörpernd* angesehen wird, umso weniger wird sein Verhalten als manipulierend angesehen und umso stärker ist die Tendenz des Rezipienten, seine Schlussfolgerungen zu akzeptieren.

• Identische Inhalte von *wenig glaubwürdigen* Quellen werden als mehr vorurteilsbestimmt und als unsachlicher interpretiert als solche von glaubwürdigen Quellen.

• Bei vertrauenswürdiger Quelle und Missbilligung des Inhalts der Aussage besteht die Tendenz, Quelle und Inhalt zu trennen oder den Inhalt *umzuinterpretieren.*

• Bei großer Nichtübereinstimmung von Quelle und Inhalt erfolgt eine Uminterpretation, d.h. eine *Abwertung* des Kommunikators.

• Wird in Teilbereichen mit dem Kommunikator Übereinstimmung erlebt, begünstigt diese einmal festgestellte Meinungsähnlichkeit das Entstehen genereller Wertkongruenz: Eine darauf folgende mit der eigenen Position nicht übereinstimmende Argumentation wird eher akzeptiert.

• Wenn keine Anhaltspunkte über die Absichten der Quelle erkennbar sind, wird auf der Basis des Inhalts entschieden. Wird *Manipulationsabsicht* wahrgenommen, entwickelt das Publikum Widerstand.

• Ein wenig bekannter Kommunikator, der explizit darauf hinweist, dass seine Position mit jener des Publikums übereinstimmt, auch wenn er faktisch eine andere Meinung vertritt, kann seine Akzeptanz steigern.

• *Band-Wagon-Effekt:* Die Assoziation eines Inhalts mit der Quelle „Mehrheitsmeinung" ist besonders wirksam in Anbetracht der Erwartung gesellschaftlicher Missbilligung bei Abweichung.

• Die *Quellenglaubwürdigkeit* hat wenig Einfluss auf die Übertragung tatsachenvermittelnder Information: Gelernt wird unabhängig von der Glaubwürdigkeit gleich gut.

• *Sleeper-Effekt:* Die Wirkung der Quelle (pos. oder neg.) auf die Glaubwürdigkeit der Botschaft verändert sich mit der Zeit (Ab- oder Zunahme), weil die Bewertung der Quelle und damit der Glaubwürdigkeitseffekt auf den Inhalt vergessen wird, wie folgende Abbildung 95 veranschaulicht:

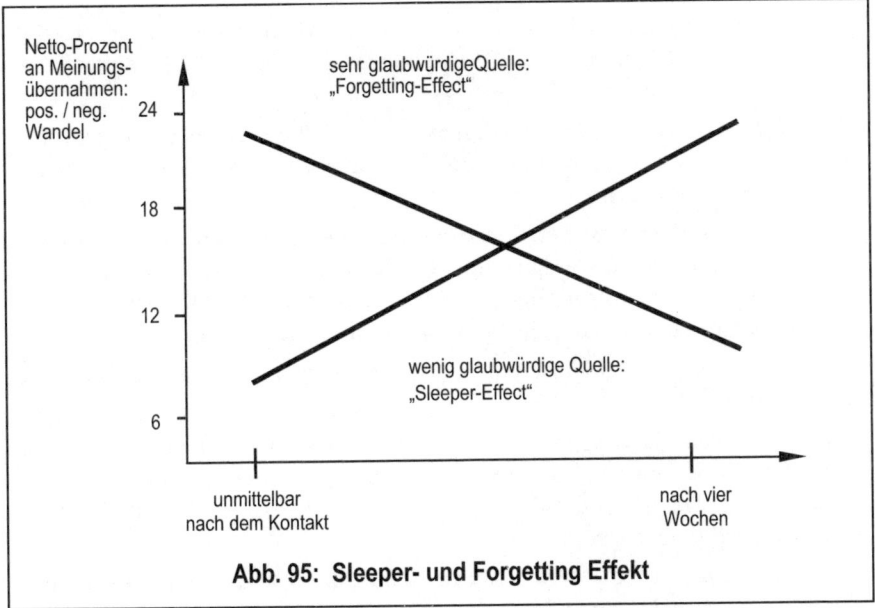

Abb. 95: Sleeper- und Forgetting Effekt

- Der Einfluss der Quelle ist am wirksamsten bei mehrdeutiger und unstrukturierter Information sowie bei geringer Ich-Beteiligung.
- Bei statusinkongruenten Rezipienten sind Kommunikatoren wirkungsvoller, die sich für die Änderung des Status quo einsetzen.

8.2 Medium

Fragestellungen

Zum Medium als unabhängigem Faktor im Wirkungsprozess ist nur relativ wenig empirische Forschung durchgeführt worden. Der separate Einfluss des Kanals oder Mediums bezüglich der Wirkung von Medienaussagen ist aber auch sehr schwierig abzuklären, weil einerseits gleiche und somit bezüglich Wirkungen vergleichbare Aussagen in verschiedenen Medien kaum herstellbar sind, andererseits fast immer Interaktion von Inhalt, Code und Kanal besteht. Zu unterscheiden ist dabei auch zwischen den *inhaltlichen* und *formalen* Eigenschaften (z.B. Präsentationsformen) der Medien.

Befunde

- *All-or-None-Hypothese:* Mit der Nutzung eines Mediums geht auch die Nutzung anderer Medien einher. Selektive Nutzer, die nur ein Medium benutzen, sind selten.

- *Halo-Effekt* (engl. „halo" = Heiligenschein): Er bezeichnet die Eigenschaft der Medien, Personen und Organisationen Status zu verleihen, über die in den Medien berichtet wird.

- Das *Fernsehen* steht an der Spitze der Massenmedien, und zwar als wichtigste Quelle und glaubwürdigster Kanal, d.h. dem TV wird mehr geglaubt als der Zeitung. Die Glaubwürdigkeit der Zeitung ist aber größer bei gebildeten Mediennutzern und solchen, die aktiv Informationen suchen.

- Auch bezüglich Funktionsvielfalt und Unverzichtbarkeit steht das Fernsehen an der Spitze.

- Der *emotionale Eindruck* ist je nach Medium (bspw. Radio vs. TV) verschieden. Bezüglich des Umfangs des vermittelten Wissens scheinen aber die Unterschiede bezüglich Lernleistung gering zu sein; der emotionale Eindruck bleibt jedoch *länger stabil*.

- *Zeigarnik-Effekt:* Nach Hertha Sturm führen unvollendete bzw. unerledigte Handlungen bei TV-Sendungen zu einem Spannungsaufbau, der wiederum der kognitiven Verarbeitung entgegensteht.

- Die Kombination von *Text und Bild* ist als Kommunikationsmedium wirkungsvoll, aber nur, wenn beide aufeinander abgestimmt sind, was in der Praxis nicht immer der Fall ist: *Text-Bild-Schere.* Nach Karsten Renckstorf erklärt die Darstellungsform bei Fernseh-Nachrichten aber viermal weniger als das Thema der Beiträge.

- Nach Untersuchungen von Hans Mathias Kepplinger hat auch der Kamerawinkel – engl.: high vs. low angel shot –, aus der eine Person gefilmt wird, einen Einfluss auf die perzipierte Glaubwürdigkeit und Dominanz. Die Befunde sind jedoch umstritten.

- *Personale Kommunikation* ist im Vergleich zur Massenkommunikation meist funktional vielfältiger und wirkungsvoller, weil eine direkte Rückkoppelung zum Rezipienten besteht, Rollentausch möglich ist, und der Kommunikator oft größere soziale Sanktionsmöglichkeiten besitzt.

8.3 Aussage

Fragestellungen

Zum Faktor „Aussage" sind von der Hovland-Gruppe besonders viele Studien durchgeführt worden: Die Idee einer neuen, d.h. wissenschaftlich abgesicherten, *Rhetorik*. Stil, Struktur und Inhalt von Aussagen sind aber meistens nicht unmittelbar mit der Effektrichtung identisch: selektive Zuwendung und selektive Interpretation der Aussagen durch den Rezipienten.

Befunde

• *Stil* – dokumentarisch, dynamisch oder erzählerisch – hat keinen eindeutigen, unterscheidbaren Einfluss auf den Rezipienten, jedoch die Eindringlichkeit bzw. Intensität der verwendeten Sprache – engl.: powerful vs. powerless.

• Aussagen, die nicht mit den vorhandenen Einstellungen des Rezipienten übereinstimmen, rufen *Dissonanz* beim Rezipienten hervor, die diesen zur Reduktion der Dissonanz veranlasst.

• Je stärker Aussageninhalte auf Ziele und Normen von Bezugsgruppen des Rezipienten bezogen sind, desto größer ist der Druck zur Konformität bezüglich der Inhalte.

• *Neue Kommunikationsinhalte* können den Rezipienten eher beeinflussen, und zwar wegen Abwesenheit von Prädispositionen.

• Nichtrationale, propagandistische oder emotionale Aussagen und Argumentation haben größere Wirkungen beim Publikum mit niedriger Bildung und geringer Intelligenz; Aussagen mit *rationalen Appellen* hingegen sind bei Rezipienten mit höherem Bildungsstand wirkungsvoller.

• Die explizite Verwendung *rhetorischer Fragen* ist ein wirksames Mittel der persuasiven Kommunikation.

• Das Präsentieren von Evidenzen und Zeugnissen – engl.: testimonials – in persuasiven Botschaften erhöht deren Wirkung.

• *Einseitige Präsentation* ist nach klassischer Auffassung wirksam bei weniger gebildetem Publikum, das mit der Aussage einverstanden ist und wenn man annehmen kann, dass später keine Gegenpropaganda stattfindet. *Zweiseitige Präsentation* hat demnach mehr Erfolg bei gebildeteren Rezipienten, wenn diese dem Inhalt entgegengesetzte Einstellungen haben und wenn zu erwarten ist, dass sie einer *Gegenpropaganda* ausgesetzt sein werden: *Immunisierungseffekt*. Nach neuen Meta-Analysen (Allen / Preiss 1998, S. 87ff.) ist die zweiseitige der einseitigen Argumentation jedoch grundsätzlich überlegen.

- *Darbietungsreihenfolge:* Sie ist nur bei schwach motivierten Rezipienten von Bedeutung. Zuerst genannte Argumente wirken stärker, weil sie das Lernen von nachfolgenden Argumenten hemmen können: *„Primacy-Effekt"*. Bei langweiligen Themen und nachfolgend entgegengesetzter Information bleibt oft nur eine geringe Wirkung der Erstdarbietung erhalten: *„Recency-Effekt"*. Generell sind die Befunde aber inkonsistent.

- *Klimax – Antiklimax*: Befunde sind uneinheitlich. Klimax-Anordnung, d.h. starke nach schwachen Argumenten, scheint wirkungsvoller zu sein bei Inhalten, mit denen die Rezipienten vertraut sind und mit denen sie sich verbunden fühlen. Anti-Klimax-Anordnung, d.h. starke Argumente zu Beginn, scheint bei Inhalten wirksamer zu sein, mit denen die Rezipienten nicht vertraut sind und an denen sie nicht interessiert sind.

- *Schlussfolgerungen:* Explizitheit der Folgerungen ist wirkungsvoller, und zwar umso mehr, je komplexer das Thema ist, und je niedriger das Bildungsniveau. Nicht explizite Schlussfolgerungen sind nur wirksamer, wenn die Rezipienten mit dem Inhalt der Kommunikation vertraut sind, das Thema ichberührend und die Rezipienten gebildet sind.

- *Negativitätseffekt:* Negative Information, bspw. in politischen Kampagnen, erzeugt einen stärkeren Effekt als vergleichbare positive Information

- *Angst:* Nach klassischer Auffassung führen starke Furchtappelle oft zu *Bumerang-Effekten*, d.h. der Inhalt wird zurückgewiesen. Leichte Furchtappelle hingegen sind wirksamer. Nach neuen Meta-Analysen (Allen / Preiss 1998, S. 53ff.) korrelieren jedoch die Stärke des Furchtappells und ihr persuasiver Effekt. Um wirksam zu sein, muss ein Furchtappell eine Bedrohungssituation evozieren, die sowohl als real und schädlich als auch als wahrscheinlich wahrgenommen wird. Gleichzeitig muss die Botschaft glaubwürdig machen, dass die propagierte Verhaltensweise ein wirksames Mittel ist, die Bedrohung abzuwenden.

8.4 Rezipient

Befunde

- Folgende soziodemographische und *persönlichkeitsbezogene Merkmale* des Rezipienten scheinen nach der klassischen Forschung mit größerer Beeinflussbarkeit zu korrelieren: jung, weiblich, kaum religiös, geringe Bildung, tiefer sozioökonomischer Status, Unterprivilegierung, geringe Selbsteinschätzung, hohes Bedürfnis nach Anerkennung (Shavitt / Brock 1994, S. 149ff.).

- Personen mit hoher Aggressivität, großer sozialer Isoliertheit, starkem Neurotizismus lassen sich weniger beeinflussen.

- Rezipienten mit *hoher Intelligenz* scheinen aber wegen ihrer größeren Lernwilligkeit beeinflussbarer, vor allem, wenn rational und logisch argumentiert wird. Umgekehrt zeigen sie größere Resistenz (wegen ihres Kritikvermögens) bei unlogischen, falschen und irrationalen Argumenten.

- *Selektivität:* Menschen tendieren zu selektiver Medienzuwendung, zu selektiver Inhaltsinterpretation und selektivem Behalten im Zusammenhang mit den vorhandenen Prädispositionen. Diese wirken als Filter oder Barrieren bezüglich entgegengesetzter Information, für konsistente Informationen erhöhen sie die Aufnahmebereitschaft und führen zu Selbstbestätigung und Verstärkung.

- Es besteht eine Tendenz beim Rezipienten zu *Fehlinterpretation* der Medieninhalte in Richtung der eigenen Prädispositionen.

- Je umfassender und je stärker die bestehenden *Prädispositionen* sind, je stärker das Interesse und die persönliche Betroffenheit, desto größer ist die Selektivität bei der Nutzung und Aufnahme neuer Fakten und inkonsistenter Information, und umso kleiner die Wahrscheinlichkeit für Akzeptanz und Einstellungsänderung.

- Je mehr die Einstellungen tiefsitzende Bedürfnisse und Werte stützen, desto weniger sind sie veränderbar.

- Je größer die Unterschiede zwischen Inhalt der Medienbotschaft und bestehenden Einstellungen, desto geringer die perzipierte Glaubwürdigkeit des Inhaltes. Innerhalb eines bestimmten Intervalls erfolgt selektive *Assimilation* an die bestehenden Einstellungen; beim Überschreiten eines bestimmten Unterschiedsgrades erfolgt *Kontrastierung* und Zurückweisung.

- Sind durch die Aussagen *Gruppennormen* betroffen, so bestimmt die entsprechende Gruppenmitgliedschaft die Reaktion beim Rezipienten.

- Je geringer die Intensität des Interesses an einer Thematik und je weniger persönliche Betroffenheit, desto größer die Möglichkeiten der Beeinflussung.

- *Aktive Teilnahme* am Kommunikationsprozess selbst – Redehalten, sich mit Gegenargumenten auseinandersetzen, den Gegenstandpunkt einnehmen müssen etc. – ist für das Behalten und für Einstellungsänderungen wirksamer als passive Entgegennahme der Medienbotschaften.

- Menschen, die bezüglich eines Themas verschiedenen und gegensätzlichen Einflüssen ausgesetzt sind, sind eher meinungslabil und leichter zu beeinflussen: engl.: *Cross Pressures*.

- Menschen neigen dazu, sich an der *Mehrheitsmeinung* zu orientieren und dieser auch zuzustimmen: engl.: *Band-Wagon-Effekt.*
- *Third-Person-Effekt:* Man perzipiert bei anderen, d.h. „dritten" Personen relativ große Medieneffekte, fühlt sich selbst aber wenig beeinflusst. Durch diese perzipierten Fremdeffekte können aber indirekte Effekte auf das eigene Verhalten entstehen, indem man bspw. misstrauischer wird.
- *Sozial isolierte* Rezipienten haben in vielen Bereichen einen geringen Wissensstand. Sie nutzen die Medien wenig, sind kaum durch Massenkommunikation erreichbar und nur schwierig zu beeinflussen.

Literatur

Allen, Mike / Preiss, Raymond W. (Hg.) (1998): Persuasion. Advances Through Meta-Analysis. Cresskill, N.J.

Berelson, B. / Steiner, G.A. (1972): Menschliches Verhalten. Kap. „Massenkommunikation". Weinheim / Basel, S. 333-351.

Bergler, Reinhold / Six, Ulrike (1979): Psychologie des Fernsehens. Bern / Stuttgart / Wien.

Braehmer, Uwe (1980): Leitsätze für die Kommunikationspraxis? Kommunikationswirkungen und publizistische Beeinflussung. In: Publizistik, 25, S. 24-50.

Brosius, Hans-Bernd (1997): Modelle und Ansätze der Medienwirkungsforschung. Überblick über ein dynamisches Forschungsfeld. Bonn.

Hackforth, Josef (1976): Massenmedien und ihre Wirkungen. Göttingen.

Liebert, R.M. / Schwartzberg, N.S. (1977): Effects of Mass Media. In: Annual Review of Psychology, 28, S. 141-173.

Roberts, Donald F. / Bachen, Chris (1981): Mass Communication Effects. In: Annual Review of Psychology, 32, S. 307-356.

Roberts, Donald F. / Maccoby, Nathan (1985): Effects of Mass Communication. In: Lindzey, G. / Aronson, E. (Hg.): The Handbook of Social Psychology, Vol. 2. New York, S. 539-598.

Perloff, Richard (1993): The Dynamics of Persuasion. Hillsdale, New Jersey.

Schenk, Michael (2002[2]): Medienwirkungsforschung. Tübingen.

Severin, Werner / Tankard, James (2001): Communication Theories. Origins, Methods, and Uses in the Mass Media. New York etc.

Shavitt, Sharon / Brock, Timothy (Hg.) (1994): Persuasion. Psychological Insights and Perspectives. Boston etc.

Stiff, James B. (1994): Persuasive Communication. New York.

Anhang

Glossar

Agenda-Setting-Theorie Sie geht davon aus, dass die Medien darüber bestimmen, was das Publikum für wichtige Themen in der Politik hält.

AIDA-Formel In der Werbung verwendet zur Bezeichnung der Effekthierarchie von Attention → Interest → Desire → Action.

Assimilation-Kontrast Wahrnehmungsphänomen aus der Gestaltpsychologie: Ähnliches wird ab einer bestimmten Grenze noch ähnlicher und Abweichendes als unähnlicher wahrgenommen, als es tatsächlich ist.

Attribution Menschen verhalten sich quasi wie „naive" Psychologen und schreiben dem Verhalten anderer Menschen Ursachen/Motive zu.

Band-Wagon Effekt Menschen orientieren sich an der Mehrheitsmeinung, was Medienwirkungen verstärken kann.

Behaviorismus Psychologische Richtung, die den Menschen über sein äußeres Verhalten zu beschreiben und zu erklären versucht. Das Innenleben wird als „Black Box" betrachtet.

Bumerang Effekt Etwa beim Einsatz von Angstappellen, die dann aber nicht die intendierte Wirkung erzeugen, sondern wegen Zurückweisung entgegen den Erwartungen ausfallen.

Diffusionsforschung Untersucht, wie rasch und über welche Medien bzw. interpersonale Kommunikation Menschen über neue Ereignisse erfahren.

Dissonanz-Theorie Nach ihr versucht der Mensch bei kognitiver Dissonanz diese zu vermindern. Medienbezogen wird bspw. dissonanzerzeugende Information vermieden oder Information aktiv gesucht, die bestehende Dissonanzen reduziert.

Experiment Klassische Untersuchungsanlage der Medienwirkungsforschung, bei der vom Forscher die Untersuchungsbedingungen aufgrund des Vergleichs von Experimental- und Kontrollgruppe bzw. Vorher- und Nachhermessung so kontrolliert werden, dass zwingende Schlüsse bezüglich der Wirkung bestimmter Medienaussagen als Stimuli möglich werden.

Exposure Zuwendung zu einem Medium, Medienkontakt

Feldstudie Mediale und personale Einflussbedingungen werden in der normalen sozialen Umgebung mit sich u.U. überlagernden Einflüssen untersucht. Folgerungen bezüglich der Medienwirkung basieren nur auf Korrelationen, Kausalitätsproblematik.

Habitualisierungs-These Desensibilisierung gegenüber Gewalt und Opfern von Gewalt durch wiederholtes Beobachten von Mediengewalt.

Identifikation Das Ich eines anderen an die Stelle des eigenen setzen. Identifikation mit Medienhelden.

Inhibitionsthese Das Beobachten brutaler Akte löst beim Zuschauer Angst aus, was die Vermeidung eigener aggressiver Impulse veranlasst.

Innovationsforschung Untersucht, wie Neuerungen sich in der Gesellschaft verbreiten und welche Menschen diese annehmen und umsetzen.

Interaktion Austausch zwischen zwei und mehr Menschen; muss nicht verbal sein.

Involvement Ob ein Rezipient durch eine Medienbotschaft stark / schwach bzw. low / high angesprochen wird: Ausmaß des Miteinbeziehens.

Katharsisthese Tiefenpsychologische Ansicht, wonach das Betrachten von gewalttätigen Szenen in Medien stellvertretend für eigenes aggressives Verhalten wirken könne (pos. Reinigungseffekt). Ist empirisch widerlegt.

Kognitionen Wissenselemente; das, was man über eine Sache / Person weiß.

kognitive Dissonanz Nicht-Übereinstimmung von Kognitionen oder von Wissen und Verhalten, was als unangenehmer und darum zu vermeidender Zustand erlebt wird.

kognitive Konsonanz Übereinstimmung zwischen verschiedenen Kognitionen, Kognitionen und Verhalten oder auch zwischen verschiedenen Medienberichten als konsonante Berichterstattung über ein Thema.

kognitive Theorien Machen Aussagen über die Verarbeitung von Kognitionen.

Kultivierungs-Analyse George Gerbner postuliert in seinem Ansatz, dass das Fernsehen als sog. „Mainstream Medium" bei Vielsehern ähnliche, und zwar fernsehtypische, Realitätsvorstellungen kultiviert, was zur Homogenisierung der Gesellschaft beiträgt.

Kumulation Nach Noelle-Neumann besteht die Wirksamkeit des Mediums „Fernsehen" darin, dass es konsonante, d.h. sich gegenseitig bestätigende Botschaften ständig wiederholt.

Laboruntersuchung Experiment, bei dem die störenden Umwelteinflüsse konstant gehalten und systematisch zu untersuchende Einflussgrößen variiert werden.

Mediatisierende Faktoren Auf den Zusammenhang zwischen Massenkommunikation und Rezipienten einwirkende Dritteinflüsse, welche Stärke und Richtung von Medieneffekten beeinflussen, z.B. Normen der Bezugsgruppe oder Höhe des Involvements.

Mediensozialisation Beitrag der Medien zur sozialen Entwicklung des Menschen.

Meinungsführer Personen in sozialen Gruppen, die aufgrund ihrer Stellung im Zwei-Stufen-Fluss der Kommunikation auf die Meinungen der anderen Gruppenmitglieder einen erheblichen Einfluss auszuüben vermögen.

Mood Management Medien werden von Menschen zur Regulierung und Ausbalancierung ihrer Gefühlszustände benutzt: bspw. Spannungssuche bei Langeweile.

Panelstudie Mehrfache Befragung gleicher Personen.

parasoziale Beziehung Menschen verhalten sich gegenüber TV-Akteuren auf ähnliche Art und Weise wie gegenüber Personen in ihrem Alltag.

Normen Sozial anerkanntes Verhaltensspektrum; „richtiges" Verhalten.

zentrale vs. periphere Route Bei high Involvement erfolgt eine aktive, rationale Beschäftigung mit dem Medieninhalt (= zentrale Route), bei low involvement sind über die periphere Route durch Bilder und Emotionalisierung aber trotzdem Effekte möglich.

Schweigespirale Von E. Noelle-Neumann so bezeichnetes Wirkungsphänomen: Menschen, die glauben mit ihrer Meinung einer vermeintlichen Minderheit anzugehören, tendieren dazu zu schweigen, was die Schweigespirale in Gang setzt, die dann u.U. das Meinungsklima umkippen läßt.

Selektionsregel Hypothese, nach der sich Menschen vor allem derjenigen Information zuwenden, die ihre bereits bestehenden Meinungen bestätigen. Galt lange Zeit als Argument gegen starke Medienwirkungen.

Sleeper-Effekt Wirkungsphänomen, dass der Effekt einer unglaubwürdigen Quelle sich erst nach einer bestimmten Zeit einstellt, d.h. mit dem Vergessen der Quelle zunimmt.

soziales Lernen Theorie von Albert Bandura, wonach beobachtete Verhaltensweisen unter bestimmten Bedingungen als Modell zum Vorbild genommen, imitiert und in das Verhaltensspektrum aufgenommen werden.

Stimulations-These Beobachtung brutaler Medienangebote führt via kognitive Stimulation zur Übertragung auf nichtmediale Situationen.

„Third-Person"-Effekt Indirekte Medienwirkung, indem Menschen Meinungen oder Verhalten ändern, weil sie davon ausgehen, dass Medienwirkungen bei *„den Anderen"* stattgefunden haben.

Uses-and-Gratifications-Ansatz Erklärt die Zuwendung zu Medieninhalten funktional durch Bezugnahme auf zugrunde liegende Motivationen und erwartete Belohnungen.

Werte Sozial angestrebte, wichtige Ziele.

Wissenskluft-Hypothese Postuliert, dass durch die Intensivierung der Medienberichterstattung über ein Thema die Bevölkerung nicht durchgängig besser informiert sei, sondern dass sich die Wissensklüfte zwischen den besser und den schlechter Gebildeten verstärkten.

Zeitreihenstudie Untersuchungsanlage der Medienwirkungsforschung bei der zeitliche Datenreihen aus verschiedenen Quellen –Inhaltsanalysen und Bevölkerungsumfragen – miteinander in Beziehung gesetzt werden wie z.B. beim Agenda-Setting Ansatz.

Zwei-Stufen-Fluss der Kommunikation Von Paul Lazarsfeld in den 40er Jahren aufgestellte These, dass Ideen in zwei Stufen von den Massenmedien über Meinungsführer zur übrigen Bevölkerung fließen. Gilt heute für den Nachrichtenfluss nicht mehr.

Sachregister

A

Adoptionsprozess, 151
Affekte, 15, 16, 20, 26, 171, 218ff.
AG.MA, 66
Agenda-Setting, 20, 28, 236, 237ff.
Aggressivität, 11, 23, 125, 129, 210, 221
AIDA-Formel, 104
aktives Publikum, 33, 35, 54ff., 168ff.
Aktivierung, 22, 57, 218ff.
All-or-None-Hypothese, 286
Angst, 20, 23, 288
Argumentationsweise, 105, 117, 284
Assimilation-Kontrast, 100, 102, 116, 289
Attributionstheorie, 123ff.
Aufmerksamkeit, 24, 73, 213ff.

B

Bad News, 223
Balance Modell, 108ff.
Band-Wagon-Effekt, 284, 289
Beeinflussbarkeit, 288
Bedürfnis, 19, 33, 168ff.
  Befriedigung, 19, 34, 174
  Begriff, 171
  Herleitung, 173
  Typologie, 171
Befragung, 38, 43, 75
Blickaufzeichnungsmethode, 70
Buchlesen, 63ff., 112
Buchlese(r)forschung, 63ff.
Buchmarkforschung, 63ff.
Bumerang-Effekt, 116, 288

C

Ceiling-Effekt, 251, 259
Clique, 153

Columbia University, 32
Computer, 180, 225
Copy-Test, 70
Cross Pressure, 145, 289
Cultivation-Analysis, 261, 263
Cultural Indicators, 261, 263

D

Defizite vs. Differenzen, 259
Design, 38ff.
Diffusionsforschung, 149ff.
Dissonanztheorie, 32, 114ff.
Drittfaktoren, 37ff., 43, 106, 268
Dynamisch-transaktionaler Ansatz 184ff.

E

Effekthierarchie, 26, 291
Einstellung, 27, 31, 95ff.
  Änderung, 32, 101
  Bestätigung, 31, 106
  Definition, 96
  Dimensionen, 97
  Funktionen, 98
  Messung, 99
  Verhaltensbezug, 99
  Wandel, 32, 33, 101
ELM-Modell, 119ff.
Emotion, Emotionale Effekte, 15, 16, 20, 26, 171, 218ff.
Erie County, 148
Eskapismus, 171, 176, 177, 211
Experience Sampling, 58, 219
Experiment, 22, 38ff.
Exposure, 69, 73, 246, 259

F

Fan-Kultur, 59, 62,
Feldstudie, 38ff.

pro Studium

Heinz Pürer
Publizistik- und
Kommunikationswissenschaft
Ein Handbuch
2003, 598 Seiten, gebunden
UTB 8249
ISBN 3-8252-8249-X

Armin Scholl
Die Befragung
Sozialwissenschaftliche Methode und
kommunikationswissenschaftliche
Anwendung
2003, 384 Seiten, broschiert
UTB 2413
ISBN 3-8252-2413-9

Lothar Mikos
Film- und Fernsehanalyse
2003, 368 Seiten, broschiert
UTB 2415
ISBN 3-8252-2415-5

Jan Tonnemacher
Kommunikationspolitik
in Deutschland
Eine Einführung
2. überarbeitete Auflage
2003, 384 Seiten, broschiert
UTB 2416
ISBN 3-8252-2416-3

Marion G. Müller
Grundlagen der visuellen
Kommunikation
Theorieansätze und Analysemethoden
2003, 304 Seiten, broschiert
UTB 2414
ISBN 3-8252-2414-7

Stefan Weber (Hg.)
Theorien der Medien
Von der Kulturkritik bis zum
Konstruktivismus
2003, 360 Seiten, broschiert
UTB 2424
ISBN 3-8252-2424-4

pro Studium

Ralf Adelmann u. a. (Hg.)
Grundlagentexte zur
Fernsehwissenschaft
Theorie – Geschichte – Analyse
2002, 512 Seiten, broschiert
UTB 2357
ISBN 3-8252-2357-4

Nils Borstnar, Eckhard Pabst,
Hans Jürgen Wulff
Einführung in die Film-
und Fernsehwissenschaft
2002, 230 Seiten, broschiert
UTB 2362
ISBN 3-8252-2362-0

Andreas Hepp
Martin Löffelholz (Hg.)
Grundlagentexte zur
transkulturellen Kommunikation
2002, 898 Seiten, broschiert
UTB 2371
ISBN 3-8252-2371-X

Heinz Bonfadelli
Medieninhaltsforschung
Grundlagen, Methoden,
Anwendungen
2002, 212 Seiten, broschiert
UTB 2354
ISBN 3-8252-2354-X

Irene Neverla, Elke Grittmann,
Monika Pater (Hg.)
Grundlagentexte zur Journalistik
2002, 774 Seiten, broschiert
UTB 2356
ISBN 3-8252-2356-6

Volker Gehrau
Die Beobachtung in der
Kommunikationswissenschaft
Methodische Ansätze
und Beispielstudien
2002, 208 Seiten, broschiert
UTB 2355
ISBN 3-8252-2355-8